新世纪高职高专实用规划教材　经管系列

U0664985

国际金融与结算

汪宇瀚　主　编
周灌东　焦云秋　副主编

清华大学出版社
北　京

内容简介

本书是针对高职高专经济管理类学生编写的专业教材。

本书分为国际金融和国际结算两篇，共11章，主要内容包括：外汇和国际收支、国际储备、外汇汇率及汇率制度、外汇交易、国际金融市场与国际金融机构、国际货币制度、票据、汇款与托收、信用证、银行保函以及国际结算中的单据等。附录中还提供了相关的参考资料。

本书可供高职高专院校国际贸易、市场营销等相关专业使用，也可供广大在职人员和对国际金融与结算知识感兴趣的人士自学使用。

图书在版编目(CIP)数据

国际金融与结算/汪宇瀚主编；周灌东，焦云秋副主编；—北京：清华大学出版社，2006.5（2021.2重印）
(新世纪高职高专实用规划教材　经管系列)
ISBN 978-7-302-12769-7

Ⅰ.①国…　Ⅱ.①汪…　②周…　③焦…　Ⅲ.①国际金融—高等学校；技术学校—教材　②国际结算—高等学校；技术学校—教材　Ⅳ.①F831　②F830.73

中国版本图书馆CIP数据核字(2006)第026956号

责任编辑： 凌宇欣　桑任松　杨作梅
装帧设计： 杨玉兰
责任校对： 周剑云
责任印制： 沈　露
出版发行： 清华大学出版社
　　网　　址： http://www.tup.com.cn, http://www.wqbook.com
　　地　　址： 北京清华大学学研大厦A座　　**邮　　编：** 100084
　　社 总 机： 010-62770175　　**邮　　购：** 010-62786544
　　投稿与读者服务： 010-62776969, c-service@tup.tsinghua.edu.cn
　　质量反馈： 010-62772015, zhiliang@tup.tsinghua.edu.cn
　　课件下载： http://www.tup.com.cn, 010-62791865
印 装 者： 三河市龙大印装有限公司
经　　销： 全国新华书店
开　　本： 185mm×230mm　　**印　张：** 21.5　　**字　数：** 449千字
版　　次： 2006年5月第1版　　**印　次：** 2021年2月第16次印刷
定　　价： 65.00元

产品编号：016852-03

《新世纪高职高专实用规划教材》序

编写目的

目前，随着教育改革的不断深入，高等职业教育发展迅速，进入到一个新的历史阶段。学校规模之大，数量之众，专业设置之广，办学条件之好和招生人数之多，都大大超过了历史上任何一个时期。然而，作为高职院校核心建设项目之一的教材建设，却远远滞后于高等职业教育发展的步伐，以至于许多高职院校的学生缺乏适用的教材，这势必影响高职院校的教育质量，也不利于高职教育的进一步发展。

目前，高职教材建设面临着新的契机和挑战：

(1) 高等职业教育发展迅猛，相应教材在编写、出版等环节需要在保证质量的前提下加快步伐，跟上节奏。

(2) 新型人才的需求，对教材提出了更高的要求，即教材要充分体现科学性、先进性和实用性。

(3) 高职高专教育自身的特点是强调学生的实践能力和动手能力，教材的取材和内容设置必须满足不断发展的教学需求，突出理论和实践的紧密结合。

有鉴于此，清华大学出版社在相关主管部门的大力支持下，组织部分高等职业技术学院的优秀教师以及相关行业的工程师，推出了一系列切合当前教育改革需要的高质量的面向就业的职业技术实用型教材。

系列教材

本系列教材主要涵盖以下领域：

- 计算机基础及其应用
- 计算机网络
- 计算机图形图像处理与多媒体
- 电子商务
- 计算机编程
- 电子与电工
- 机械
- 数控技术及模具设计
- 土木建筑
- 经济与管理

● 金融与保险

另外，系列教材还包括大学英语、大学语文、高等数学、大学物理、大学生心理健康等基础教材。所有教材都有相关的配套用书，如实训教材、辅导教材、习题集等。

教材特点

为了完善高等职业技术教育的教材体系，全面提高学生的动手能力、实践能力和职业技术素质，特意聘请有实践经验的高级工程师参与系列教材的编写，采用了一线工程技术人员与在校教师联合编写的模式，使课堂教学与实际操作紧密结合。本系列丛书的特点如下：

(1) 打破以往教科书的编写套路，在兼顾基础知识的同时，强调实用性和可操作性。

(2) 突出概念和应用，相关课程配有上机指导及习题，帮助读者对所学内容进行总结和提高。

(3) 设计了“注意”、“提示”、“技巧”等带有醒目标记的特色段落，使读者更容易得到有益的提示与应用技巧。

(4) 增加了全新的、实用的内容和知识点，并采取由浅入深、循序渐进、层次清楚、步骤详尽的写作方式，突出实践技能和动手能力。

读者定位

本系列教材针对职业教育，主要面向高职高专院校，同时也适用于同等学力的职业教育和继续教育。本丛书以三年制高职为主，同时也适用于两年制高职。

本系列教材的编写和出版是高职教育办学体制和运作机制改革的产物，在后期的推广使用过程中将紧紧跟随职业技术教育发展的步伐，不断吸取新型办学模式、课程改革的思路和方法，为促进职业培训和继续教育的社会需求奉献我们的力量。

我们希望，通过本系列教材的编写和推广应用，不仅有利于提高职业技术教育的整体水平，而且有助于加快改进职业技术教育的办学模式、课程体系和教学培训方法，形成具有特色的职业技术教育的新体系。

新世纪高职高专实用规划教材编委会

序

20 世纪中后叶以来，经济全球化的思潮正在深刻地影响着世界经济。随着贸易全球化和跨国公司的发展，金融的全球化已经成为一种趋势，势不可挡。金融业的这种跨越国界的发展主要包括三层含义：其一，金融活动跨越国界，逐步形成无国界金融；其二，金融活动按同一规则运行，在全球范围形成统一的金融体系，资本、资金市场按国际通行规则运行；其三，在统一的国际金融市场里，同质的金融资产在价格上趋于等同。20 世纪 70 年代末 80 年代初以来，美国、日本、澳大利亚、加拿大和欧洲一些发达国家纷纷宣布实行“金融自由化”。其主要内容是放松金融管制；放松利率和外汇控制；允许银行、保险和证券业从分业经营走向混业经营；允许银行在离岸市场开展外币业务等。一些发展中国家，随后也进行了类似的改革。这些改革进一步推动了金融全球化的发展。

金融全球化对于开放中的我国经济有很大的影响。中国经济正在逐步融入世界经济，中国经济越来越成为世界经济的一个有机的组成部分，当代世界货币金融关系的各种变化与发展，与我国经济体制改革、资本和货币市场的健康发展，以及对外经济贸易和对外投资等息息相关。国际金融与结算在我国已经受到越来越广泛的重视，需求决定供给，对国际金融与结算的强烈需求，要求相关的知识走出象牙塔，实现普及化，不仅在研究生和本科层次学习国际金融与结算，而且也可能在大专高职层次开设相关的课程。摆在我们面前的这本书，就是根据现实经济发展的需要，针对高职高专学生的实际情况而编写的教材。

本书作者上海第二工业大学的汪宇瀚，上海交通职业技术学院周灌东，山东潍坊学院的焦云秋，他们都是在高职高专学院长期从事国际金融和国际结算教学的教师。他们在长期的教学工作中，积累了很多经验和心得，这些经验和心得在这本教材中体现得淋漓尽致。教材将国际金融与国际结算知识有机结合起来，在介绍国际货币金融关系的基础上，分析了国际贸易的各种结算方式，如汇款、托收和信用证等。教材十分注重知识性与应用性相结合，理论性与实践性相结合，循序渐进、深入浅出，并附有案例分析和大量练习等，这是本书的显著特点。

在改革开放的时代，各行各业都需要大量既了解国际金融知识又懂得国际结算实务操作的人才，学一点有关国际金融和结算方面的知识，是十分必要的。因此，不仅是高职高专的学生，对这方面有兴趣的同志也不妨试一下以这本教材作为入门向导，相信一定会受益匪浅。

华东师范大学商学院教授、博士生导师

金 润 圭

2005 年 12 月 5 日

前　言

国际金融是金融学专业的核心课程，并且是财经类大学本专科各专业的主干课程之一，是经济管理类大学本专科各专业的必修课之一。本书《国际金融与结算》是在国际金融学的基础知识点上，进一步对国际结算方面的关键知识点加以详细讲解，以充分体现出本书偏重于实际应用的特征。本书中，我们着重从高职高专的学生特点出发，在教材的撰写过程中，一方面系统阐述了国际金融的基本理论、基础知识，如外汇、汇率、国际收支、国际货币制度、国际金融市场等。第二方面介绍国际金融市场中的实际应用，分析各种现实的问题。其任务是要求学生通过这类知识点的学习来掌握对实际问题的分析能力和提高对国际金融实务的处理能力。第三方面对国际结算活动中的主要知识点加以介绍，目的是使学生能够通过这部分的学习掌握汇票、支票、本票等票据的填写，信用证、汇款、托收的结算方式，各类国际贸易单据等方面的知识点。本书具有如下显著特点：

(1) 注重理论与实务的结合性。由于本书主要针对高等职业教育和高等专科教育。在此类教学中，必须注重对学生实务能力的培养。故特别在教材的每章复习思考题后，增添两部分的内容：其一，案例及热点问题分析。旨在通过这部分的分析增强学生对实际问题的理解和深入分析能力。其二，课后阅读。在每章末尾的若干篇课后阅读，有一定的应时性、趣味性和相当的可读性。资料的内容与本章的知识点相符且有扩充，目的是以此扩展学生在本学科上的知识面，增强学生的学习兴趣和参与意识，同时也为教师提供一定的讨论素材。

(2) 信息备查性。由于本学科涉及的知识面十分广泛。故主编特别在本书的末尾设计了附录部分；在电子课件中配合有一些数据信息资料。如附录中，设计有“各国货币名称”“国际金融事务中的委员会”等，在电子课件中设计有“美元对日元、欧元的近两年汇率信息”“UCP500”等在教学和日常学习与科研工作中会用到或需要查询的资料信息，省去了另外翻阅其他资料和书籍的工作。

(3) 电子课件的辅助学习性。本书另有电子课件，该电子课件中包括有：其一，本教材的 PowerPoint 教案提纲。该提纲可以直接作为教师利用多媒体上课时的电子版教学课件，同时，使用该课件的教师也可以利用此提纲进一步扩展完善。此外，该提纲也可以作为选用此教材学生自学过程的复习工具，凭借此工具作为重点内容进行学习和复习。其二，本教材国际金融篇中外汇交易的练习版。在该练习中，主编设计了一些小程序，练习外汇交易的部分计算。如：远期外汇汇率的计算等。这些练习通过计算机来完成，比起普通的计算题增添了一定的趣味性。其三，本教材国际结算篇中结算单据和票据的电子版票样，其中部分票样可以自行在电脑上练习填写，同样为枯燥的单据、票据填写练习增加了趣味性，也为选用本教材的教师提供作业素材。电子课件可从网站下载，网址为：

http://www.wenyuan. com.cn。

本书第一篇文字内容由上海第二工业大学汪宇瀚，上海交通职业技术学院周灌东，山东潍坊学院焦云秋共同完成。第二篇第 8 章汇款和托收由河南纺织高等专科学校吴献忠完成。其余由汪宇瀚完成。全书由汪宇瀚担任主编，负责审稿、校稿及定稿工作，由周灌东和焦云秋担任副主编。本书电子课件中的内容由华东师范大学王靖宁，上海第二工业大学汪宇瀚共同完成。本书的编写参考了一些已出版的图书及部分网站资料(见参考文献及书中说明)，在此对这些图书及资料的作者表示感谢。

本书主要适用范围包括：开设国际金融、国际结算课程的经济管理类专业的高职高专学校教师和学生。此外，可提供给各类学生用作国际金融和国际结算方向的自学参考书，和对国际金融与国际结算方面知识有兴趣的人士。

本书的撰写，难免存在着一定的不足和缺陷，希望各位读者能够提出宝贵意见和批评，以促进我们进一步改进和提高。在此，主编代表本书所有的作者对各位读者致以诚挚的谢意，并祝各位读者学习愉快。

作　者

引　言

金融是指货币流通和信用活动以及与之相关的经济活动的总称。金融的内容可以包括货币的发行与回笼，存款的吸收与支付，贷款的发放与收回，外汇的买卖，股票债券的发行与流通转让，保险、信托和货币结算等。在不同主权国家的居民和企业之间发生经济活动(主要指贸易和金融)不可避免地要求国际间的货币资金的周转和运动。

国际金融，主要是指世界各国之间经济活动中的货币金融关系。它研究国家和地区之间由于经济、政治、社会、文化的交往和联系而产生的跨国界货币资金的周转和运动。对于研究各国之间货币金融关系的经济学分支学科就被称为国际金融学，它和国际贸易学共同组成国际经济学。国际金融包括国际货币制度、国际收支、外汇汇率与外汇市场、各种汇率制度、外汇储备、国际资本活动、国际金融市场、国际经贸、国际结算等。在本书中，我们出于偏重于实务的考虑将对国际结算部分的内容做特别强调。

国际金融的发展过程，从时间顺序上可以这样概括：先有商品交换，继而产生货币以促进商品交换，然后进一步发展出货币的存储、流通、借贷等一系列信用活动。这些活动的总称即金融活动。而当这些经济活动在跨越国界，用不同的货币同时进行时，就产生了国际金融。早期国际金融学主要讨论货币兑换、融资、利息的问题。此后，有一系列的学者对国际金融学的理论做了进一步的完善。如：英国哲学家和经济学家大卫·休谟(1711—1776)把货币数量论应用到国际收支分析，他提出的“价格-现金流动机制”至今仍对国际收支分析有指导意义；李嘉图所提倡的金本位制；英国经济学家马歇尔(1842—1924)最早提出国际收支调节弹性理论，他用弹性分析的方法对价格变化、贸易条件与进出口量之间的关系做出了精辟的论述；瑞典经济学家古斯塔夫·卡塞尔(1866—19××)在当时通货膨胀的条件下研究汇率决定问题，他把自己的汇率理论叫做购买力平价理论；英国著名经济学家约翰·梅纳德·凯恩斯(1883—1946)建立了以《就业、利息和货币通论》一书为代表的理论体系。凯恩斯通货管理理论是他的国际金融理论的基础。

国际金融学成为一门独立学科是一个逐步发展的过程。国际金融作为国际贸易的一个重要组成部分，曾长期依附于国际贸易，国际金融学的形成以宏观经济的一定开放程度为前提。随着商品及资本、劳动力等要素的国际流动的加速，一国经济与世界经济相互依存性增加，外部均衡问题日益显现。

国际金融学不同于货币银行学，尽管在开放经济条件下两者的研究对象有交叉的地方，但它们的区别却十分明显：货币银行学关注的焦点是货币供求及国内价格问题，而国际金融学关注的焦点则是内外均衡的相互关系和外汇供求及相对价格——汇率问题。在产出、就业等其他宏观经济目标既定的条件下，货币银行学研究的是货币市场的均衡问题，而国际金融学研究的是外汇市场与国际收支的均衡问题。

由于国际间的经济交往，引起了国际间的债权债务关系，国际金融需要研究这种债权债务关系。而为了结清这种债权债务关系，则必须利用一定的支付工具，采用一定的结算方式。随着国际交往的日益增多和国际分工的不断深化，国与国之间的货币收付量越来越大。据统计，目前世界上几乎每天都要发生万亿美元计的国际结算业务量。引起国际间货币收付的原因很多，例如，劳务输出输入、国际工程承包、技术转让、商品进出口、外汇买卖、国际投资、国际融资筹资、对外国的捐款、国际旅游、国外亲朋赠款、出国留学等。这些原因所引起的跨国货币收付大体上可分为：①有形贸易类；②无形贸易类；③金融交易类。

公元11世纪，地中海沿岸的商品贸易初具规模，商人们已经不满足于用现金进行结算，开始使用“字据”来代替现金。到16世纪和17世纪，欧洲大陆已出现由“票据”来代替“字据”的情况。18世纪，采用票据进行非现金结算已成为各国的普遍做法。到了19世纪末20世纪初，由于国际商业、航运业、运输业、保险业和金融业的迅速发展，国际结算业务发生了根本性的变化。具体表现为：①银行信用介入国际结算业务，国际贸易结算与贸易融资有机地结合，逐渐形成了以银行为中枢的国际结算体系；②为使银行间业务委托安全可靠，逐渐形成了一套识别真伪的印鉴和密押系统；③为方便、快速地划拨资金，银行间互设账户，从而在世界范围内形成了一个高效的资金转移网络。

国际结算是指国际间由于经济联系而发生的以货币表示的债权、债务的清偿行为。一般是指交易双方因商品买卖、劳务供应等而发生的债权、债务通过某种方式进行清偿。如用现金清偿，称为现金结算；用票据或转账方式来清偿，则称为非现金结算或转账结算。现代的国际结算绝大部分采用非现金结算。

国际金融学和国际法学是国际结算学的理论基础，国际结算是源于世界各国之间的经济、政治、社会、文化的合作和交流而产生的国际间货币收支和国际间的债权和债务，国际结算作为国际金融的一个分支，详细介绍了有形贸易和无形贸易类结算。通过国际结算，以达到国际货币收支差额平衡和国际债权债务的了结。

本书共分为两篇，分别为国际金融和国际结算。在第一篇中我们将侧重于介绍国际金融中宏观及微观的国际金融理论。具体包括：外汇、国际收支、国际储备、外汇汇率、外汇业务、国际金融市场、国际金融机构、国际货币制度等。在第二篇中，我们将以国际结算中的国际贸易结算实务操作作为重点加以详细介绍。具体包括：票据、汇款方式、信用证业务、托收业务、国际结算中的单据等。

目　　录

第一篇　国际金融

国际金融学是一门研究国与国之间货币交易、资本流动与资金融通规律及其组织管理方法与技术的学科。详细来说：第一，它是在人类社会发展到一定阶段，因各国之间经济、政治、文化等联系而产生的货币资金的周转和运动；第二，它是世界(国际)经济关系中的资金融通关系；第三，它赖以出现的前提是以货币作为媒介的国家之间的商品交换，即起源于国际贸易。

1. 国际金融的作用

国际金融的作用主要表现在：

(1) 推动生产国际化、全球化

生产国际化对于一国经济发展乃至整个世界经济发展意义重大。目前全世界 6.3 万家跨国公司及其 70 万家海外分支机构在国际化经营中投入和筹措的资金总额每年高达 2 万多亿美元。

(2) 支持出口贸易

国际金融是当代支持出口贸易的重要支柱。一方面出口贸易的发展是同国际金融强有力的支持分不开的。另一方面，跨国公司通过其海外分支机构和附属企业，充分运用技、工、贸结合的优势，在海外就地生产、就地销售，已成为扩大出口的重要渠道，目前跨国公司海外分支机构的销售额已突破 14 万亿美元，比世界商品贸易出口额还要多，这不仅绕过了贸易壁垒，而且扩大了海外市场。

(3) 组织运用国际资金促进各国国内经济发展

各国银行和金融机构及其海外分支机构是组织运用国际资金的重要渠道。它一方面为本国的海外企业提供金融支持和金融服务；另一方面，参与国际金融市场各种金融业务活动，广泛吸收和运用国际资金，参加国际资源重分配和国际分工重安排，从而既有利于本国经济的稳定和发展，也为活跃整个世界经济作贡献。

(4) 防范外汇风险

随着 20 世纪 70 年代中期以来浮动汇率制而增大的外汇风险，对各国外汇资产负债和债权债务的安全、对国际经济贸易交往以至整个世界经济的正常发展有着重大的影响。世界各国都充分利用国际金融市场(外汇市场)各种外汇交易，作为保值、增值、防范外汇风险的重要手段，以维护本国在外经贸活动中的经济利益。

2. 国际金融学的研究对象

国际金融学的研究对象比较广泛，它不仅要研究世界货币金融及其运动形式和规律，而且也要研究与之相关的各国货币金融政策和各种国际金融机构。具体来说：

(1) 国际金融学的研究应以世界货币流通为主线

这是因为世界货币流通是国际金融的核心。如果没有世界货币(既包括作为资本的货币，也包括作为货币的货币)流通，也就不会有国际金融活动的发生，世界货币金融关系运动的各种具体形式(如国际收支、国际汇兑等)就会失去运动的主体。因此，国际金融学的研究要贯穿世界货币流通这条主线。

(2) 国际金融学研究的重点是当代世界货币金融关系运动的各种具体形式。

这是因为世界货币金融关系运动的各种具体形式(国际收支、国际汇兑等)是当代国际金融活动的主要内容，通过对这些具体运动形式的研究，就可以揭示出当代世界各国之间货币金融关系的表现形式及其运动的规律。

(3) 国际金融学也要研究当代世界各国之间货币金融关系赖以运行的渠道和媒介

当代世界各国之间货币金融关系赖以运行的主渠道是国际金融市场，赖以运行的主要媒介是各种国际信贷机构和组织。通过对主渠道和主要媒介的研究，就能揭示当代世界货币金融关系得以顺利运行的条件。

3. 国际金融学的内容

完整的国际金融学的内容应该包括：

(1) 国际收支问题

国际收支，即一国对外国的全部货币资金的收付行为。它是国际金融学的一个非常重要的问题。

(2) 国际汇兑即外汇和汇率问题

国际汇兑，即不同国家之间货币相互兑换的一种金融活动。它是办理国际支付首先面临的问题。这个问题包括外汇和汇率，外汇交易和外汇风险，汇率制度和外汇管制等广泛的内容。

(3) 国际储备问题

国际储备，即一个国家在国际经济生活中，参与对外经济贸易和国际信贷活动时，所拥有的可用于正常的和意外的国际支付或其他国际需要的流动资金准备。国际储备体现一国的国际金融实力和国际融资能力。

(4) 国际金融市场问题

国际金融市场，即世界各国之间货币金融关系赖以运行的主渠道，亦即各国货币金融关系活动的主要场所。

(5) 国际资本流动和利用外资问题

国际资本流动，即国际间为一定经济目标而进行的各种形式的资本转移、输出或输入。是资源国际流动的一个重要方面。自 20 世纪 70 年代以来国际资本流动就一直是国际金融学领域中的一个重要内容；对于发展中国家而言，如何利用外资意义重大。

(6)　国际货币制度问题

国际货币制度，即根据一定历史时期国际货币信用的发展水平，以及适应国际经贸发展的需要，在规定范围内实施的、以主导货币为中心的国际汇率、国际结算、国际储备、国际收支调节等的规定、原则和制度的总称，是国际金融得以运转的核心和准则。

(7)　国际金融组织机构问题

国际金融机构，即从事或协调国际金融业务活动的组织或机构。它是世界货币金融关系顺利发展的一个必要媒介，从而成为国际金融学研究的一项重要内容。各种国际金融机构组成了一个多层次的体系。这个体系既包括位于世界各个国际中心的各国商业银行、国际银行和跨国银行的基本层次；也包括联合国体系的国际货币金融机构，如国际货币基金组织和国际复兴开发银行集团及其所属机构的全球性最高级层次，该层次中还应有国际清算银行、地区性国际金融机构、政府间双边或多边金融协议等。

本篇中，我们将着重根据高职高专学生的特点介绍：外汇、国际收支、国际储备、国际金融市场、外汇业务、国际金融机构等方面的知识点。将国际金融学的知识侧重于应用方面，以适应高职高专教学要求。

第 1 章　外汇和国际收支

【内容提要】

在一国国际交往中，会发生债权债务关系，这些关系必须凭借一定的手段来加以了结，而一些远在另一国运动的货币或货币凭证跨越国界，以国际货币形式在世界范围内发挥货币的价值尺度、交易媒介、支付手段、价值储藏和社会财富的绝对化身的职能，它们就是我们通常说的外汇。

国际收支是开放经济条件下本国和外国经济往来的重要分析工具，它经历了一个从狭义向广义发展的过程。

国际收支平衡表遵循特定的记账原则，并设置特定的记录项目。虽然根据各国的不同需要，国际收支平衡表稍有不同，但从结构上来看各国都大同小异。通过对国际收支平衡表的具体项目的局部分析我们可以得出诸如贸易差额、经常项目差额、基本差额等指标来具体衡量某国的国际收支状况，对国际失衡原因进行分析并提出相应的应对之道。

本章主要介绍外汇以及国际收支方面的知识点。主要包括:

1. 外汇的含义
2. 外汇的种类
3. 外汇的作用
4. 国际收支项目的具体内容
5. 国际收支平衡表的编制原理
6. 国际收支不平衡的调节

1.1　外　　汇

1.1.1　外汇的含义

国际经济的交往必然会产生国际债权债务关系，任何一种债权债务关系总是需要某种货币来表示其价值。由于世界上有许多不同的国家, 不同国家有不同的货币, 并且各国所采取的货币政策有所不同，所以国际债权债务关系的清偿需要进行本国货币与外国货币兑换。

外汇是国际汇兑的简称。所谓的国际汇兑，原是指把一个国家的货币兑换为另一个国家的货币。由于一个国家进行对外支付，往往要把本国货币兑换为外国货币，因而现在的外汇专指一国持有的外国货币和以外国货币表示的用来进行国际结算的支付手段。

1. 外汇的概念

在本书中，我们给出的外汇的概念具有双重含义，即有动态和静态之分。

外汇的动态概念，是指把一个国家的货币兑换成另外一个国家的货币，借以清偿国际间债权、债务关系的一种专门性的经营活动。它是国际间汇兑(Foreign Exchange)的简称。这种动态的外汇实质上是一种活动和一种行为。

外汇的静态概念，是指以外国货币表示的可用于国际之间结算的支付手段。这种支付手段可以广泛用于国际间结算和国际储备。

国际货币基金组织的解释为："外汇是货币行政当局(中央银行、货币管理机构、外汇平准基金组织和财政部)以银行存款、财政部国库券、长短期政府债券等形式保有的、在国际收支逆差时可以使用的债权。"

按照我国 1997 年 1 月修正颁布的《外汇管理条例》规定，外汇是指下列以外币表示的可以用作国际清偿的支付手段和资产：

(1) 外国货币，包括纸币、铸币。

(2) 外币支付凭证，包括票据、银行存款凭证、公司债券、股票等。

(3) 外币有价证券，包括政府债券、公司债券、股票等。

(4) 特别提款权。

(5) 其他外汇资产。

人们通常所说的外汇，一般都是就其静态意义而言。

从以上这些解释中可以看出；第一，外汇必须是以外币表示的国外资产，而用本国货币表示的信用工具和有价证券是不能视为外汇的；第二，外汇必须是在国外能够得到补偿的债权。例如：空头支票和拒付的汇票是不能视为外汇的；第三，外汇必须是能够兑换为其他支付手段的外币资产，亦即用可兑换货币表示的支付手段，而不可兑换货币表示的支付手段是不能视为外汇的。

2. 外汇的分类

外汇按照不同的划分标准可以分为不同的种类。

(1) 按其能否自由兑换，可分为自由外汇和记账外汇

自由外汇是指在国际金融市场上可以自由买卖，在国际结算中广泛使用，在国际上可以得到偿付，并可以自由兑换其他国家货币的外汇。目前世界上有 40 多种货币属于自由兑换货币，如美元、欧元、日元、英镑等，又被称为硬通货。

记账外汇是指两国政府签订的支付协定中所使用的外汇。在一定条件下可以作为两国交往中使用的记账工具。记账外汇不经货币发行国家管理当局批准，不能自由兑换为其他国家的货币，也不能对第三国支付，只能根据两国的有关协定，在相互间使用，如我国的人民币，通常称为软通货。

(2) 按其来源和用途，可分为贸易外汇和非贸易外汇

贸易外汇是通过国际贸易活动取得的外汇。各国间的主要经济交往是国际贸易，所以贸易外汇通常是一国外汇收入的主要来源。

非贸易外汇是指除国际贸易以外的各种途径所获得的外汇，如侨汇、旅游、海运、保险、航空、邮电、海关、承包工程、文化交流等取得的外汇。有时候，对于个别国家，非贸易外汇是其外汇收入的主要来源，如瑞士。

(3) 按其买卖的交割期，可分为即期外汇和远期外汇

即期外汇指在外汇成交后于当日或两个营业日内办理交割的外汇。故又被称为现汇。即期外汇分别有电汇、信汇、票汇三种。关于三种现汇的具体内容我们会在第二篇国际结算的汇款结算中详细介绍。

远期外汇是按商定的汇价订立买入或卖出合约，到约定日期进行交割的外汇。故又被称为期汇。买卖远期外汇的主要目的在于避免因汇价波动所造成的风险。远期外汇的期限一般按月计算。例如，1 个月期，6 个月期，甚至于长达一年。通常为 3 个月。

1.1.2 外汇的作用

1. 促进国际间的经济、贸易的发展

由于各国的货币制度不同，一国货币一般不能在别国国内流通，对他国商品没有直接购买力。各国居民要相互购买彼此的商品，必须将本国货币兑换成外国货币即外汇，并用外汇清偿国际间的债权债务。运用这种信用工具不仅能节省运送现金的费用，降低风险，缩短支付时间，加速资金周转，克服了货币在国际间流通的障碍，使各国货币的购买力通过相互兑换在国外也能得以实现。更重要的是可以扩大国际间的信用交往，拓宽融资渠道，促进国际经贸的发展。因此，由于外汇的存在而沟通了货币在国际间的流通，扩大了国际间的商品流通规模，促进了国际贸易的迅速发展。

2. 调剂国际间资金余缺

世界经济发展不平衡导致了资金配置不平衡。有的国家资金相对过剩，有的国家资金严重短缺，这客观上就存在着调剂资金余缺的必要。国际间资金余缺的调剂是通过国际资本流动进行的。而国际资本的移动离不开外汇，外汇作为国际信贷投资的信用工具，充当国际间的支付手段，通过国际信贷和投资途径，为资金在国际间的调拨和运用提供了条件，加速了资金的周转，使资本短缺国家可以利用国际资本发展本国经济，从而促进了国际投资与国际贸易活动的开展，提高了世界经济发展的总体水平。

3. 保存货币的国际购买力，满足国际支付准备金的需要

在国际经济活动中，外汇持有者往往并不急于马上使用，而是在最方便最有利时才购买商品，或者留待万一急需时使用。将外汇作为一种储备资产，存放在国外银行，不仅可

以储存起外汇所代表的国际购买力，以备日后用于对外支付，而且可以作为对外借贷的保证金，提高国际信誉，稳定货币汇率，增强一国的国际金融实力。

1.1.3　外汇在国际结算中的作用

外汇在国际结算中的主要作用是清偿国际间的债权债务关系，并在国际结算中进行最大限度的非现金结算和最小限度的现金结算。

开展对外经济贸易，出口商品货物可收到相应的出口货款，进口商品货物则要支付相应的进口货款。由于进出口贸易的发生，在出口企业对外国的进口企业拥有债权的同时，进口企业对外国的出口企业负有债务。在收付进出口贸易的货款，清偿债权者与债务者之间各种债权债务关系方面，外汇起着非常重要的作用。

各国经营外汇业务的银行，通过买卖不同金额、不同国家货币和不同支付时间的外汇凭证，把进行国际经济交易的企业之间的结算，转变为极少数经营外汇的银行之间的结算，这就把国际间的债权债务集中到了它们的存款账户上，可以最大限度地将债权和债务加以冲抵，进行国际间的非现金结算。

同时，由于银行通过外汇凭证的买卖和转移，可以冲抵巨额的国际债权债务，因而大大减少了国际经济交易中所需的现金外汇结算，使国际结算中的现金外汇结算能够保持在最小限度。不借助外汇凭证，不通过银行间的汇兑，要进行非现金国际结算和最小限度的现金结算是不可能的。国际结算中的非现金结算和最小限度的现金结算，避免了在国际间运送大量现金的风险、费用和利息，加快了外汇资金周转的速度，增加了国际信用，促进了国际经济交易的发展。

1.2　国际收支和国际收支平衡表

国际收支的概念是随着对外贸易的出现而出现的。国际收支是由一个国家对外经济、政治、文化等各方面往来活动而引起的。随着生产社会化与国际分工的发展，各国之间的贸易日益增多，国际间的经济关系也日益密切，尤其战后以来国际经济一体化步伐迅速加快，金融资本交易日益发达，贸易、资金往来的形式也日趋多样化，与此相适应，国际间的政治和文化联系也日益密切与增多。由于广泛的国际交往，必然会在国际间产生货币债权债务关系，这种关系必须在一定日期内进行清算与结算，债权国收入货币了结其债权，债务国支付货币了结其债务，由此便产生了国际间的货币收支。

国际收支的概念是随着国际经济交易的发展变化而变化的。早在资本原始积累时期，当时国际经济交易主要的是对外贸易。因此，重商主义者就把国际收支解释为一国一定时期的对外贸易差额，即人们通常所说的早期的国际收支概念。这个概念流行了很长时间。

二战后，国际经济交易的内容与范围进一步增加与扩大，国际收支不仅包括商品、劳务和资本往来方面的收支，而且包括海外军事开支、战争赔款及教育、文化、科学往来等方面的收支；不仅包括编表时期必须用现金结清的差额，而且包括已发生但要跨期结算的部分；不仅包括货币收支的往来，而且包括非货币收支但须折算成货币加以记录的往来。因此，国际收支就发展成为指一国一定时期内全部国际经济交易的总和，或者说一国一定时期内全部对外往来的系统的货币记录。这也是已被各国普遍采用的广义的国际收支概念。

1.2.1 国际收支的含义

全球统一的国际收支制度是国际货币基金组织成立后着手建立的。国际货币基金组织于1948年首次颁布了《国际收支手册》第一版，以后又先后于1950年、1961年、1977年和1993年修改了手册，不断地补充了新的内容。

编制和提供国际收支平衡表已成为国际货币基金组织成员国的一项义务，并成为参与其他国际经济组织活动的一项重要内容。

1. 国际收支的定义

由于政治、经济、文化等各方面的频繁交往，从而在世界各国之间形成了债权与债务关系，一国在某一特定时期的债权债务，就综合反映为该国的国际借贷关系、这同企业所编制的资产负债表的性质颇相类似。这种国际借贷关系所体现的债权债务，到期时必须以货币形式(外汇)结清支付，从而形成一国的外汇收入与支出。

(1) 狭义的国际收支概念(外汇收支)

狭义的国际收支(Balance of Payments)的概念是建立在现金基础(Cash Basis)上的，即一个国家在一定时期内，由于经济、文化等各种对外交往而发生的，必须立即结清的外汇的收入与支出。由于这一概念仅包含已实现外汇收支的交易，因此称为狭义的国际收支概念。

(2) 广义的国际收支概念

二次大战后，国际经济关系随着对外贸易的发展以及国际经济、政治、文化往来的频繁而更加广泛，从而国际收支概念又有新的发展。

广义的国际收支是对一国(或独立的地区经济体)在一定时期内由于对外政治、经济和文化交往所发生的全部国际经济交易的系统记录和统计。它建立在国际经济交易的基础(Transaction Basis)上，即：凡是在一国与其他国家或经济体之间进行的经济交易都要纳入统计，无论其是否涉及外汇的支付，如记账贸易、易货贸易等。这就是目前所称的广义的国际收支。

狭义的国际收支是以支付为基础的国际收支，而广义的国际收支是以交易为基础的国际收支。目前世界各国普遍采用广义的国际收支。

(3) 包括具体内容的国际收支概念(国际货币基金组织的国际收支定义)

为了便于统一理解国际收支的涵义和编制世界各国的国际收支平衡表，国际货币基金组织依据广义的国际收支概念，对国际收支下了定义，规定其确切含义、具体内容。这个包括全部具体内容的国际收支概念(即 IMF 的定义)，可在后面的“国际收支平衡表”中体现。

根据国际货币基金组织在其编制的《国际收支手册》中关于国际收支概念的表述，国际收支是一个国家(或地区)一定时期内对外经济、政治、文化往来所产生的全部国际经济交易的系统记录。

所谓国际经济交易是指在居民与非居民之间发生的，商品、劳务和资产的所有权从一方转移到另一方的行为。这个概念是建立在经济交易(Economic Transaction)基础上的，即既包括已实现外汇收支的交易，也包括尚未实现外汇收支的交易。

2. 定义中的内涵

在 IMF 的定义中，这个概念具有以下三个层次的内涵：

(1) 国际收支是一个流量概念。当人们提及国际收支时，总是需要指明是属于什么时段的。这一报告期可以是一年，也可以是一个月或一个季度等，完全根据分析的需要和资料来源的可能来确定。各国通常以一年为报告期。若不弄清国际收支概念的流量内涵，往往就容易将之与国际借贷混淆起来。国际借贷，或称国际投资状况，是对一定时点上一国居民对外资产和对外负债的汇总，它是一个存量概念。

(2) 国际收支所反映的内容是经济交易。所谓经济交易是指经济价值从一个经济单位向另一个经济单位的转移。根据转移的内容和方向，经济交易可划分为五类：①金融资产与商品和劳务之间的交换，即商品和劳务的买卖；②商品和劳务与商品和劳务之间的交换，即物物交换；③金融资产和金融资产之间的交换；④无偿的、单向的商品和劳务转移；⑤无偿的、单向的金融资产转移。

(3) 居民。国际收支中的居民和我们日常生活中理解的居民概念不一样。日常生活中的“居民”通常指的是居住在一个国家(或地区)的个人；但是国际收支中的“居民”指的是：①在中国境内居留一年以上(包括一年)的自然人，外国及香港、澳门、台湾地区在境内的留学生、就医人员、外国驻华使馆领馆外籍工作人员及其家属除外；②中国短期出国人员(在境外居留时间不满一年)、在境外留学人员、就医人员及中国驻外使馆领馆工作人员及其家属；③在中国境内依法成立的企业事业法人(含外商投资企业及外资金融机构)及境外法人的驻华机构(不含国际组织驻华机构、外国驻华使馆领馆)；④中国国家机关(含中国驻外使馆领馆)、团体、部队。对于一个国家来说，除了“居民”，其他的机构、个人、企业等均称为“非居民”。

3. 国际收支与国际借贷

国际借贷，又被称为国际投资头寸，是指一定时点上一国居民的全部对外资产和对外负债。

国际收支记录的是一国“一定时期的”对外货币收支和经济价值的转移，统计期通常为一年，也可以是半年、一个季度或一个月，所统计的是一个流量，即统计期内的发生额、变动额。它反映的是一国对外经济和金融实力的变化，可以帮助该国政府制定适当的对内对外经济政策。

国际借贷记录的是一国在“一定日期的”国际收支，所统计的是一个存量，即在某一日期以前由于国际收支而发生的未结待结的债权债务的累计额，反映的是该国在一定日期(一般为年底、季末或月底)全部对外债权债务的综合情况。国际借贷不属于国际收支表的组成部分，但它与国际收支表一起构成一国全面的国际账户。

1.2.2 国际收支统计的重要性

(1) 国际收支统计是国民经济综合平衡必不可少的一个环节

首先，国际收支状况是国民经济综合平衡的一个重要部分，国际收支的顺差或逆差可以弥补国内投资和消费与国内生产总值间的缺口；其次，国际收支与国内本币的供应有密切的联系，国际收支中无论经常项目还是资本项目的交易都需要人民币资金的配套。外汇储备的增减更是直接影响人民币外汇占款的规模，进而影响信贷资金的投放。因此，国际收支状况可影响国内信贷平衡，对金融调控至关重要。

(2) 良好的国际收支统计信息是制定正确的对外经济政策的基础

国际收支状况对一国的汇率、利率、财政、贸易、利用外资、对外投资、外汇管理等方面有着深刻的影响。良好的国际收支统计信息可以帮助我们了解并掌握国内外经济联系情况及其相互影响情况，从而制定相应的经济政策。

(3) 国际收支统计工作关系到一个国家的对外形象

目前，我国向国际货币基金组织及其他国际机构提供的国际收支统计数据和资料是国际社会观察和评估我国经济发展状况的重要组成部分，成为国际信用评定机构和商业银行对我国进行风险信用评级的重要依据之一。因此，我们的国际收支统计工作如何，能否提供完整的国际收支信息已是我国在国际资本市场上顺利筹资的一个前提条件。

1.2.3 国际收支平衡表

国际收支平衡表(Balance of Payments Statement)是在世界统一规范原则基础上编制的一国涉外经济活动报表。由于规则统一，市场经济国家均使用国际收支平衡表来反映一国的对外经济状况。各国使用相同的记录原则和分类标准，因而各国的国际收支可以相互比较。政府部门、经济学家、工商业者等可以用它来进行分析和对政策及业务进行决策。

1. 国际收支平衡表的定义

国际收支平衡表是指按照复式簿记原理，以某一特定货币为计量单位，运用简明的表格形式总括地反映一个经济体(一般指一个国家或地区)在特定时期内与世界其他经济体间发生的全部经济交易。

通过国际收支平衡表，对一定时期一国与其他国家或地区之间发生的货物、服务、收入方面的交易、无偿转让和资本往来进行系统的核算，综合反映一国国际收支平衡状况、收支结构及储备资产的增减变动情况，为制定经济政策、分析影响国际收支平衡的基本经济因素以及采取应对调控措施提供依据。

国际收支平衡表为其他核算表中有关国外部分提供基础性资料，并与资产负债存量核算衔接，在反映对外交易的过程和结果方面，是其他四大核算所不可替代的。

2. 国际收支平衡表的编制原则

国际收支平衡表按照现代会计学的复式记账原理编制，采用借贷记账法记录。贷方以正号表示，记载一国对外负债的增加、资产的减少，主要反映一国来自国外的货币收入；借方以负号表示，记载一国对外负债的减少、对外资产的增加，主要反映一国对外货币支出。其记账法则为：“有借必有贷，借贷必相等，差额必为零。”

(1) 复式记账法和借贷记账法

复式记账法是国际会计的通行准则，也是编制国际收支平衡表采用的基本规则，即对每笔交易都有两次价值相等的记录，一次记入贷方，一次记入借方。

根据该原则，国际收支平衡表中计入贷方的项目包括：货物和服务出口、应收收入、接收货物和资金的无偿转移、金融资产的减少和负债的增加；计入借方的项目包括：货物和服务进口、应付支出、对外提供货物和资金的无偿援助、金融资产的增加和负债的减少。如贷方金额大于借方金额，借贷差额为正，称为顺差，反之称为逆差，如图 1.1 所示。

	借方(−)	贷方(+)
对外负债(来源)	减少	增加
对外资产(占用)	增加	减少
对外货币收支	支出与顺差	收入与逆差

图 1.1　复式记账和借贷记账示意

(2) 计价和记录时间原则

对于各项实际资源、金融债权和债务等各项交易，在国际收支平衡表以成交的市场价格作为交易计价的基础。在没有市场价格的情况下，利用同等条件下形成的市场价格推算。

国际收支项目的记录时间遵循权责发生制原则，每一笔交易的两笔账目都要在同一时间记录。

(3) 记账单位和折算原则

国际收支平衡表中的各项交易所采用的货币或价值尺度往往不同，为了便于分析和开展国际比较，必须将这些价值量折算成同一个记账单位。这个标准的记账单位应该是稳定的，即使用该单位表示的国际交易的价值不应由于参加交易的其他货币发生变化(相对于该记账单位)而受到较大的影响。在将各种计价的币种转换为国际收支记账单位时，最为合适的汇率是交易日期的市场汇率。如果市场汇率不存在的话，应使用最短时期内的平均汇率。我国目前国际收支平衡表使用的记账单位是美元。

(4) 居民原则

居民原则是指国际收支平衡表主要记载的是居民与非居民之间的交易。

3. 国际收支平衡表的基本结构

我国国际收支平衡表是在国际货币基金组织最新制定的标准的基础上，根据中国的实际情况适当调整后形成的。国际收支平衡表包括四大部分，即经常账户、资本和金融账户、储备资产、净误差与遗漏。其中，第三、四两个部分即：储备资产和净误差与遗漏两者合称为平衡账户。表 1.1 即为国际收支平衡样表，现实中世界各国所编制的国际收支平衡表各具特色，并不完全相同。

表 1.1 国际收支平衡表

	借 方	贷 方	余 额
经常账户			
(一)货物和服务			
1. 货物			
2. 服务			
运输			
旅游			
通信服务			
建筑服务			
金融服务			
计算机和信息服务			
专有权利使用费和特许费			
其他商业服务			
别处未提及的政府服务			
(二)收益			
1. 雇员报酬			
2. 投资收益			
(三)政府转移			
1. 中央政府转移			
债务豁免			
其他赠与			

续表

	借　方	贷　方	余　额
其他转移			
2. 其他部门转移			
债务豁免			
其他赠与			
雇员汇款			
移居转移			
其他转移			
资本账户			
(一)资本账户			
1. 资本转移			
(1) 政府转移			
(2) 其他转移			
2. 非生产、非金融资产的收买/放弃			
(二)金融账户			
1. 直接投资			
2. 证券投资			
(1) 资产			
(2) 负债			
3. 其他投资			
(1) 资产			
(2) 负债			
储备资产			
1. 货币性黄金			
2. 特别提款权			
3. 在 IMF 中的储备头寸			
外国通货和存款			
外币证券			
4. 其他债权			
净差错与遗漏			

1)　经常账户

经常账户(Current Account)是国际收支平衡表中最基本、最重要的项目。用来反映一国与他国之间真实资源的转移状况。经常账户或称往来项目，反映居民与非居民间经常发生的经济交易内容，在一国国际收支中占有最基本最重要的地位，其中包括4个具体项目：

(1) 商品或货物

商品(Goods)项下登记商品的出口或进口的外汇收支。包括一切可移动的、在居民和非居民之间变更了所有权的货物。商品又称货物，有形贸易(Visible Trade)收支等。它不仅是经常账户中而且也是整个国际收支平衡表中最重要的账户。

各国对商品进出口的记载通常以海关统计的数字为准。但是在海关统计中，大多数国家对出口商品价格以离岸价格(FOB)计算，对进口商品价格则以到岸价格(CIF)计算，而CIF价格中包括了应划归劳务收支的运费和保险费。为了避免进口国和出口国统计数字不一致的现象，正确反映进出口商品的总额，IMF规定，在国际收支统计中，商品进出口一律按离岸价格(FOB)计算。因此在编制国际收支平衡表时，各国对进口商品的海关统计数字要作一定的调整，即应从CIF价格中扣除运费和保险费，并将其列入劳务收支账户中。此外，加工贸易的加工费，与进出口贸易有关的设备或商品的修理、运输工具停靠口岸期间的商品采购和运输工具的维修以及不作为储备资产的黄金买卖的外汇收支，均属货物项下外汇收支的登记范围。

(2) 服务

服务(Service)项下登记包括运输、旅游、通信、建筑、工程承包、保险、金融、计算机和信息服务、专有权使用费和特许费、咨询、广告、宣传、电影、音像、邮电、其他商务服务以及政府服务所发生的外汇收支。服务收支，也称无形贸易(Invisible Trade)收支。贷方表示我国对外提供上述服务获得的收入，借方表示我国接受境外提供的上述服务的支出。

(3) 收益

收益(Income)项下登记劳动力与资本在国际间流动而发生的外汇收支，包括职工报酬(即劳动者报酬)和投资收益两部分。贷方表示我国获得的收益，借方表示我国对外支付的收益。

其中：

① 职工报酬

职工报酬(Compensation Employees)也称雇员报酬，主要登记在国外工作期限不超过一年的季节工、边境工人以及在外国使领馆及国际组织驻本国机构工作人员的外汇工薪收支。

② 投资收益

投资收益(Investment Income)主要登录由于借贷、货币或商品直接投资、证券投资而产生的利息、利润、股利等外汇收支。

(4) 经常转移

经常转移(Current Transfers)或称单方面转移(Unilteral Transfers)或无偿转移(Unrequited Transfers)，包括侨汇、无偿捐赠和赔偿等项目，既有货物形式，又有资金形式。经常转移分为政府间的经常转移和其他部门间的转移。贷方表示我国从国外获得的无偿转移，借方反映我国向国外提供的无偿转移。政府指接受或提供捐赠的政府部门和国际组织。其他部门指政府部门和国际组织以外的其他部门或个人。在此项下主要登记商品、服务或金融产品从居民一方转移到非居民一方而不要求得到对等报偿的外汇收支，其中包括：

① 各级政府的无偿转移，如战争赔款，政府间的军事援助、经济援助和捐赠，政府与国际组织间定期交纳的费用以及国际组织为执行某项政策而向各国政府提供的转移等。

② 私人无偿转移，如侨汇、遗产继承、赡养费、年金、退休金、抚恤金和资助性汇款等。

2) 资本和金融账户

资本和金融账户(Capital and Financial Account)是指资本项目项下的资本转移、非生产/非金融资产交易以及其他所有引起一经济体对外资产和负债发生变化的金融项目。在资本和金融账户下，分别列有资本(分)账户和金融(分)账户。借方表示资产增加或负债减少；贷方表示资产减少或负债增加。反映居民和非居民间资产或金融资产的转移。

(1) 资本账户

资本账户(Capital Account)下分列两个项目：

① 资本转移

资本转移(Capita1 Transfer)是指涉及固定资产所有权的变更及债权债务的减免等导致交易一方或双方资产存量发生变化的转移项目，主要包括固定资产转移、债务减免、移民转移和投资捐赠等。

具体地说，资本转移项目主要登记投资捐赠(Investment Grants)和债务注销(Debt Cancellation)的外汇收支。投资捐赠可以现金形式，也可以实物形式来进行(如交通设备、机器、机场、码头、道路、桥梁、医院等建筑物)。债务注销即债权国放弃债权，而不要求债务国给予回报。需要指出，资本账户下的资本转移和经常账户下的经常转移不同，前者不经常发生，规模相对大；而后者除政府无偿转移外，一般经常发生，规模相对小。一般讲，除经常转移的战争赔款、军援外，两者均不直接影响捐助者和受援者的可支配收入和消费。

② 非生产、非金融资产的收买/出售

非生产/非金融资产交易是指非生产性有形资产(土地和地下资产)和无形资产(专利、版权、商标和经销权等)的收买与放弃。

(2) 金融账户

金融账户(Financial Account)反映居民与非居民间由于借贷、直接投资、证券投资等经济交易所发生的外汇收支。在这个账户下分列以下 3 个项目：

① 直接投资

直接投资包括外商在华直接投资和我国对外直接投资两部分。直接投资是指投资者对在国外投资的企业拥有 10%或 10%以上的普通股或投票权，从而对该企业拥有有效的发言权。在直接投资项下又包括股本投资，其他资产投资及利润收益再投资等。

② 证券投资

证券投资也称间接投资，证券投资包括股本证券和债务证券两类证券投资形式。主要指居民与非居民之间投资于股票、债券大额存单，商业票据以及各种衍生工具等。

③ 其他投资

其他投资指上述两项投资未包括的其他金融交易，如货币资本借贷，与进出口贸易相结合的各种贷款、预付款，融资租赁等。这些融资交易有的以货币，有的以物资(设备)，或以存款(如出口信贷中签订“存款协议”)的形式出现。

我们将经常账户和资本金融账户的综合称为基本账户。

3) 平衡账户

平衡账户分为以下两类：

(1) 储备资产账户

指我国中央银行拥有的对外资产，包括货币黄金、特别提款权、外汇储备、在国际货币基金组织的储备头寸和其他债权。本部分的详细内容我们将放到第 2 章国际储备中介绍。

(2) 错误与遗漏(Net Errors and Omission)

指由于资料不完整，统计时间、计价标准以及不同币种间的换算差额等原因而形成的误差与遗漏。又称为：净差错与遗漏。是国际收支中惟一一个人为设立的项目。设置错误与遗漏账户是为了人为地轧平国际收支平衡表中借贷双方总额由于不可避免的统计误差错漏而出现的差额。

该账户记录的数字是国际收支平衡表全部账户借方总额与贷方总额轧差的缺口。如前所述，国际收支平衡表是按复式簿记原理编制的，经常账户与资本和金融账户的借方总额与贷方总额应当相等。但是，各账户、各具体项目登录所用的统计资料不完整，来源不一，分散不准确，致使上述两账户的借方总额与贷方总额不能相等。为此，设立净差错与遗漏项目。

造成国际收支统计中错漏的主要原因有：

① 统计资料来源不一和不完整、不准确。

② 汇率变动的影响。

③ 统计时限的影响。

④ 人为隐瞒的因素。

例如，长期以来，中国国际收支平衡表中的净误差与遗漏均出现在借方，但是 2002 年出现在贷方，同样，2003 年净误差与遗漏也出现在贷方。例如：在国际收支平衡表编制方法基本不变情况下，2003 年的净误差与遗漏出现在贷方，为 184.22 亿美元，相当于国际收支口径的货物贸易进出口总额的 2.21%，仍然属于在国际公认的合理范围之内。

1.2.4 国际收支平衡表的分析

1. 分析国际收支平衡表的意义

国际收支平衡表不仅综合记载了一国在一定时期内与世界各国的经济往来情况和在世界经济中的地位及其消长对比情况，而且还集中反映了该国的经济类型和经济结构。因此，国际收支平衡表是经济分析的工具。通过对国际收支平衡表的分析对编制平衡表的国家和非编制平衡表的国家都具有提供全面信息的重要意义。

2. 国际收支平衡表的分析方法

1) 静态分析

静态分析指分析某国在一定时期(一年、一季或一月)的国际收支平衡表。具体讲就是计算和分析表中的各个项目及其差额，分析各个项目差额形成的原因与对国际收支总差额的影响，从而找出国际收支总差额形成的原因。

2) 动态分析

动态分析指按时间序列连续分析一国不同时期的国际收支平衡表。一国一定时期的国际收支状况，是过去一定时期该国经济结构状态、经济发展进程及经济政策导向的综合结果，而经济结构、经济发展以及经济政策并不是一成不变的，它随着时间的变化、环境的变化而不断变化。因此，一国的国际收支也处于一个连续不断的运动过程之中。无论对顺差还是逆差，都不能仅仅从静止的角度来考察，还必须考察其发展变化的情况。

(1) 微观的动态分析

微观的动态分析是对国际收支平衡表本身的各项目之间的关系进行研究，掌握国际收支的全面情况及其发展变化的规律性。

① 差额分析。差额分析是在对各单项了解的基础上，来观察各项目差额之间的变化关系。贸易差额反映了商品进出口情况，是决定经常项目差额的重要因素，但不是惟一因素。对某些国家来说，劳务和单方转移的变化往往对经常项目差额的平衡起着十分重要的作用。经常项目差额的好坏常被视为国际收支状况是处于有利还是不利境地的标志。在资本国际化日益发展的情况下，资本流动对国际收支的影响越来越引人注目。基本差额包括了长期资本流动的变化。长期资本流动具有极强的商业性质，在各国普遍注重出超的情况下，长期资本输入输出与商品输入输出有紧密联系，因此，它与经常项目共同形成了一国国际收支的基本状况。综合差额包括了短期资本流动，短期资本流动具有较强的灵活性，时间短，流量大，对一国经济的冲击力强。在基本差额处于逆差时，短期资本流入能给予弥补，但平衡的作用只是暂时性的。

② 比较分析。分析国际收支平衡表的重要目的之一是掌握其发展变化趋势，因此要注意动态分析的连续性，对一个经济体历年的国际收支平衡表进行比较分析，以便从中找

出变化规律和发展趋势。

比较分析要注重变化的实质原因。如果经常项目差额有了显著变化(由顺差转为逆差，或逆差明显扩大)，变化主要来自于贸易差额，而其历年贸易收支只是少数年份有逆差，则可以判断其逆差是暂时性原因引起的；若其历年多数年份都存在逆差，则可以认为其逆差是根本性原因造成的，具有长期性。

(2) 宏观动态分析

宏观动态分析是将国际收支放在整个国民经济体系中来考察，以研究国际收支与主要宏观经济变量之间的基本关系，了解一国经济与外国经济相互联系、相互作用的程度。

① 国际收支与国民收入账户。国民收入账户记录了与一个国家的收入和产出有关的全部交易。

影响一国国民收入账户变化的因素主要有四个：第一，消费(C)，指私人部门为满足日常的需要而用于生活的支出。第二，投资或储蓄(I 或 S)，指私人部门的收入除消费外剩余部分。从供给角度看，它表现为储蓄(S)；从需求角度看，它表现为投资(I)。私人部门的投资和消费的区分是，一般将企业的购买视为投资，个人或家庭的购买归为消费。第三，政府支出(G)，包括军费开支、公共福利费开支和行政事业费开支。第四，商品和劳务的进出口净额。

封闭经济的国民收入均衡，可用如下关系式表示：

$$Y = C + I + G \tag{1-1}$$

式(1-1)中 Y 为国民收入，C 为消费，I 为投资，G 为政府开支。这个关系式中不涉及国际收支。

开放经济的国民收入均衡，可用如下关系式表示：

$$Y = C + I + G + X - M \tag{1-2}$$

式(1-2)中，X 为商品和劳务出口，M 为商品和劳务进口。这个关系式说明在开放经济中，国际收支与国民收入有着密切的联系，商品和劳务进出口额所占的比重越大，内外经济相互作用的程度就越深。在西方发达国家的经济中，贸易总额常占国民生产总值的较高比重。

② 国际收支与货币供给。国际收支是国际经济社会中一种货币现象，它与一国货币供给有紧密联系。货币供给的变化对国民收入、利息率、投资等都有影响。一般地，货币供应量 M 增加→利息率(i)下降→投资(I)增加→国民收入(Y)增加；货币供应量减少→利息率上升→投资减少→国民收减少。

在封闭经济中，货币供给基本上等于本国信贷量(D)。开放经济中的货币供给包括两部分：国内信贷量和国际货币与国内货币的交换量。后者即为国际储备(U)与汇率(E)之积。国际收支差额就意味着国际储备的变化，在汇率不变的条件下，国际储备的变化必然引起货币供给的变化，其关系式可以表示为：

$$M = D + U \cdot E \tag{1-3}$$

上述这些基本的关系式表明了国际收支与宏观经济变量之间的基本关系，是国际收支和汇率理论分析的基础。

总之，一国的国际收支平衡表，是一国某一时期对外各种关系的综合反映。对国际收支平衡表的分析，不仅仅只是对其各项数字进行简单的加减分析或比较分析，而是要透过这些数字的分析，找到其后面隐藏着的各种经济关系及其作用的结果，以供有关方面决策之用。

有关国际收支平衡表的分析内容主要是集中在对各类差额进行分析，我们将其并至下节国际收支不平衡的调节中一起介绍。

1.3　国际收支不平衡的调节

国际收支不平衡是经常存在的，因此需要对国际收支失衡进行调节。需要说明的是，国际收支顺差和逆差都是失衡的表现。一些人认为只有逆差出现才是失衡，这实际上是一种片面的理解。实际上，在经济全球化不断深化的今天，如果出现持续的大额顺差，不仅会影响本国经济的均衡健康发展，而且会招致其他国家的抗议和报复。

1.3.1　国际收支不平衡的类型

1. 国际收支不平衡的标准

国际收支平衡表的平衡与国际收支的平衡是两个不同的概念。前者是指一国国际收支平衡表本身各项目之间的平衡，后者则是指一国经济活动中涉及国际收支的部分实际发生的结果。因此，一国国际收支平衡表的平衡并不意味着该国国际收支的平衡。

如果将表中所有项目贷方数额相加之和与借方数额相加之和进行对比来判断一个国家的国际收支平衡表是否平衡，我们会发现，一国的国际收支平衡表永远是平衡的。这是因为根据国际收支平衡表的复式簿记编制原则和编制方法，国际收支平衡表最终必须实现平衡。

通常我们习惯把所有的交易发生的动机分为两种：其一，自主性交易(Autonomous Transaction，又称事前交易)：指根据自主的经济动机而进行的交易活动。如经常项目的各项交易与长期资本项目的有关收支。其二，补偿性交易(Compensatory Transaction，又称事后交易)：指为弥补自主性交易差额而进行的各种交易活动。如：为了弥补国际收支逆差而向外国政府或国际金融机构借款，动用官方储备等。

在一个国家的国际收支平衡表上，所谓的国际收支差额，一般是指自主性交易差额。因为只有自主性交易才会涉及实际的外汇收支，“错误与遗漏”项目并不涉及真正的外汇收支。因而，只有自主性交易项目才会影响一国的国际收支平衡。而就这两类交易项目而言，调节性交易只是在自主性交易项目出现不平衡后，由货币当局被动地进行的一种事后弥补性的对等交易，是为了弥补自主性交易的缺口而人为地做出的努力，它实际上取决于自主性交易的结果。只有在一国国际收支中自主性交易达到了平衡，即所有自主性交易项目中贷方数字之和等于借方数字之和，那么该国的国际收支才是平衡的；否则，就是不平衡的。

但是，如果按照这种方式来识别国际收支是否平衡是不现实的。因为从统计的角度分析，我们很难区分何为自主性交易何为补偿性交易。所以这仅仅只能作为一种理论思维方式而很难应用于实践之中。

2. 国际收支差额及相互关系

一般地说，各国会将国际收支平衡作为国际金融运作的目标，而对各种不同类型的国际收支不平衡实施政策调节。在实际中，对于不同的不平衡采用的措施也是有所不同的。

国际收支差额是指一国在一定时期内外汇支出与外汇收入的差额。收入大于支出为国际收支顺差；支出大于收入为国际收支逆差。国际收支差额分为总差额与局部差额。

(1) 局部差额

① 贸易收支差额。这是指商品进出口收支相抵后的差额。若商品出口收入大于进口支出叫做出超，或称贸易顺差；反之，若进口大于出口叫做入超，或称贸易逆差。它反映了一国进出口状况。

② 经常项目差额。这是指通过贸易收支、劳务收支、收益和单方面转移收支相抵而得到的差额。它反映了一国贸易、非贸易以及转移收支的综合情况。

③ 资本差额。资本差额由长期资本差额加上短期资本差额构成，该差额反映了一国由于资本的流出流入所形成的对外债权债务状况。

④ 基本差额。基本差额由经常项目差额和长期资本项目差额构成。用来反映一个国家的对外经济交往能力。

(2) 国际收支总差额

国际收支总差额等于经常项目差额加上资本项目差额，再加上错误与遗漏的数额。一般地说，国际收支总差额应等于官方储备的差额，即它是与官方储备资产的增减变动相一致的。当国际收支顺差时，官方储备就相应地增加；当国际收支逆差时，官方储备就相应地减少，以弥补国际收支的逆差。表 1.2 所列为国际收支差额结构。

3. 国际收支不平衡的类型

根据国际收支失衡的原因将国际收支不平衡分为五种类型：

(1) 周期性不平衡。每个国家的经济都具有周期性。一般来说，一个周期通常包括经济繁荣、经济衰退、经济萧条以及经济复苏四个阶段。四个阶段中经济特点具有显著差别。每个阶段经济发展对于国际收支都会产生影响。

由于受资本主义生产方式固有矛盾的制约，私人占有制与生产社会化的矛盾必然会带来周期性经济危机。即：危机，萧条，复苏，繁荣。周期的不同阶段其对国际收支会产生不同的影响。

表 1.2　国际收支差额结构

贷方(+)
借方(-)
+商品出口
-商品进口
=贸易差额
贸易差额
+劳务收入
-劳务支出
+单方面转移收入
-单方面转移支出
=经常项目差额
经常项目差额
+长期资本流入
-长期资本流出
=基本差额
基本差额
+私人短期资本流入
-私人短期资本流出
=官方结算差额
官方结算差额
+官方贷款
-官方借款
=综合差额
综合差额
-储备增加(+储备减少)
=零

在第一次世界大战以前，一些主要资本主义国家发生经济危机，也会影响到其他国家，但程度较小。这是因为在当时资本主义各国之间的经济联系还不如现在这样紧密，互相依赖程度还不大、而且每个周期的时间较长。一般要经历 10 年左右。因此，国际收支的变化相对来说还是处于稳定的局面。到了 20 世纪初期，自由资本主义进入了垄断资本主义时期，每一周期缩短为七八年，甚至更短，而且危机对资本主义经济、贸易所产生的破坏作

用日益严重。因此，主要工业国家爆发危机后，往往会加速其他国家危机的发展。第二次世界大战后，资本主义的经济周期大为缩短，经济危机更趋于频繁。

(2) 结构性不平衡。这是一种因国内生产结构的变动不能适应国际市场的变化而导致的国际收支不平衡。各国因不同的国情而存在不同的生产结构。这种结构的生命力就在于不断地根据实际情况予以调整或使这种结构生产出来的产品不断地升级换代。如果国际市场发生了变化，而一国的生产结构未能及时调整或增加技术含量，则将会失去生命力，即该国的出口产品将会失去竞争力、继而会失去国际市场，导致国际收支不平衡。例如，1997年东南亚、韩国之所以相继发生货币危机，其中一个重要原因就是生产结构落后，生产结构未能依市场变化而及时调整，最后导致多年来经常项目发生严重逆差，对整个国际收支与经济发展产生巨大的冲击。

(3) 货币性不平衡。这是由于一国的价格水平、成本、汇率、利率等货币性因素变动造成的。例如：一国(或地区)出现通货膨胀或者通货紧缩，物价水平就会上涨或者下降从而影响本国进出口，引发国际收支失衡。当通货膨胀物价上涨时，出口产品的生产成本上升，如果汇率不作调整，出口产品的价格竞争力将会下降，导致出口减少而进口需求则会增加，贸易顺差减少，甚至出现贸易逆差，进而导致国际收支的失衡。

(4) 收入性不平衡。这是由于一国国民收入的相对快速增长而导致进口需求的增长超过进口需求所引起的。具体地说，当一国(或地区)经济增长率高于其他国家(或地区)时，人均收入越高，进口增长越快，企业会增加进口生产资料，个人对消费资料的需求也会增加，反之出口商品由于国内需求大，出口相应减少，形成贸易逆差，导致国际收支的失衡。

(5) 政策性失衡。这是指因一国推出重要的经济政策或实施重大改革而引发的国际收支不平衡。例如，一国推出金融自由化政策或严格外汇管制政策，实行全方位的高利率，大力引进外资或大力提倡对外投资以及实行汇率改制政策等，都可能通过各种传导机制，影响贸易往来和资本流动，进而使国际收支出现顺差或逆差。

总之，导致国际收支失衡的因素很多，既有客观的，又有主观的；有内部的，也有外部的；有政治和社会的，也有经济发展阶段性的；有宏观的，也有微观的。各种因素混合，使国际收支不平衡的原因变得复杂，因此必须找出主要原因，施以正确的调节政策。

1.3.2 国际收支调节主体与一般原则

在国际间出现了持续性的顺差或持续性的逆差，应由谁来负责恢复平衡，即谁是调节国际收支的主体？这是国际经济关系中一个非常重要的问题。对一个国家来说，国际收支不平衡，无论是出现顺差还是逆差，其经济均会受到不同程度的不良影响。一般认为，出现逆差受到的不良影响较之出现顺差为大。因此，第二次世界大战后，国际收支的失衡大都由逆差国家自动采取措施来进行调节，顺差国家只是在外来压力下，才被迫减少顺差，使之达到或者接近于平衡。

20 世纪 60 年代以后，西欧和日本经济迅速发展，它们的国际收支从逆差转变为持续性的顺差，而美国则逐步从顺差国家转变为持续性的逆差国家。面对这种情况，美国依靠它的经济、军事与政治等方面的实力地位，向顺差国家施加种种压力，迫使它们采取措施以恢复国际收支的平衡。

20 世纪 60 年代以后，前联邦德国与日本曾数度被迫实行货币升值。从而减少它们的顺差。特别是 20 世纪 70 年代初期，由美国操纵的十国集团决定调整各主要国家的汇率，使一些国家的货币对黄金的比价实行升值，而美元则对黄金贬值。这个决定就标志着顺差国家在国际收支发生不平衡时，也负有调节的责任。

据上述的几种国际收支不平衡形态，一般选择调节的方式大致有以下两个原则：

(1) 应按国际收支不平衡的类型来选择调节的方式

在国际收支不平衡的形态中有周期性的不平衡，结构性的不平衡，货币性不平衡与收入性不平衡等多种类型。因此，在选择调节方式的时候应按其不平衡的性质与类型采取不同的调节方式。

例如，一国的国际收支不平衡是属于周期性的不平衡，这就说明这种不平衡是短期性的，因此，可以用该国的国际储备与国外短期贷款来弥补缺口，但这种方式用于持续性巨额逆差则是不能收到预期效果的，因为一国的国际储备并非取之不尽，而利用国际短期资本，不但要负担过高的利息，而且偿还期不到一年，到期后必须清偿债款，这样资本项目差额则会出现越来越大的局面，所以用这种方式并不能从根本上缓和国际收支的危机。

如果国际收支是因为货币性的不平衡而引起的，一般采取汇率调整，即逆差国家对本国货币实行贬值，顺差国家实行升值的办法。就其效果来看，无论是升值或贬值，在实行之初，能够收到一定效果，但并不能由此一劳永逸。

对于结构性的不平衡，西方国家大都采取对金融、贸易进行直接管制的方法。直接管制包括贸易管制与外汇管制，即限制商品进出口并对资本移动采取限制措施，利用国家的财政与金融政策强行干预国际贸易与国际经济关系的发展。通过这些措施以达到国际收支平衡。这些措施虽然能收到短期效果，但从长期来看，它对国际贸易与国际金融的发展均会造成严重的阻碍。

(2) 选择调节国际收支的方式还应该考虑国内平衡，尽可能使其不互相矛盾

所谓国内平衡主要是指在充分就业的前提下，抑制通货膨胀，从而保持物价稳定，促进经济增长。

国际收支是一个国家整个经济的有机组成部分，一般来说，谋求国内经济平衡发展必然影响国际收支平衡状况。因此在选择宏观政策时必须按其轻重缓急，在不同的时期和经济发展的不同阶段分别做出抉择。

目前，西方国家都是在谋求国内经济平衡的前提下，设法实现其国际收支平衡的。国际收支不平衡会直接导致一国货币汇率发生变化。如果汇率波动幅度不大，即使时涨时落，也不致造成严重的经济后果。如果汇率从剧烈的波动发展到持续性涨落，就会直接影响该

国的经济发展，因此，在谋求国内经济平衡的同时必然要顾及国际收支的平衡。

1.3.3 调节国际收支不平衡的措施

1. 市场自动调节措施

市场自动调节(或市场自发调节)，即靠市场自发的力量，通过价格、收入、汇率等的变化使国际收支自动走向平衡。这种调节体现在国际收支自动调节机制上，其内容有三类：

(1) 国际金本位制下的国际收支自动调节机制

根据休谟的金本位自发调节理论(“现金-价格-流动”)，即：价格-现金流动机制，国际收支的不平衡会引起黄金的流动和一国物价水平的相应变化，进而，商品进出口的变化，最终调节国际收支。具体说，当一国国际收支出现顺差时，黄金流入，会导致货币供给量增加，商品价格上涨，出口减少，进口增加，从而使国际收支顺差逐渐减少乃至消失。反之，当国际收支出现逆差时，黄金外流，会导致货币供给量减少，商品价格下跌，出口增加，进口减少，从而使国际收支逆差逐渐趋于消失。总之，无论国际收支顺差或逆差，都会在没有政府干预下自动恢复平衡。这是一种典型的自动调节机制，如图 1.2 所示。

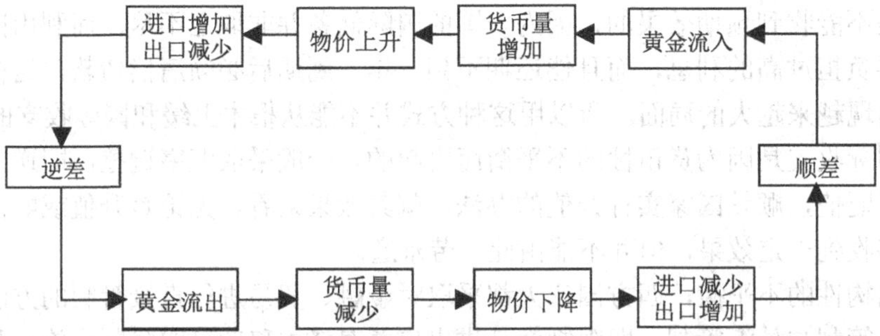

图 1.2 价格—现金流动机制

(2) 纸币本位的固定汇率制度下的国际收支自动调节机制

在不兑换纸币流通情况下，尽管“现金-价格-流动”机制不复存在，但自动调节机制在一定程度上依然存在，不过变形为“利率-收入-价格”机制，即国际收支变化会影响利率(资本国际流动)、国民收入及物价等方面的变化，进而使国际收支自动趋于平衡，具体说，当一国由于进出口不平衡而发生国际收支顺差时，该国的外汇收入和国际储备增加，信用扩张、银根放松，利率趋于下降，结果是(三个效应)：首先，资本外流增加，资本流入受阻，这使国际收支顺差缩减(称为“利率效应”)；其次，国内消费和投资都增加，国民收入水平提高，刺激进口需求增加，从而使顺差逐渐减少，趋向平衡(称为“收入效应”)；最后，国内总需求增加，物价上涨，引起该国商品成本价格提高，从而出口下降、进口增加，使国际收支顺差缩减(称为“价格效应”)。相反的情形是，当一国发生国际收支逆差时，则通过上述机制的相反作用过程，使国际收支自动得到平衡。

这种纸币本位的固定汇率制度下的国际收支自动调节机制如图 1.3 所示。

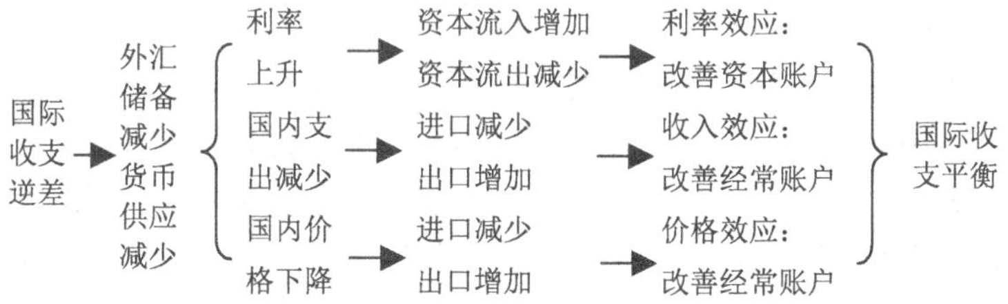

图 1.3　纸币本位的固定汇率制度下的国际收支自动调节机制

(3)　浮动汇率制度下的国际收支自动调节机制

国际收支的自动调节还可通过汇率变动来加以说明。在浮动汇率制下(固定汇率制下，国际货币基金组织规定一般不允许调整汇率)，当一国出现逆差时，对外汇的需求大于供给，外汇汇率就会上升，即本国货币贬值，本国商品的国外价格会下跌，进口品价格上升；这会引起进口减少、出口增加，从而使国际收支逆差的情况得以改善。反之，当一国出现国际收支顺差时，相反的过程会使这种顺差减少。

汇率变动对国际收支的调节作用是有条件的(3 个条件)：条件之一，进出口需求弹性。需求弹性是指价格变动所引起的进出口需求数量的变动。如果数量变动大于价格变动，即需求弹性大于 1；数量变动小于价格变动，即需求弹性小于 1。出口需求弹性与进口需求弹性的组合变化，有三种不同的情况：一是进出口需求弹性之和等于 1，弹性临界(即价格变动正好与数量变动相抵消)对国际收支不起任何作用。二是进出口需求弹性之和小于 1，弹性不足，从而对外国的支付是增加的，而外汇收入是减少的，国际收支进一步恶化。三是进出口需求弹性之和大于 1，弹性较大，从而国际收支得到改善。只有在第三种情况下，货币贬值才起到调节国际收支的作用，这即为“马歇尔-勒纳条件”(以“薄利多销”为例)。然而实际情况最初往往是第二种情况，即由于需求弹性不足，在货币贬值后的一定时期内(大约半年)国际收支会有一定程度的恶化，但是过一段时间需求弹性改变后，贬值的结果就会引起国际收支的改善。如果描述一条代表一国贬值之后的贸易差额曲线，这条曲线最初为下跌，而后上升，呈 J 字母形状，即所谓“J 曲线效应”。条件之二，贸易对方国的反应。如果它们采取相应的报复措施、管制措施或其他保护主义措施，则该国的贬值效果就会被抵消。条件之三，汇兑心理作用的影响。汇率下跌，人们预期将来可能进一步下跌，于是出现资金外流，使资本项目出现逆差，这使得调节国际收支逆差的作用减弱，甚至短时间内失效。

浮动汇率制度下的国际收支自动调节机制如图 1.4 所示。

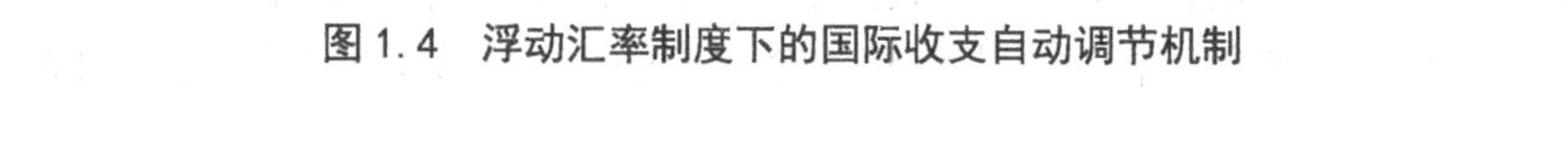

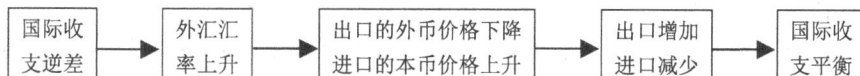

图 1.4　浮动汇率制度下的国际收支自动调节机制

2. 国家政府调节措施

(1) 外汇缓冲政策

所谓外汇缓冲政策，是指一国政府为对付国际收支不平衡，把其黄金外汇储备作为缓冲体(Buffer)，通过中央银行在外汇市场上买卖外汇，来消除国际收支不平衡所形成的外汇供求缺口，从而使收支不平衡所产生的影响仅限于外汇储备的增减，而不致进一步影响本国的经济。外汇缓冲政策的优点是简单易行，其局限性是：不适于对付长期、巨额的国际收支赤字，因为一国的外汇储备数量总是有限的。

(2) 财政政策和货币政策

① 财政政策(Fiscal Policy)

财政政策是指一国政府通过调整税收和政府支出，从而控制总需求和物价水平的政策措施。财政政策一般主要取决于国内经济的需要，在将财政政策用于调整国际收支时，其作用机制如下：在国际收支出现赤字的情况下，一国政府宜实行紧缩性财政政策，抑制公共支出和私人支出，从而抑制总需求和物价上涨。总需求和物价上涨受到抑制，有利于改善贸易收支和国际收支。反之，在国际收支出现盈余的情况下，政府则宜实行扩张性财政政策，以扩大总需求，从而有利于消除贸易收支和国际收支的盈余。

② 货币政策(Monetary Policy)

货币政策亦称金融政策，它是西方国家普遍、频繁采用的调节国际收支的政策措施。调节国际收支的货币政策主要有贴现政策(Discount Policy)和改变准备金比率(Rate of Reserve Requirement)的政策。

第一，贴现政策，中央银行在贴现票据时，所收取的官方最低利率称为再贴现率(有时简称贴现率)。中央银行以提高或降低贴现率的办法，藉以扩充或紧缩货币投放与信贷规模，吸引或排斥国际短期资本的流入流出，以达到调节经济与国际收支的目的。此即为贴现政策。

当一国出现国际收支逆差，该国中央银行就调高再贴现率，从而使市场利率提高，外国短期资本为获得较多的利息收益，而会流入，本国资本亦不外流，这样在资本项目下，流入增加，流出减少。可减少国际收支逆差。此外，提高利率，即对市场资金供应采取紧缩的货币政策，会使投资与生产规模缩小，失业增加，国民收入减少，消费缩减，在一定程度上可促进出口增加，进口减少，从而降低经常项目的逆差。至于在顺差情况下，则由当局采取调低再贴现率和放宽货币政策，从而起到与上述情况相反的作用，以压低顺差的规模。

第二，改变准备金比率的政策。在西方国家、商业银行等金融机构都要依法按其吸收存款的一定比率，向中央银行缴存保证存户提现和中央银行控制货币量的特定基金。这个比率的高低决定着商业银行等金融机构可用于贷款资金规模的大小，因而决定着信用的规模与货币量，从而影响总需求和国际收支。过去，这项政策主要用于国内经济的调节，但从 20 世纪 60 年代末开始，这项政策措施也被一些发达国家用于调节国际收支。例如，日本在 20 世纪 70 年代就曾实行过差别性准备金比率的政策，即商业银行等金融机构吸收的非居民存款缴存中央银行的准备金的比率远远高于居民存款准备金的比率，来抑制国际游资(Hot Money)的流入，从而减少和避免美元危机(Dollar Crisis)对本国经济的冲击。

上述分析说明，一定的财政货币政策是有助于扭转国际收支失衡的，但它也有明显的局限性，即它往往同国内经济目标发生冲突。为消除国际收支赤字，而实行紧缩性财政金融政策，会导致经济增长的放慢以及失业率的上升；为消除国际收支盈余，而实行扩张性财政金融政策，又会促进通货膨胀的发展和物价上涨加快。因此，通过财政货币政策而实现国际收支的平衡，很有可能会以牺牲国内经济目标为代价。

(3) 汇率政策

汇率政策是指一国通过调整其货币的汇率，以影响进口和出口，调整贸易收支，从而调整国际收支的政策措施。

当一国发生国际收支逆差，经常调低本币汇率，使本币对外贬值。在国内价格不变或变动不大的条件下，出口商品若以外币计算，就会较贬值前便宜，从而增强出口商品的竞争力，增加出口收汇；另一方面，当调低本币汇率后，进口商品折成本币的价格则会较贬值前昂贵，因此会缩减输入，减少进口用汇。这有助于减少逆差，逐渐达到平衡，甚至形成顺差。这是为解决逆差问题而使用得较多的一种办法。当一国具有国际收支顺差，有时也采取调高本币汇率的措施，使本币升值稍许扩大输入、压低输出的规模。从而使顺差数额有所缩小。但这常常是在贸易对手国家逆差状况严重、对其施加强大压力下而被迫采用的。

实行货币贬值，只有在一定的进出口商品的供求弹性条件下(即假设供给弹性无穷大的前提下，应满足：出口商品需求弹性加进口商品需求弹性大于 1 的条件)，才会产生改善贸易收支与国际收支的效果。另外，货币贬值，一般具有加剧国内通货膨胀与物价上涨的作用。因而结合紧缩性财政货币政策来实行货币贬值，才能起到既改善国际收支，又不至于加重国内通货膨胀的作用。

(4) 直接管制(Direct Control)和其他奖出限入的外贸措施

直接管制是指政府通过发布行政命令，对国际经济交易进行行政干预，以求国际收支平衡的政策措施。直接管制包括：外汇管制和贸易管制；直接管制和其他奖出限入的外贸措施常见的有：对出口或给以内部补贴、或发放出口信贷、或由政府对出口信贷给予担保等，对进口则实行配额制、许可证制或严格审批进口用汇。

直接管制通常能起到迅速改善国际收支的效果，能按照本国的不同需要，对进出口贸易和资本流动区别对待。但是，它并不能真正解决国际收支平衡问题，一旦取消管制，国际收支赤字仍会出现。此外，实行管制政策，既为国际经济组织所反对，又会引起他国的反抗和报复。

一国在国际收支不平衡时，需针对形成的原因采取相应的政策措施。例如，如果国际收支不平衡是由季节性变化等暂时性原因形成的，可运用外汇缓冲政策；如果国际收支不平衡是由国内通货膨胀加重而形成，可运用货币贬值的汇率政策；如果国际收支不平衡是由国内总需求大于总供给所致，可运用财政货币政策，实行紧缩性财政、货币政策；如果国际收支不平衡是由经济结构性原因引起的，可进行经济结构调整并采取直接管制措施。

3. 国际收支调节政策的配合

(1) 国际收支调节政策的分类

外汇缓冲政策是一种运用外汇储备或通过向外短期借贷的方式来弥补外汇供求缺口从而平衡国际收支的融资(Financing)型政策。其他各种调节政策都是通过对需求产生影响进而消除外汇供求缺口，调节国际收支的政策称为支出政策。支出政策可分为支出变更型政策和支出转换型政策两大类。

支出变更型政策(Expenditure Shifting Policy)也称支出增减型政策是指通过改变社会总需求和支出总水平来改变对外国商品、服务和金融资产的需求从而调节国际收支的政策。如：一国的财政政策、货币政策。支出转换型政策(Expenditure Switching Policy)是指不改变社会总需求和总支出水平而改变需求和支出方向的政策。如：一国的汇率政策、直接管制政策等。

(2) 内部均衡与外部均衡的矛盾

内部均衡与外部均衡的矛盾关系如表 1.3 所示。

表 1.3 内部均衡与外部均衡的矛盾关系

内部经济状况	外部经济状况
经济衰退、失业增加	国际收支逆差
通货膨胀	国际收支逆差
通货膨胀	国际收支顺差
经济衰退、失业增加	国际收支顺差

(3) 财政政策与货币政策的配合

财政政策与货币政策的配合如图 1.5 和表 1.4 所示。

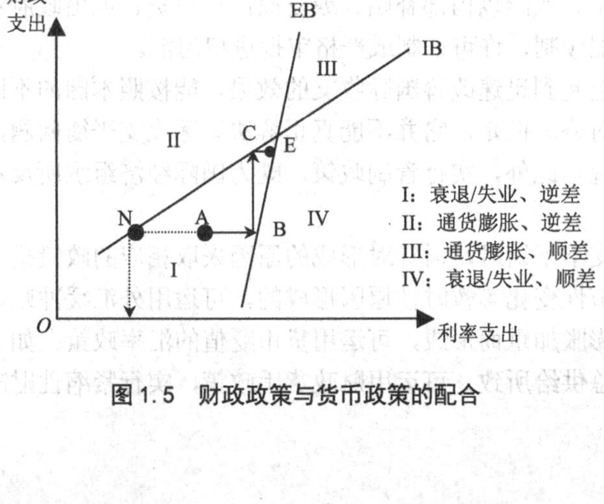

图 1.5 财政政策与货币政策的配合

表 1.4　财政政策与货币政策的搭配

开放宏观经济状况	财政政策(内部)	货币政策(对外)
失业增加、经济衰退/国际收支逆差	扩张政策	紧缩政策
通货膨胀/国际收支逆差	紧缩政策	紧缩政策
通货膨胀/国际收支顺差	紧缩政策	扩张政策
失业增加、经济衰退/国际收支顺差	扩张政策	扩张政策

1.3.4　国际收支持续失衡对一国经济的影响

国际收支持续失衡对一国经济发展的影响，包括两个方面：一是国际收支的持续逆差对国内经济的影响；二是国际收支持续顺差对国内经济的影响。传统的国际经济理论认为，前者对经济所造成的危害较后者大、故强调对国际收支逆差的调节。但二战后，某些国家发生了长期顺差，对经济发展也带来了不利的影响，比较典型的是前联邦德国和日本。因此，目前对持续顺差的调节也得到了应有的重视。

(1)　国际收支持续性逆差对国内经济的影响

①　持续性逆差首先会导致外汇储备大量流失。这是因为一国发生持续性逆差时，一般都会采取三列方式来弥补：一是动用外汇储备，二是对外举债，三是调整经济结构。如果主要以动用外汇储备去弥补，必然严重消耗该国的储备资产，而储备资产又是一国国际清偿力的重要构成，因此，储备资产的流失也就意味着该国金融实力甚至整个国力的下降，进而也会损害该国在国际上的声誉。

②　持续性逆差会导致该国外汇短缺，造成外汇汇率上升，本币汇率下跌。在其他因素的作用下，一旦本币汇率过度下跌，不但会削弱本币在国际上的地位，而且因汇率波动较大而不利于对外贸易经济核算，降低经济效益，甚至还会导致该国货币信用下降，出现国际资本大量外逃，进而引发货币危机。

③　持续性逆差会使该国获取外汇的能力减弱，同时也使一部分国际储备资产因用以弥补逆差而丧失，这样必然影响该国发展生产所需的生产资料的进口。使国民经济增长受到抑制，进而影响一国的国内财政，以及人民的充分就业。

④　持续性逆差还可能使该国陷入债务危机。如果发生持续性逆差时，该国主要以举借外债的方式来弥补，而且借入外债的使用效益低下，那么，可能会导致该国到期无法还本付息，爆发债务危机。20 世纪 80 年代初的南美债务危机就证明了这点。

(2)　国际收支持续顺差对国内经济发展的影响

一个国家如果发生国际收支持续顺差，也会对经济发展造成不利影响。

①　持续顺差会破坏国内总需求与总供给的均衡，使总需求迅速大于总供给，冲击经济的正常增长。因为：第一，持续顺差在贸易上表现为大量商品出口，而大量的出口商会直接减少国内社会产品供给，使国内需求相对增大；第二，持续顺差产生的储备结余，会产生不同程度的兑换压力，持有者的兑换要求，会迫使本国金融当局增加本国货币的投放，从而又创造出新的需求，加大通货膨胀压力；第三，持续顺差会使顺差国的国际支付信誉

良好，从而吸引国际资本流入。而这又会增加货币投放，从而容易打破原来的总需求与总供给的均衡状况，即：使得总需求超过总供给。

② 持续顺差在外汇市场上表现为有大量的外汇供应，这就增加了外汇对本国货币的需求，导致外汇汇率下跌，本币汇率上升，从而提高了以外币表示的出口产品的价格，降低了以本币表示的进口产品的价格。这样，在竞争激烈的国际市场上，其国内商品和劳务市场将会被占领。

③ 持续顺差也会使该国丧失获取国际金融组织优惠贷款的权力。例如，IMF 的一个宗旨就是协调各成员国的货币政策，通过提供优惠贷款帮助成员国平衡国际收支逆差。但如果该国国际收支出现不断的顺差，就无法得到这种益处。

④ 持续顺差也意味着其他国家国际收支持续性逆差，这必然影响到其他国家的经济发展，从而导致国际贸易摩擦，甚至报复，不利于国际经济关系的发展。20 世纪 60 年代以来日本、瑞士等国家被迫采取种种措施来减少顺差，就是一个例子。此外，一些资源型的发展中国家如果发生过度顺差，则意味着国内资源的持续性开发，它会给这些国家今后的经济发展带来隐患。

总之，国际收支逆差和顺差是不可避免的，但要保持一个合理的限度。即：国际收支差额的存在，应该是该国现有能力可控制的，包括适量的国际储备和充分的国际借款还债能力。当然，这种合理的“度”与“量”的规定，是因时、因国而异的。

小 结

本章中，我们介绍了两部分的知识点。第一部分是外汇。国际间债权、债务的清偿要通过将不同国家的货币相互兑换进行，于是发生了国际汇兑行为。外汇即“国际汇兑”(Foreign-Exchange)的简称。外汇按照不同的标准可以进行不同的分类。其中重点需要掌握外汇的含义。

第二部分是国际收支。国际收支是一定时期内一个国家(或地区)居民与非居民之间发生的全部经济往来的系统化货币记录。交易的绝大部分是在居民和非居民之间进行的，国际收支的主要内容集中体现在国际收支平衡表中。此外，还介绍了有关国际收支不平衡方面的内容。这部分的难点在于国际收支不平衡的调节。重点需要掌握国际收支的定义，国际收支平衡表的编制和分析，不同汇率制度下国际收支不平衡的调节。

复习思考题

1. 名词解释

(1) 外汇

(2) 国际借贷

(3) 国际收支

(4) 国际收支平衡表

2. 问答题

(1) 根据我国外汇管理条例，可以将外汇分为哪几类？
(2) 简述外汇的种类。
(3) 国际借贷与国际收支有何异同？
(4) 简述国际收支平衡表的主要内容。
(5) 简述考察国际收支不平衡的口径主要有哪些？
(6) 试述国际收支不平衡的主要原因。解决国际收支不平衡的主要对策有哪些？

案例及热点问题分析

以下给出2002年和2003年两年中国上半年的国际收支平衡表(如表1.5和表1.6所列)，请将其结合起来进行分析。

表 1.5　中国国际收支平衡表(2003 年 1-6 月)

单位：千美元

项　目	差　额	贷　方	借　方
一. 经常项目	11 120 445	225 021 122	213 900 677
A. 货物和服务	7 257 618	209 637 355	202 379 738
a. 货物	13 532 515	190 418 794	176 886 279
b. 服务	−6 274 897	19 218 562	25 493 459
1. 运输	−4 667 044	3 541 528	8 208 573
2. 旅游	39 873	7 331 000	7 291 127
3. 通讯服务	131 674	317 491	185 817
4. 建筑服务	76 868	605 072	528 204
5. 保险服务	−1 929 165	130 935	2 060 100
6. 金融服务	−13 994	30 778	44 772
7. 计算机和信息服务	−38 449	481 087	519 536
8. 专有权利使用费和特许费	−1 750 381	54 584	1 804 965
9. 咨询	−696 333	853 837	1 550 170
10. 广告、宣传	33 827	219 399	185 572
11. 电影、音像	−15 045	13 461	28 506
12. 其他商业服务	2 602 823	5 476 698	2 873 875
13. 别处未提及的政府服务	−49 552	162 691	212 243
B. 收益	−3 649 920	7 363 031	11 012 951

续表

项 目	差 额	贷 方	借 方
1. 职工报酬	−24 183	510 315	534 498
2. 投资收益	−3 625 737	6 852 717	10 478 453
C. 经常转移	7 512 747	8 020 735	507 988
1. 各级政府	−107	61 691	61 798
2. 其他部门	7 512 854	7 959 044	446 190
二. 资本和金融项目	44 403 099	97 088 867	52 685 768
A. 资本项目	−22 652	0	22 652
B. 金融项目	44 425 751	97 088 867	52 663 116
1. 直接投资	26 924 148	30 342 853	3 418 705
1.1 我国在外直接投资	−839 412	87 853	927 265
1.2 外国在华直接投资	27 763 560	30 255 000	2 491 440
2. 证券投资	−4 293 159	899 873	5 193 033
2.1 资产	−4 962 094	23 852	4 985 946
2.1.1 股本证券	0	0	0
2.1.2 债务证券	−4 962 094	23 852	4 985 946
2.1.2.1 (中)长期债券	16 906	23 852	6 946
2.1.2.2 货币市场工具	−4 979 000	0	4 979 000
2.2 负债	668 934	876 021	207 087
2.2.1 股本证券	753 000	753 000	0
2.2.2 债务证券	−84 066	123 021	207 087
2.2.2.1 (中)长期债券	−118 150	80 409	198 559
2.2.2.2 货币市场工具	34 084	42 612	8 528
3. 其他投资	21 794 762	65 846 140	44 051 379
3.1 资产	18 195 638	27 748 502	9 552 864
3.1.1 贸易信贷	1 078 070	1 078 070	0
长期	0	0	0
短期	1 078 070	1 078 070	0
3.1.2 贷款	14 510 741	15 194 802	684 061
长期	−563 000	0	563 000
短期	15 073 741	15 194 802	121 061
3.1.3 货币和存款	−5 174 904	278 563	5 453 467
3.1.4 其他资产	7 781 731	11 197 066	3 415 336

续表

项　目	差　额	贷　方	借　方
长期	0	0	0
短期	7 781 731	11 197 066	3 415 336
3.2 负债	3 599 123	38 097 638	34 498 515
3.2.1 贸易信贷	1 332 904	1 332 904	0
长期	0	0	0
短期	1 332 904	1 332 904	0
3.2.2 贷款	2 008 193	31 984 679	29 976 487
长期	−274 134	10 473 464	10 747 597
短期	2 282 327	21 511 216	19 228 889
3.2.3 货币和存款	572 645	4 189 762	3 617 117
3.2.4 其他负债	−314 619	590 292	904 911
长期	−309 413	477 391	786 804
短期	−5 205	112 901	118 107
三. 储备资产	−60 254 600	0	60 254 600
3.1 货币黄金	0	0	0
3.2 特别提款权	−16 000	0	16 000
3.3 在基金组织的储备头寸	−170 000	0	170 000
3.4 外汇	−60 068 600	0	60 068 600
3.5 其他债权	0	0	0
四. 净误差与遗漏	4 731 057	4 731 057	0

(资料来源：中国外汇管理局官方网站)

表 1.6　中国国际收支平衡表(2002 年上半年)

单位：千美元

项　目	差　额	贷　方	借　方
一. 经常项目	13 629 815	171 877 577	158 247 763
A. 货物和服务	16 394 049	161 439 953	145 045 904
a. 货物	20 719 891	143 341 272	122 621 381
b. 服务	−4 325 842	18 098 681	22 424 522
1. 运输	−3 448 900	2 421 281	5 870 181
2. 旅游	827 751	9 523 000	8 695 249
3. 通信服务	25 147	220 553	195 407
4. 建筑服务	139 076	613 149	474 074

续表

项目	差额	贷方	借方
5. 保险服务	−1 325 268	95 615	1 420 883
6. 金融服务	−22 151	23 225	45 377
7. 计算机和信息服务	−301 306	250 855	552 162
8. 专有权利使用费和特许费	−1 206 842	73 502	1 280 344
9. 咨询	−612 756	488 361	1 101 117
10. 广告、宣传	38 983	162 588	123 605
11. 电影、音像	−22 391	10 223	32 613
12. 其他商业服务	1 632 409	4 063 869	2 431 460
13. 别处未提及的政府服务	−49 592	152 460	202 052
B. 收益	−8 496 557	4 346 385	12 842 942
1. 职工报酬	−215 810	225 481	441 291
2. 投资收益	−8 280 747	4 120 904	12 401 651
C. 经常转移	5 732 322	6 091 239	358 917
1. 各级政府	−37 148	49 822	86 970
2. 其他部门	5 769 470	6 041 417	271 947
二、资本和金融项目	12 247 454	57 335 687	45 088 233
A. 资本项目	−24 403	0	24 403
B. 金融项目	12 271 857	57 335 687	45 063 830
1. 直接投资	22 713 249	24 668 694	1 955 445
1.1 我国在外直接投资	−391 653	88 694	480 347
1.2 外国在华直接投资	23 104 902	24 580 000	1 475 098
2. 证券投资	−7 002 637	110 137	7 112 774
2.1 资产	−6 427 590	2 137	6 429 727
2.1.1 股本证券	0	0	0
2.1.2 债务证券	−6 427 590	2 137	6 429 727
2.1.2.1 (中)长期债券	−7 590	2 137	9 727
2.1.2.2 货币市场工具	−6 420 000	0	6 420 000
2.2 负债	−575 047	108 000	683 047
2.2.1 股本证券	105 000	105 000	0
2.2.2 债务证券	−680 047	3 000	683 047
2.2.2.1 (中)长期债券	−683 047	0	683 047
2.2.2.2 货币市场工具	3 000	3 000	0
3. 其他投资	−3 438 755	32 556 856	35 995 611

续表

项　目	差　额	贷　方	借　方
3.1 资产	3 702 159	9 359 438	5 657 279
3.1.1 贸易信贷	1 660 162	1 660 162	0
长期	0	0	0
短期	1 660 162	1 660 162	0
3.1.2 贷款	−456 755	75 979	532 734
长期	−7 000	0	7 000
短期	−449 755	75 979	525 734
3.1.3 货币和存款	1 343 396	1 963 586	620 190
3.1.4 其他资产	1 155 357	5 659 711	4 504 355
长期	−2 365 950	0	2 365 950
短期	3 521 307	5 659 711	2 138 405
3.2 负债	−7 140 914	23 197 417	30 338 332
3.2.1 贸易信贷	226 854	226 854	0
长期	0	0	0
短期	226 854	226 854	0
3.2.2 贷款	−5 339 859	19 998 319	25 338 178
长期	−2 332 719	7 215 012	9 547 731
短期	−3 007 140	12 783 307	15 790 447
3.2.3 货币和存款	110 581	1 505 842	1 395 261
3.2.4 其他负债	−2 138 490	1 466 402	3 604 892
长期	−1 496 789	1 456 806	2 953 594
短期	−641 702	9 596	651 298
三.储备资产	−31 147 470	0	31 147 470
3.1 货币黄金	0	0	0
3.2 特别提款权	−85 170	0	85 170
3.3 在基金组织的储备头寸	−463 741	0	463 741
3.4 外汇	−30 598 560	0	30 598 560
3.5 其他债权	0	0	0
四.净误差与遗漏	5 270 202	5 270 202	0

(资料来源：中国外汇管理局官方网站)

课后阅读材料

课后阅读 1-1

美元基本知识

美国最早的纸币是由 13 个殖民地的联合政权“大陆会议”批准发行的，称为“大陆币”。1789 年宪法公布后，国会授权两家商业银行发行纸币，称为国民银行券“NATIONAL BANK NOTES”，后因这两家商业银行关闭，于 1836 年停止发行。随后各州立银行根据国民银行法发行自己的钞票，这时期大约有一千多家州立银行发行钞票，有数千种券别在市场上流通，钞票发行混乱，假钞盛行。为了改变这种局面，1863 年财政部被授权开始发行钞票，这种钞票的背面印成绿色，被称为“绿背”一直沿用至今。现行的联邦储备制度是 1913 年开始的，美国国会通过了“联邦储备法案”，按照“法案”的规定，全国划分了 12 个联邦储备区，每个区在一个指定的中心城市，设立一个联邦储备银行，行使中央银行职能，并以其名义发行钞票。为了全面协调、监督各联邦储备银行，在华盛顿设立了联邦储备委员会，它是联邦储备制度的实际决策机构。12 家联邦储备银行所在州、城市及代码如下：

在美元钞票的历史上有不同的券种，其中联邦储备券(Fedeal Reserve Notes)是使用最广泛的一种。它从 1913 年开始发行至今一直是最主要的流通券种，现行流通的钞票中 99%以上为联邦储备券。其他的还有金币券(Gold Certificates)也称黄金券或金元券，库印和连号为深黄色。该券上印有“持有人可凭以兑取金币”，从 1865 年到 1933 年可以自由兑换黄金。1933 年“金本位”制度瓦解后，金币券停止兑换黄金并逐渐退出流通；银币券(Silver Certificates)也称银元券，库印和连号为蓝色。它是为了防止银币外流，于 19 世纪 70 年代后期开始发行的，到 20 世纪 60 年代逐渐消失。还有一种银币券是黄色库印、蓝色连号，它是第二次世界大战时期，美军在北非战场上使用的，一旦被敌方缴获，可以马上作废；国家券(National Currency)也称国家流通券，库印和连号为棕色。它是美国财政部在第二次世界大战时期，为筹措军费于 1942 年发行的，共发行了 6.6 亿美元，均为 1929 年版；政府券(United States Notes)库印和连号为红色。它的发行量较少且是 10 元以下面额；夏威夷券，这不是一个独立的券种，而是在已有的券种(主要是联邦准备券和银币券)钞票上加印黑色“Hawaii”字样，背面是空心字体，但库印和连号是棕色。

由于美元的发行权属于美国财政部，主管部门是国库，具体发行业务由联邦储备银行负责办理，所以美元的票面除有国名、券别名称、官员签字及连号等以外，还有库印、行印、四开号及版号。

由于美元是国际贸易往来中的主要支付币种之一，流通面非常广泛。近百年来，美元的版面设计没有大的变化，所采用的防伪技术也相对较少。因此，假钞很多，且质量越来越高。

1990年以后，这一时期的假钞是当今所有假钞中质量最好、最难识别的一类。这类假钞的纸张一般是专门制造的，紫光灯下不反白光，很少起毛且不易断裂，但纸质不如真钞挺实，抻拉声音不如真钞清脆，绝大多数比真钞厚。油墨颜色与真钞比较接近，有光泽且具有磁性。印刷采用雕刻凹版。因此识别美元假钞要通过眼看、耳听、手摸及借助有效的仪器，与真钞对比。

课后阅读 1-2

关于欧元

1. 欧元简介

1999年1月1日，一个新的经济词汇诞生了，它就是欧元(Euro)。这为欧洲及全世界的货币史书写了全新的一笔。欧元正式诞生标志着欧洲货币联盟进入第三阶段。欧洲中央银行确定统一的货币政策，银行间大额结算开始使用欧元，各金融市场也均以欧元进行结算。

三年的欧元过渡期，是各国货币与欧元共存的过渡阶段，企业与个人可同时使用两种货币。

到2002年1月1日，开始全面使用欧元，各国货币开始退出市场。欧元成为欧盟十二国全面使用的统一货币。

这欧盟十二国分别是：意大利、德国、法国、荷兰、比利时、卢森堡、奥地利、芬兰、爱尔兰、西班牙、葡萄牙和希腊。

1999年1月1日，确定了欧元汇价。2002年1月1日之前，将主要在金融市场、证券市场上使用。个人也可在结算等方面使用。

2002年1月1日，欧洲中央银行正式发行欧元纸币和硬币。到2002年6月30日止，欧元国家的本币将全部退出流通渠道，欧元成为欧元国家的惟一法定货币。2002年7月1日：欧元取代各国货币而成为欧洲统一货币。

2. 欧元孕育历程

1951年4月18日比利时、法国、联邦德国、意大利、卢森堡和荷兰六国签署《巴黎条约》(Treaty of Paris)，创建欧洲煤炭钢铁联合体(European Coal and Steel Community)。

1957年3月25日欧洲煤炭钢铁联合体六国签署《罗马条约》(Treaty of Rome)，建立欧洲经济共同体(European Economic Community)，扩大了共同市场这个概念。

1959年1月1日欧共体成员国第一次大范围降低关税。

1968年7月29日为建立共同劳务市场，欧共体内所有工人都准许自由流动。

1972年4月24日欧共体成员国同意限制各国货币间汇率浮动。

1973年1月1日欧共体第一次扩大：丹麦、爱尔兰和英国加入。

1979年3月13日在法国总统吉斯卡尔·德斯坦与德国总理施密特的创意下，欧洲货币体系(European Monetary System)开始运行。

1981年1月1日希腊加入欧共体。

1986年1月1日西班牙和葡萄牙加入。

1989年6月26、27日：欧共体马德里首脑会议通过了德洛尔的报告。该报告建议分三个阶段来达到欧洲经济与货币联盟(EMU)。

1990年7月1日：欧洲货币联盟开始进入第一阶段，欧共体内资本流动完全自由化，强化欧共体各国经济政策的协调。

1992年2月7日：《马斯特里赫特条约》签署。欧洲联盟(European Union)取代了欧洲共同体，欧洲联盟建立在三个基础上：经济与货币联盟，共同外交与安全政策，协调各国内政与司法事务。

1992年9月：首次欧盟货币危机，英镑与里拉分别退出欧洲货币体系。

1994年1月1日：欧洲货币联盟进入第二阶段，各国经济政策根据“趋同标准”相互靠拢，各国中央银行均获独立地位，设立欧洲货币局。

1995年12月15、16日：欧盟马德里首脑会议确定“欧元”为欧盟未来的统一货币，并确定了日程表。会议确定1999年1月1日正式进入欧元体系，最迟于2002年7月1日以欧元取代各国货币。

1996年12月13、14日：在欧盟都柏林首脑会议上，欧盟15国就《稳定与增长公约》达成一致。该公约要求各国严厉限制公共赤字，违者将受制裁。该会议还确立了欧元的法律地位及票面的图案。

1997年6月16、17日：欧盟阿姆斯特丹首脑会议通过了都柏林协定，通过了经济增长与就业决议。

1997年12月12、13日：欧盟卢森堡首脑会议决定设立欧元理事会，该会由各欧元国的财政部长组成，讨论对欧元的管理。

1998年5月2、3日：欧盟特别首脑会议确定了1999年1月1日进入欧元体系的国家名单，公布欧元与各国货币的兑换比率。

3. 欧元影响国

事实上，欧元的影响远远超出12个成员国的国界，有些国家或地区已单方面宣布以欧元为法定货币，而相当多的非洲国家原先同法国之间的货币合作关系将转为与欧元挂钩。即使不考虑欧盟东扩候选国的货币与欧元之间的兑换关系，欧元从启动之日起在世界上40多个国家和地区直接发挥决定性的影响。

其一是欧洲的3个独立国家圣马力诺、梵蒂冈和摩纳哥。欧盟通过与这3国之间的国际协定，允许它们将欧元作为法定货币，并可铸造一定数量带有本国特色背面图案的铸币，这些铸币将同其他欧元国的铸币具有同等合法地位，在欧元区流通。目前双方正在就细节进行谈判。

其二是法国的4个海外省法属圭亚那、瓜德罗普、马提尼克、留尼汪以及两个海外地方行政区马约特岛和北美洲的圣皮埃尔及密克隆群岛。欧元在这些地区将是正式法定货币。

其三是安道尔、南斯拉夫联盟共和国的科索沃和黑山共和国。它们与欧盟没有协定，而是单方面宣布欧元为合法货币，但将不会是惟一货币。黑山共和国 1999 年 11 月宣布把德国马克作为平行货币，一年后又宣布马克为惟一合法的支付手段，并按 36 比 1 的比例将其手中的南斯拉夫第纳尔换成了马克。迄今为止，黑山共和国通过两家国有银行，从奥地利的维也纳或克罗地亚的萨格勒布筹集马克现金。鉴于这是单方面行为，欧洲中央银行和德国联邦银行并无义务在转换欧元的过程中向上述国家或地区供应欧元现钞，但考虑到这些国家或地区的实际情况，德国联邦银行将准备一部分欧元供它们兑换，其中仅提供给黑山共和国兑换的，大约就有 5000 万马克的欧元币和小额纸币。

其四是涉及 14 个非洲国家的法非金融合作区。这些国家都是法国早先的殖民地，约有 9300 万人口，国民生产总值约为 280 亿非洲法郎，相当于法国国内生产总值的 3%。自从这些国家相继独立后，法国仍通过“西非经济货币联盟”和“中部非洲国家经济与货币共同体”这两个组织，与上述国家维系紧密的金融联系，具体说，就是维持西非法郎和法国法郎 100 比 1 的固定汇率和自由兑换关系。在欧盟有关欧元的谈判中，法国坚持欧元启动不能触动上述联系，1998 年 11 月欧盟首脑会议同意法国维持原有协定。这样，从明年 1 月开始，西非法郎与法国法郎的固定兑换关系，将自然转变为与欧元的固定兑换关系，即 655.957 西非法郎兑换 1 欧元。换言之，欧元区的货币政策将对包括刚果(金)、科特迪瓦、塞内加尔等国在内的经济发挥决定性影响。葡萄牙前殖民地佛得角的货币、科摩罗法郎以及法国 4 个海外领地使用的太平洋法郎也依此办理。

除此之外，还有一部分国家或单方面宣布与欧元直接挂钩，或通过兑换中的“篮子货币”关系与欧元相联系。例如，波黑、保加利亚和爱沙尼亚，就奉行与欧元直接挂钩关系，即中央银行承担义务按固定汇率收购或出售欧元，以稳定本国货币币值。捷克、斯洛伐克、匈牙利等国则确定了本国货币与欧元之间的汇率浮动幅度。如果把某些国家宣布的“篮子货币”以及涉及特别提款权中与欧元的关系考虑进来，欧元的影响还将涉及从欧洲的冰岛、亚洲的孟加拉国、卡塔尔直到拉丁美洲的智利等国家。

如果考虑到欧元区的经济实力和外贸数量，欧元作为世界性货币的意义将更加突出。在目前的 12 个欧元国中，生活着 3.02 亿人口，而另外两大货币区——使用美元的美国和日元的日本，人口分别为 2.72 亿和 1.27 亿；欧元区的开放程度高于美国和日本，亦即欧元区与第三者的贸易远远高于美国和日本，欧元区的出口占国际出口量的 19%，而美国和日本分别为 15%和 9%；货物及劳务出口对欧元区经济的意义也高于美国和日本，欧元区的出口占其国内生产总值的 17%，而美国和日本分别为 10%和 11%；欧元区的生产结构与美国和日本类似。当然，欧元区的整体实力还比美国弱，在世界国内生产总值中的比重美国为 21.9%，总量为 8.666 万亿欧元，年人均收入为 3.1916 万欧元；欧元区的比重为 16.2%，总量为 6.245 万亿欧元，年人均收入为 2.0667 万欧元。因此，目前欧元暂时还不能真正成为美元的竞争对手，但长远看，如果瑞典、丹麦和英国有朝一日加入欧元区，如果 13 个欧盟成员候选国取得正式成员资格，欧元与目前占世界主导地位的美元完全可一决高下。

4. 欧元折算率

欧元折算率如表 1.7 所示。

表 1.7 欧元折算率

货币名称	国际通用代码	欧元固定折算率
奥地利先令	ATS	13.7603
比利时法郎	BEF	40.3399
德国马克	DEM	1.95583
法国法郎	FRF	6.55957
芬兰马克	FIM	5.94573
意大利里拉	ITL	1936.27
荷兰盾	NLG	2.20371
葡萄牙埃斯库多	PTE	200.482
西班牙比塞塔	ESP	166.386
爱尔兰镑	IEP	0.787564
希腊德拉克马	GRD	340.750
卢森堡法郎	LUF	40.3399

课后阅读 1-3

2003 年中国国际收支平衡表

2003 年中国国际收支平衡表如表 1.8 所示。

表 1.8 2003 年中国国际收支平衡表(2003 年 1-12 月)

单位：千美元

项 目	差 额	贷 方	借 方
一. 经常项目	45 874 812	519 580 386	473 705 574
A. 货物和服务	36 078 977	485 003 217	448 924 239
a. 货物	44 651 625	438 269 595	393 617 970
b. 服务	−8 572 648	46 733 622	55 306 270
1. 运输	−10 326 425	7 906 408	18 232 833
2. 旅游	2 218 728	17 406 000	15 187 272
3. 通讯服务	211 026	638 410	427 384
4. 建筑服务	106 416	1 289 655	1 183 239
5. 保险服务	−4 251 432	312 784	4 564 216

续表

项　目	差　额	贷　方	借　方
6. 金融服务	−80 565	151 955	232 519
7. 计算机和信息服务	66 363	1 102 176	1 035 812
8. 专有权利使用费和特许费	−3 441 148	106 979	3 548 127
9. 咨询	−1 564 592	1 884 945	3 449 537
10. 广告、宣传	28 380	486 261	457 881
11. 电影、音像	−36 092	33 443	69 535
12. 其他商业服务	8 591 991	15 055 828	6 463 837
13. 别处未提及的政府服务	−95 299	358 779	454 078
B. 收益	−7 838 360	16 094 693	23 933 053
1. 职工报酬	162 362	1 282 594	1 120 233
2. 投资收益	−8 000 722	14 812 098	22 812 820
C. 经常转移	17 634 195	18 482 477	848 282
1. 各级政府	8 038	113 774	105 736
2. 其他部门	17 626 157	18 368 703	742 546
二. 资本和金融项目	52 725 942	219 630 612	166 904 671
A. 资本项目	−48 083	0	48 083
B. 金融项目	52 774 024	219 630 612	166 856 588
1. 直接投资	47 228 993	55 507 117	8 278 125
1.1 我国在外直接投资	152 274	2 002 117	1 849 844
1.2 外国在华直接投资	47 076 719	53 505 000	6 428 281
2. 证券投资	11 426 757	12 306 682	879 925
2.1 资产	2 983 121	3 000 162	17 041
2.1.1 股本证券	0	0	0
2.1.2 债务证券	2 983 121	3 000 162	17 041
2.1.2.1 (中)长期债券	2 983 121	3 000 162	17 041
2.1.2.2 货币市场工具	0	0	0
2.2 负债	8 443 636	9 306 520	862 884
2.2.1 股本证券	7 729 000	7 729 000	0
2.2.2 债务证券	714 636	1 577 520	862 884
2.2.2.1 (中)长期债券	716 785	1 530 569	813 784
2.2.2.2 货币市场工具	−2 149	46 951	49 100
3. 其他投资	−5 881 725	151 816 813	157 698 538

续表

项　目	差　额	贷　方	借　方
3.1 资产	−17 921 516	51 985 576	69 907 092
3.1.1 贸易信贷	−1 464 991	0	1 464 991
长期	0	0	0
短期	−1 464 991	0	1 464 991
3.1.2 贷款	13 927 400	21 700 806	7 773 406
长期	−693 000	0	693 000
短期	14 620 400	21 700 806	7 080 406
3.1.3 货币和存款	−6 552 105	662 871	7 214 976
3.1.4 其他资产	−23 831 820	29 621 899	53 453 719
长期	−45 000 000	0	45 000 000
短期	21 168 180	29 621 899	8 453 719
3.2 负债	12 039 790	99 831 237	87 791 446
3.2.1 贸易信贷	4 720 304	4 720 304	0
长期	0	0	0
短期	4 720 304	4 720 304	0
3.2.2 贷款	6 614 306	78 874 342	72 260 037
长期	−5 355 881	17 499 275	22 855 155
短期	11 970 186	61 375 068	49 404 881
3.2.3 货币和存款	742 441	8 795 060	8 052 619
3.2.4 其他负债	−37 259	7 441 531	7 478 790
长期	−1 015 799	3 930 130	4 945 930
短期	978 540	3 511 401	2 532 861
三. 储备资产	−117 023 100	0	117 023 100
3.1 货币黄金	0	0	0
3.2 特别提款权	−90 000	0	90 000
3.3 在基金组织的储备头寸	−89 000	0	89 000
3.4 外汇	−116 844 100	0	116 844 100
3.5 其他债权	0	0	0
四. 净误差与遗漏	18 422 347	18 422 347	0

(资料来源：中国外汇管理局官方网站)

课后阅读 1-4

2003 年我国国际收支状况分析

国家外汇管理局

2003 年，面对非典疫情、多种自然灾害和复杂多变的国际形势带来的严峻困难和挑战，我国实现国民经济较快发展，对外贸易快速增长，外商来华直接投资继续保持较大规模。在此背景下，我国国际收支经常项目、资本和金融项目继续保持顺差。其中，经常项目实现顺差 459 亿美元，同比增长了 30%；资本和金融项目顺差 527 亿美元，同比增长了 63%；在经常项目、资本和金融项目双顺差的推动下，外汇储备大幅增长 1168 亿美元，外汇储备增幅为历史最高水平。2003 年我国国际收支主要特点如下：

1. 经常项目顺差规模快速增长

货物项下顺差规模与 2002 年基本持平。根据国际收支统计口径，2003 年，我国货物贸易顺差 447 亿美元，同比仅增长 1%，其中出口 4383 亿美元，进口 3936 亿美元，同比分别增长 35%和 40%。2003 年我国出口实现高速增长得益于我国宏观经济的快速发展和出口企业产品竞争力的不断提高，以及出口政策的调整；另一方面，我国国内需求旺盛，关税水平逐步降低，使 2003 年进口继续保持较高增长。与上年情况不同，2003 年进口增速超过了出口增速，使得货物贸易顺差规模同比增幅较小。

服务贸易规模进一步增长，逆差有所扩大。随着我国服务领域的对外开放以及人员、经济往来的日益密切，服务贸易规模逐年扩大。2003 年我国服务项下的收入与支出分别达到 467 亿美元和 553 亿美元，同比分别增长 18%和 19%。服务项下逆差仍呈现扩大趋势，达到 86 亿美元，同比增长 26%。从具体构成看，运输仍是服务项目逆差的主要因素；旅游收支和其他商业服务均为顺差，但旅游顺差有所下降，降幅达 56%，其中旅游收入同比下降 15%，支出同比下降 1%。此外，我国在计算机和信息服务、专有权利使用费、咨询项下的支出增长迅速，逆差明显上升。

收益项下收支规模均增长，逆差规模小于去年同期水平。2003 年，我国收益项下收入 161 亿美元，同比增长 93%，收益支出 239 亿美元，同比增长 3%。2003 年，外国来华直接投资以境外的资本金汇入和设备为主，境内外资企业的利润再投资规模上升较缓，收益项下支出增长较小。收益项下收入大增和支出缓慢增长使 2003 年收益项下逆差缩小到 78 亿美元，逆差同比下降 48%。

经常转移顺差增幅较大。2003 年，经常转移顺差规模达到 176 亿美元，同比增长 36%，大大高于往年水平。我国居民个人来自境外的侨汇收入增长，是经常转移呈现大幅顺差的主要原因。

2. 资本和金融项目顺差规模大幅上升

2003 年资本和金融项目实现顺差 527 亿美元，较上年 323 亿美元的顺差规模增长 63%。该项下的主要特点是：

外商来华直接投资流入稳定。我国 2003 年实际吸引外商来华直接投资达到 535 亿美元，同比增长了 1%。我国直接投资流入的小幅增长表明，在 2003 年世界经济不景气情况下，我国经济结构的不断改善和经济保持高速发展，仍吸引了世界各国大量的新增资金。

证券投资项下由逆差转为顺差。证券投资项下在 2003 年呈现顺差 114 亿美元。2003 年，我国金融机构改变了近年来不断增持境外证券的做法，纷纷将资金调回国内，满足国内日增的贷款需求。金融机构这种减持境外证券，调整境内外资产匹配的行为，改变了我国证券投资项下自 1998 年以来持续较大逆差的状况。同时，我国企业境外筹资和我国吸引外资来华进行证券投资步伐加快，也是证券投资项下呈现顺差的重要原因。

其他投资逆差规模有所上升。2003 年其他投资项下逆差 59 亿美元，上年该项下为逆差 41 亿美元。2003 年我国部分金融机构在减少拆放境外资产的同时，增持了其他类型的外汇资产，导致整个其他投资项目呈现逆差。

3. 储备资产增长较大

在经常项目、资本和金融项目双顺差的推动下，2003 年我国国际储备快速增长，其中，特别提款权和在基金组织的储备头寸分别增加 0.90 亿美元和 0.89 亿美元，外汇储备增加 1168 亿美元，增加额创历史最高水平。截至 2003 年末，我国外汇储备规模达到 4032.5 亿美元。

4. 净误差与遗漏出现在贷方

在国际收支平衡表编制方法基本不变的情况下，2003 年的净误差与遗漏出现在贷方，为 184.22 亿美元，相当于国际收支口径的货物贸易进出口总额的 2.21%，在国际公认的合理范围之内。

从我国历年国际收支平衡表数据来看，贸易、经常转移和直接投资项下保持多年顺差，并成为我国国际收支保持整体顺差的主要因素；而服务和收益项下均呈现逆差，但规模远远小于贸易、经常转移和直接投资项下的顺差规模；证券投资项目近年来持续较大逆差，但 2003 年出现较大顺差；其他投资项目在不同年份顺差和逆差经常出现转换。

2004 年，我国经济发展的外部环境好于 2003 年，经济增长势头良好。预计 2004 年我国贸易进出口仍将保持较快增长，对外贸易将保持基本平衡，服务和收益项目为逆差，但经常转移仍保持顺差。外商来华直接投资将保持较大规模增长。预计 2004 年我国仍将维持经常项目和资本项目双顺差局面，人民币汇率保持稳定。

第 2 章 国 际 储 备

【内容提要】

在本章中，读者可以学习到有关国际储备的定义、构成、管理及其发展变化；并进一步了解我国国际储备的管理；正确认识国际储备的规模和结构；灵活运用外汇储备管理的原理知识。

具体内容包括：

1. 国际储备概述
(1) 国际储备的概念
(2) 国际储备与国际清偿能力
(3) 国际储备的构成
(4) 国际储备的来源
(5) 国际储备的作用
2. 国际储备的管理
(1) 国际储备资产管理的原则
(2) 国际储备水平的管理
(3) 国际储备结构的管理

2.1 国际储备概述

为了应付国际上的紧急支付，每个国家都持有一定规模的国际储备。国际储备是反映一国的国际金融实力和在国际经济竞争中的地位的重要标志。随着世界经济交往的发展，全球储备资产不断增加，国际储备又被赋予了其他功能，例如，在发展中国家，国际储备资产成为评估国家风险的重要指标，常常被作为国家向外借款的保证，充足的储备可以加强本国企业和机构在国外的资信水平，鼓励国外资金流入，促进经济发展。国际储备可以用作信心指标，雄厚的储备是一种财富拥有的象征，可以在心理上、客观上稳固本国货币在国际间的信誉，提高或者打击投资者对于储备持有国经济的信心。在一些转轨国家中，储备还常常被用作改革基金，以应付可能出现的支付困难。总的来看，储备资产不仅是一种支付工具，而且是平衡国际收支失衡和干预外汇市场的重要资产。

2.1.1 国际储备的概念

国际储备(International Reserve)是战后国际货币制度改革的重要问题之一，它不仅关系各国调节国际收支和稳定汇率的能力，而且会影响世界特价水平和国际贸易的发展。

目前，基金组织对一个国家的国际储备所下定义是：一国政府和中央银行所持有的黄金、外汇和提款权总额再加上该国在基金组织的储备头寸。

在此可以把国际储备的概念概括如下：

国际储备是指各国政府为了弥补国际收支逆差和保持本国货币汇率稳定，以及应付紧急支付的需要而持有的国际间可以接受的一切资产。或者说国际储备是一个国家拥有的用于对外购买和清偿的各种支付手段。

作为国际储备资产，必须具备以下基本条件：

(1) 官方持有性，即国际储备资产是一国当局所持有的，并可以自由地无条件支配使用的官方资产，而不是其他机构或经济实体所持有。

(2) 自由兑换性，即国际储备资产必须为各国所能普遍接受，如果该资产不能为世界各国普遍承认和接受，就不能充当国际储备资产。

(3) 充分流动性，即国际储备资产必须可以在国际间自由调拨，自由流动，而不会受到限制。

当然，国际储备资产还有一些其他的特点，但上述三点是最基本的。

2.1.2 国际储备与国际清偿能力

在平常的概念使用中，常常会有人将国际储备与国际清偿能力(International Liquidity)混为一谈。其实二者是有区别的。国际清偿能力是指一国官方所能动用的一切外汇资源的总和。显然国际清偿能力的内容要大于国际储备。我们以表格(表 2.1)的方式来说明国际清偿能力。

表 2.1 国际清偿能力的构成要素

自有储备(国际储备)构成要素	借入储备构成要素
1. 黄金储备	1. 备用信贷
2. 外汇储备	2. 互惠信贷
3. 在基金组织的储备地位	3. 支付协议
4. 特别提款权贷方余额	4. 商业银行的对外短期可兑换货币资产
	5. 其他类似的安排

国际清偿能力与国际储备具有很多的共同点，二者都是一国对外支付能力及金融实力的标志。二者的区别主要在于：

一是国际清偿能力不仅包括各种形式的国际储备，而且还包括向国外筹措资金的能力。二是国际清偿能力不仅反映一国对外的支付能力，而且是一国综合国力及国际地位和对外资信的重要标志。

总之，国际储备是一国具有的现实对外清偿能力，而国际清偿能力则既包括该国的现实对外清偿能力，也包括可能的对外清偿能力，即除包括一国货币当局直接掌握的国际储备资产外，还包括国际金融机构向该国提供的国际信贷以及商业银行和个人持有的外汇和借款能力等，是一国政府所能动用的一切外汇资源总和。从这个意义上看，国际储备只能算作“狭义”的国际清偿能力。

2.1.3 国际储备的构成

根据国际货币基金组织(IMF)的统计口径，一国的国际储备主要由四种形态的资产构成，即：政府持有的黄金；政府持有的外汇，即储备货币；在国际货币基金组织的储备头寸(Reserve Position in the Fund)；国际货币基金组织分配的特别提款权。其中最主要的国际储备资产是外汇储备。

1. 黄金储备

黄金储备(Gold Reserves)是指一国政府所持有的货币性基金，是一国货币当局作为金融资产持有的货币性黄金。

资本主义发展初期，由于黄金在国际经济中直接执行着世界货币的职能，所以国际金本位和布雷顿森林体系时期，黄金一直是最重要的储备资产，一国黄金储备数量反映着该国应付国际收支危机的能力及其货币的国际信用，也反映其在国际金融市场的实力地位。

并非所有的黄金都是储备，只有货币当局持有的黄金才是国际储备。20 世纪 90 年代以来，世界各国或地区货币当局所持有的货币性黄金规模并未出现大的变动。但是由于黄金市场价格的不断变化，各国拥有的货币性黄金以市场价格计算却出现一定的价值变化。从目前来看，发展中国家的黄金储备基本上没有增长，工业化国家在 1997 年末黄金曾出现止跌回升，但是 1999 年后，黄金持有量又开始下降。目前全世界拥有的黄金储备约 10 亿盎司，按现行市价计算，约值 4000 亿美元。各种不同类型的储备资产中，以黄金作为国际储备的历史比较长，二战后黄金在世界国际储备中所占的比重不断下降的原因主要是：

在布雷顿森林体系崩溃后，黄金非货币化以及国际货币基金组织切断黄金与货币的固定联系；非黄金储备增长迅速；民间市场对黄金需求扩大等，这些使得黄金作为严格意义的国际储备资产的作用大大减弱。

黄金不能保持其主要储备地位还由于它受特定条件所限制，具体表现在：

(1) 黄金作为储备，不能创造价值，不能生息获利，而且还要支付保管费用。

(2) 黄金极少直接用作国际清偿手段(战争期间例外)。

(3) 黄金储备计价方法不同。目前一般采用黄金储备的数量和市场价格公布黄金储备金额。由于计算方法不同，各国黄金储备价值不便于直接比较。

(4) 黄金产量受自然条件的限制。由于黄金生产成本高，产量低，造成黄金储备供应不足，无法满足各方面日益增长的需求。

(5) 黄金的占有极不均衡。国际上仍有近36 000吨黄金作为外汇储备储存在各国中央银行，大约占世界全部外汇储备的18%左右。其中，仅美国就储存了8000吨黄金。

(6) 黄金价格波动频繁。这些年来黄金价格根据市场供求起伏动荡，1970年金价为每盎司35.99美元，1980年1月伦敦黄金市场出现每盎司高达870美元的创记录高峰，以2004年3月18日为例，国际现货黄金价格在每盎司406美元左右上下波动。这既有黄金供求的影响，更多的则是由市场投机交易的冲击所造成。

但是，IMF在统计和公布各成员国的国际储备时，依然把黄金列入其中。黄金作为各个历史时期国际货币制度的重要国际储备资产，是因为它具有其他任何形式储备资产所不具备的特点：

(1) 黄金本身是价值实体，是财富的表现，是理想的储备资产。长期以来，黄金一直被公认为是一种最后的支付手段，它的贵金属特性使它易于被人们接受。在国际形势动荡时，黄金储备是一国国际储备中最坚实的部分。

(2) 黄金储备完全属于国家主权范围，是一国所拥有的财富，凭此可以自主地根据宏观经济发展的需要进行调控，不受任何超国家权力的干预。

(3) 各国货币当局可以较方便地通过发达的黄金市场出售黄金来获得所需外汇，平衡国际收支差额。在货币制度不太完善的国家，黄金储备还是货币发行的重要保证。

2. 外汇储备

外汇储备(Foreign Exchange Reserves)指一国政府所持有的外国可兑换货币及其短期金融资产，即政府持有的外汇。被各国用作外汇储备的货币称为储备货币，它是世界各国普遍接受的通货。其具体形式为国外银行存款与外国政府债券以及其他可在外国兑现的外国银行支票、外币商业票据(本票、支票)。它可以作为广泛的国际储藏和国际结算的手段，具有世界货币作用。目前，世界各国的国际储备中，外汇储备占了90%以上。

第二次世界大战前的储备货币中，英镑占统治地位，战后美元占统治地位。20世纪70年代以后，德国马克、日元、瑞士法郎、欧洲货币单位等也先后被用作储备货币。当前各国普遍接受的国际储备货币主要是美元、英镑、日元、瑞士法郎和欧元等。

作为国际储备中主要构成部分的外汇储备必须具备四个条件：

(1) 它要在国际货币制度中占重要地位，为世界各国普遍接受的国际计价手段和支付手段。

(2) 能自由兑换其他储备资产。

(3) 人们对其购买力的稳定性具有信心。

(4) 供给数量能同国际贸易和世界经济的发展相适应。

由于储备货币既是一种国际货币，又是一种国家货币，因而具有双重的货币职能作用。不同的职能往往会对该货币提出各自不同的或完全矛盾的要求：作为一种国际货币，它是国际储备中的重要组成部分，其供给状况直接影响世界贸易和国际经济往来能否顺利进行；

作为一种国家货币，要求它适应本国宏观经济政策的需要，促进本国经济贸易的增长。因此，如果储备货币发行国从本国宏观经济政策目标出发，其货币供应量相对于世界贸易和国际经济往来的需要量太少，其他国家将被迫实行外汇管制或采取其他不利于国际经贸活动顺利开展的措施；反之，若供给太多，又会影响本国的经济政策，因此，一个国家的货币，作为储备货币的地位和实力，是建立在该国的经济力量和黄金储备基础上的。

外汇储备的主要功能包括：

(1) 调节国际收支，保证对外支付。

(2) 干预外汇市场，稳定本币汇率。

(3) 维护国际信誉，提高对外融资能力。

(4) 增强综合国力和抵抗风险的能力。

外汇储备的经营原则是要考虑安全性、流动性、增值性。但是，此三者不可能完全兼得，所以各国在经营外汇储备时，往往各有侧重，一般来说，应尽可能兼顾这三项原则，采用“投资组合”、“不把所有的鸡蛋放在一个篮子中”的策略，实现外汇储备的多元化经营，降低风险，实现增值。

中国的外汇储备主要由外汇经营中心负责投资增值，其投资策略以往比较保守，主要投资在美国的债券，直至近年，我国才有对外汇储备进行投资增值业务，侧重于风险低的美国债券市场，而较高风险的外汇买卖的投资比例很低。目前，中国是美国债券市场的第二大买家，仅次于日本。

3. 普通提款权

普通提款权(general Drawing Rights)也可称为在 IMF 中的储备头寸(Reserve Position in the Fund)。它是会员国在 IMF 的普通账户可以自由提取和使用的资产。其组成形式分为两部分：一是黄金部分；二是信贷部分。

作为国际货币基金组织的各个成员国，均必须向国际货币基金组织缴纳一定的份额。份额的 25%可以用外汇缴纳，75%用本国货币缴纳。储备头寸包括成员国所缴纳份额中的外汇部分，国际货币基金组织用去的成员国所缴纳份额中本币部分和成员国对国际货币基金组织的贷款。当本国出现支付困难时，可以动用在国际货币基金组织的储备头寸，进行对外支付。20 世纪 90 年代以来，全世界所持有的在国际货币基金组织的储备头寸规模增长较快，目前，世界上所有国际货币基金组织的成员国拥有的储备头寸超过了 600 亿美元。

从国际货币基金组织的储备头寸的世界分布来看，储备头寸的分配呈现出明显的不平衡。工业化国家持有的在国际货币基金组织的储备头寸超过世界总量的 86%，而发展中国家所持有的在国际货币基金组织的储备头寸仅为 14%。即便从工业化国家之间来看，其分配也是极不均衡的。美国持有的在国际货币基金组织的储备头寸在工业化国家中所占比重超过30%，而日本、德国、加拿大等工业化国家的持有量均不足11%。从发展中国家来看，亚洲和中东分别占据47%和27%，而非洲、欧洲和西半球国家持有的在国际货币基金组织的储备头寸基本保持在发展中国家的4%～14%之间。因其是一国在国际货币基金组织里的自动提款权，持有国可自由提取使用，故构成一国的国际储备。这部分国际储备包括三个部分：

(1) 会员国向基金组织认缴份额中25%的黄金或可兑换货币部分(牙买加协议生效后，改用特别提款权和可兑换货币)。按照IMF的规定，会员国可自由提用这部分资金，无须特殊批准，因此，它也是一国的国际储备资产。

(2) IMF为满足其他会员国借款需要而动用的此会员国认缴的本国货币。按照IMF的规定，会员国认缴份额的75%可用本国货币缴纳。IMF向其他会员国提供该国货币的贷款会产生该会员国对IMF的债权，对于这一债权，该会员国可无条件地用于支付国际收支逆差。

(3) IMF向该会员国借款的净额，也构成该会员国对IMF的债权。

普通提款权在IMF会员国国际储备资产总额中所占比重较小，仅占3%左右。

4. 特别提款权

特别提款权(Special Drawing Rights，简称SDRs)不是货币资产，仅仅是一种记账单位，它是国际货币基金组织为弥补国际储备不足，在1969年9月正式决定创造的无形货币无偿分配给会员国的，相对于普通提款权之外的一种无偿使用资金(可兑换货币)的权利，它与普通提款权一样，也是国际储备的一个构成部分。具有价值尺度，支付和储藏的功能。

在1969年创始之初，特别提款权是与美元等价的，即：一盎司黄金兑换35特别提款权。之后由于20世纪70年代的数次美元危机及美元本位制的动荡，1974年6月28日后，基金组织将特别提款权的价值改为16种货币的加权平均数。即我们通常所说的“一篮子”货币。以后为了简化手续，又从1981年1月1日起选用从1975年到1979年出口商品和劳务最多的五国货币定值。除非执行董事会另有决定，自1986年1月1日起，特别提款权的组成和“加权”比例将每5年调整一次，以便把过去5年可取得充分数据的货物和劳务出口量最大的5个国际货币基金组织会员国包括进去(这样，1986年开始生效的调整，将包括1980至1984年最重要的几种货币)。然而，除非在有关5年内发行一种货币的国家的出口额超过发行另一种货币的国家的出口额1%，不会用前一种货币去代替原在表中的后一种货币。调整后的用于特别提款权定值的“一篮子”中的货币的数量，既反映该货币发行国的货物和劳务出口额的价值，也反映其他会员国持有该种货币的余额。至2001年起，基金组织基于欧元的出现，将特别提款权的构成货币改变为四种，即：美元，欧元，日元，英镑。其权数随之作出调整，具体参见表2.2。

表 2.2 特别提款权权数(%)的确定(作者译自国际货币基金组织官方网站)

<table>
<tr><th colspan="2">货币(Currency)</th><th>新权数(Effective)
2001 年 1 月 1 日</th><th>旧权数(Last Revision)
1996 年 1 月 1 日</th></tr>
<tr><td colspan="2">美元(U.S.dollar)</td><td>45</td><td>39</td></tr>
<tr><td rowspan="2">欧元(Euro)</td><td>德国马克
(Deutsche mark)</td><td rowspan="2">29</td><td>21</td></tr>
<tr><td>法国法郎
(French franc)</td><td>11</td></tr>
<tr><td colspan="2">日元(Japanese yen)</td><td>15</td><td>18</td></tr>
<tr><td colspan="2">英镑(Pound sterling)</td><td>11</td><td>11</td></tr>
</table>

自 2001 年 1 月 1 日起，特别提款权中德国马克和法国法郎篮共同为欧元篮所替换。

特别提款权是由 IMF 创设的一种记账单位，或称之为账面资产，用于转账以解决会员国国际收支的暂时困难，目的是为弥补国际清偿力的不足。它实质上是一种“虚拟”资产，没有流通手段的职能，私人不能直接用其进行国际商品的流通。

基金组织设有特别提款权部，参与的成员国开设特别提款权账户。基金组织根据成员国的份额，分配这种资金使用权，它虽然不能直接用于国际贸易支付，但成员国可以在分配的额度内，拿到基金组织或国际清算银行去冲抵自己的国际收支逆差，或偿还所欠贷款。

成员国若要取得特别提款权，必须承担两项义务，一是向基金组织支付利息，再一个就是当基金组织需要时，必须按照分配的提款权额度，为其兑换相同数额的货币。特别提款权 1970 年首次发行，目前总规模在 220 亿美元左右，其中 2/3 为发达国家拥有。一个国家在基金组织的发言权，也与之密切相关。

2001 年 2 月，国际货币基金组织通过特别决议，将中国在基金组织的特别提款权，由 46.872 亿提高到 63.692 亿(约合 83 亿美元)，我国在基金组织的份额位次，由第 11 位提高到第 8 位。

特别提款权的运作过程是：IMF 设有特别提款权部，参与的成员国均设有特别提款权账户。当 IMF 向成员国分配特别提款权时，将该成员国分到的数额记录在该国特别提款权账户的贷方。当该成员国发生国际收支逆差而需要动用特别提款权时，IMF 按有关章程通过协商指定一国(通常是国际收支处于强势的国家)接受特别提款权。

与上述三种储备资产相比，特别提款权的特征主要是：

(1) 特别提款权是一种“有名无实”的储备资产，它不像黄金那样具有价值，也不像美元等储备货币那样以一国的政治、经济实力作为后盾，而是一种以数字表示的记账单位。

(2) 特别提款权是一种人为的资产，是一种额外的资金来源。它不像黄金和外汇那样通过贸易盈余、外来投资或借款收入取得，也不像普通提款权那样有各国缴纳给基金组织的黄金及本国货币作为基础，而是由基金组织按一定比例分配的，会员国可无条件享受它的分配额，无须偿还。

(3) 特别提款权只能在基金组织及各国政府之间发挥作用，任何私人和企业都不能持有和使用，不能直接用于贸易或非贸易，对其用途有严格的限制。

由于特别提款权不受任何一国政府的影响而贬值，因此是一种比较稳定的储备资产。但它作为普通提款权的补充，在世界国际储备总额中所占比重不大，仅占会员国国际储备总额的约 1%。

对于特别提款权的其他知识详见本章课后阅读资料。

2.1.4 国际储备的来源

(1) 国际收支顺差。国际收支顺差是一国国际储备直接而又主要的来源，它包括经常项目顺差和资本项目顺差两个方面。其中经常项目顺差是最直接、最主要而又最实际的来源。资本项目的顺差，由于它是对外净负债所形成的，将来要还本付息，所以，它带有一定的虚假性、暂时性和不稳定性。

(2) 中央银行针对本国货币升值对外汇市场进行的外汇干预活动。

(3) 国际货币基金组织分配提款权。前已指出，特别提款权是国际储备资产的形式之一，因而基金组织分配特别提款权也成为国际储备的一个来源。

(4) 中央银行购买黄金。一国中央银行购买外国的黄金，或在国内收购黄金，都会增加其黄金持有量。但是，它如果用原有的外汇储备来购买外国的黄金，只会改变该国国际储备的构成，而不会增大其国际储备总额。

(5) 一国政府或中央银行向国外借款的净额。

前述五个方面既可以是增加一国国际储备的渠道，也可以是减少其国际储备的渠道。比如：国际收支逆差，中央银行针对本国货币贬值对外汇市场进行的干预活动，以及中央银行向国内居民出售黄金，都会减少其国际储备。

2.1.5 国际储备的作用

一国的国际储备在维护本国经济发展和促进国际经济交往中具有如下重要作用：

1. 弥补国际收支逆差

国际储备的首要用途在于，当一国国际收支发生困难时起缓冲作用。尤其当一国经济贸易中发生出口下降、自然灾害及战争等突发性情况造成的短期国际收支逆差，一时又难以举借外债来平衡时，可用国际储备临时弥补收支赤字，而不必采取调整国内经济或进出口贸易的措施来纠正，从而减少因采取紧急措施而付出沉重的代价，不致影响国内经济的发展。由于一国的国际储备总是有限的，解决国际收支逆差也只是暂时的，在发生国际收支持续性逆差时，就不能盲目滥用国际储备了。

2. 保持本国货币汇率的稳定

国际储备资产对稳定一国的货币汇率有一定的作用。目前，在世界各国普遍实行浮动汇率制度的条件下，国际金融市场经常波动，严重影响有关国家经济的发展和稳定。因此，为了本国的经济利益，使本国货币汇率稳定在一定的水平上，就要动用国际储备，干预外汇市场。国际储备中用来干预外汇市场的储备基金被称为外汇平准基金，由黄金、外汇和本国货币构成。当外汇汇率上升，本币汇率下降，超出政府限定的目标区间时，一国货币当局就要及时向市场抛出外汇，购回本币；反之则投放本币，收进外汇，从而达到稳定汇率的目的。而一国的外汇平准基金总是有限的，以其来稳定汇率的作用只能在短期内产生有限的影响。

当一国国际收支发生根本性的不平衡，致使汇率持续上升或下跌时，就难以用有限的储备来稳定其汇率。

3. 保证本国的国际信誉

国际储备的多少是一国综合国力的表现之一，尤其表现出了一国的金融实力和信誉。国际储备是衡量一国对外资信的重要指标。国际储备可以作为一国向外借款、偿还外债的保证，充足的储备可以提高一国的资信，便于对外筹资，降低融资成本。通常，无论是国际金融机构，还是国外政府或银行，在对外提供贷款时都要考察评估借款国的一系列贷款风险指标，了解借款国偿还债务的能力，其中借款国的国际储备就是重要的评估指标之一。如一国的国际储备比较充足，则会比较容易从国外筹集到必要的资金，达到利用外资发展本国经济的目的；反之则比较困难。

4. 增强国际竞争能力

一国的金融当局持有比较充足的国际储备资产，就有了维持货币高位或低位的能力，可以针对国际经济发展的需要，使本国货币处于相对的优势地位，增强国际间的竞争能力。一国的货币如作为储备货币或关键货币，雄厚的储备则更有利于支持储备货币在国际上的地位。

2.2　国际储备的管理

一国国际储备的管理包括两个方面：国际储备水平的管理，已求得适度的储备水平；国际储备结构的管理，已求得合理的储备结构。通常我们将二者合称为适度国际储备规模管理。对国际储备适度规模的探讨，西方始于 20 世纪 50、60 年代，但到目前为止，关于适度国际储备规模本身的含义仍旧意见分歧。

2.2.1 国际储备资产管理的原则

加强国际储备资产的管理，是当今世界各国比较重视的一个问题。各国在对其储备资产的管理上通常遵循以下四个原则：

1. 安全性

所谓安全性，是指储备资产在存放过程中不受损失。由于储备资产一般是以不同形式存放在国外银行，所以，在确定储备资产存放的形式和地点时，一定要事先充分考虑到该国的经济发达程度、外汇管理制度、存放银行的资信程度、币种的优劣状况、信用工具的选择等，一般是把储备资产存放到管理宽松、资信高、币种坚挺、信用工具安全可靠的地方，从而可以避免损失。从安全性出发，国际储备的选择还要体现多元化、分散化的储备策略，并根据汇率、利率、金价的走势制定一定时期的储备计划加以实施，视局势的变化及时地做出调整。

2. 流动性

所谓流动性，是指储备资产能够根据需要随时提取，灵活调拨，使用方便。由于储备资产是一国货币行政当局的备用手段，一旦需要，能够及时发挥作用。所以，各国在安排储备资产时，应根据对未来使用的时间、金额的估算，将储备资产作不同期和不同量的安排，以使各类储备资产的期限和数量与使用的情况相衔接，保证使用的方便和灵活。

3. 盈利性

所谓盈利性，是指储备资产在存放和使用的过程中能够增值。目前，国际金融市场的金融工具多种多样，各国储备资产的构成也是多种组合，各种金融工具和储备资产的收益率也高低不等，因此，各国在安排储备资产时，在保证其安全性和流动性的前提下，要选择收益率较高的金融工具，并随时调整储备资产结构，以达到储备资产的价值增值。

4. 保值性

所谓保值性，是指储备资产价值的安全保证，这里主要是指外汇储备资产价值的保值问题。因为在浮动汇率制度下，由于货币汇率的经常变动，会影响到作为储备货币的币值发生变动，因此，在币种的选择上要考虑多种货币的组合，以便使不同货币的升值与贬值相互抵消，确保全部外汇储备资产的价值不变或少变。

以上四项原则既有区别，又有联系，它们相辅相成，缺一不可，在不同时期和不同条件下，各自的作用和地位是不同的，因此，各国在储备资产管理中要加以不同的掌握和运用。

2.2.2　国际储备水平的管理

国际储备水平的管理是指各国根据本国的经济发展状况和实际需要，对该国储备资产总量所应保持的水平的确定。

1. 影响一国国际储备水平的因素

一个国家的国际储备水平是受多方面因素影响的，其中主要有以下几个方面：

(1) 国民生产总值和国民经济发展速度。一般来说，它和国际储备水平是正比例变化。

(2) 对外依赖程度。对外开放程度高，其进出口贸易在国民经济中所占的比重也大，国际储备水平一般也比较高，反之则较低。

(3) 国际资信状况。它和国际储备水平是反比例的关系，即一国在国际中的资信越高，其国际储备可以保持较低的水平，反之则要保持较高水平。

(4) 国际收支和外汇汇率的变化情况。因为国际储备主要是用于弥补国际收支逆差和稳定汇率，所以，一国国际收支状况良好和外汇汇率基本稳定，则应保持较低的国际储备水平，反之，则可以保持较高的国际储备水平。

2. 确定国际储备水平的数量指标

从以上分析可知，确定适度国际储备总量是由多种因素决定的，仅靠单一指标是很难衡量国际储备是否适度的。目前较为流行的确定适度储备量的通用参考指标有三个：

(1) 一国国际储备量与国民生产总值之比

两者之间基本上呈正比例变化关系。在一般情况下，发达国家较低，而发展中国家较高。一国的国际储备应与该国国民生产总值之间保持一个合理比例，并以这一比例作为制定该国国际储备政策的参考因素之一。因为在国际分工条件下，经济规模越大，对外市场的依赖程度也相应增大，因而需要有较多的国际储备作为后备；反之，要求的国际储备量就少。因为各国的经济发展程度不一，所以在世界各国中并没有关于国际储备与国民生产总值之比的统一标准，只有各国根据本国的经济发展情况找出两者的最适当比例。

(2) 国际储备和对外债务总额之比

经验表明，一国的国际储备应相当于该国对外债务总额的 1/2 为宜。一国的国际储备应与该国的外债总额保持一个合理比例，因为国际储备中有一部分要用于偿还外债。从实际情况来看，偿债能力除取决于国际储备外，还取决于出口能力以及重新举债能力。所以，一国的国际储备占外债总额的 1/2 是较为适宜的。但对于国际储备与外债总额之比，在按照一般标准的基础上，各国还应根据各自的国情具体加以分析确定。

(3) 国际储备量与月平均进口额之比

一般认为，一国的国际储备量大约相当于 3 个月的进口付汇额是较为适宜的。美国经济学家特里芬通过对 60 多个国家的国际储备与进口的比率进行分析研究认为，一国的国际储备量与进口的比率应以20%~40%为适宜区间。假定一国全年的进口贸易总额为750亿美元，那么，该国的国际储备量的下限是150亿美元，上限是300亿美元，较理想的量应是200 亿美元左右。在这个基本量的基础上再考虑本国的其他经济情况和所要参照的其他指标并加以适当的调整。

2.2.3 国际储备结构的管理

一国对国际储备的管理，除了在量上将国际储备保持在最适度水平以外，还需要在质上拥有一个适当的国际储备结构，尤其是各种储备货币的构成。国际储备资产的结构管理，是指在总量一定的情况下，遵循储备资产管理原则，对持有的国际储备资产在构成比例上的合理安排。它包括总量的结构管理、外汇储备资产的币种结构管理以及储备资产运用的管理三个方面。

1. 国际储备资产的总量结构管理

前面提到，国际储备资产是由黄金储备、外汇储备、普通提款权和特别提款权四部分构成，这四部分储备资产在一国的国际储备资产总量上各自应占多大比例，应有一个基本的确定。

作为黄金储备来说，由于黄金的非货币化，黄金在国际经济贸易活动中不再充当正常支付手段，持有黄金还要支付保管费等，加之黄金的价格随市场的供求状况而经常变动，因此，黄金在国际储备中的比重一般是有限的。目前，黄金储备在IMF会员国国际储备总额中所占比重已不足5%。但是，也有个别国家因外汇短缺而采取出售黄金的政策或以黄金作抵押向外举债，换取外汇，如一些非产油的发展中国家在国际收支恶化和债台高筑的情况下往往如此。又由于黄金的特殊性能和历史的延续性，还由于有些国家如石油输出国，在其储备中有巨额“石油美元”，为防止外汇储备风险，推行国际储备多元化政策，曾在国际上购买黄金，使黄金储备上升。此外，黄金仍然在最后对外支付以及作为对外支付保证方面发挥着作用，故各国一般还保持一定的黄金储备。

对黄金储备的管理应根据各国不同时期的具体情况来进行。

外汇储备资产是国际储备中的主要组成部分，一方面是因为它是国际经济贸易活动中经常使用的支付手段，另一方面是因为外汇储备资产在使用中能够发挥其流动性和盈利性的作用，所以，各国一般都把外汇储备作为本国国际储备的主要资产，其比例大致占整个国际储备的90%以上。

普通提款权和特别提款权由于受份额和分配比例的限制，其数量是相对固定的，各国也不便随意变动，加之其使用的有限性，所以，各国的这两项之和在国际储备中所占的比重不大。另外，由于特别提款权分配的不规律性，使得这部分储备资产在国际储备总量中的比重具有不稳定性。

2. 外汇储备资产的币种结构管理

外汇储备资产的币种结构管理是指对外汇储备资产的币种组合的合理选择与搭配。根据资产选择理论，应该从收益与风险的角度来考虑外汇储备的币种组合，但实际并非如此。因为一国的货币行政当局持有储备资产和私人投资者持有资产的目的是大不相同的。私人投资者的目的在于既定风险下使利益最大化，而一国的货币行政当局的目的是清偿国际收支逆差和稳定汇率，以便迅速方便而有效地实现储备的职能，流动性占主要地位，风险性和盈利性则属次要地位。因此，一国货币行政当局在考虑外汇储备的币种组合时，就不可能按纯粹的资产选择模式进行外汇储备的币种分配，而应从以下几种因素中综合考虑：

(1) 本国对外贸易的结构以及对外支付所必需的货币种类。假定某一个国家的对外贸易集中于美国和日本，当对美国和日本的净出口增加时，则该国货币当局持有的美元和日元储备就会相应增加，反之，当净进口增加时，美元和日元的储备则会相应减少。

(2) 本国对外投资和对外债务的货币结构和期限。与外贸结构相类似，对外投资和举借外债结构与外汇储备的币种结构应保持一致。假如不一致，当收回投资收益或偿付外债本息时，将要承担汇率变动的风险，因此，各国货币行政当局一般都不愿冒此风险，而尽量使外汇储备的币种结构与对外投资和举借外债的币种结构相一致。

(3) 本国货币的汇率政策以及干预市场所需的储备货币。假定一国实行的是盯住单一货币的汇率政策，往往其外汇储备中盯住货币占有较高的比例。

(4) 外汇市场上作为储备货币的汇率及利率变动的趋势。一般来说，应选择汇率坚挺的货币或利率较高的货币。这主要是从盈利性来考虑的。

(5) 储备货币发行国的经济、金融状况以及该国的国际地位。一般应选择经济、金融状况良好和国际经济地位较高的国家的货币。

如何确定一国的外汇储备的币种结构，没有一个既定的标准或模式，各国货币行政当局应根据本国的实际情况和不同时期的实际需要，不断地灵活调整外汇储备资产中的各种货币比例，以实现储备的目的。

3. 国际储备资产运用的管理

国际储备资产运用的管理，是指一国货币行政当局对持有的储备资产应该如何加以正确使用，使其既能保证储备资产的安全保值，又能保证对外支付的需要，同时还能获取一定的收益。由于黄金储备、普通提款权和特别提款权的量少且作用有限，因此，国际储备资产运用的管理，一般重点放在对外汇储备资产如何加以合理运用问题。

外汇储备资产的合理运用就是要在保证其安全性和保值性的同时，兼顾其流动性和盈利性。但流动性和盈利性往往是相互矛盾的。如果把外汇储备资产全部存放于国外银行的活期账户上，虽然具有较强的流动性，但由于活期账户的存款一般没有利息或只有很低的利息，因而达不到盈利性的要求；如果把外汇储备资产全部用于中长期证券投资，虽然能获得较高的收益，但由于中长期证券投资的变现能力较差，因而达不到流动性的要求。因此，要想使流动性和盈利性兼顾，必须采取分层次的管理办法，即将全部外汇储备资产按比例划分几个等级，一般可分为以下三个等级或三个层次。

(1) 一线储备资产

一线储备资产指流动性非常高的资产，即活期存款和短期票据(如 90 天国库券)，平均期限为三个月。其主要用途是满足一国经常性或临时性对外支付的需要，其资产存放形式包括现金，活期存款、短期证券等，这部分储备资产具有高度的流动性，随时可以变现使用，其比例一般应占全部外汇储备资产的 30%~40%，过低会影响对外支付，过高会影响收益。

(2) 二线储备资产

二线储备资产指收益率高于一级储备，而流动性低于一级储备但仍然很高的储备，如中期国库券，平均期限为 2~5 年。其主要用途是满足一国临时性或突然性对外支付的需要，其资产形式包括中期外国政府债券等。这部分储备资产既有一定的流动性，又有较高的盈利性，一般情况下以盈利性为主，特殊情况下又可以是对一线储备资产的补充，其比例一般应占全部外汇储备资产的 20%~30%，过低达不到对一线储备补充的目的，过高会影响一定的收益。

(3) 三线储备资产

三线储备资产主要用于取得较高收益，其资产形式包括各种能获得较高收益的长期有价证券，这部分储备资产具有流动性差但收益性高的特点，一方面可以弥补一线储备资产的收益不足，另一方面也可以作为对外举借的保证，其比例一般应占全部外汇储备资产的 30%~40%，过低会影响收益，过高会影响储备资产作为国际支付第一需要的作用。

至于这流动性的三个档次在储备资产中如何具体安排，则视各国的具体情况而定。大体来说，一国应当拥有足够的一级储备来满足储备的交易性需求。这部分储备随时可以动用，充当日常干预外汇市场的手段。一旦满足这种交易性需要，货币当局就可以将剩余的储备资产主要在各种二级储备与高收益储备之间进行组合投资，以期在保持一定的流动性条件下获取尽可能高的预期收益率。

国际储备资产的管理，特别是外汇储备资产的管理，是一项复杂而又技术性很强的工作。因此，各国货币行政当局要根据本国的实际情况，在总量和结构上加强管理，使其在保证支付的基础上获得更大收益。

小　结

在本章中主要介绍了一国的国际储备的概念、构成、管理及其发展变化；正确认识国际储备的规模和结构；灵活运用外汇储备管理的原理知识进行外汇储备资产的管理。其中难点部分是：对国际储备多元化的认识及外汇储备的管理。重点需要掌握的部分是：国际储备的构成及外汇储备的管理。

复习思考题

1. 名词解释

(1) 国际储备
(2) 国际清偿能力
(3) 普通提款权
(4) 特别提款权
(5) 外汇储备

2. 问答题

(1) 国际储备与国际清偿能力有何关系？
(2) 外汇储备是否越多越好？为什么？
(3) 试述特别提款权的特征。
(4) 国际储备有何作用？
(5) 确定国际储备水平的数量指标有哪些？
(6) 国际储备结构的管理包括哪些方面？
(7) 一国国际储备的管理包括哪两个方面？国际储备资产管理的原则是什么？

案例及热点问题分析

观点交锋：4033 亿美元外汇储备多否？

2004 年 3 月 8 日 10:43:30　　经济参考报 刘振冬 王小波

去年年底，我国外汇储备已达 4033 亿美元，仅次于日本位居世界第二。超过 4000 亿美元的外汇储备，究竟算不算多；80%是美元资产，结构是否合理；去年动用 450 亿美元外汇储备注资试点银行，是否合法等问题，成为两会期间代表委员关注的热点之一。来自上海的尹继佐代表在其一份议案中，对上述问题或给出了否定的答案，或表示了质疑。全国政协委员郭树清在接受本报记者采访时，则表达了不同的观点。

两位代表委员的身份，尹继佐——上海社科院院长，郭树清——国家外汇管理局局长，使得这场不见面的观点“交锋”，显得尤为引人关注。

4000 亿美元外汇储备？

尹继佐代表：在其提交的名为《关于完善我国外汇储备管理体制、提高外汇储备运用效益建议案》的议案中，尹继佐代表认为，4000亿美元的外汇储备，“显然是超额多了”。

尹继佐代表指出，巨额外汇储备一方面为金融安全增加了保险系数，有利于增强中国经济的国际信用度，但另一方面却导致高成本低效率占用资源、导致经济结构失衡等负面影响。目前我国外汇储备的各项指标已均高于国际警戒线。若仍然保持高速增长的话，将弊大于利。国际上通常将外汇储备支持外贸进口、外汇储备支持外债和外汇储备与GDP比率作为衡量外汇储备水平的三个重要指标。就第一个指标看，一般认为最低外汇储备额不能少于3个月的进口需求量；就第二个指标看，一般认为外汇储备与外债余额的比率达到30%为警戒线；就第三个标准看，通常外债余额与GDP的比率，一般参考安全数值是8%。依此为参照，理想的外汇储备规模约在1100亿美元左右。

郭树清委员：外汇储备不能用“多”和“少”来简单回答，因为在理论上和实践中这个问题没有统一的标准。10年前，发达国家在全球外汇储备中占2/3的比重，现在只有1/3左右，与发展中国家的地位发生了对调。在现今的国际金融体系下，没有世界中央银行，没有真正的最后贷款人，一国如果发生金融危机，事实上无人可以救助。亚洲金融危机以后，发展中国家普遍增加了外汇储备。2003年6月末，韩国、印尼、泰国、马来西亚和菲律宾五国的外汇储备，比1997年末增加了1600多亿美元。我国外汇储备增长，是国内国际多种因素共同作用所形成的，是在国际收支持续顺差的情况下取得的，而非政府刻意追求的结果。

中国是一个发展中的大国，处于高速增长和体制转轨时期，不确定因素较多。外汇储备充足，有利于增强国际清偿能力，维护国家和企业的对外信誉，提高海内外对中国经济和中国货币的信心；有利于应对突发事件，防范金融风险，维护国家经济安全。

450亿美元外汇储备注资试点银行是否合法？

尹继佐代表：在巨额的外汇储备下，我国的外汇储备管理却并不规范。除了《中国人民银行法》规定，由人民银行管理外汇储备外，并没有任何其他法律和法规明确确定外汇储备的具体使用方向。这种法律的缺失，使得2004年1月中央汇金投资有限责任公司动用约占总额11%的450亿美元储备为股份制试点银行注资的合法性遭到质疑。从经济意义看，无论是动用财政资金还是外汇储备，并没有太大实际差别。同样具有公共财产性质的储备，一旦超出清偿国际收支逆差、维持汇率稳定功能，进一步用于稳定金融体系时，同样应该经过最高权力机关的听证、审议、批准和监督。

郭树清委员：首先，450亿美元外汇储备，属于中央银行资产，注资两行符合现行法律的要求。根据《中国人民银行法》，维护金融稳定、制定和执行货币政策和提供金融服务是中央银行的三大职能。调整央行资产结构，动用外汇储备注资，符合现行法律。而且，450亿美元注资是资本金投入，而不是财政拨款。所投入资金并不是国家财政划拨，而是央行的一种资产运用形式。外汇储备是央行的对外资产，是用人民币在银行间外汇市场上购买的。动用外汇储备注资，是一种资本投入，而不是财政拨款。对于这笔资金，央行不仅要求确保安全，还要力争获得有竞争力的回报。为了管理好这部分资产，经国务院批准，依法注册成立了中央汇金投资有限责任公司。汇金公司将会力争股权资产获得有竞争力的投资回报和分红收益，这与财政拨款的转移支付有本质区别，并不是财政变相向央行透支。

美元资产占 80%，结构是否合理？

尹继佐代表：国际清算银行的研究报告估计，我国外汇储备和个人外汇存款中有约 80%的美元资产，大部分外汇用于购买美国债券，其中绝大部分购买的是美国国债或政府担保的债券。美国财政部资料显示，2002 年，中国持有美国国债 820 亿美元，是仅次于日本的第二大持有者。而 2003 年一年，美元贬值的幅度相当大，外币的单一种类风险已经相当集中。高达 4033 亿美元的外汇储备，使得我国完全应当着手对不同资产、期限、国家和地区等制定不同的结构性限额，合理确定中国外汇储备的资产结构和货币结构。决定最佳构成时要考虑收益和风险等两方面的因素，避免外汇储备中资产结构和币种结构过于集中的状况。

郭树清委员：有人担忧，2003 年美元对欧元贬值会导致外汇储备缩水。这些担忧有一定道理，但并不符合实际情况。

这种估算的前提是，假定所有的美元储备都要兑换成欧元或日元，而且必须使用欧元、日元进行对外支付，这样才会产生 100 多亿美元的储备损失。但是，外汇储备仅是为了满足不时之需时使用，平时没有必要、也没有可能都换成欧元(或日元)，换了以后也不能马上花出去。所以，这个估算没有太大意义。我国的外汇储备是按长期的、战略性的结构安排的，不以赚取短期收益为目的，所以在日常交易中，通常不会发生实际交易损失。美元汇率变化带来的损失更多是账面损失。目前，美元仍然是国际货币制度中最主要的货币，而且我国国际结算货币主要是美元，外债大部分也是美元。因此，我国外汇储备中美元资产占了较大比重，但这并不意味着美元贬值会使储备资产缩水。

[问题]

请你结合表 2.3 中我国的国际储备量和中国经济状况来分析，目前我国的储备量是否过高？

课后阅读材料

课后阅读 2-1

中国历年外汇储备

中国历年外汇储备如表 2.3 所示。

表 2.3 中国历年外汇储备(1950—2003 年)

单位：亿美元

(in 100 millions of USD)

年份 (Year)	储备 (Reserves)	年份 (Year)	储备 (Reserves)	年份 (Year)	储备 (Reserves)	年份 (Year)	储备 (Reserves)
1950	1.57	1964	1.66	1978	1.67	1992	194.43
1951	0.45	1965	1.05	1979	8.40	1993	211.99
1952	1.08	1966	2.11	1980	−12.96	1994	516.20
1953	0.90	1967	2.15	1981	27.08	1995	735.97
1954	0.88	1968	2.46	1982	69.86	1996	1050.49
1955	1.80	1969	4.83	1983	89.01	1997	1398.90
1956	1.17	1970	0.88	1984	82.20	1998	1449.59
1957	1.23	1971	0.37	1985	26.44	1999	1546.75
1958	0.70	1972	2.36	1986	20.72	2000	1655.74
1959	1.05	1973	−0.81	1987	29.23	2001	2121.65
1960	0.46	1974	0	1988	33.72	2002	2864.07
1961	0.89	1975	1.83	1989	55.50	2003	4032.51
1962	0.81	1976	5.81	1990	110.93		
1963	1.19	1977	9.52	1991	217.12		

(资料来源：国家外汇管理局官方网站)

课后阅读 2-2

截至 2004 年 6、7 月底，各国家/地区官方储备排名如表 2.4 所示。

表 2.4 各国家/地区官方储备排名

国家/地区	以亿美元计	截至
1. 日本	8 192	2004 年 7 月底
2. 中国内地	4 706	2004 年 6 月底
3. 中国台湾	2 304	2004 年 7 月底
4. 韩国	1 680	2004 年 7 月底
5. 中国香港	1 183	2004 年 7 月底
5. 印度	1 183	2004 年 7 月底
7. 新加坡	1 003	2004 年 7 月底
8. 德国	936	2004 年 6 月底

续表

国家/地区	以亿美元计	截至
9. 俄罗斯	886	2004 年 7 月底
10. 美国	820	2004 年 7 月底

(资料来源：香港金融管理局、路透社、国际货币基金组织网页、中国人民银行)

课后阅读 2-3

外汇储备的货币构成

过去十年，外汇储备的货币构成逐渐变化，美元持有额占外汇储备的比重从 1992 年的 55%上升到 1999 年的 68%，直到 2001 年底一直保持在这一水平上。1999 年 1 月 1 日取代了 11 种欧洲货币和欧洲货币单位的欧元占 2001 年外汇储备总额的 13%。自 1999 年以来，欧元的比重实际上没有变化。由于在推出欧元时，原先以欧元前身货币标值的欧元体系的储备变成了欧元区的内部资产，1999—2001 年期间欧元的比重与以前年度四种欧元前身货币(德国马克、法国法郎、荷兰盾和私人欧洲货币单位)的综合比重并不直接可比。但是，在对数据进行调整之后(只考虑在欧元区外持有的这些货币)，1998 年这四种货币的综合比重与 1999 年欧元的比重几乎相等。

日元占外汇储备总额的比重从 1992 年底的 8%下降到 1997 年的 5%，之后一直到 2001 年，一直保持在大约那一水平上。过去十年，英镑的比重保持在 3%~4%之间，瑞士法郎的比重约为 1%。自 1998 年底以来，未指明货币(包括没有列出的货币以及无法获得货币构成信息的外汇储备)的比重保持在 9%。

——摘自国际货币基金组织《2002 年年报》第 95 页

课后阅读 2-4

特别提款权

1. 特别提款权的主要内容和分配使用原则

(1) 特别提款权是国际货币基金组织分配给成员国的一种用来补充现有储备资产的手段。它是一种有黄金保值的记账单位，创设时每一单位含金量为 0.888 671 克，与当时的美元等值。

(2) 特别提款权由基金组织根据各成员国上年年底在基金组织缴纳的份额按同一百分比进行分配。成员国可把分配到的特别提款权，与黄金、美元一起作为自己的储备。

(3) 基金组织用各成员国名义开立特别提款权账户，办理有关收付业务(如借记甲国、贷记乙国)。当成员国发生国际收支逆差时，可动用特别提款权，把它转让给另一成员国，换取可兑换货币，偿付逆差，并可直接用特别提款权偿还基金组织的贷款。

(4) 成员国可以实际动用的特别提款权数额，平均不能超过其全部分配额的 70%，如果超过，则必须把超支部分赎回。就是说，每一成员国手中至少必须保持 30%分配到的特别提款权。

(5) 任何成员国，只要本身愿意，最多可以持有 3 倍于它本身分配额的特别提款权。成员国使用所分配的特别提款权需付年率 1.5%的利息。

(6) 特别提款权是用来作为一种补充的储备手段，它同各成员国原来享有的提款权的不同点在于，后者必须在规定期限内偿还基金组织而特别提款权则 70%无需偿还，可以继续使用下去。但它必须先换成其他货币，不能直接用于贸易或非贸易支付。

2. **特别提款权的演变**

特别提款权最初与美元等值。即：35 特别提款权等于一盎司黄金。1971 年 12 月 18 日美元贬值 7.89%，含金量减至 0.818 513 克，黄金官价从每盎司 35 美元提高到 38 美元。由于特别提款权含金量仍为 0.888 671 克，因此 1 个特别提款权对美元的新比价改为 0.888 671÷0.818 513=1.085 71 美元。1973 年 2 月 12 日美元再次贬值 10%，含金量减至 0.736 62 克，黄金官价从每盎司 38 美元提高到 42.22 美元。因此 1 特别提款权对美元比价又改为 0.888 671÷0.736 62= 1.206 35 美元。

由于美元危机不断加深，从 1971 年美元贬值后，许多国家调整货币汇价时，不再公布新的含金量，只公布与特别提款权的固定比价，称为“中心汇率”。1973 年美元再次贬值，西方货币与美元脱钩的日益增多，除实行浮动汇率外，大都是只公布了与特别提款权的固定比价，即中心汇率，有的货币干脆直接与特别提款权挂钩。

从 1972 年以来，国际货币基金组织开始研究关于改革国际货币制度问题，经过多次讨论，与会员国一致确认，今后特别提款权不仅是作为国际储备资产的“补充”，而要逐步作为主要的国际储备资产，取代美元和黄金，事实上，自美元两次贬值后，基金组织在计算份额、贷款及其他资产方面，都已改用特别提款权表示。

特别提款权被确认为国际储备主要资产，与它挂钩的西方货币逐步增多，因此。首先要具有“稳定性”。虽然特别提款仅规定有含金量，但这是根据黄金官价定出的，而美国早就停止兑换黄金，自由市场的金价已几倍于官价，黄金官价实际已名存实亡。在美元第二次贬值后，许多与特别提款权定有固定比价即中心汇率的货币，实行浮动，汇价不断变化，中心汇率已不能再反映特别提款权与各有关货币的比价。因此，1973 年 5 月 5 日，二十国委员会研究了特别提款权重新定值的问题，一致主张改用“一篮子”货币为定值的标准。1974 年 7 月 1 日，基金组织决定将特别提款权与黄金脱钩，改用 16 种货币重新定值，并且依照每天外汇行市的变化，公布特别提款权对 16 种货币的牌价。

(1) 选用 1968—1972 年出口额占世界出口总额 1%以上的 16 个国家的货币，按照各国出口额和货币使用范围大小，确定加权的比例，16 种货币在一个特别提款权中所占百分比如下：

币　别	百分比(%)	币　别	百分比(%)
美元	33.0	加拿大元	6.0
联邦德国马克	12.5	意大利里拉	6.0
英镑	9.0	荷兰盾	4.5
法国法郎	7.5	比利时法郎	3.5
日元	7.5	瑞典克朗	2.5
澳大利亚元	1.5	西班牙比塞塔	1.5
丹麦克朗	1.5	南非兰特	1.0
挪威克朗	1.5	奥地利先令	1.0

(2) 原来与黄金和美元定有固定比价的特别提款权，实行到 1974 年 6 月 28 日为止。改用“一篮子”16 种货币定值的特别提款权，是以这一天 1 个特别提款权等于 1.206 35 美元作为计算基础的。按美元在 1 个特别提款权中所占的金额。也就是按美元所占比例为 33%，用 1.206 35 美元×33%＝0.40 美元。如要计算其他货币，例如：联邦德国马克所占比例为 12. 5%，用 1.206 35 美元×12.5%＝0.1508 美元＝0.38 马克。依此类推，6 月 28 日 1 个特别提款权中 16 种货币所占的金额是：0.40 美元，0.38 马克，0.045 英镑，0.44 法国法郎，26 日元，0.071 加元，47 意大利里拉，0.14 荷兰盾，1.6 比利时法郎，0.13 瑞典克朗，0.012 澳元，0.10 西班牙比塞塔，0.099 挪威克朗，0.11 丹麦克朗，0.22 奥地利先令，0.008 2 南非兰特。

(3) 有了上述各种固定金额后，7 月 1 日起，基金组织计算方法就是把上述所占金额，分别除当天 15 种货币对美元的汇率，全部折成美元，例如：7 月 2 日美元对联邦德国马克为 1 美元＝2.557 5 马克，0.38÷2.557 5＝0.148 583 美元。然后逐一加起来，最后加上美元所占的 0.40 美元的金额，即得出当天 1 个特别提款权合美元的行市。有了美元汇价，要折算特别提款权合其他货币的行市，用当天外汇行市就可以算出来。例如：7 月 2 日折算结果。1 个特别提款权=1.206 375 美元(或 1 美元=0.828 930 特别提款权)外汇市场 1 美元=4.813 5 法国法郎，即得出 1 个特别提款权=1.206 375×4.813 5＝5.805 7 法国法郎。

基金组织用折算各种货币对美元的汇率，一般采用一个外汇市场的当天某一个时间的实际汇率，如对英镑用的是伦敦外汇市场的中午汇率，对有的货币用的所谓“有代表性的汇率”。这种汇率是经基金组织与成员国双方同意，用成员国中央银行当天报来的收盘时买卖平均折算汇率。

特别提款权重新定值后，还规定成员国之间借用对方特别提款权应付的利率。具体计算办法是根据美、英、法、日、联邦德国五国的三个月短期债券利率的变化，得出一个平均市场利率，然后大体上按这个利率的一半定为特别提款权的利率，每三个月调整一次。按照各国市场利率的水平，初步定为年息 5%。1978 年 9 月底，调整为 3.75%。

1978年4月起，第二次修改的基金组织协定正式生效，黄金不再作为货币平价的共同标准。同年7月起，基金组织根据1972—1976年经济情况的变化，决定在选用的16种货币中去掉丹麦克朗和南非兰特，代之以沙特阿拉伯里亚尔和伊朗里亚尔，在一个特别提款权中所占比例分别为3%和2%。同时，调低了下列各国货币所占比重，16种货币所占的新百分比(%)如下：

币　别	百分比(%)	币　别	百分比(%)
美元	33	比利时法郎	4
联邦德国马克	12.5	沙特里亚尔	3
日元	7.5	瑞典克朗	2
法国法郎	7.5	伊朗里亚尔	2
英镑	7.5	澳大利亚元	1.5
意大利里拉	5	西班牙比塞塔	1.5
荷兰盾	5	挪威克朗	1.5
加拿大元	5	奥地利先令	1.5

1978年6月30日，基金组织按照以上百分比和当天的市场汇价，订出16种货币在1个特别提款权中所占的金额为：0.40美元，0.32联邦德国马克，21日元，0.42法国法郎，0.05英镑，52意大利里拉，0.14荷兰盾，0.07加拿大元，1.60比利时法郎，0.13沙特里亚尔，0.11瑞典克朗，1.70伊朗里亚尔，0.017澳大利亚元，1.50西班牙比塞塔，0.10挪威克朗，0.28奥地利先令。自1978年7月1日开始，即用前面所说的同一方法，逐日算出1个特别提款权折合美元和其他15种货币的汇价。

以后为了简化手续，又从1981年1月1日起选用从1975—1979年出口商品和劳务最多的五国货币定值。在改为五种货币的“一篮子”时，另一个重要考虑是，希望将用以确定特别提款权价值的“一篮子”和用以确定其利率的“一篮子”统一起来。自1974年以来，特别提款权的利率即已参照与1981年选入“一篮子”的那五个国家的资本市场的利率确定。这5种货币以及它们在1个特别提款权中所占百分比(权数)为：美元42%，联邦德国马克19%，日元、法国法郎和英镑各为13%。这个权数每五年修正一次。例如：在1996年1月1日的调整中，权数变化为：美元39%，德国马克21%，日元18%，法国法郎11%，英镑11%。在这次变化中，我们可以注意到权数上升的有德国和日本。

然后，基金组织据此权数定出每种货币在1个特别提款权中所占的金额。以1981年1月2日为例，计算结果分别为：美元0.54，联邦德国马克0.46，法国法郎0.74，日元34.00，英镑0.071，这样，就可计算出1个特别提款权折合多少美元。

具体方法是：将5种货币1981年1月2日伦敦外汇市场的汇率与各种货币在“一篮子”货币中所占数额相比，即可求出1个特别提款权折合的美元数，如表2.5所示：

表 2.5　1981 年 1 月 2 日特别提款权的定值表

各国货币在“一篮子”货币中所占数额 ①	1 美元合外币数 ②	两项相比
美元 0.5400	1.0000	0.540000
联邦德国马克 0.4600	1.97400	0.233029
法国法郎 0.7400	4.56000	0.162281
日元 34.0000	202.8700	0.167595
英镑 0.0710	2.37800	0.1688
合计 1.271743		

即 1 个特别提款权=1.271 74 美元。但须注意，两项相比时，除英镑为①×②外，其他均为①÷②。求出 1 个特别提款权的美元价值后，即可计算出其他货币和特别提款权的汇价。其方法是把 1 个特别提款权的美元值乘上该货币当天对美元的行市。如 1981 年 1 月 2 日，1 美元合 1.974 00 联邦德国马克，那么 1 个特别提款权对联邦德国马克的汇价则为 1.271 74×1.974 00=2.510 4 联邦德国马克。

2001 年 1 月，国际货币基金组织确定的特别提款权中美元比重为 45%，欧元比重为 29%，日元比重为 15%，英镑依旧为 11%。自此特别提款权由五种货币的加权平均数改变为四种货币的加权平均数。根据以上四种货币的权数，我们可以用同样的方法求出一个特别提款权折合的美元数。

有几点需要说明：第一，使用特别提款权计价，须先确定以哪一天或哪个时期的特别提款权牌价为基础。第二，目前特别提款权仍只是一个记账计价单位，实际支付还得先把特别提款权折成美元、英镑、欧元等通用货币。除偿还基金组织贷款外，不能直接用于贸易和非贸易支付。第三，虽然特别提款权将取代美元作为国际储备的主要资产，但由于美国在国际贸易中所占重要地位，以及美元发行多，流通广的特点，美元依然是国际上使用最多的支付手段，美元在特别提款权中所占比重达 1/3，因此美元在国际支付方面仍具有一定重要性。

黄金重量折算表

1 金衡盎司=31.103 477 克(厘米，g)
(Troy Ounce)=0.995 312 两(16 两制)
=0.622 07 市两(10 两制)
=1.097 14 常衡盎司
=0.831 010 6 司马两
1 两(16 两制)=31.25 克

=1.004 71 金衡盎司

=0.834 924 5 司马两

1 市两(10 两制)=50.00 克

=1.607 536 金衡盎司

=1.335 88 司马两

1 司马两=37.488 53 克

=1.203 354 金衡盎司

=1.197 713 两(16 两制)

=0.748 57 市两(10 两制)

1 公吨(Metric Ton)=32150.72 金衡盎司

1 托拉(tola)=0.375 金衡盎司

另外，历年黄金价格表如表 2.6 所示。

表 2.6 历年黄金价格表

单位：美元/盎司

年 份	平 均 价	最 低 价	最 高 价
1975 年	161.03	128.75	186.25
1976 年	124.82	103.50	140.35
1977 年	147.72	129.40	168.15
1978 年	193.24	166.30	243.65
1979 年	306.67	216.55	524.00
1980 年	612.74	474.00	850.00
1981 年	459.75	391.25	599.25
1982 年	375.80	296.75	488.50
1983 年	424.12	374.25	511.50
1984 年	360.36	303.25	406.85
1985 年	317.27	284.25	340.90
1986 年	367.94	326.00	442.75
1987 年	446.07	390.00	502.75
1988 年	436.77	389.05	485.30
1989 年	380.79	355.75	417.15
1990 年	383.59	345.85	421.40
1991 年	362.26	344.25	403.70
1992 年	343.95	330.20	359.60
1993 年	359.82	326.10	406.70

续表

年　份	平 均 价	最 低 价	最 高 价
1994 年	384.15	369.65	397.50
1995 年	384.05	372.45	395.55
1996 年	387.87	367.40	416.25
1997 年	331.29	293.00	367.80
1998 年	294.09	273.40	313.15
1999 年	267.20	252.10	340.00
2000 年	279.11	263.80	312.70

第3章　外汇汇率及汇率制度

【内容提要】

在本章中，我们主要介绍外汇汇率的基本知识、外汇汇率的种类与标价方法，汇率变动的主要原因和对经济的影响，汇率制度及现行人民币汇率制度的基本内容等方面知识点。

具体内容包括：

1. 外汇汇率及其标价方法

(1) 汇率的概念

(2) 汇率的标价方法

(3) 汇率的种类

(4) 汇率变动对经济的影响

(5) 影响汇率变动的因素

2. 汇率制度

(1) 固定汇率制度

(2) 浮动汇率制度

(3) 现行人民币汇率制度的基本内容

3.1　外汇汇率及其标价方法

3.1.1　外汇汇率的概念

通常，人们说用一本字典可以将一种语言翻译成另一种语言，而外汇汇率(Foreign Exchange Rate)在货币中的作用正等同于字典在语言中的作用，它可以将一种货币转换成另一种货币来表示。

外汇汇率是不同货币之间兑换的比率或比价，也可以说是由一种货币表示的另一种货币的价格。一般我们可以将其简称为汇率。如果把外汇看作一种特殊商品，汇率就是购买这种特殊商品的“特殊价格”。我们知道，一般商品的价格是用货币表示的，但不能反过来用商品表示货币的价格。在国际汇兑中，不同的货币之间却可以相互表示对方的价格，因此，外汇汇率具有双向表示的特点。

3.1.2　外汇汇率的标价方法

折算两种货币的兑换比率，首先要确定以哪一国货币作为标准，即是以本国货币表示外国货币的价格，还是以外国货币表示本国货币的价格。

在国际外汇市场上，通常汇率采用双向报价方式，即报价者(Quoting Party)同时报出买入汇率(Bid Rate)及卖出汇率(Offer Rate)。一般而言，报价者会同时报出买价与卖价，例如：英镑/美元为 1.6410/20，第一个数字(1.6410)表示报价者愿意买入被报价币的价格，这就是所谓的买入汇率，第二个数字(1.6420)表示报价者愿意卖出被报价币的价格，这就是卖出汇率。

实际的外汇交易中通常只会报出 10/20，一旦成交后，再确认全部的汇率是 1.6410。依外汇市场上的惯例，汇率的价格共有 5 个位数(含小数位数)，如 USD/CHY8.1910、GBP/USD1.6450，或 USD/JPY108.10。其中，汇率价格的最后一位数，称之为基本点(Point)，也有人称之为 Pips 或 Ticks。这是汇率变动的最小基本单位。倒数第二位称为“X 十个点”，以此类推。如：1 欧元 =1.1011 美元； 1 美元 =120.55 日元；欧元对美元从 1.1010 变为 1.1015，称欧元对美元上升了 5 点；美元对日元从 120.50 变为 120.00，称美元对日元下跌了 50 点。而外汇交易员在报价时，未曾报出的数字(例 GBP/USD1.6450 中的 1.64)，我们称之为大数(Big Figure)。交易员未报出的原因是：在短短数秒的询价、报价及成交的过程中，汇率通常不会如此快速的变动，于是大数便可省略不说。

由于两种不同的货币可以相互表示其价格，也就有了两种基本的汇率标价方法：一是直接标价法；二是间接标价法。20 世纪 50、60 年代，随着欧洲货币市场的兴起，西方各国的跨国银行普遍采用美元标价法。

1. 直接标价法

直接标价法(Direct Quotation)是指以一定单位的外国货币(1 个或 100、10 000 等)为标准，来计算折合多少本国货币。也就是说，在直接标价法下，是以本国货币表示外国货币的价格。即：我们将外国货币作为商品，计算购买其时应支付的本国货币数额，故又将其称为应付标价法。

例如：2002 年 1 月 21 日，我国外汇管理局公布的人民币对美元的官方汇率为 100 美元=827 元人民币，这就是直接标价法。这种标价法的特点是：外币数额固定不变，折合本币的数额根据外国货币和本国货币币值对比的变化而变化。如果一定单位的外币折合本币数额增加，即外币升值，本币贬值；反之，如果一定单位的外币折合本币数额减少，即外币贬值，本币升值。例如：若汇率由 100 美元=827 元人民币变为 100 美元=828 元人民币，为外汇汇率上升，即美元升值，人民币贬值；若美元汇率由 100 美元=827 元人民币变为 100 美元=826 元人民币，为外汇汇率下降，即美元贬值，人民币升值。

目前世界上除英国、美国之外，绝大多数国家都采用直接标价法。

2. 间接标价法

间接标价法(Indirect Quotation)是指以一定单位的本国货币(1 个或 100、10 000 等)为标准，来计算折合多少外国货币。也就是说，在间接标价法下，以外国货币表示本国货币的价格。即：我们将本国货币作为商品，计算购买其时应收取的外国货币数额，故又将其称为应收标价法。

例如2002年1月21日，伦敦外汇市场公布1英镑=1.6219美元，这就是间接标价法。这种标价法的特点是以本币为标准，固定不变，折合外币的数额根据本币与外币币值对比的变化而变化。如果一定单位本国货币折合外国货币的数额增加，即本币升值，外币贬值；反之，一定单位本币折合外币的数额减少，则本币贬值，外币升值。

最早实行间接标价法的国家是英国及其殖民地国家，第二次世界大战之后，由于美国经济实力迅速扩大，美元逐渐成为国际结算、国际储备的主要货币。为了便于计价结算，从1978年9月11日开始，纽约外汇市场也改用间接标价法，即以美元为标准公布美元与其他货币之间的汇率，但是对英镑仍沿用直接标价法。

20世纪60年代欧洲货币市场迅速发展起来，国际金融市场间外汇交易量迅猛增加。在国际间进行外汇交易时，银行之间的报价通常以美元为基准来表示各国货币的价格，即以单位美元折合成各国货币数量的多少来表示各国货币的价格，这种标价法称为美元标价法。例如从瑞士苏黎世向日本银行询问日元汇率，东京外汇银行的报价不是直接报瑞士法郎对日元的汇率，而是报美元对日元的汇率。世界各金融中心的国际银行所公布的外汇牌价都是美元对其他主要货币的汇率，非美元货币之间的汇率则通过各自对美元的汇率套算，作为报价的基础。美元标价法与上述两种基本的标价法并不矛盾，它的特点是：美元的量始终不变，美元和其他各国货币币值的变化都通过其他国家货币数量的变化表现出来。

人们将各种标价法下数量固定不变的货币叫做基准货币(Base Currency)也称为基础货币。把数量不断变化的货币叫做标价货币(Quoted Currency)。显然，在直接标价法下，基础货币为外国货币，标价货币为本国货币；在间接标价法下，基础货币为本国货币，标价货币为外国货币。无论采取何种标价法都是以标价货币来表示基础货币的价格。

法定升值是指政府通过提高货币含金量或明文宣布的方式，提高本国货币对外的汇价。升值是指由于外汇市场上供求关系的变化造成的货币对外汇价的上升。法定贬值是指政府通过降低货币含金量或明文宣布的方式，降低本国货币对外的汇价。贬值是指由于外汇市场上供求关系的变化造成的货币对外汇价的下降。当某货币的汇价持续上升时，我们习惯称之为“趋于坚挺”，称该货币为“硬通货”。反之则习惯称之为“趋于疲软”和“软通货”。

3.1.3 汇率的种类

汇率的种类极其繁多，我们可以从不同的角度进行划分。在此我们选择与外汇理论、政策和实际经营业务有关的种类加以介绍。

1. 按国际货币制度的演变划分，分为固定汇率与浮动汇率

固定汇率(Fixed Rate)是指货币的汇率基本固定，波动幅度被限制在较小范围之内的汇率。在金本位制下，汇率决定的基础是两国铸币含金量的对比，汇率的波动受黄金输送点的制约，故被称为固定汇率制度。在第二次世界大战后建立的布雷顿森林货币体系下，两国货币法定含金量的对比决定着两种货币的汇率，汇率的波动被限制在一定范围之内，也被称为固定汇率制度。二者相比，在金本位制下的是长期固定汇率制而在布雷顿森林体系下的是可调整的固定汇率制。

浮动汇率(Floating Rate)是指各国货币之间的汇率波动不受限制、而根据外汇市场供求状况自由波动的汇率。1973 年以后，各国政府不再公布本国货币的含金量，各国政府不再承担维持汇率稳定的义务，这时在全球范围内由固定汇率制度转变为浮动汇率制度。

2. 按照制定汇率的不同方法划分，分为基本汇率与套算汇率

基本汇率(Basic Rate)是指本国货币与国际上某一关键货币之间所确定的汇率。所谓关键货币，是指该国在国际收支中使用最多、外汇储备中占比重最大，同时又可以自由兑换、在国际上被普遍接受的货币。

由于美元是当今世界上使用最广泛，也是最重要的国际货币，故各国一般把美元作为关键货币。我国也把美元作为关键货币。

套算汇率(Cross Rate)也叫交叉汇率，是指两种货币通过基本汇率换算出来的汇率。在实务操作中有三种计算方法：

(1) 按中间汇率求套算汇率(适用于按一般电讯行市计算交叉汇率)。

设汇率 1 美元=133.78 日元，1 美元=7.7962 港元。

港元兑日元的汇率为：

1 港元=133.78÷7.7962=17.1596(日元)

(2) 交叉相除法(适用于关键货币相同的两种汇率的计算)。

设汇率 1 美元=133.68/133.98 日元，1 美元=7.7962/7.8032 港元。

港元兑日元的交叉汇率为：

银行买进日元：1 港元=133.68÷7.8032=17.1314(日元)

银行卖出日元：1 港元=133.98÷7.7962=17.1853(日元)

港元兑日元的汇率为：1 港元=17.1314/17.1853(日元)

(3) 两边相乘法(适用于关键货币不同的两种汇率的计算)。

设汇率 1 美元=133.68/133.98 日元，1 英镑=1.4083/1.4113 美元。

英镑兑日元的交叉汇率为：

银行买进日元：1 英镑=133.68×1.4083=188.2615(日元)

银行卖出日元：1 英镑=133.98×1.4113=189.0860(日元)

英镑兑日元的汇率为：1 英镑=188.2615/189.0860(日元)

3. 按照汇率对汇率管制的宽严程度划分，分为官方汇率与市场汇率

官方汇率(Official Rate)是指由国家外汇当局制定并公布本国货币对外币的汇率。在外汇管制较松的国家，官方汇率往往只起中心汇率的作用，而实际外汇买卖多按市场汇率成交。在实行严格外汇管理的国家，官方汇率就是实际汇率，规定一切外汇交易都按这一汇率执行。我国在 1994 年以前实行的就是官方汇率，人民币汇率由国家外汇管理局统一制定公布，没有外汇市场汇率。

市场汇率(Market Rate)是指由外汇市场的外汇供求状况决定的汇率，它随外汇供求关系的变化而自由波动。但各国货币金融当局经常运用各种手段干预外汇市场，使市场汇率保持基本稳定和向预定目标方向变动。

4. 按照银行外汇汇付方式不同，分为电汇汇率、信汇汇率与票汇汇率

电汇汇率(Telegraphic Transfer Rate，简称 T/T Rate)是银行卖出外汇以后，以电报、电传等方式通知国外的分支机构或代理机构付款时使用的汇率。在国际支付中，大额的资金调拨一般都采用电汇。由于电汇付款时间快，一般可以当天到达，银行无法占用客户的资金头寸，并且国际电报、电传费用也比较高，使得电汇汇率较信汇汇率、票汇汇率高。电汇汇率在外汇交易中占有较大的比重，成为计算匡定其他汇率的基础，因此电汇汇率又称基础汇率。通常的做法是，交易双方首先通过电话或电报达成协议，然后再用电传予以确认。

信汇汇率(Mail Transfer Rate，简称 M/T Rate)是银行卖出外汇后，以信函方式通知国外分支机构或代理行付款时使用的汇率。因信汇邮程时间较长，银行利用在途资金时间较长，故信汇汇率较低。在外汇交易中，信汇量较少，主要在港澳及东南亚一带使用。

票汇汇率(Demand Draft Rate，简称 D/D Rate)是指银行卖出外汇后，签发一张由其在国外的分支行或代理行付款的支付命令给汇款人，由其自带或寄往国外取款的一种汇率。票汇汇率分为两种：一种是即期票汇汇率，另一种是远期票汇汇率。由于卖出汇票与支付外汇间隔一段时间，因此票汇汇率需要在电汇汇率的基础上对利息因素作一些调整，并且期限越长，汇率越低。即期票汇和远期票汇都是外汇交易的重要形式。

5. 按照银行买卖外汇的角度划分，可分为买入汇率、卖出汇率与中间汇率

买入汇率(Buying Rate)，也称外汇买入价(Bid Price)，即银行向同业或客户买入外汇时所使用的汇率。采用直接标价法时，外币折合本币数额较少的那个汇率就是买入价；采用间接标价法时则相反。

卖出汇率(Selling Rate)，也称外汇卖出价(Offer Price/Ask Price)，即银行向同业或客户卖出外汇时使用的汇率。采用直接标价法时，外币折合本币数额较多的那个汇率就是卖出价；采用间接标价法时则相反。

买入、卖出都是从银行买卖外汇的立场来看，两者之间的差价称为买卖差价，一般为

1‰~5‰，它是外汇银行经办外汇业务的收入来源。一般外汇市场越发达，差价越小。

在实际操作中，外汇银行所报的买入卖出两个汇率，前一个数值较小，后一个数值较大。在直接标价法下，较小的数值为银行买入外汇的汇率，较大的数值为银行卖出外汇的汇率；而在间接标价法下，较小数值为银行卖出外汇的汇率，较大数值为银行买入外汇的汇率。例如，某日苏黎世外汇市场和伦敦外汇市场的报价如下：

巴黎　1USD=CHF 5.7505　~　5.7615

(直接标价法)　(银行买入美元价)(银行卖出美元价)

伦敦　GBP1=USD 1.8870　~　1.8890

(间接标价法)　(银行卖出美元价)(银行买入美元价)

再如：

中国银行人民币牌价(2004-10-13)如表 3.1 所示。

表 3.1　中国银行人民币牌价(2004-10-13)

币　种	买 入 价	卖 出 价
美元	826.41	828.89
港币	106.07	106.39
加拿大元	658.05	660.02
欧元	1018.01	1021.07
日元	7.5261	7.5639
瑞士法郎	657.13	660.42
英镑	1479.93	1484.38

上面所说的买价和卖价是采用电汇方式时的价格。外汇银行在向客户直接买进现钞时，则要用现钞价(Bank Notes Rate)，现钞价低于现汇价。因为外国现钞不能在本国流通使用，银行收兑外币现钞后，需将外币现钞运送到各发行国或该货币中心，存入海外银行才能充当流通或支付手段，而运送外币现钞既要花费一定的运输费、保险费等，又要承担一定风险，而且银行在收兑外币现钞时要垫付本币和保管外币现钞费用，因此银行在收兑外币现钞时要扣除一定费用，致使银行的现钞买入价要低于现汇买入价，而卖出现钞时使用现汇卖价。

中间汇率(Middle Rate)是指用买入价与卖出价的平均数表示的汇率。媒体报道汇率消息时常采用中间汇率。在我国，外汇银行的买入汇率和卖出汇率通常是以中间汇率为基础，在允许的幅度范围内上下浮动形成。

6. 按照外汇的交易种类划分，分为即期汇率与远期汇率

即期汇率(Spot Rate)也称现汇汇率，是指买卖双方成交后，于两个营业日内办理交割所使用的汇率。

远期汇率(Forward Rate)，也称期汇汇率，是指买卖外汇成交后签订外汇交易合同，按约定的时间进行交割所使用的汇率。买卖远期外汇的期限一般为1、3、6、9、12个月等。

对远期汇率的报价有两种方式：其一是直接报价(Outright Rate)，即直接将各种不同交割期限的期汇的买入价和卖出价表示出来，这与现汇报价相同，这种直接报价法适用于银行与一般客户之间。通常也称为大数标价法。其二称为间接报价法，它是指远期汇率在即期汇率的基础上加减一定差额形成的。即：用远期差价(Forward Margin)或掉期率(Swap Rate)报价，即报出期汇汇率偏离即期汇率的值或点数。银行报出的点数，称为远期差价(Forward Margin)。远期差价用升水(At Premium)、贴水(At Discount)和平价(At Par)来表示。升水表示远期外汇比即期外汇贵；贴水表示远期外汇比即期外汇便宜；平价表示远期汇率等于即期汇率。间接报价适用于银行同业之间。通常称为小数标价法。即：

远期汇率=即期汇率+(−)远期差价

由于汇率的标价方法不同，按远期差价计算远期汇率的方法也不同。我们将在外汇业务中详细介绍有关实务中几类远期汇率标识方法。

7. 按照汇率是否统一划分，分为单一汇率与复汇率

单一汇率(Uniform Rate)是指一国的货币对一种外币只有一种汇率，各种支付均按此汇率进行外汇买卖。

复汇率(Multiple Rate)是指一国的货币对一种外币同时存在两种以上的汇率，它有双重汇率和多种汇率两种形式。双重汇率是指对一种外币同时存在两种汇率(贸易汇率和金融汇率)，多种汇率是指对一种外币同时存在多种汇率，多者可达几十种，汇率高低相差若干倍。复汇率是外汇管制的产物，目前只有一些发展中国家实施复汇率。根据国际货币基金组织的要求，依据需要只能使用简单的复汇率，严格限制实行复杂的复汇率。

8. 按照外汇的标价方法划分，分为贸易汇率与金融汇率

一国的汇率同时存在贸易汇率(Trade Rate)和金融汇率(Financial Rate)，这个国家实行的是复汇率制度。

贸易汇率又称“商业汇率”，是指主要用于进出口贸易货款和从属费用方面收付的汇率。它体现了“奖出限入”的贸易政策，能改善该国的国际收支状况。

金融汇率是指适用于资金流动、旅游事业等非贸易外汇收支的汇率。与贸易汇率相比，金融汇率一般定得较高，以起到限制资金流出、鼓励外资流入的作用。

9. 按外汇买卖的对象划分，分为同业汇率与商人汇率

同业汇率(Inter-bank-Rate)是指银行与银行之间买卖外汇的汇率。同业汇率的银行买入价和卖出价的差别较小。

商人汇率(Merchant Rate)是指银行对客户买卖外汇的汇率。商人汇率是根据同业汇率卖出价增(买入价减)一定的差额确定的。所以商人汇率的银行买入价与卖出价的价差较大。

3.1.4　汇率的决定基础

1. 国际金本位制度下汇率的决定基础

金本位制是以黄金作为本位货币的制度，它包括金铸币本位制、金块本位制和金汇兑本位制。金铸币本位制是典型的金本位制，而后两者是削弱了的、没有金币流通的金本位制。

在金本位制度下，各国规定了每一金铸币单位包括的黄金重量与成色，即含金量。两种货币的含金量对比叫做铸币平价，它是决定两种货币汇率的基础。即：

铸币平价=A 国单位货币含金量/B 国货币单位含金量

列举当时英美两国的情况来看，英国规定：1 英镑金币含纯金 7.322 4 克(重量 123.274 47 格令，成色 24K，纯金 113 格令)美国规定：1 美元金币含纯金 1.504 656 克(重量 25.8 格令，成色 21.6K，纯金 23.22 格令)，则：两国的铸币平价为：1 英镑=7.3224 克/1.504 656 克=4.866 5 美元。

那么，是否两国就以此铸币平价作为汇率了呢？事实上，汇率并不一定就是 4.8665，这要根据市场上对英镑或美元的需求程度而定，对英镑需求大英镑即高一点，反之美元高一些，但因为可以直接用黄金支付，故汇率的波动是有限制的，这个限制即黄金输送点。这里所谓的黄金输送点(Gold Point)就是指：汇率波动而引起黄金从一国输出或输入的界限。黄金输送点可分为黄金输出点和黄金输入点，分别为汇率上下波动的界限。汇率波动的最高界限是铸币平价加运金费用，即黄金输出点(Gold Export Point)；汇率波动的最低界限是铸币平价减运金费用，即黄金输入点(Gold Import Point)。

可见，铸币平价是决定汇率的基础，但它不是外汇市场上买卖外汇时的实际汇率。在外汇市场上，由于受外汇供求因素的影响，汇率有时高于或低于铸币平价。

之所以会形成黄金输送点，这是由于在金本位制度下，国际结算可以采用两种方法：一种是非现金结算，一种是现金结算，这两种方法可供自由选择。一般来说，当市场上外汇汇率高于铸币平价+黄金运费时，进口商通常不购买外汇而采用现金结算即输出黄金；当市场汇率低于铸币平价-黄金运费时，出口商同样不购买外汇而采用现金结算即输入黄金；反之，当市场汇率低于铸币平价+黄金运费或市场汇率高于铸币平价-黄金运费时，进、出口商通常采用非现金结算。由此可见，外汇汇率波动的界限为黄金输出点和黄金输入点即黄金输送点。

例如，在第一次世界大战前，英国和美国之间运送黄金的各项费用为黄金价值的 0.5%~0.7%，以 1 英镑计，运送黄金的各项费用约为 0.03 美元。假定美国对英国产生国际收支逆差，于是美国外汇市场对英镑的需求增加，英镑的汇率必然上涨。若 1 英镑上涨到 4.8965 美元(铸币平价 4.8665 美元+运送黄金的费用 0.03 美元)以上时，在美国负有英镑债务的企业，就不会购买英镑外汇，而宁愿在美国购买黄金运送到英国偿还其债务。因为采用直接运送黄金的方法偿还1英镑的债务，只需4.8965美元。因此，引起美国黄金流出的汇率就是黄金输出点，汇率的波动难以超出黄金输出点。反之，若美国对英国的国际收支为顺差，美国外汇市场的英镑供给增加，英镑的汇率必然下跌。若1英镑跌到4.8365美元(铸币平价 4.8665 美元-运送黄金的费用 0.03 美元)以下时，在美国持有英镑债权的企业，就不会出售英镑，而宁愿在英国用英镑购买黄金后运送回美国。因为用运送黄金的方法收回1英镑债权，可以得到4.8365美元。引起黄金输入的汇率就是黄金输入点，汇率的波动难以低于黄金输入点。在金本位制度下，汇率的波动幅度是相当有限的，汇率比较稳定。

在金块、金汇兑本位制度下，黄金极少充当流通手段和支付手段的职能，其输入/输出受到极大限制，汇率的波动幅度已不再受制于黄金输送点，因为黄金输送点实际已不复存在，与金币本位制相比，金块、金汇兑本位制的汇率失去了稳定的条件。

2. 纸币流通制度下汇率的决定基础

金本位制崩溃以后，各国都实行了纸币流通制度。纸币流通分两种情况：一是固定汇率制度下的纸币流通(即布雷顿森林货币体系下的纸币流通)；二是浮动汇率制度下的纸币流通(即牙买加体系下的纸币流通)。

(1) 布雷顿森林货币体系下汇率的决定基础

布雷顿森林货币体系下，各国政府普遍参照过去流通中金属货币的含金量，规定了单位纸币的含金量。实行双挂钩(即美元与黄金挂钩，各国货币与美元挂钩)固定汇率制，各国货币与美元挂钩即为货币平价或美元平价，决定汇率的基础是两国的货币平价或美元平价之比。

具体内容是：美国公布美元的含金量，1美元的含金量为0.888 671克，美元与黄金的兑换比例为1盎司黄金=35美元。其他货币按各自的含金量与美元挂钩，确定其与美元的汇率。这就意味着其他国家货币都钉住美元，美元成了各国货币围绕的中心。各国货币对美元的汇率只能在平价上下各1%的限度内波动，1971年12月后调整为平价上下2.25%波动，超过这个限度，各国中央银行有义务在外汇市场上进行干预，以保持汇率的稳定。只有在一国的国际收支发生“根本性不平衡”时，才允许贬值或升值。

布雷顿森林体系下的固定汇率制，实质上是一种可调整的固定汇率制，它兼有固定汇率与弹性汇率的特点，即在短期内汇率要保持稳定，这类似金本位制度下的固定汇率制；但它又允许在一国国际收支发生根本性不平衡时可以随时调整，这类似弹性汇率。这种汇率制度是属于纸币流通下的固定汇率制度。

在此种可调整的固定汇率制度下，如果汇率波动超过规定界限，各国货币当局又无力干预维持，则一国政府就要采取货币法定升值或法定贬值的措施。但是，各会员国如需变更平价，必须事先通知基金组织，如果变动的幅度在旧平价的10%以下，基金组织应无异议；若超过10%，须取得基金组织同意后才能变更。如果在基金组织反对的情况下，会员国擅自变更货币平价，基金组织有权停止该会员国向基金组织借款的权利。但该体系规定汇率波动的界限为上下 1%(1971 年 12 月以后改为上下 2.25%)，各国有义务干预并维持。因此，它是一种可调整的固定汇率制。

(2) 牙买加体系下汇率的决定基础

布雷顿森林货币体系瓦解后，各国普遍实行了浮动汇率制，各国货币间的汇率已不再以其含金量之比来确定，而是以该纸币所代表的实际价值来决定。汇率的波动由外汇供求关系决定。同时，一国国际收支状况所引起的外汇供求变化是影响汇率变化的主要因素。例如，国际收支顺差的国家，外汇供给增加，外国货币价格下跌、汇率下浮；国际收支逆差的国家，对外汇的需求增加，外国货币价格上涨、汇率上浮。汇率上下波动是外汇市场的正常现象，一国货币汇率上浮，就是货币升值，下浮就是贬值。

纸币的实际价值是通过其购买力表现出来的。比较两国的购买力就可决定两国货币的比价，一国货币具有对内和对外两种价值，对内的价值是通过对国内市场商品的购买力表现出来的；对外价值是一国货币所代表的商品的国际价值。货币的对内价值虽然是决定对外价值的基本因素，但并不完全表现为对外价值。因为，各国的经济结构不一，劳动生产率不一，生产同一个单位商品的劳动消耗不一。在这种条件下，不能简单地比较两国的纸币购买力来决定两国货币的汇率。但是，在国际市场上，相同质量的同一种商品只能有一个价格。这是因为，各国同一种商品的国际价值量决定于世界平均劳动时间，即在世界平均生产条件下，制造该商品所需的社会必要劳动时间。商品的国际价格是国际价值的货币表现。从一个较长时间看，在供求平衡的条件下，商品的国际价格和它的国际价值是相符的。因此，决定两国货币汇率的基础是两国纸币所代表的国际价值之比，汇率的波动主要取决于外汇供求关系的变化，影响外汇供求关系变化的因素是复杂多样的，必须认真研究。

3.1.5　汇率变动对经济的影响

汇率作为调节经济的一个重要杠杆，在其他宏观经济因素影响经济的同时，其变动对一国经济，尤其是涉外经济领域也产生广泛而复杂的影响。汇率受国际收支等诸多因素的影响在不断变动，同时汇率的变动又会对一国经济和国际经济关系产生深刻影响。因而，各国政府都十分重视汇率的变动。

1. 对国际收支的影响

(1) 对国际贸易的影响

汇率稳定，有利于促进国际贸易的发展和生产的增长；汇率不稳定，则会影响对外贸易的成本核算，增加对外贸易的风险，且使出口商对外报价不稳定，阻碍国际贸易的开展。

一般而言，外汇汇率上涨，在一定条件下可以鼓励出口，限制进口。因为外汇汇率上涨表明本币汇率下跌，即本国货币对外贬值，用一定数额的外币可兑换较多的本币。这样，首先使进出口商品的相对价格发生变化：在出口方面，以外币表示的商品价格下降，即提高商品的价格竞争力会引起出口量的增加；在进口方面，以本币表示的商品价格上涨，会引起进口量的减少。当出口值增加，进口值减少时，则货币贬值能改善贸易收支。

在现实经济生活中，一国货币对外贬值对贸易收支的改善，往往要受到一些经济因素的影响：例如，进出口商品的需求弹性，应满足“马歇尔-勒纳条件”；国内总供给的数量和结构富有弹性；国内闲置资源(如资金、土地、劳动力和科学技术)能随时用于出口品和进口替代品生产资源；该国货币对外贬值幅度应大于对内贬值的幅度。此外，还应考虑主要的贸易伙伴国的贸易条件是否发生变化，主要出口商品的非价格竞争力强弱等。

但要看到，调低本国汇率实行外汇倾销会引起对方国家的强烈反应，导致竞相贬值，损害国际经济关系。

(2) 对非贸易收支的影响

汇率变动不仅对国际贸易有重要影响，而且对非贸易收支也产生着很大影响。在其他条件不变的情况下，外汇汇率上涨，而国内物价水平不变或上涨不多，那么，外国货币的实际购买力将相对增强。对国外旅游者来说，该国的商品和服务项目价格就显得便宜，致使外国旅游者乐于购买本国的商品和劳务，这对旅游者具有一定的“招徕”作用，从而促进本国旅游业的发展，增加旅游外汇收入。同时，还会增加侨汇等其他非贸易收入。反之，如外汇汇率下跌，则会发生相反情况。

(3) 对资本国际流动的影响

汇率变动对国际资本流动的影响主要有以下三种情况：

首先，反映在对金融资产价值的影响，汇率的变动会影响金融资产价值的变化，进而影响资本的流动。当外汇汇率上涨，本币价值下降时，本国金融资产价值下降，本国资本和已流入本国的国际短期资本会调往国外，导致资本流出；反之，则相反。

其次，对来自国外直接投资的产生影响，与金融资产投资不同，如外汇汇率上涨，本币汇率下跌，则有利于外国的直接投资。因为，他们以外币形式的投资这时可以折算为更多的投资国货币，这就有利于外国资本的流入。如1985年以来，美元汇率大幅度下跌，日资大举进入美国，以利用美元贬值的机会取得较大的投资收益；反之，则相反。

同时汇率变动对国际资本借贷也将产生影响，外汇汇率的上涨，会使债务国还本付息的负担加重，使资本的借入者踌躇不前。如果这些债务负担重的国家形成了债务危机，则更会减少国际资本向这些国家的流动；反之，则相反。

(4) 对国际储备的影响

汇率变动可以从两个方面对一国外汇储备产生明显影响。

一方面，储备货币汇率的变动会影响有关国家外汇储备资产的实际价值。若储备货币的汇率上涨，则会使该储备国的储备资产相应升值，反之，若储备货币的汇率下跌，则使该储备国的储备资产相应贬值。

另一方面，一国货币对外汇率的变动，还可以通过对资本流动和进出口贸易的影响间接使该国的外汇储备增加或减少。例如，若本币汇率趋于上涨，则可能导致各种保值性和投机性资本流入的增加，从而使该国外汇储备增加。反之，若本币汇率趋于下跌，不仅会使资本流入减少，而且往往会形成本国的资本外逃，从而使外汇储备减少。同理，经常项目收支是影响一国外汇储备增减变动的最重要原因之一，而外汇汇率下跌一般有利于扩大进口，不利于出口，容易产生贸易入超，从而使该国外汇储备减少，反之，外汇汇率上涨一般有利于扩大出口而不利于进口，容易产生出超，从而使该国外汇储备增加。

2. 对国民收入再分配和民族工业的影响

根据西方国际贸易理论，一国货币对外贬值会使国际贸易商品的制造商和销售商以及国际市场输出劳务的单位获益，而使依靠生产和出售非贸易商品而赚取收入的阶层的利益受到损害，即使贬值后贸易条件没有发生变化也是如此，从生产要素的角度分析，货币贬值使某些企业的生产规模扩大，因而使这些企业有关的生产要素的所有者获利，而其他行业的生产要素所有者则相应地有所损失。例如，贬值使一国的出口生产扩大，若该国的出口部门都是资本和技术密集型的，则资本和技术的所有者将大获其利；若出口部门都是劳动密集型的，则劳动力所有者会受益。

3. 对国内经济的影响

汇率变动对一国国内经济的影响，主要表现在对国内物价、利率、就业和国民收入的影响上。

(1) 对国内物价的影响

在货币发行量一定的情况下，本币汇率上升会引起国内物价水平下降。因为本币汇率上升、外汇汇率下降，就会使以本币表示的进口商品在国内市场价格相对便宜，刺激进口增加，并带动用进口原料生产的本国产品价格降低。另外，由于本币汇率上升，以外币表示的出口商品在国外市场价格升高，降低了出口商品的竞争力，促使一部分出口商品转为内销，增加了国内市场商品供给量，也会引起国内物价水平的下降。

在货币发行量一定的情况下，本币汇率下浮会引起国内物价水平上升。因为本币汇率下浮，一方面有利于本国商品出口，出口商品数量增加会使国内市场商品供应发生缺口，促使价格上涨。另一方面，进口商品用本币表示的成本因本币汇率下跌而上升，促使进口的生产资料价格提高，导致以此为原料的国产商品价格上涨，同时，进口的消费资料也因本币汇率的下浮而价格上涨，进口需求随之会减少，国内市场商品供应相对减少，引起国内物价总水平上涨。

(2) 对国内利率水平的影响

在货币发行量一定的条件下，本国货币汇率上升，使国内利率总水平上升。因为本币汇率上升会对商品出口和资本流入产生不利的影响，对商品进口和资本流出产生有利的影响，引起本国外汇收入减少、外汇支出增加，从而使国内资金总供给减少，引起国内利率总水平上升。相反，本国货币汇率下降，使本国外汇收入增加、外汇支出相对减少，国内资金总供应增加，导致国内利率总水平下降。

因此，凡是货币汇率高估而有逆差的国家，其国内利率水平必定偏高；凡是货币汇率低估而有顺差的国家，其国内利率水平必定偏低。

对国内就业和国民收入的影响：因为本币汇率下跌，有利于出口而不利于进口，从而有利于本国第一产业、第二产业和第三产业的发展，促进国内就业门路增多和国民收入的增多；反之，由于本国货币汇率上升，不利于出口而有利于进口，限制了本国经济的发展，必然减少国内就业量和国民收入。

在经济进入相对过剩、国内就业压力日益加大的情况下，许多国家不时采用各种措施降低本国货币汇率，以达到增加国民收入和充分就业的目的。

3.1.6 影响汇率变动的因素

目前，世界上普遍实行的是浮动汇率，汇率的频繁波动对世界经济乃至各国经济的发展具有很大影响。引起汇率变动的直接原因是外汇供求的变化。同商品市场一样，在外汇市场上，如果外汇供过于求，则外汇汇率下降；反之，如求过于供，则外汇汇率上升。而外汇供求的变化又受多种因素所制约，因此，在研究分析影响汇率变动的因素时，应从多方面进行。

1. 国际收支状况

国际收支是一国对外经济活动的综合反映，国际收支包括经常性收支和资本流动收支等，它是影响汇率变动最直接的一个因素。具体表现为：当一国国际收支发生顺差时，该国外汇收入大于支出，即外汇供大于求，外币汇率会下跌，本币汇率上升；反之，当一国国际收支发生逆差时，该国外汇支出大于收入，即外汇求大于供，外汇汇率就会上升，本币汇率下跌。

具体来说，例如某一主要国家的国际收支持续顺差，国外为偿付债务必然会增加对该国货币的需求，反映在外汇市场的外汇供求关系上，就是外汇的供过于求，直接导致外汇汇率的下跌，反之，如果该国国际收支发生逆差，该国为偿付对外债务必然会增加对外汇的需求，反映在外汇市场的外汇供求关系上，就是对外汇的求过于供，使外汇供应短缺，直接导致外汇汇率的上涨。如美国自1985年9月以来，由于国际收支逆差日益严重，而导致美元对日元汇率大幅度下跌，而日本却因国际收支顺差日益增加，使日元对美元的汇率不断上升。

要注意的是，一般情况下，国际收支变动决定汇率的中长期走势。

2. 通货膨胀

通货膨胀率的高低是影响汇率变化的基础。如果一国的货币发行过多，流通中的货币量超过了商品流通过程中的实际需求，就会造成通货膨胀。货币汇率的变动通常受各国物价上涨程度所制约。在纸币流通制度下，世界各国均不同程度地存在通货膨胀问题。通货膨胀的直接表现形式是货币的贬值，即物价水平的上涨。假定一国相对于他国而言，产生了较高的通货膨胀，则必然导致该国出口生产成本增加，从而削弱其商品在国际市场上的竞争能力，在汇率不变的情况下，出口亏损，进口有利。进而对该国的国际收支产生不利影响。一般来说，通货膨胀对汇率的影响往往是首先通过恶化国际收支而实现的。一国的通货膨胀越高，物价上涨越快，本币的对外汇率也就越趋于下跌。

3. 利率水平

一国利率水平的高低是反映借贷资本供求状况的主要标志。它直接关系到各种金融资产的价格、成本和利润的高低。人们在选择持有一国货币还是持有另一国货币，首先是考虑哪一种货币带来的收益最大，这种收益是由其金融市场的利率所决定的(比如美元 1 年期定期存款利率是 4%，而人民币 1 年期定期存款利率是 3%)，人们便会放弃人民币而选择美元，在多次的流动后，两国利率最终达到 $R_i=R_j$(汇率平价条件)，其中 R 代表收益率，i、j 表示不同的国家。

利率的不同会影响汇率。其一，一国提高利率时，可使该国的外汇供给增加，可吸引外资的流入。另一方面又会引起对该国货币需求的增加。两方面共同作用的结果，可使外汇汇率下跌，本国货币汇率上升。例如：当 $R_{美} > R_{中}$ 时，即当美国的利率大于中国的利率时，人们便会选择美元而卖出人民币，表现为外汇市场上对美元的需求增加，导致美元预期将对人民币升值；相反，当一国降低利率时，则会导致该国资本外流，从而使其对外汇的需求增加，对本国货币的需求减少，进而导致外汇汇率上涨和本币汇率下跌。例如：当 $R_{美} < R_{中}$ 时，人们便会买入人民币而卖出美元，表现为外汇市场上对美元的需求增加，导致人民币预期将对美元升值。

一般地说，利率若发生这种变化，短期资本反应最为敏感。短期资金总是从利率低的地方流向利率高的地方。例如，20 世纪 80 年代初期，美国实行高利率政策，使国际上的游资涌向美国，从而促使美元汇率上涨。

4. 市场预期心理和投机行为

人的心理状态对外汇市场起着至关重要的作用。法国学者阿夫塔力提出了一种“汇兑心理学”，认为外汇的价值不遵从任何规则，而是决定于外汇供求双方对外币边际效用所作的主观评价。

人们根据各种经济的和非经济的因素对汇率的波动方向、趋势与幅度进行预期，作出外汇汇率将上涨或下跌的判断，进而根据这种预期作出是抛售还是购买外汇的决策。

在外汇市场上，直接的国际贸易和投资交易相对来说所占比例是不高的。大多数交易从实质上讲是据此衍生的交易，具有一定的投机性。这种投机行为将对汇率变动产生放大影响。当人们分析了影响汇率变动的因素后得出某种货币汇率将上涨，竞相抢购，使其汇率上涨加速，遂把该货币上涨变为现实。反之，当人们预期某种货币将下跌，就会竞相抛售，从而使汇率下滑。

5. 中央银行和政府干预

目前国际社会中实行的浮动汇率制并不是一种彻底的浮动汇率制，而是一种有管理的浮动汇率制。中央银行不仅通过间接的方法如货币政策进行干预，还经常在外汇市场异常波动时直接干预外汇市场，影响汇率。

如前所说，各国政府为了使本国货币对外汇率稳定在一国货币当局所希望的水平上，会建立一笔外汇平准基金，借以干预外汇市场，影响汇率的变动。如外汇汇率有下跌趋势，一国货币当局不希望出现这种情况，就可在外汇市场上抛出本币，购进外币；反之，如外汇汇率上涨，则抛售外币，收回本币。目前，由于世界经济的一体化，汇率大幅度的波动已非一国之力所能左右，因而也往往采取联合干预的措施。

6. 经济增长

经济增长状况对汇率的影响是比较复杂的。从一个较长的时期来看，一个国家经济持续稳定地增长，将会增强该国的经济实力，有利于提高一国在国际经济中的地位，使国际收支处于良好状态，本国货币汇率会趋于上升。但从较短时期来看，经济增长速度加快，国内市场需求旺盛，物价上涨会增加对进口商品的需求，原来的出口商品也可能会转为内销，如果政府未能有效地进行调控，贸易收支会出现逆差，外汇供不应求，外汇汇率会上涨。如果政府能有效地进行调控，控制进口增长，积极扩大出口，特别是通过国内加工，将进口原材料转化为高附加值制成品出口，则可避免本币汇率下跌。例如：20 世纪 70、80 年代日本经济发展迅速，而日元汇率保持较大幅度上升的趋势，就是生动的实例。随着经济的全球化，经济增长变动必然会具有同步性的状况，但是处于同步性的经济增长率仍有差别，所以有的国家会出现国际收支顺差，有的会出现国际收支逆差，有的货币会升值，有的会贬值。不过，若一国国民经济发展低速、不稳定，甚至出现负增长，则该国货币必然对外贬值。

7. 政治因素

当今社会，政治与经济就像孪生兄弟，密不可分。由于资本首先具有追求安全的特性，因此，政治及突发性因素对外汇市场的影响是直接和迅速的，政治突发因素包括政局的稳定，政策的连续性，政府的外交政策以及战争、经济制裁和自然灾害等，另外，西方国家大选也会对外汇市场产生影响。政治与突发事件因其突发性及临时性，使市场难以预测，故容易对市场构成冲击波，一旦市场对消息作出反应并将其消化后，原有消息的影响力就大为削弱。

政治的动荡不安会引起人们抛售一种货币，抢购另一种货币，使被抛售货币的汇率下跌，被抢购货币的汇率上涨。

此外，一国的关税、外贸政策、财政赤字、货币供应量、经济增长率等都会直接或间接地影响汇率的变动。

总之，影响汇率的因素是多种多样的，这些因素的关系错综复杂，有时这些因素同时起作用，有时个别因素起作用，有时甚至起互相抵消的作用；有时这个因素起主要作用，另一因素起次要作用。

3.2 汇率制度

汇率制度(Exchange Rate Regime or Exchange Rate System)，又称汇率安排，它是指一国货币当局对本国汇率变动的基本方式所做的一系列安排或规定。按照汇率的稳定程度，一般把汇率制度分为两大类型：固定汇率制度和浮动汇率制度。

3.2.1 固定汇率制度

固定汇率制度(Fixed Exchange Rate System)是指汇率受铸币平价或黄金平价的制约，只能围绕两个平价在很小的范围内上下波动的汇率制度。

1. 固定汇率制度的类型

从历史发展进程来看，自19世纪中末期金本位制在西方各国确定以来，一直到1973年，世界各国的汇率制度基本上属于固定汇率制度。固定汇率制度经历了两个阶段：一是从1816年到第二次世界大战前国际金本位制度时的固定汇率制；二是从1944年到1973年的布雷顿森林体系的固定汇率制。

(1) 金本位制度下的固定汇率制度

金本位货币制度下的固定汇率制度有两个主要特征：

其一，汇率有着稳定的物质基础。货币的黄金含量或铸币平价来规定货币的价值，黄金成了两种货币汇率的物质基础。

其二，汇率波动极小，具有较好的稳定性。即使由于供求关系变化而使汇率产生波动，也被自动地限制在黄金输送点以内。

由于金币可以自由铸造、银行券可以自由兑换金币、黄金可以自由输出输入，汇率受黄金输送点的限制，故波动幅度局限于很狭窄的范围内。可以说金本位制度下的固定汇率制度是典型的固定汇率制度。

(2) 布雷顿森林体系下的固定汇率制度

1944年，在美国新罕布什尔州的布雷顿森林召开的联合国货币金融会议上，确定了以美元为中心的汇率制度，被称为布雷顿森林体系下的固定汇率制度。其核心内容为：美元规定含金量，其他货币与美元挂钩，两种货币的兑换比率由黄金平价决定，各国的中央银行有义务使本国货币与美元汇率围绕黄金平价在规定的幅度内波动，各国中央银行持有的美元可按黄金官价向美国兑取黄金。

2. 国家维持固定汇率的主要调节措施

(1) 运用贴现政策

运用贴现政策主要是通过调整贴现率使利率发生变动，引起本国货币币值发生变动和刺激国际资本流动，以引起外汇供求状况的改变，进而引起汇率的变动。当外汇汇率上涨，有超过汇率波动上限趋势时，该国货币当局常常提高贴现率，带动利率总体水平的上涨，一方面使通货收缩，本币实际币值提高；另一方面吸引外国资本流入，增加本国的外汇收入，从而减少本国国际收支的逆差，使本币汇率上升、外币汇率下降，使汇率维持在规定的波动范围之内。当外汇汇率下降，出现低于汇率波动下限趋势时，则降低贴现率，带动利率总体水平的下降，使通货膨胀、本币实际币值降低，同时引起资金外流，刺激本国对外汇需求增加，最终使汇率在规定的幅度内变化。

(2) 调整外汇黄金储备

一国为了满足其对外政治及经济往来的需要，都必须保有一定数量的黄金和外汇储备，不仅作为国际交往的周转金，而且也是维持其货币对外汇率稳定的后备力量，这是弥补国际收支逆差的一个手段。管理当局经常利用所掌握的黄金和外汇储备，通过参与外汇市场上的交易(买卖外汇)平抑外汇供求关系，以维持其汇率在规定的上下限内波动。

(3) 实行外汇管制

一国在国际收支状况异常严峻和国际收支长期恶化的情况下，黄金外汇储备不足，无力在外汇市场上大量买卖外汇进行外汇干预时，则借助于外汇管制手段，直接限制某些外汇的支出，甚至直接控制汇率的变动。

(4) 向国际货币基金组织借款

当一国出现暂时的国际收支逆差，而且有可能导致汇率的波动超过规定的幅度时，同时动用本国的外汇黄金储备不足以干预外汇市场，就可以向国际货币基金组织申请借款。这大大减轻或避免了为纠正国际收支不平衡而匆忙对本国货币宣布贬值，或采取紧缩性宏观政策，或诉诸管制等非常措施给一国经济发展所造成的消极影响。

(5) 实行货币法定升值或贬值

当一国国际收支长期存在巨额顺差时，一般会导致该国货币汇率大幅度上浮，超过规定的幅度，货币管理当局应对本国货币进行法定升值。虽然顺差国的外汇储备大幅度增加，容易引起通货膨胀，但政府经常采用冲抵政策减少国际收支顺差对本国货币供应量的影响，其结果是顺差国货币法定升值的压力被严重削弱了。而当国际收支长期存在巨额逆差时，通过上述 1~4 种手段不能稳定汇率时，货币当局就常常实行货币法定贬值(以法令明文宣布降低本国货币的含金量)。贬值后，外汇汇率在新的黄金平价基础上上升，既可以减少本国对该外汇的需求，从而减少本国外汇黄金储备的流失，也可以提高本国的出口竞争力，增加收入，改善国际收支状况，达到新的汇率稳定。

3.2.2 浮动汇率制度

在浮动汇率制度(Floating Exchange Rate System)下，政府不再对汇率进行规定，也不规定汇率上下波动的界限，汇率取决于外汇市场上的外汇供求状况。外国货币供过于求时，外汇的汇率就下跌；外国货币供不应求时，外汇汇率就上浮。

浮动汇率制度是在固定汇率制度崩溃后，主要西方国家从 1973 年开始普遍实行的一种汇率制度。但是浮动汇率制度却不是 1973 年以后才出现的新的汇率制度。

美国在 1879 年开始正式实行金本位制以前，曾在不太长的时间内，实行过浮动汇率制度。在各国普遍实行金本位制以后，一些银本位国家的汇率仍然经常波动。例如，印度在 1893 年以前一直实行银本位制，印度卢比与金本位制国家货币之间的汇率，就经常随着金银比价的变化而波动。奥匈帝国的货币盾在 1891 年金本位制法案正式通过前，也曾一度处于浮动状态；甚至在 1891 年以后，仍有一段短暂的浮动时期。俄国的卢布在 1897 年实行金本位制以前，也曾经实行过浮动。

1919 年 3 月—1926 年(1924 年除外)，法国实行法郎完全无管制的浮动汇率制度。在 20 世纪 30 年代大危机时期英国曾于 1932 年底实行浮动汇率制。美国从 1933 年 4 月至 1934 年 1 月也实行浮动汇率制度。即使在以美元为中心的固定汇率制度时期，也照样有许多国家在其中某段时期实行过浮动汇率制度。

加拿大 1950 年 9 月实行浮动汇率，一直到 1962 年 5 月底再恢复为固定汇率，但 1970 年 5 月底又实行了浮动汇率。1971 年 5 月，联邦德国与荷兰实行浮动汇率制。1971 年 8 月美国政府停止美元兑换黄金后，大多数西方国家都实行浮动汇率，直到 1971 年 12 月“华盛顿协议(Washington Agreement)”后，才恢复固定汇率。1973 年初，又爆发了一次新的美元危机，各主要金融市场大量抛售美元，抢购马克和日元，金价上涨，外汇市场关闭。同年 2 月 12 日，美国政府再次将美元贬值 10%，黄金官价从每盎司 38 美元提高到 42.23 美元。

美元第二次贬值后，西方各国普遍实行浮动汇率制。1976 年 1 月，国际货币基金组织正式承认浮动汇率制度。1978 年 4 月，基金组织理事会通过“关于第二次修改协定条例”，正式废止以美元为中心的国际货币制度。至此，浮动汇率制度在世界范围取得了合法的地位。

浮动汇率制度的类型

(1) 按照政府对汇率是否干预，分为自由浮动汇率和管理浮动汇率

自由浮动汇率(Free Floating)，是指政府对外汇市场不加任何干预，完全听任外汇市场供求力量的对比自发地决定本国货币对外国货币的汇率。这种浮动也称清洁浮动(Clean Floating)。

管理浮动汇率(Managed Floating)，是指政府对外汇市场进行公开或不公开的干预，以

影响外汇的供求关系，使外汇市场的汇率向有利于自己的方向变动。故又被称为肮脏浮动(Dirty Floating)。

(2) 按照汇率的浮动方式，可分为单独浮动、联合浮动、钉住浮动汇率和联系汇率制

单独浮动(Independent Floating)，是指一国货币不与其他国家货币发生固定联系，其汇率根据外汇市场的供求变化而自动调整。如美元、日元、加拿大元、澳大利亚元和少数发展中国家的货币采取单独浮动。

联合浮动又称共同浮动(Joint Floating)，是指国家集团在成员国之间实行固定汇率，同时对非成员国货币采取共同浮动的方法。如原欧洲货币体系各成员国货币之间保持固定汇率，而对非成员国货币则采取共同浮动的做法。欧元诞生后，目前实行这种联合浮动的是欧元与暂且未加入欧元的原欧洲货币体系各成员国货币(如英镑)。过去欧洲货币体系的成员国实行的是联合浮动。

钉住浮动(Pegged Float)，是指一国货币与某种外币保持固定比价关系，随该外币的浮动而浮动。按钉住货币的不同，有钉住单一货币和钉住合成货币两种浮动。钉住单一货币浮动是因为一些国家由于历史上的原因，对外经济往来主要集中于某一发达国家，或主要使用某种外币。这些国家使本币汇率钉住该国货币变动。它的最大特点在于允许有一定的波动幅度，这个幅度必须维持在所钉住货币汇率的2.25%范围内。钉住合成货币是指一些国家为了摆脱本币受某一种货币支配的状况，将本币与一篮子货币挂钩，这一篮子货币或是复合货币单位，或是以贸易额为权数确定出来的与本国经济联系最为密切国家的一篮子货币的组合。

联系汇率是一种特殊的钉住汇率制，但它又不同于一般的钉住汇率制，最具有典型意义的是港元联系汇率制。1983年10月17日，当时的港英政府以1美元兑换7.8港元的比价实行联系汇率制，其核心是港元现钞的发行与美元储备相联系。主要特点是：由外汇基金管理局规定现钞发行和现钞回笼的官方汇率，并利用市场的竞争机制，使市场汇率接近官方汇率。其运作方式是：外汇基金管理局收到货币发行银行(汇丰、渣打和中银)以1美元=7.8港元的比价缴存的美元后，向它们发出负债证明书，发行银行再以负债证明书为后盾向社会发行纸币。任何银行从发行银行得到港币时，可按1美元=7.8港元的汇率上缴相应数额的美元，而任何银行也可按此汇率向发行银行换取美元。香港的货币发行与港元的联系汇率直接挂钩。

3.2.3 现行人民币汇率制度的基本内容

人民币是我国的法定货币，人民币汇率是指人民币对外币的比价。从其发展过程来看，主要经过如下阶段：

1973－1980年，人民币实行“一篮子货币”钉住汇率制度。

1973年按“一篮子货币”原则，确定对西方国家货币的汇价，即选择我国在对外经济

贸易往来中经常使用的若干种货币，按其重要程度和政策上的需要确定权重，根据这些货币在国际市场的升降幅度，加权计算出人民币汇率。从 1973－1980 年，选用的货币和权重曾作过七次调整。由于我国对外推行人民币计价结算的目的是为了保值，所以在制订人民币汇价的指导思想上人民币定值较高。

1981－1984 年，实行贸易内部结算价。

1984 年起，我国实行两种汇价：一种是使用于非贸易外汇收支的对外公布的汇价；另一种是使用于贸易外汇收支的贸易外汇内部结算价。

在此期间，我国实际存在着三种汇率：一是对外的，并适用于非贸易收支的官方牌价；二是适用于贸易收支的贸易内部结算价；三是调剂外汇市场的外汇调剂价。

1985－1993 年底，实行以美元为基准的有限弹性汇率制。

1985 年 1 月 1 日，我国停止贸易内部结算价的使用，贸易收支与非贸易收支均按官方牌价结算。内部结算价虽然与官方牌价并轨，但调剂外汇市场仍然存在，实际上除官方牌价外，仍存在一个调剂外汇价。

1991 年 4 月以后，外汇管理局根据国内物价上涨水平与美元汇率的涨落情况，经常进行微调，1992－1993 年，大约保持在 1 美元=5.8 元左右的水平。

在此期间，由于需求的加大与其他因素的影响，到 1993 年底，官方牌价与外汇调剂价相差 3 元，即官方牌价 1 美元=5.8 元左右，调剂外汇价 1 美元=8.7 元左右。

1994 年起，我国实行新的外汇管理体制。在这种新的体制下，人民币汇率有以下几个特点：

(1)　人民币汇率不再由官方行政当局直接制定，而是由中国人民银行根据前一日银行间外汇市场形成的价格公布当日人民币汇率，各外汇指定银行根据中国人民银行公布的汇率和规定的浮动范围，自行确定和调整对客户的买卖价格。

(2)　由外汇指定银行制订出的汇率是以市场供求为基础的。这是因为：第一，新体制实行外汇收入结汇制，所有经常项目项下的外汇供给均进入外汇市场；第二，实行银行售汇制，取消经常项目支付用汇的经常性计划审批，同时取消外汇收支的指令性计划，这意味着经常项目的绝大部分外汇需求可以也必须通过外汇市场来满足。

(3)　以市场供求为基础所形成的汇率是统一的。新的体制实施后，同时在结汇制和售汇制下，外汇的供求均以外汇指定银行为中介，企业之间不得直接相互买卖外汇，外汇调剂市场也就完成了历史使命，外汇调剂价也相应地演变成市场汇率，此即“汇率并轨”。由于汇率是各外汇指定银行自行确定的，但外汇供求在各银行的业务范围内的分布又是不一致的，人民币汇率的全国统一性就必须通过建立全国银行同行业间的外汇交易市场来实现。目前我国实行的是以市场供求为基础的，单一的有管理的浮动汇率制度，取消了人民币官方汇率，人民币汇率由市场供求关系确定，政府只在必要时予以干预和调控。

我国人民币的汇率是采用直接标价法的。现行的人民币汇率以人民币对美元的汇率作为基准汇率，人民币与其他货币之间的汇率则通过各自与美元的汇率进行套算。人民币汇率每天通过中国银行挂牌公布，具体分买入价、卖出价和中间价，买卖价差一般为 5‰。除此之外，还公布人民币对外币的现钞价，而且也分买入价和卖出价，主要用于外币现钞的兑换。目前人民币汇率挂牌的货币都是可以自由兑换的货币。

人民币汇率也公布远期汇率。我国自 1971 年起开始办理人民币对外币的远期买卖，远期汇率不用升水、贴水表示，而是在即期汇率的基础上加上一定比例的远期费。远期费率从 1 个月到 6 个月不等，而且随远期市场行情变化经常调整。我国办理的远期外汇业务最早主要集中在中国银行总行营业部，在各大国际金融中心，如伦敦、香港等地的中国银行海外分行也办理远期外汇买卖。随着我国国际金融业务的扩展，国内其他外汇银行也开始办理远期外汇业务。

3.2.4 外汇管制

1. 外汇管制的内容

(1) 外汇管制的定义

外汇管制(Exchange Control or Exchange Restriction)，指的是一国政府利用各种法令、规定和措施，对居民和非居民外汇买卖的数量和价格加以严格的行政控制，以平衡国际收支，维持汇率，以及集中外汇资金，根据政策需要加以分配。

在实行外汇管制的国家，一般由政府授权中央银行、财政部或另行成立专门政府机构行使外汇管制职能。有些国家还由中央银行指定经营外汇的商业银行按外汇管制法令办理一切外汇业务，使外汇业务集中在少数银行，以便于管理。

外汇管制的对象是多种多样的。围绕着外汇的收、支、存、兑多种环节，有些规定和措施是针对人来制定的，有些是针对交易项目来制定的。一般来说，由于居民的外汇支出涉及本国的国际收支问题，故对居民管制较严，而对非居民则管制较松。在各种交易项目中，一般对资本流动管制较紧，以防止资本外流，而对贸易收支管制较松，有时还涉及对非贸易外汇支出的限制。

(2) 外汇管制的对象和手段

外汇管制的对象是多种多样的。围绕着外汇的收、支、存、兑多种环节，有些规定和措施是针对人来制定的，有些是针对交易项目来制定的。一般来说，由于居民的外汇支出涉及本国的国际收支问题，故对居民管制较严，而对非居民则管制较松。在各种交易项目中，一般对资本流动管制较紧，以防止资本外流，而对贸易收支管制较松，有时还涉及对非贸易外汇支出的限制。

外汇管制的手段也是多种多样的，但不外乎价格管制和数量管制两类。

① 价格管制

在价格管制方面，具体包括实行本币定值过高(Currency Overvaluation)和采用复汇率制(Multiple Exchange Rate System)。本币定值过高是一种较为复杂的问题，在外汇管制条件下，它的出现有几种情形：

第一，实行外汇管制的主要目的是维持国际收支平衡。当一国国际收支出现赤字，尤其是由于结构性因素造成赤字时，由于其他调整政策不易奏效(指贬值)或者代价太大(指通货紧缩)，一国就往往愿意采用外汇管制来强制取缔外汇市场的供求缺口。在这种情况下，本币的定值过高是一种必然的结果。

第二，由于外汇市场不完善，一些国家的汇率是由官方制定的，由此形成的汇率是武断的，因此也难免出现本币的定值过高。

第三，有些国家为了鼓励先进机器设备进口，促进经济发展，或者为了维持本国的物价稳定，控制通货膨胀，或者为了减轻政府的外债负担等原因，也就有意识地实行本币定值过高。

在这三种情形下，只有最后一种情形下的本币定值过高才是作为外汇管制的价格措施出现的，而且重要的是这种情形在发展中国家中并不乏见。但不论哪一种情形，本币定值过高，总是与外汇短缺联系在一起的。

在定值过高条件下，由于外汇需求被人为压制，其中无法从官方供应渠道获得的部分，就会求助于外汇黑市由此也形成较官方价格为高的黑市外汇价格。黑市价格与官方汇率的并存，就有了客观上的复汇率制。但作为外汇管制价格措施的复汇率制还是指当局对外汇汇率人为规定两个或两个以上的汇率，不同的汇率适用于不同类别的交易项目这样一种制度。复汇率制根据需要对不同的交易实行歧视性待遇，原则是对需要鼓励的交易规定优惠的汇率(如对出口适用较高的外汇价格，对先进技术设备的进口适用较低的外汇价格)。对需要限制的交易则规定不利的汇率(如对奢侈品进口和资本输出用汇规定适用较高的价格)。在有些国家，只存在两种或三种的歧视性汇率、有些国家则规定有甚至几十种的歧视性汇率。

② 数量管制

外汇数量管制是指对外汇数量统筹统配，其方式不外是外汇配给控制和外汇结汇控制两种。由于本币定位过高，出口商等外汇收入者不愿将所获外汇按官价结汇，故当局为集中外汇数量，就需要强制外汇收入者按官价向指定银行全部或部分出售。其控制办法如：

第一，颁发出口许可证；

第二，由出口商向指定银行事先报告出口交易，请其发给出口证书，借以办理出口装船业务，并由银行负责收购其所得外汇；

第三，强制居民申报国外资产，必要时收购。

(3) 实施外汇管制的国家

一般把外汇管制的国家分为三类：

第一类为实行严格外汇管制的国家和地区。即对国际收支的所有项目，包括经济项目、资本项目和平衡项目都进行较严格的管制。这类国家和地区通常经济不发达，外汇资金短缺，为了有计划地组织稀缺的外汇资源并合理运用，调节外汇供求，通过外汇管理达到稳定金融的目的，外汇管制措施都比较严格。凡实行计划经济的国家以及多数发展中国家，如印度、缅甸、巴西、哥伦比亚、伊拉克、阿富汗、摩洛哥、乍得、塞拉利昂、葡萄牙等国家都属此类。据统计，这类国家大约有90个。

第二类为名义上取消外汇管制的国家和地区。即对非居民往来的经常项目和资本项目的收付原则上不进行直接管制，尽管事实上还存在一些间接管制。属于这一类型的主要是发达的工业化国家，如美国、德国、日本、瑞士、卢森堡等，还有收支持续顺差的国家，如科威特、沙特阿拉伯、阿拉伯联合酋长国等石油输出国家。属于这类的国家和地区约有20多个。

第三类为实行部分外汇管制的国家和地区。这类国家包括一些比较发达的资本主义工业国，其对外贸易规模较大，有较雄厚的黄金外汇储备，国民生产总值也较高，如法国、澳大利亚、丹麦、挪威等国。还有一些经济金融状况较好的发展中国家，如圭亚那、牙买加、南非等国。目前，这类国家约有20~30个。

(4) 外汇管制的利弊

外汇管制的利主要表现在：

① 可以防止资本逃避，有助于资本项目的外汇收支平衡。

② 由于外汇管制可以控制外汇流到国外，所以在一国外汇短缺的情况下，可以集中外汇资金，节约外汇支出，有利于国际收支的平衡。而国际收支平衡可以增加本国币值，稳定本国货币的汇率。

③ 在一国实行外汇管理时，通常在实行官方汇率的同时还实行奖出限入的贸易法算定汇率，这种双重汇率制有利于克服国内价格的扭曲，便于外贸部门的成本核算，促进本国出口部门的经济增长。

④ 通过采取审批进口用汇及保护关税等政策，限制或禁止威胁本国新兴工业部门的外国商品进入国内市场，以保护本国新兴工业部门的商品在国内市场的流通，从而达到保护本国新兴工业发展的目的。

⑤ 对于一些必要进口的原料或消费物资或先进的技术设备，当其进口价格上涨过于剧烈时，外汇管制可以对所需外汇予以充分保证，或按优惠条件供应外汇。这样一方面可以保障资源，另一方面可以缓和进口商品的国内价格不平。

外汇管制的弊主要表现在：

① 实行外汇管制，汇率由官方规定，外汇严禁自由买卖，使外汇供求受到严格限制。

② 在外汇管制情况下，市场机制的作用不能充分发挥，使整个经济难以在外汇供求平衡、汇率与利率自由浮动的条件下达到均衡状态。

③ 由于世界经济发展的不平衡性，资金余缺状况有很大不同，客观上有调剂余缺的必要，外汇管制则限制了资金余缺的调剂，阻碍了资本国际化趋势。

2. 货币的自由兑换

货币的自由兑换(Currency Convertibility)是相对于外汇管制而言的，指国内外居民能够自由地将其所持有的本国货币兑换为任何其他货币。实行本国货币的自由兑换，意味着外汇管制的放松和取消。

一般而言，自由兑换主要有两种形式：经常账户自由兑换与完全的自由兑换。经常账户自由兑换是指对于人们进行经常账户交易所需的外汇，能够予以满足；但对于资本账户交易所需的外汇，仍然实行不同程度的限制。显然，一国取消对经常账户的支付限制，并不意味着该国货币实现了完全的自由兑换。完全的自由兑换意味的是一国取消对一切对外交易的支付管制。居民不仅可以通过经常账户交易，也可自由地通过资本账户交易获得外汇；所获外汇既可以在外汇市场上出售给银行，也可自行在国内持有和在国外持有；经常账户和资本账户项下交易所需的外汇可自由地在外汇市场上购得；国内外居民也可以自由将本币换成外币在国内外持有来满足其资产需求。

在实践中，除了经常账户自由兑换和完全自由兑换外，还有一种货币自由兑换的形式，即货币的对内自由兑换。它往往是经常账户自由兑换向完全自由兑换的过渡阶段。在资本账户自由化之际，当局担心放开资本账户交易会引起大量的资本外流或本币汇率大幅下跌，由此先对国内居民开放国内外汇市场，允许其自由购入外汇，但只能作为一种资产在国内持有，而不能将所持外汇自由输出国外，进行海外直接投资和证券投资。通过这种自由兑换，当局可以了解国内居民对外币资产的潜在需求量，而不致引起放开资本账户交易所可能出现的国际收支和汇率的急剧变化。值得注意的是，这种形式的货币自由兑换不能持续过长时间，因为允许国内居民在国内自由购买并持有外汇，往往难以彻底杜绝资金的外流或者需要耗费相当高的监管成本。

对于货币的自由兑换，最重要的一个问题是实现自由兑换的条件。如果条件不具备而贸然实施，势必造成程度不一的经济成本和社会成本。

一般来看，实行经常账户自由兑换的基本前提有：

第一，进出口弹性满足马歇尔-勒纳条件。实行自由兑换后，本币汇率初期的贬值是难以避免的。如果条件不具备，贬值反而会带来国际收支的恶化，由此可能陷入恶性循环。同样，在正常时期，一旦汇率偏离均衡水平，这一条件不具备，汇率的偏离度将可能越来越大，由此造成汇率的大幅波动。研究表明，马歇尔-勒纳条件是外汇市场稳定的条件，是一国开放外汇市场、放开汇率的前提。

第二，充分的外汇储备。在短期内外冲击带来汇率剧烈波动时，中央银行进入外汇市场进行干预，需要拥有足够的外汇储备。特别是在实行自由兑换之初，更需要动用外汇储备来缓和本币的贬值势头，避免给国内物价和进口要素密集型行业带来难以承受的冲击。在非自由兑换时期，这部分储备需求往往为外汇管制的加强所替代。

第三，健全的货币管理机制。一国的货币政策是影响或稳定本币汇率的重要手段。健全的货币管理机制至少有两层含义：一是中央银行具有制定货币政策的权威性或独立性，这要求理顺中央银行与政府之间的关系，尤其是财政赤字融资不应成为有效货币控制的钳制；二是中央银行必须拥有有效的货币政策工具来控制货币供应量。中央银行没有能力控制货币和物价，就不可能有有效的汇率管理。

第四，完善的金融市场。尤其是发达的货币市场为货币和汇率管理所必需。这不仅是中央银行进行公开市场操作，通过改变货币供应量操纵汇率，或在外汇市场干预后进行“冲销操作”，抵消储备变动对货币基数影响的前提，也是直接、灵活调节外汇供求和汇率的场所。当外汇市场出现超额需求时，中央银行可通过提高短期利率，把资金从外汇市场吸引到货币市场上来；反之亦然。

小　结

在本章中主要介绍了外汇与汇率的基本知识、汇率的种类与标价方法，汇率制度及现行人民币汇率制度的基本内容，汇率变动的主要原因和对经济的影响等方面的知识，其中重点部分是：影响汇率变动的因素和汇率变动对经济的影响。重点需要掌握的部分是：外汇与汇率的基本概念，汇率的标价方法，汇率的种类，远期汇率的计算，影响汇率变动的因素和汇率变动对经济的影响。其中的难点部分是汇率的标价方法，远期汇率的计算。

复习思考题

1. 名词解释

(1) 外汇汇率
(2) 直接标价法
(3) 间接标价法
(4) 基本汇率
(5) 套算汇率
(6) 电汇汇率
(7) 信汇汇率
(8) 票汇汇率
(9) 即期汇率
(10) 远期汇率
(11) 复汇率
(12) 升水
(13) 贴水

(14) 官方汇率

(15) 市场汇率

(16) 固定汇率

(17) 浮动汇率

2. 问答题

(1) 简述汇率的种类。

(2) 汇率是如何进行标价的？根据不同的标价方法应如何理解一国货币汇率的上升或下降？试举例说明。

(3) 试述汇率变动对经济的影响。

(4) 影响汇率变动的因素有哪些？

3. 计算题

(1) 某日人民币对美元汇率为 1 美元=8.3000/10 元，1 英镑=1.6654/74 美元，计算当日人民币对英镑的汇率。

(2) 英国银行给出的汇率报价是：

即期汇率：1 英镑=1.6325/35 美元

1 月远期差价：升贴水 75/73

2 月远期差价：升贴水 135/132

3 月远期差价：升贴水 203/200

计算：

① 银行买入即期美元的价格是多少？

② 客户卖出 1 月期美元的价格是多少？

③ 银行卖出 2 月期美元的价格是多少？

④ 客户卖出 3 月期英镑的价格是多少？

案例及热点问题分析

外汇局：适当放松资本项目外汇管制

国家外汇局副局长魏本华日前表示，我国将适当放松资本项目外汇管制，允许符合条件的跨国公司以自有外汇资金进行境外运作。

他说，目前，我国境外投资企业经营过程中流动资金短缺，且境外融资成本高、条件苛刻。这已成为境外企业在“走出去”之后发展壮大最迫切需要解决的问题之一。而在现行管理框架下，境外企业从境内获得资金支持只能通过境内投资主体对其增加资本金的方式进行，这种方式国内审批程序复杂、耗时久，资金运作周期长，无法有效解决流动资金短缺的困难。因此，境内的中资跨国投资企业提出了以其外汇资金向境外企业放款的境外运作需求。

他说，资金境外运作是跨国公司降低财务成本、提高外汇资金使用效率、实现集团内部资金集中管理的客观要求。目前，我国外汇储备稳定增长，国际收支总体形势良好，在风险可控、审慎监管的前提下，适当放松资本项目外汇管制，允许符合条件的跨国公司以自有外汇资金进行境外运作，不仅可行，而且十分必要。外汇局正在研究制定办法，允许符合条件的跨国公司将其自有外汇资金用于境外运作，一方面拓宽其投资渠道，分散投资风险，另一方面可以更好地支持境外企业的发展。

——摘自中证网 2004-06-08

[问题]

请联系有关我国外汇管制的资料，分析我国是否具备放松外汇管制的条件。

课后阅读材料

香港的联系汇率制

1. 联系汇率制的背景

香港自 1935 年放弃银本位制以来，先后实行过英镑汇兑本位制和纸币管理本位制，与之相应，在汇率制度方面，也分别采取过与英镑挂钩的固定汇率制、与美元挂钩的管理浮动汇率制和港币完全自由浮动的浮动汇率制。从 1978 年开始，香港经济环境不断恶化，贸易赤字增加，通货膨胀高企，加之实行以港币存款支持港币发行的、保障不足的港币自由发钞制度，为港币信用危机埋下祸根。1982 年，在香港房地产业出现大幅度滑坡、香港公众和外国投资者对香港未来前途产生怀疑、港英当局取消外币存款利息税而保留港币存款利息税等因素的促动下，终于爆发港元危机。1982 年 7 月 1 日至 1983 年 6 月 30 日的一年间，港币兑美元的汇率由 1 美元兑 5.913 港元跌至 1 美元兑 7.2 港元，港币贬值 18%。这一港币危机在 1983 年 9 月达到高峰，9 月 1 日的港币汇率为 1 美元兑 7.580 港元，至 9 月 26 日已急泻到 1 美元兑 9.600 港元，引起居民的挤兑和抢购风潮。在此背景下，为挽救港币危机，恢复港币信用，港英当局决定改变浮动汇率制，转而实行联系汇率制。

2. 联系汇率制的主要内容

1983 年 10 月 15 日，香港政府在取消港元利息税的同时，对港币发行和汇率制度作出新的安排：要求发钞银行在增发港元纸币时，必须按 1 美元兑 7.8 港元的固定汇率水平向外汇基金缴纳等值美元，以换取港元的债务证明书，作为发钞的法定准备金，以上新安排宣告港币联系汇率制的诞生，并使港币的发行重新获得百分之百的外汇准备金支持，对稳定香港经济起到了积极的作用。

3. 联系汇率制的运作机制

在联系汇率制下，香港存在着两个平行的外汇市场，即由外汇基金与发钞银行因发钞关系而形成的公开外汇市场和发钞银行与其他持牌银行因货币兑换而形成的同业现钞外汇市场。相应地，存在着官方固定汇率和市场汇率两种平行的汇率。而联系汇率制度的运作，正是利用银行在上述平行市场上的竞争和套利活动进行的，也即政府通过对发钞银行的汇率控制，维持整个港元体系对美元的联系汇率；通过银行之间的套利活动，市场汇率围绕联系汇率波动并向后者趋近。具体而言，当市场汇率低于联系汇率时，银行会以联系汇价将多余的港币现钞交还发钞银行，然后用换得的美元以市场汇价在市场上抛出，赚取差价；发钞银行也会将债务证明书交还外汇基金，以联系汇价换回美元并在市场上抛售获利。上述银行套汇活动的结果是港币的市场汇率逐渐被抬高。另外，上述银行套汇活动还引起港币供应量的收缩，并通过由此而导致的港币短期利率上升及套息活动，使港币的需求量增加，从而使市场对港币的供求关系得到调整，促使港币的市场汇率上浮。同样，当市场汇率高于联系汇率时，银行的套利活动将按相反方向进行，从而使市场汇率趋于下浮。无论是哪种情况，结果都是市场汇率向联系汇率趋近。

4. 联系汇率制的利弊

联系汇率制的最大优点在于有利于香港金融的稳定，而市场汇率围绕联系汇率窄幅波动的运行也有助于香港国际金融中心、国际贸易中心和国际航运中心地位的巩固和加强，增强市场信心。但是，这一汇率制度也存在一些缺点。它使香港的经济行为及利率、货币供应量指标过分依赖和受制于美国，从而严重削弱了运用利率和货币供应量杠杆调节本地区经济的能力。同时，联系汇率制也使通过汇率调节国际收支的功能无从发挥；此外，联系汇率还被认为促成了香港高通货膨胀与实际负利率并存的局面。因此，目前对于联系汇率制是留是弃是一个颇有争议且又十分敏感的问题。

第4章 外 汇 交 易

【内容提要】

外汇交易是技术性较强的实务问题。外汇交易是外汇市场上外汇的买卖或兑换活动，不同的国际经济交易需求产生了货币的兑换，形成了不同类型的外汇交易。在本章中，我们主要需要读者学习到有关各类具体外汇交易。

具体内容包括:

1. 外汇市场的概念、构成和功能
2. 即期外汇交易
3. 套汇与套利交易
4. 远期外汇交易
5. 外汇期货交易
6. 外汇期权交易

4.1 外汇市场概述

4.1.1 外汇市场的概念

外汇市场是外汇供求关系的总和，是经营外汇买卖的交易场所、组织系统和交易网络系统。它包括有形的外汇买卖场所和无形的外汇交易网络或系统。它是国际金融市场的重要组成部分，它是由各种经营外汇业务机构和个人参与的、进行外汇买卖活动的集合。

在价值量对比的基础之上，两种货币之间的汇率受外汇市场上供求状况的影响而不断变动，外汇市场是汇率最终决定的场所。进出口商间债权债务的结算，银行间外汇头寸的轧抵，都要通过外汇市场上一定形式的外汇买卖来实现的。同时西方国家的商业银行在经营外汇业务中，不可避免地要出现买进与卖出外汇之间的不平衡情况。如果卖出多于买进，则为“空头”，如果买进多于卖出，则为“多头”。商业银行为避免因汇率波动，造成损失，故在经营外汇业务时，常遵循“买卖平衡”的原则。这就是对每种外汇，如果出现“多头”，则将多余部分的外汇卖出；如果出现“空头”，则将短缺部分的外汇买进。当然，这并不意味着商业银行在买卖外汇以后，立即进行平衡。它们根据各国的金融情况，本身的资力以及对汇率变动趋势的预测，或者决定立即平衡，或者加以推迟；推迟平衡实即进行外汇投机。

银行在经营外汇业务中出现多头或空头，需要卖出或买进外汇进行平衡时，就须利用外汇市场进行外汇买卖，调剂外汇供求的交易场所。

4.1.2 外汇市场的构成

外汇市场，一般都由外汇供求者即外汇银行、中央银行、外汇经纪商和愿意买进或卖出外汇的客户所组成：

1. 外汇银行

这类银行通常包括专营或兼营外汇业务的本国商业银行；在本国的外国银行分行或代办处；其他金融机构。外汇银行不仅是外汇供求的主要中介人，而且自行对客户买卖外汇。

2. 中央银行

西方国家的政府为了防止国际短期资金的大量流动而对外汇市场发生猛烈冲击，故由中央银行对外汇市场加以干预，即外汇短缺时大量抛售，外汇过多时大量吸进，从而使本国货币的汇率不致发生过分剧烈的波动。为此设立专门机构，筹集专门资金。如英国在1932年筹集资金设立“外汇平衡账户”，归财政部控制，由英格兰银行代表财政部经营管理。美国也于1934年设立“外汇稳定账户”，执行类似的职能。因此，中央银行不仅是外汇市场的成员，而且是外汇市场的实际操纵者。

3. 外汇经纪商

在外汇市场上进行买卖的主要是商业银行，它们交易频繁，金额很大。为了促进它们之间的交易，出现了专门从事介绍成交的外汇经纪人，他们自己不买卖外汇，而是依靠同外汇银行的密切联系和对外汇供求情况的了解，促进双方成交，从中收取手续费。目前这项业务已为大经纪商所垄断，它们是公司或合伙的组织，规模很大，其利润十分可观。大商业银行为了节省手续费，愈来愈倾向于彼此直接成交，故它们与外汇经纪人存在着尖锐的矛盾。还有一种外汇经纪人叫“跑街”，专代顾客买卖外汇以赚取佣金，他们利用通信设备联络于银行、进出口厂商、贴现商等机构之间接洽外汇交易。

4. 外汇客户

外汇买卖客户包括进出口商，航运，保险，外汇投机者以及一般居民等，这些人出于贸易、旅行、购物、投资、投机等原因，需要与银行买卖外汇，结清对外债权与债务。

4.1.3 外汇市场的现状

外汇市场通常没有固定的、具体的场所，除了个别国家具有有形市场外，如法兰克福、巴黎等外汇市场，一般指的外汇市场都是无形市场，通过外汇银行或外汇经纪人利用电话、计算机网络等进行交易。如伦敦、纽约、苏黎世、香港等地的外汇市场。

目前，世界上大约有30多个主要的外汇市场，它们遍布于世界各大洲的不同国家和地区。根据传统的地域划分，可分为亚洲、欧洲、北美洲等三大部分，其中，最重要的有伦敦、纽约、东京、新加坡、法兰克福、苏黎世、香港、巴黎、洛杉矶和悉尼等，另外一些新兴的区域性外汇市场如巴拿马、开罗和巴林等也大量涌现并逐渐走向成熟。

20世纪70年代以来，由于亚太地区香港、新加坡等外汇市场的兴起，从时差上使世界各地外汇市场的营业时间相互衔接，从而使全球外汇市场一天24小时都在开放，可以连续不断地进行交易，形成一个统一的市场。市场的参与者可以在世界各地进行交易，外汇资金流动顺畅，市场间的汇率差异极小。

世界著名外汇市场主要有伦敦、纽约、东京等。

1. 伦敦外汇市场

伦敦是历史悠久的国际金融中心，约有300家领有英格兰银行执照的外汇指定银行，其中包括各大清算银行、商业银行、外国银行设在伦敦的分支机构及英国银行的海外分行，英国的中央银行——英格兰银行也是外汇市场的重要参加者。

伦敦外汇市场是一个无形市场。在路透社终端等先进的外汇交易工具启用后，其交易方式日趋简便，成交量成倍增长。目前伦敦外汇市场的日交易量平均在3000亿美元左右，约占全球日交易的1/3左右。

伦敦外汇市场的交易货币几乎包括了所有的可自由兑换货币，其中以英镑对美元的交易规模最大，英镑对欧元、瑞士法郎和日元的交易次之。除现货交易外，伦敦外汇市场还是欧洲最大的外汇期货和期权交易市场。

伦敦地处世界时区的中心，伦敦外汇市场在其营业时间内，和世界其他一些重要的外汇市场相衔接。由于伦敦外汇市场的营业时间目前采用欧洲大陆标准时间，它与欧洲各大市场共同形成了一个同步的大市场。在东京、香港、新加坡下午闭市时，伦敦市场开盘，午后，纽约市场开盘，与伦敦市场同时交易半天。因此，从时区上考虑，伦敦市场成为外汇交易者安排外汇交易的最佳选择。

2. 纽约外汇市场

纽约外汇市场是仅次于伦敦的世界第二大外汇市场。其地位的取得，是建立在美国的综合国力以及美元地位之上的。

美国没有外汇管制，所以并不存在指定经营外汇业务的专业银行，任何一家美国的商业银行均可自由地经营外汇业务。但大部分中小型银行出于成本的考虑，均委托纽约几大有业务往来的银行集中办理外汇业务。美国约有1.4万家银行，有2%活跃于外汇市场。纽约外汇市场的参与者主要包括29家联邦储备系统的成员银行、23家非成员银行、约200家外国银行的分支机构和代表处。

虽然银行的外汇活动不受管制，但要受美联储及州银行管理部门的监督。外汇市场的官方干预由纽约联储银行负责实施，一般情况下，美联储通过商业银行代理人间接进入经纪人市场，也可以直接同商业银行交易以实现干预。此外，美联储操作往往同外国中央银行在其国内的操作同时进行，以实现联合干预。

纽约外汇市场属于无形市场。该市场上交易货币主要有欧元、英镑、加拿大元、瑞士法郎、日元等。由于在国际贸易和国际投资中，美国企业通常以美元报价，并用美元支付款项，所以在纽约外汇市场上美元交易量并不大，远不及伦敦、法兰克福、苏黎世等欧洲外汇市场的美元交易量。上述欧洲外汇市场上，每日不仅有贸易往来的美元买卖，而且有大量的国际游资流动引起的美元交易，美元对其他货币的汇率也主要由欧洲和东京等外汇市场决定。

尽管纽约外汇市场的美元交易量并不大，但世界各地的美元买卖最终必须在美国，主要是在纽约的商业银行账户上收付、划拨和清算，纽约成为全世界美元交易的清算中心，由美国银行和外国银行分支机构组成的“纽约同业电子结算系统”(CHIPS)，每天处理数万笔金额达 2 千亿美元同业间的美元收付，占国际复兴开发银行同业间美元收付金额的 90%左右。

3. 东京外汇市场

1964 年，日本加入国际货币基金组织，日元成为可兑换货币，东京外汇市场开始逐步形成。1980 年 12 月，日本《新外汇法》公布，从根本上取消了外汇管制，东京外汇市场才得以迅速发展。1985 年 5 月，美日双方达成《日本金融自由化与国际化协议》后，日本金融自由化与国际化步伐大大加快，对外汇限制进一步减少，日元的使用范围不断扩大。目前东京外汇市场是亚洲最大的外汇市场，世界排名第三。

东京外汇市场的主要参加者有商业银行、外汇专业银行、短期金融公司、外国银行在日本的分行、非银行客户。非银行客户主要包括贸易商社工业企业和其他外汇供求者。日本最大的 6 家贸易商社控制了 50%的进出口业务，是外汇市场上重要的交易者。

东京外汇市场也属于无形市场。在外汇价格形成上，东京市场类似于德、法等大陆式市场，采用“订价”方式，即由主要外汇银行经过讨价还价确定当日外汇价格，日本银行对外汇价格的形成也有重要影响。

日本外汇市场的监管由中央银行——日本银行以及大藏省共同执行。日本设立“外汇基金特别账户”，由中央银行以大藏大臣代理人的身份管理其资金。当汇率大幅度波动并对进出口以及国内经济造成不良影响时，日本银行会择时介入市场进行干预。其干预活动分为国内市场干预和海外市场干预，国内市场干预一般委托外汇经纪行进行，海外市场干预则一般委托当地货币当局进行。东京外汇市场的交易货币比较单一，主要是日元兑美元和德国马克的交易。据日本银行 1998 年发表的对东京外汇市场交易额的调查结果，日元对美元、德国马克的交易额占全部交易额的 80%以上。目前东京外汇市场交易中则以日元对美元和欧元为主。

目前外汇市场上的外汇交易业务主要有即期外汇交易、远期外汇交易、外汇期货交易、外汇期权交易、掉期交易等方式，本章以下各节我们将作专门介绍。

4.2 即期外汇交易

4.2.1 即期外汇交易的概念

即期外汇交易(Spot Exchange Transaction)又称现汇交易，是指买卖双方以当时外汇市场的价格成交，成交后在两个营业日内进行交割(Delive)的外汇买卖。交割是指货币两讫，即期外汇交易表面上看似乎是同时收付，没有风险，但由于各国清算制度和技术上的差异，只能在 1 天后才能知道该笔交易是否已收托，因此要承担信用风险。此外，由于亚、欧、美三大洲之间各有 6~8 小时的时差，有时遇到营业时间结束的问题，延长了交割时间，产生了信用风险和汇率变动的风险。

4.2.2 即期外汇交易的种类

即期外汇交易按交割日的不同，有三种形式：①即日交割。即成交当日进交割。在香港外汇市场用美元兑换港元的交易，采取即日交割形式。②翌日交割。即成交后第一个营业日进行交割。③第二个工作日交割。即成交后两个营业日交割，是一种标准的即期外汇买卖。这其中，所谓营业日是指将节假日除外的工作日。

4.2.3 即期外汇交易的方式

即期外汇交易的方式通常有三种：电汇、信汇和票汇。在本章中，我们对此仅作简要介绍，更为详细的解释我们将放置在第二篇国际结算中。

1. 电汇

电汇方式(Telegraphic Transfer)简称 T/T 方式，是付款人向当地外汇银行交付本国货币，由该行用电报或电传通知国外分行或代理行立即付出外币。

在浮动汇率制度下，由于汇率不稳，经常大幅度波动，而电汇收付外汇的时间较短，一定程度上可减少汇率波动的风险，因此，出口商在贸易合同中常要求进口商以电汇汇款。

电汇方式下，银行在国内收进本国货币，在国外付出外汇的时间相隔不过一二日。由于银行不能利用顾客的汇款，而国际电汇费用较贵，所以电汇汇率最高。在即期外汇交易中，采用最多的是此种交易方式。

2. 信汇

信汇方式(Mail Transfer)简称 M/T 方式，是指汇款人向当地银行交付本国货币，由银行开具付款委托书，用航邮寄交国外代理行，办理付出外汇业务。

信汇凭证是信汇付款委托书(实例)，其内容与电汇委托书内容相同，只是汇出行在信汇委托书上不加注密押，而以负责人签字代替。

3. 票汇

票汇方式(Demand Draft)简称 D/D 方式，是指汇出行应汇款人的申请，开立以汇入行为付款人的汇票，列明收款人的姓名、汇款金额等，交由汇款人自行寄送给收款人或亲自携带出国，以凭票取款的一种汇款方式，票汇的凭证即银行汇票。

票汇的特点之一是汇入行无须通知收款人取款，而由收款人上门自取；特点之二是收款人通过背书可以转让汇票，到银行领取汇款的，很可能不是汇票上列明的收款人本人，而是其他人。因此，票汇牵涉到的当事人可能较多。国际贸易实务中，进出口商的佣金、回扣、寄售货款、小型样品与样机、展品出售和索赔等款项的支付，常采取票汇方式汇付。

采用信汇和票汇业务时，银行收到顾客交来的款项以后，经过两国间邮程所需要的时间，才在国外付出外汇，在此期间，银行利用了顾客的汇款，有利息收益。因此，信汇和票汇的利率低于电汇汇率，差额大致相当于邮程其间的利息。当前，国际邮件多用航邮和快件，邮程时间大大缩短，因而信汇、票汇汇率和电汇汇率的差额也已缩小。

4.2.4 即期汇率的表示

通常，我们看到银行给定的汇率报价的表现形式为：英镑对美元的汇率 1.5210/20。这其中，哪个是买价哪个是卖价呢？这里，我们有两个简单的判断方式：其一，外汇的买价和卖价都是对银行有利。客户以美元买英镑，银行应以较高的价格出售英镑。英镑两个价格中，1 英镑=1.5220 美元对银行有利。其二，按直接标价法和间接标价法考虑。从美国来看汇价 GBP/USD 是直接标价法，美元是本币，英镑是外币。客户以美元兑英镑，是以本币购买外币，对银行是卖出外汇(英镑)，因而应采用卖出价 1.5220；即：报价数字为左买右卖。反之，从英国来看，GBP/USD 是间接标价法，因而报价数字为左卖右买。

4.2.5 套汇与套利交易

1. 套汇交易

(1) 套汇的概念和作用

套汇交易(Exchange rate arbitrage)是指利用同一时间、不同地点两种货币间汇率的不一致、以低价买入同时以高价卖出某种货币、以谋取利润的一种外汇交易。套汇又称地点套汇。

套汇交易的主要作用是调节外汇市场上的供求关系，消除不同地点上的汇率差，使它们在世界范围内的汇率趋向一致。但随着现代通信技术和发达计算机网络的应用，世界各地外汇市场上的汇率差异正在缩小，而且存在的时间正在缩短，套汇实际操作的可能性缩小了。在我国的外汇交易中，套汇是明令规定不允许的。

(2) 套汇的方式

套汇的方式有两种：直接套汇和间接套汇。

① 直接套汇。所谓直接套汇是指利用同一时间两个外汇市场之间存在的汇率差进行套汇。它也称为双边套汇或两地套汇。套汇的核心就是做到贱买贵卖，赚取汇率差价。

例如，某日在纽约外汇市场上的汇率为1美元=0.8335欧元，同时在法兰克福外汇市场上1美元=0.8235欧元。

这时发现两地外汇市场上美元与欧元的汇率不一致，存在套汇的机会。于是，就可以在纽约外汇市场卖出美元、买入欧元，同时在法兰克福外汇市场卖出欧元、买入美元，做到了贱买贵卖，只要付出1美元就可获得0.0100欧元的套汇收入。

直接套汇是一种简单的套汇形式，它清楚地表明哪一市场的货币贵，同时该种货币在哪一市场便宜，很容易判断是否存在套汇机会并进一步确定交易方向。

② 间接套汇。所谓间接套汇是指利用同一时间至少三个外汇市场上的汇率差，进行贱买贵卖，从中赚取汇率差的行为。

间接套汇中最简单的是三地套汇，三地套汇也称三角套汇。判断三个外汇市场或三个以上外汇市场之间有无套汇机会相对直接套汇而言比较复杂。一个较简单的判断方法是：将三个或更多个外汇市场上的汇率按同一种标价法即直接标价法或间接标价法列出，把它们依次连乘，如果乘积为1，说明没有套汇机会；如果不为1，则有套汇机会。

假设1：纽约市场 1美元=1.1335欧元，巴黎市场 1英镑=1.5174欧元，伦敦市场 1英镑=1.7200美元。判断上述情况下有无套汇机会？若有，应如何进行套汇？

首先把伦敦市场也变为直接标价法，即：1美元=0.5814英镑，然后三地市场的汇率依次相乘得：$1.1335 \times 1.5174 \times 0.5814=1$，由此可知，无套汇机会。

假设2：纽约市场 1美元=1.3335欧元，巴黎市场 1英镑=1.8596欧元，伦敦市场 1英镑=1.6543美元。

判断上述情况下有无套汇机会？若有，应如何进行套汇？

首先把伦敦市场也变为直接标价法，即：1美元=0.6045英镑，然后三地市场的汇率依次相乘得：$1.1335 \times 1.8596 \times 0.6045=1.2742$，因为它们的乘积大于1，所以有套汇机会。

套汇交易的过程如下：

第一步：根据纽约市场和巴黎市场套算美元对英镑的汇率，1英镑=1.3945美元，与伦敦市场英镑对美元的汇率相比，显然伦敦市场英镑贵、美元便宜。

第二步：在伦敦市场卖出英镑、买进美元，然后在纽约市场卖出美元、买进欧元，再到巴黎市场卖出欧元、买进英镑，这样就赚取了套汇的利润。

关于套汇交易的几点说明：

第一，套汇交易涉及一些成本，包括获得信息的费用以及电报费、电传费、付给外汇经纪人的佣金、某种货币买入和卖出的价差等交易费用，因此套汇的净利润取决于汇率差价和套汇成本两个因素。

第二，套汇活动是市场不均衡的产物，它使得套汇者能赚到毫无风险的利润；但同时套汇者的交易又使市场重新回到均衡，使同一种货币汇率在全世界范围内趋向一致。

第三，套汇交易获利的机会不会一直存在。当外汇市场上的汇率差等于套汇成本时，套汇交易就会停止。

第四，不同的国际金融中心处于不同的时区，只有比较营业时间重叠的外汇市场的报价才有意义。

2. 套利交易

套利交易(Interest rate arbitrage)又称利息套汇。它是利用两国市场的利率差异，把短期资金从利率低的市场调到利率高的市场投放，以赚取利率差额收入的外汇交易方式。这种交易方式在汇率相对稳定或朝向有利于己的方向变动的情况下采用。若一旦汇率的变动和预期相反，套利者就会蒙受损失，足见套利实则是一种典型的投机活动。

套利活动根据其是否对外汇风险进行防范，而分为“不抛补的套利”(uncovered interest rate arbitrage)和“抛补的套利”(covered interest rate arbitrage)。

1)　不抛补的套利

所谓不抛补的套利，主要是利用两国市场的利息率差异，把短期资金从利率较低的市场调到利率较高的市场进行投资，以谋取利息差额收入。

例 4.1　美国短期市场上的年利率为 6%，英国的年利率为 8%，银行在美国用 100 000 美元贷放 3 个月，到期能得到利息 1 500 美元。但如果将这笔资金投入到英国，假定 3 个月后汇率不变，仍是 1 美元=0.5 英镑，那么，把 100 000 美元兑换为 50 000 英镑存入英国，3 个月后本息为 51 000 英镑，然后再汇回美国可得 102 000 美元，这就是说，3 个月所得的利息，要比在美国贷放多得 500 美元(102 000−100 000−1 500=500)。

但是，在进行这项交易时要冒汇率变动的风险。如例 4.1 中，假如 3 个月后的汇率，不是 1 英镑=2 美元，而是 1 英镑=1.95 美元，本息 51 000 英镑只合 99 450 美元，不但没有多得利息，反而本金也赔了。

为防范这种风险，我们引出另一种套利方式。即：

2)　抛补的套利

抛补的套利指套利者在把资金从甲地调入乙地以获取较高利息的同时，还通过在外汇市场上卖出远期的乙国货币以防范风险。接上例 4.1，该银行在美国买进 50 000 英镑现汇进行套利的同时，卖出 3 个月的 50 000 英镑远期(即做下述的掉期交易)，以避免英镑汇率变动的风险。

让我们结合上面两种类型的套利，再来看一组例题。

例 4.2　设美国三月期券利率为 8%，同期英国市场利率为 10%。

若美国三个月的国库券利率为 8%，本利共为 108 万美元。但此时若投资者进行套利，则获利便可增加。如即期市场汇率为￡1=$2.00，则他在即期市场卖出 100 万美元，获利 50 万英镑。他将 50 万英镑调往伦敦并投资于三月期英国国库券，三个月后可获利 55 万英镑 [50×(1+10%)]。这时，若美元对英镑汇率没有发生变化，那么，他将在伦敦投资的收益 55 万英镑换成美元则为 110 万美元，比他不进行套利交易多赚 2 万美元。

若三个月中汇率会发生变化。套利者不将 100 万美元投资于美国国库券以谋取 8%的利息收入而是在即期市场上将这笔美元卖出以换得英镑，随后将钱调往伦敦投资于利率 10% 的英国三个月短期国库券，由此他在三个月后可获得 55 万英镑。

在这同时，套利者马上在远期外汇市场上订立契约，卖出三个月的 55 万英镑以买进美元。为简便计算，仍设汇率为￡1=$2.00，这样三个月后他可稳获 110 万美元收入。投资者之所以要在将英镑调入伦敦的同时，在外汇远期市场上售出英镑，购买美元，其原因是防止美元升值。如上例所述，如套利者不进行“抛补”(即在即期卖出的同时，远期买进，或相反)，则当他投资于英国三个月国库券后获得 55 万英镑时，若美元与英镑汇率变为￡1=$1.90，则 55 万英镑时只能合为 104.50 万美元，结果由于美元升值他亏损了 3.5 万美元。

抛补套利不断进行的结果是高利率货币的现汇汇率上升(如美元)，期汇汇率下跌，贴水额加大。由于套利者大量买进美元现汇，卖出美元期汇，美元贴水就会不断扩大，套利成本由此相应地提高，收益减少。这种趋势继续到利差与贴水接近平衡时，套利活动机会停止。

一般说来，在浮动汇率体系下，汇率在套利期内不发生变化几乎是不可能的，因此，套利者在进行套利的同时，又进行抛补，才是既防范汇率风险，又可获得利息收入的安全之策。

套利和套汇一样，是外汇市场上重要的交易活动。由于目前各国外汇市场联系十分紧密，一有套利机会，大银行或大公司便会迅速投入大量资金，最终促使各国货币利差与货币远期贴水率差异，只要利率差异存在，套利就会存在。套利活动是各国货币利率和汇率形成了一种有机联系，两者互相影响、互相制约，从而推动国际金融市场一体化。

4.2.6 实务中即期外汇交易的市场报价

在即期外汇市场上，一般把提供交易价格(汇价)的机构称为报价者，通常由外汇银行充当这一角色；与此相对，外汇市场把向报价者索价并在报价者所提供的即期汇价上与报价者成交的其他外汇银行、外汇经纪人、个人和中央银行等称为询价者。

1. 双向报价法

在外汇市场上，报价银行在报出外汇交易价格时一向采用双向报价法，即同时报出银行买入价与卖出价，在直接标价法和间接标价法下，报价是不相同的。

直接标价法下，银行报出的外汇交易价格是买价在前，卖价在后。如，2004年8月19日，日本东京银行报出美元对日元的开市价为：1美元=115.70~115.80日元，其中前面这个数表示报价银行买入美元(外汇)付出日元的价格，后面的数(日元115.80)表示报价银行卖出美元收回日元的价格。

间接标价法下，银行报出的即期外汇交易价格是卖价在前、买价在后。如：2004年8月17日，纽约外汇市场美元对欧元的收市价是：1美元=0.8615~0.8625欧元，前面一个数是美国银行卖出欧元的价格(即客户用1美元只能买到0.8615欧元)，后面一个数是美国银行买入欧元的价格(即客户要用0.8625欧元才能买到1美元)。

即期外汇交易中，报价的最小单位(市场上称其为基本点)是标价货币最小价格单位的1%。如人民币，其最小单位是1%元(即分)，则美元兑人民币的交易价格应标至0.0001元。

2. 银行报价惯例

(1) 除特殊标明外，所有货币的汇价都是针对美元的，即采用以美元为中心的报价方法。在外汇市场上，外汇交易银行所报出的买卖价格，如没有特殊表明外，均是指所报货币与美元的比价。如，东京银行1998年3月18日报出日元的开市价是117.30/40，这一价格就是指日元与美元的即期买卖价格。

(2) 除英镑、爱尔兰镑、澳大利亚元、新西兰元汇价是采用间接标价法以外(以一单位货币等值多少美元标价)，其他可兑换货币的汇价均采用直接标价法表示(以一单位美元等于多少该币标价)。此外，任何标价法下，报价银行报出的买价是指其愿意以此报价买入标的货币的价格，反之亦然；买价与卖价之间的价格差别称为价差。

(3) 对所有可兑换货币的报价，报价银行都必须同时报出买、卖两个价。当报价银行的外汇交易员对询价方报出某种货币买卖价的同时，这一银行也就承担了以这一价格买进或卖出一定数额货币的义务，但条件是询价方同意在报价方报价的基础上立即成交时。至于报刊公布的外汇交易中间价，只是供读者参考，不能作为外汇交易的依据。

(4) 在通过电信(如电话、电传等)报价时，报价银行只报汇价的最后两位数。如，美元对欧元的汇价如果是1美元=0.8615/25欧元，报价银行的交易员一般只报为15/20。

在了解了银行报价的一般惯例后，有些人可能会问，银行报价有无依据可循呢？其实，银行在报价时也是有其原则和技巧的，了解银行报价的依据对交易者来说是十分必要的。

4.2.7 即期外汇交易实务中的报价技巧

1. 外汇交易员报价时考虑的因素

通常外汇交易员在报出价格时，应考虑到下列五个因素：

(1) 交易员本身已持有的外汇部位

每位外汇交易员都有被授权的外汇部位额度，在额度之内，交易员尽其最大可能来赚取利润。为了控制风险，交易员是不允许其持有的部位超过其被授权的部位额度。交易员报价时必须考虑目前所持有的部位在目前市场的波动幅度之下，其所报之价格是否对其现有部位有利。

(2) 各种货币的极短期走势

交易员必须对欲进行报价的货币之极短期走势有准确的预测，在此所谓极短期，可能是一小时、五分钟或五秒钟之久。一般而言，在银行从事报价的交易员大多是属于 Intra-day Trader，亦即交易员所持有的外汇部位不会超过一日以上。交易员会随着市场波动状况，随时改变自己的持有部位，以伺机获利。因此对各种货币的极短期走势应有准确的预测，才能报出理想的价格。

(3) 市场的预期心理

若市场有明显的预期心理，货币的走势就较易往预期的价位波动。交易员必须了解目前市场的预期心理，而调整本身的持有部位，使本身的部位处于有利的状况。如此报出来的价格才不会违反市场走势，而遭到重大的损失。

(4) 各种货币的风险特性

每种货币如同人一样，各有其个性。交易员必须了解每种货币的特性，才能在报价时，报出适当的价格。

(5) 收益率与市场竞争力

报价者在报出价格之后，就是希望询价者愿意以其所报出的价格来交易；然而为增加市场竞争力，就需要缩小买卖价差(Spread)，亦即利润相对减少。因此交易员在报价时，必须顾及市场竞争力与利润。

2. 外汇交易员的基本报价技巧

综合上述五个考虑因素之后，交易员的基本报价技巧大致可分为四种：

(1) 市场预期被报价币上涨

当市场预期被报价的货币会上涨时，此时市场的参与者倾向买入被报价币，以期获取利润。则报价银行应将被报价币的价格报高，以降低风险或取得有利的部位，因为报价银行卖出被报价货币的价格愈高，则报价者以较低的价格来平仓的几率愈大，赚钱的机会愈多。

(2) 预期被报价币下跌

当市场预期被报价币会下跌时，市场的参与者会倾向卖出被报价币以期获取利润。此时报价者所报出的价格会比市场价格略低，以降低风险或取得有利的部位。由于报价者买入的价格较市场为低，因此报价者有比较大的几率以较高的银行间价格平仓，而赚取利润。

(3) 报价者不欲持有部位时

有时当报价者的部位已平仓、或市场波动的幅度过大，报价者不愿意买入或卖出被报价币。因此报价者的价差会比市场为宽，亦即询价者若欲与报价者成交时，不论买入价格或卖出价格一定比市场价格差，因此询价者愿意成交的意愿就降低了。

(4) 报价者有强烈的意愿成交时

报价者以市场竞争力为主要考虑因素时，其报价与市场价格相较为窄，亦即报价者报价的价差会比市场的小。不论买入或卖出价格均比市场价格好，因此询价者会有比较高的意愿来进行交易。

4.3　远期外汇交易

4.3.1　远期外汇交易的概念

1. 远期外汇交易的概念

远期外汇交易(Forward Exchange Transaction)是指买卖双方在成交时就货币交易的种类、汇率、数量以及交割期限等达成协议，并以合约的形式将其固定下来，然后在规定的交割日，由双方履行合约，结清有关货币金额的收付。

根据成交日与交割日之间的间隔，远期外汇交易一般有一月期、二月期、三月期、六月期、一年期等数种。使用最多的是三月期的远期外汇交易。我国所开展的远期外汇交易，最短为 7 天，最长为 4 个月，分 9 个档次，从 1999 年 4 月 1 日起，将远期结售汇业务期限种类由 9 个增加到 13 个，最长期限由 4 个月增至 6 个月。

2. 远期汇率报价

1) 即期汇率加减升贴水率

在直接标价法下，由于单位外币折合本币的数量越大，表示外汇越贵；单位外币折合本币的数量越少，表示外汇越便宜，所以当远期差价为升水时，即期汇率加升水就是远期汇率；当远期差价为贴水时，即期汇率减贴水就是远期汇率，用公式表示就是：

远期汇率=即期汇率+升水

远期汇率=即期汇率−贴水

在间接标价法下，由于单位本币兑换外币的数额越大表示外汇汇率越便宜，单位本币兑换数额越小表示外汇越贵，所以，当远期差价为升水时，就要用即期汇率减去升水得出远期外汇汇率；当远期差价为贴水时，就要在即期汇率的基础上加上贴水得出远期外汇汇率。用公式表示为：

远期汇率=即期汇率−升水

远期汇率=即期汇率+贴水

例 4.3　在中国外汇市场上，美元即期汇率为 USD1=CNR8.3000，三月期美元升水 500 点，六月期美元贴水 450 点。则在直接标价法下，三月期美元汇率为：USD1=CNR(8.3000+0.0500)=CNR8.3500，六月期美元汇率为：USD1=CNR(8.3000−0.0450)=CNR8.2550。

例 4.4 在伦敦外汇市场上，美元即期汇率为：GBP1=USD1.5500，一月期美元升水 300 点，二月期美元贴水 400 点。则在间接标价法下，一月期美元汇率为：GBP1=USD(1.5500−0.0300)=USD1.520，二月期美元汇率为：GBP1=USD(1.5500+0.0400)=USD1.5900。

2) 升(贴)水排列标识

在实际计算远期汇率时，也可以不必考虑汇率的标价方式及升水还是贴水，仅根据升(贴)水的排列即可进行计算。若远期差价以小/大顺序排列，则远期汇率等于即期汇率加上远期差价；若远期差价以大/小逆序排列，则远期汇率等于即期汇率减去远期差价。

例 4.5 在伦敦外汇市场，以英镑与美元的即期汇率与 3 个月的远期汇率为例：即期汇率为 1 英镑=1.8870/1.8890 美元，3 个月远期差价为升水 103/98，则远期汇率为 1 英镑=1.8767/1.8792 美元(即期汇率减去外汇升水)；3 个月远期差价如果为贴水 98/103，则远期汇率为 1 英镑=1.8968/1.8993 美元(即期汇率加外汇贴水)。

例 4.6 在东京外汇市场，以日元对美元的即期汇率与远期汇率为例，即期汇率为 1 美元=127.531/128.531 日元，3 个月的差价为升水 118/128，则远期汇率为 1 美元=127.649/128.659 日元(即期汇率加外汇升水)；3 个月的远期差价为贴水 128/118，则远期汇率为 1 美元=127.403/128.413 美元(即期汇率减贴水)。

3. 远期外汇交易的作用

(1) 利用远期外汇交易进行套期保值。套期保值是指买进或卖出一笔价值相当于在国外的远期负债或资产的外汇，使这笔负债或资产免受汇率变动的影响，从而达到保值的目的。

例如对于进口商而言，在签订进口合同时，就买进相当于货款价值、交割期为付款日的外汇，这样在付款日不管汇率如何变动，都不会影响到进口商的进口成本；对于出口商而言，在签订出口合同时，就卖出相当于价款数量、交割期为收款日的外汇，这样在收款日不管汇率如何变动，都不会影响到出口商的出口利润。对于实行强制结售汇的国家，进出口商经常参与以套期保值为目的的远期外汇买卖。

(2) 远期外汇交易可以用来调整银行的外汇头寸。进出口商进行远期外汇交易避免风险或转嫁风险的同时，就是银行承担风险的开始。外汇银行之所以有风险，是因为它在与客户进行了多种交易后，会产生一天的外汇“综合持有额”或总头寸。银行总是处于现汇或期汇的超买或超卖的地位，因为银行有外汇敞口额，它们就处于汇率变动的风险之中。为避免外汇风险，对不同期限、不同货币头寸的余缺要进行抛补(买卖)，以求外汇头寸的平衡。

假设，中国银行某日在即期外汇市场上处于美元外汇头寸超买(多头)100 万美元的地位，这样一旦美元汇率走低，中国银行将蒙受损失。为避免这一损失，就要轧平头寸。轧平头寸的方法有两种，当银行多头寸时，就在远期外汇市场上卖出(抛出)；当银行少头寸时，就在远期外汇市场上补进，这样以轧平外汇余额来避免汇率变动的风险。

(3) 利用远期外汇市场进行外汇投机。利用远期外汇市场进行投机是指外汇市场的参与者不是从实际需要出发，而单纯为了赚取外汇买卖的差价而进行的交易。能够利用远期外汇市场进行投机的前提是要有远期汇率的波动。现举例如下：

假设在香港外汇市场上，某年 3 月 1 日三月期美元的远期汇率为 1 美元=7.7825 元港币。一投机者预测美元在以后的 3 个月内会贬值，于是他在远期外汇市场上抛出三月期美元 100 万，交割日为 6 月 1 日。在 3 月 1 日成交时只需签订合约，不需付款。假如在交割之前，美元汇率果然下跌，在 5 月 1 日时，一月期美元的汇率为 1 美元=7.6825 元港币，该投机者再次进入远期外汇市场，买入同等数量(100 万美元)、交割日为 6 月 1 日的美元。在 6 月 1 日他这一买一卖可获得 10 000 港币的收益(1 000 000×7.7825-1 000 000×7.6825)。在此例中，投机者以抛售为基础，且在抛售外汇时手中并无相应外汇，他只签订了一远期合约，保证到交割日按约定的汇率卖出约定数量的外汇，这与现汇市场上的投机是不同的。这种以在远期外汇市场抛售远期外汇为前提，而抛售时手中并无此项外汇的投机称为卖空，即做空头。与卖空相对的是买空，也叫做多头。它是指投机者预期外汇汇率上升时，以购买远期外汇为基础，在购买时实际上并没有立即付款，同时也没有立即取得所购买的外汇，只是签订一个远期合约，保证到期以约定的汇率购买约定数量的外汇。买空和卖空是远期外汇交易中常见的两种投机行为。

4. 利率平价

远期汇率与有关货币的利率有十分密切的关系，因为远期外汇交易在成交和实际交割之间有一个时间差，而货币的时间价值通常是以利息表示的，因此远期汇率必须考虑这段时间的利息。决定外币对本币升水或贴水的关键是利率。由于远期外汇交易的交割日不同于即期交易的交割日，因此远期汇率必须视两种货币的利率差，及期间的长短而作适当的调整。

在完全流通的外汇市场与货币市场里，远期外汇汇率与即期外汇汇率的差异必可以通过利率平价来反应。也就是远期外汇汇率是即期汇率加上与两种货币的利率差所共同计算出来的。当：本国利率>外国利率时，则外币在远期市场上将以升水出售。反之，当本国利率<外国利率时，则外币在远期市场上将以贴水出售。这是因为高利率的货币能带来较高利息收益，所以市场上对其现汇需求量大，根据一价定律的原理，高利率有利率下降的趋势，这就使套利者为避免未来汇率下跌带来的损失抵消利息收益，在买入高利率货币现汇的同时，卖出相同期限、相同金额的该种货币的期汇，使该种货币的远期货币供给增多，这样就导致高利率的货币贴水；反之，低利率的货币带来的利息收益低，所以市场对其现汇需求量小，即期汇率低，而有利率上升的潜在可能性，必然刺激期汇需求量的增加，所以该货币远期汇率升水。

利率平价指出，远期外汇价格决定因素包括：

(1) 即期汇率价格。

(2) 买入与卖出货币间的利率差。

(3) 期间长短。

例 4.7 出口商在 6 个月(180 天)后会得到货款 EUR100 000，则出口商通过即期市场及资金借贷以规避此远期汇率风险的成本如下：

市场现状：(为方便说明，市场价格为单向报价)

(1) 即期汇率 EUR/USD 为 0.8500。

(2) 6 个月美元利率为 6.5%。

(3) 6 个月欧元利率为 4.5%。

出口商为规避此汇率风险，所采取的步骤如下：

(1) 出口商先行借入欧元，并在即期市场预先卖出 100 000 欧元以规避 6 个月后出口收到的欧元外汇风险，借入欧元的期间为 6 个月，利率为 4.5%，同时可使用因卖出欧元所获得的美元资金 6 个月，利率为 6.5%。

(2) 借入 100 000 欧元的利息成本为：

EUR 100 000×4.5%×180/360=EUR 2250

EUR 2250×0.85EUR/USD=USD 1912.5

(3) 卖出即期欧元所享用美元 6 个月的利息收益

USD 85 000×6.5%×180/360=USD2 762.5

(4) 客户通过上述方式规避外汇风险的损益如下：

USD 85 000(卖出即期欧元所得的美元金额)

(加)+USD 2762.5 (使用美元 6 个月的利息收益)

(减)-USD 1912.5 (借入欧元 6 个月的利息成本)

=USD 85850

USD85 850/EUR100 000=0.8585(此即远期外汇的价格)

由上述计算中，可求出以即期交易方式规避远期外汇风险的价格计算，据此便可求得远期外汇价格。

运用上述利率平价的计算理念，可以得出远期外汇的计算公式：

远期外汇价格=即期外汇价格+即期外汇价格×(报价币利率-被报价币利率)×天数/360

换汇汇率=即期外汇价格×(报价币利率-被报价币利率)×天数/360

将上例导入公式得：

卖出 6 个月远期外汇的价格=0.85+0.85×(6.5%-4.5%)×180/360=0.8585

在上述公式中，若：

(1) 报价币利率大于被报价币利率，其利率差为正数，此时远期汇率减其即期汇率大于零，称之为升水。

(2) 报价币利率小于被报价币利率，其利率差为负数，此时远期汇率减其即期汇率小于零，称之为贴水。

上述公式，是简易的换汇汇率计算方法，并未将交易期间被报价币所得利息部位的风险计算在内。

5. 远期外汇交易的参与者

在外汇市场上，购买远期外汇的主要是：有远期外汇支出的进口商、负有即将到期的外币债务的债务人、输入短期资本的牟利者，以及对于远期汇率看涨的投机商等。

卖出远期外汇的主要是：有远期外汇收入的出口商、持有即将到期的外币债权的债权人、输出短期资本的牟利者，以及对于远期汇率看跌的投机者等。其目的主要是避免汇率变动的风险和获取投机利润。此外，外汇银行为平衡其远期业务头寸也开展远期外汇业务买卖。

4.3.2　择期外汇交易

1. 择期外汇交易的概念

择期外汇交易(Forward Option Transaction)是远期交易中的一种较为特殊的形式。

它是指买卖双方在订立合约时，事先确定了交易的价格、数量和期限，订约人可以在这一期限内的任何一个营业日，按照约定买进或卖出约定数量的外汇。例如，一笔 3 个月的远期外汇交易，应于 3 月 20 日到期交割，如若做的是择期交易，即可由买卖双方规定一个交割期限，如在 3 月 10 日至 20 日内交割，在此期限内，可由客户自行选择交割日期。

择期外汇交易实际是一种不固定交割日的远期外汇交易，交割日的灵活性是其突出的特点，这就使择期交易特别适用于进出口贸易引起的远期外汇买卖。在国际贸易中，往往不能事先十分确切地知道发货日期或货物的抵达日期，也不能肯定知道付款或收款的确切日期，而只是知道大约在哪段时间之内，在这种情况下选择择期外汇交易是十分方便的。如一出口商知道他将在 3 个月内收到一笔货款，但具体哪一天却不确定，他就可以与银行签订一份远期择期合约，卖出 3 个月期的外汇，择期可定在第三个月；如果他有可能在第二个月收到外汇，他可以卖出 3 个月期的远期外汇，择期可定在第二个月；如果他在这 3 个月内任何一月都可能收到外汇，那么他可以卖出 3 个月期远期外汇，择期 3 个月。由此可见，择期交易为进出口商提供了很大方便，无论何时收到货款，都可根据择期合约中确定的汇率买卖外汇，从而避免了外汇风险。

2. 择期外汇交易的报价原则

择期交易为进出口商或客户带来了极大的方便，使他们避免了汇率变动的风险，但给外汇银行带来了不便，使银行在客户择期内总处于被动地位，必须持有这笔交易所需资金，这样会给银行带来较大的汇率风险。

为平衡有利与不利、损失与收益，择期交易的报价原则是：选择从择期开始到结束期间最不利于客户的汇率作为择期交易的汇率。具体步骤是：首先计算出约定期限内第一个营业日交割的远期汇率和最后一个营业日交割的远期汇率，然后根据客户的交易方向，从中选取对银行最为有利、对客户最为不利的报价。以某出口商的择期交易加以说明。

一英国出口商与美国进口商于9月28日签订进出口合同，英国出口商确定美国进口商在10月28日至12月28日之间的某一天支付货款，为避免这种结算日不确定情况下的外汇风险，英国出口商在签订贸易合同的同时与银行签订一个向银行出售远期美元的择期合同。对交割日的择期定在第二个月和第三个月。如9月28日伦敦外汇市场上英镑对美元的行市如表4.1所示。

表4.1 9月28日伦敦外汇市场上英镑对美元的行市

单位：美元

期 限	卖 出 价	买 入 价
即期汇率	1.6683	1.6693
一月期	1.6681	1.6691
二月期	1.6678	1.6689
三月期	1.6676	1.6687

按照报价原则，银行会选择以1英镑=1.6689美元与客户成交，因为这是择定期限内银行买入美元的最低价。

4.3.3 互换交易

16世纪，一位意大利的银行家，想要西班牙币，而西班牙国王，急需黄金。在安特卫普城(当时的金融中心之一)他们一拍即合。其成交价格，远低于市场价，双方既互利互惠，又了却心愿。在金融史中，这也许是最原始的互换业务。而作为一种衍生工具，真正被金融业称为一大创新，却是在半个多世纪之后。

李嘉图的比较优势学说指出，只要两个国家，生产有相对优势的商品，通过贸易，便能实现“双赢”，该理论主要为国际贸易奠基。其实，金融互换业务，也能从这里找到依据。

互换交易(Swap)是国际上于20世纪70年代末出现的一种新型的管理工具。互换交易从负债的互换(利率的互换)发展到资产的互换(债券投资及互换)，从利率的互换发展到货币的互换。由于这种业务可以在不改变资产负债结构的条件下减少利率风险，甚至产生一定的盈利，因而备受市场的关注。

1. 货币互换

1) 货币互换交易的概念

货币互换(Cross-currency swaps)是最早出现的金融互换，它是指外汇交易者在外汇市场上买进(或卖出)某种外汇时，同时卖出(或买进)相等金额，但期限不同的同一种外币的外汇交易活动。又称为互换交易。例如，以 A 货币兑换 B 货币，并约定未来某日再以 B 货币换回 A 货币。

货币互换交易的特点是：同时做买进和卖出，而且买进和卖出的货币相同、数量相等；一买一卖交易方向相反且交割日期不同。货币互换交易最初是在银行同业之间进行的外汇交易过程中发展起来的，目的是使某种货币的净头寸在某一特定日期为零，以避免汇率波动风险，后来发展成具有独立运作价值的外汇交易活动。

货币互换中的经典案例，当属 IBM 公司和世界银行间的交易。1981 年 8 月，由所罗门兄弟公司安排了世界银行和 IBM 公司之间的债务互偿协议。世界银行的目的是为了筹得成本较低的资金，而 IBM 公司则是为了锁定其在德国马克和瑞士法郎债务上的汇兑利得。两者间的互换协议是，由 IBM 公司清偿世界银行的美元债务，而由世界银行清偿 IBM 公司的德国马克和瑞士法郎债务。

2)　货币互换交易的操作

我们先来看图 4.1：

A、B 是分别可以发行美元和瑞士法郎面值七年期债券的公司。它们各自的利息成本是不一致的(如图 4.1 所示)。其中：A 公司在两个市场上都可以以比 B 公司更低的利息成本发行债券。在美元市场上，A 相对 B 有 1.5%的利息优势，在瑞士法郎市场上，A 相对 B 只有 1%的利息优势。因此二者存在互换的机会。

具体操作如下：

(1)　t_0 期：A 公司发行一笔 1 百万美元利率 10%的七年期债券，B 公司发行一笔 1.5 百万瑞士法郎利率 6%的七年期债券。此时汇率为 1 美元=1.5 瑞士法郎。

(2)　t_0 期：A 公司将其 1 百万美元借给 B 公司，收取年利率 10.75%(固定)利息。同时 B 公司将其 1.5 百万瑞士法郎借给 A 公司，收取年利率 5.5%(固定)利息。

(3)　在 t_0 期~t_7 期中：A、B 公司每年向对方支付事先定在互换合同中的利息，并同时支付各自发行债券的利息。

(4)　t_7 期：互换合同到期。A、B 公司付清年息后交换原本各自持有的本金，并用于各自所发债券本金的偿付。

该互换策略的结果：

A 公司通过①付给 B 公司 1.5 百万瑞士法郎年利率为 5.5%的(固定)利息；②贷给 B 公司 1 百万美元，从 B 公司处获得的年利率为 10.75%的(固定)利息。③支付 1 百万美元债券 10%的年利息。最终，每年获得 0.75%的净利息率的收益。即：A 公司每年为其 1.5 百万瑞士法郎债券支付 4.75%的利率。这比 A 公司自己直接借入瑞士法郎节省了约 0.25%的年利率。

B 公司通过①付给 A 公司 1 百万美元年利率为 10.75%的(固定)利息；②贷给 A 公司 1.5 百万瑞士法郎，从 A 公司处获得的年利率为 5.5%的(固定)利息。③支付 1.5 百万瑞士法郎债券 6%的年利息。最终，每年支付共 11.25%的利息率。这比自行借入美元节省了约 0.25%的年利率。

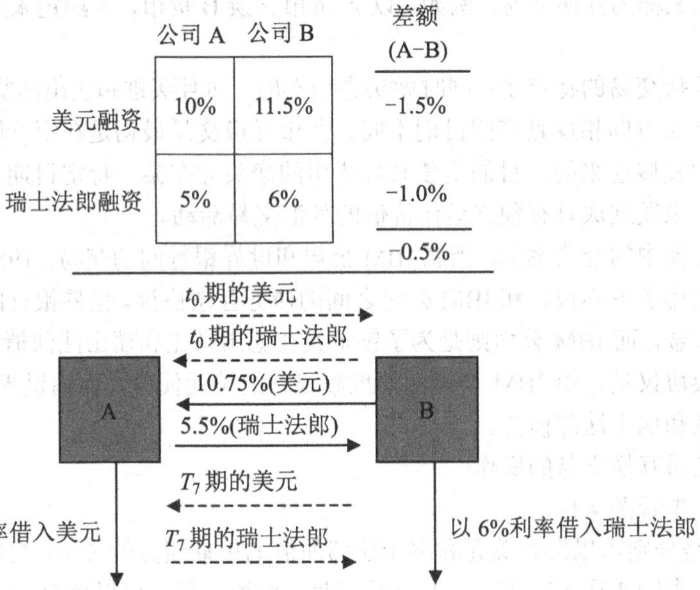

图4.1 货币互换的现金流动

通过上面的讲述，我们再来看一个例子：公司有一笔日元贷款，金额为10亿日元，期限7年，利率为固定利率3.25%，付息日为每年6月20日和12月20日。1996年12月20日提款，2003年12月20日到期归还。

公司提款后，将日元买成美元，用于采购生产设备。产品出口得到的收入是美元收入，而没有日元收入。

从以上的情况可以看出，公司的日元贷款存在着汇率风险。具体来看，公司借的是日元，用的是美元，2003年12月20日时，公司需要将美元收入换成日元还款。那么到时如果日元升值，美元贬值(相对于期初汇率)，则公司要用更多的美元来买日元还款。这样，由于公司的日元贷款在借、用、还上存在着货币不统一，就存在着汇率风险。

公司为控制汇率风险，决定与A银行做一笔货币互换交易。双方规定，交易于1996年12月20日生效，2003年12月20日到期，使用汇率为USD1=JPY113。这一货币互换，表示为：

(1) 在提款日(1996年12月20日)公司与A银行互换本金：公司从贷款行提取贷款本金，同时支付给A银行，该银行按约定的汇率水平向公司支付相应的美元。

(2) 在付息日(每年6月20日和12月20日)公司与A银行互换利息：A银行按日元利率水平向公司支付日元利息，公司将日元利息支付给贷款行，同时按约定的美元利率水平向A银行支付美元利息。

(3) 在到期日(2003年12月20日)公司与A银行再次互换本金：A银行向公司支付日

元本金，公司将日元本金归还给贷款行，同时按约定的汇率水平向 A 银行支付相应的美元。

从以上可以看出，由于在期初与期末，公司与 A 银行均按预先规定的同一汇率(USD1=JPY113)互换本金，且在贷款期间公司只支付美元利息，而收入的日元利息正好用于归还原日元贷款利息，从而使公司完全避免了未来的汇率变动风险。

2. 利率互换

1) 利率互换的概念

利率互换(Interest rate swaps)又称“利率掉期”，是交易双方将同种货币不同利率形式的资产或者债务相互交换。债务人根据国际资本市场利率走势，通过运用利率互换，将其自身的浮动利率债务转换为固定利率债务，或将固定利率债务转换为浮动利率债务的操作。

利率互换的特点是不涉及债务本金的交换，即客户不需要在期初和期末与银行互换本金，而通过利率互换。

利率互换产生的前提：互换的双方存在比较优势的情况下。

2) 利率互换的操作

参照图 4.2，说明如下：

	公司 A	公司 B	差额 (A−B)
固定利率融资	9%	10.5%	−1.5%
浮动利率融资	LIBOR+ 5%	LIBOR+ 0.5%	−0.5%
			−1.0%

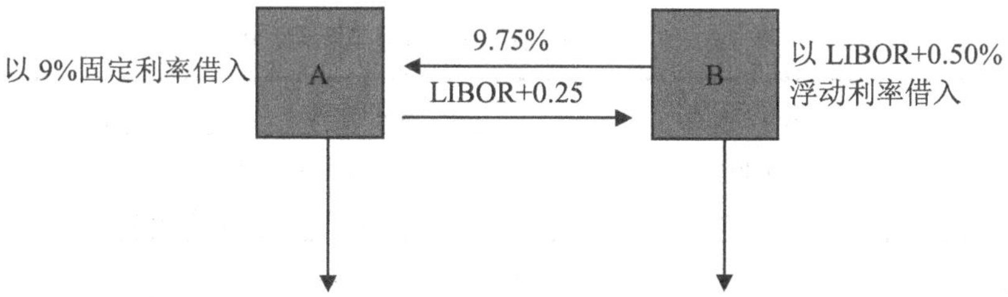

图 4.2　利率互换的基本现金流动

在许多利率互换协议中都需用到的 LIBOR，即为伦敦同业银行间放款利率，LIBOR 经常作为国际金融市场贷款的参考利率，在它上下浮动几个百分点。

A、B 两个公司都可以发行以美元为面值的固定利率或浮动利率债券。两个公司利率如

图 4.2 所示。假设利息每半年支付一次。浮动利率每半年设置一次。

很显然，A 公司无论在固定利率债券或浮动利率债券上都具有绝对优势。但是，A 公司在固定利率市场上有 1.5%优势，在浮动利率市场上有 0.5%优势，故：A 公司在固定利率市场上有相对优势，B 公司在浮动利率市场上有相对优势。可见，双方可以借助自己具有相对优势的资金通过互换交易达到降低融资成本的目的。

具体操作如下：

(1) t_0期：A 公司发行一笔 1 百万美元固定利率 9%的七年期债券，B 公司获得一笔 1 百万美元浮动利率 LIBOR+0.50%的七年期贷款。

(2) t_0期：A 公司同意向 B 公司支付六月期 1 百万美元按利率 LIBOR+0.25%计算的(浮动)利息。同时 B 公司向 A 公司支付 1 百万美元按利率 9.75%计算的(固定)利息。

(3) 在 t_1期~t_7期中：A、B 公司每年向对方支付事先定在互换合同中的利息，并同时支付各自债务发生的利息。

(4) t_7期：互换合同到期。A、B 公司向对方付清利息后，各自完成各自还本付息工作。

该互换策略的结果：

A 公司通过：①付给 B 公司 LIBOR+0.25%(浮动)利息；②支付 9%的债券(固定)利息；③从 B 公司处收取 9.75%的固定利率。最终，获得 LIBOR−0.5%的净利息率的收益。即：比 A 公司自己直接借入浮动利率资金节省了约 0.5%的利率。

B 公司通过：①付 LIBOR+0.5%(浮动)利息；②付给 A 公司利率 9.75%(固定)利息；③从 A 公司处收取 LIBOR+0.25%(浮动)利息。最终，每年获得 10%的净利息率。这比自行从固定利率市场借入资金节省了约 0.5%的利率。

让我们再看一个例子：假设 A 和 B 两家公司，A 公司的信用级别高于 B 公司，因此 B 公司在固定利率和浮动利率市场上借款所需支付的利率要比 A 公司高。现在 A、B 两公司都希望借入期限为 5 年的 1000 万美元，并提供了如表 4.2 所示的利率。

表 4.2 A、B 两公司的固定利率与浮动利率

	固定利率	浮动利率
公司 A	10.00%	6 个月期 LIBOR+0.30%
公司 B	11.20%	6 个月期 LIBOR+1.00%

从表 4.2 可知，在固定利率市场 B 公司比 A 公司多付 1.20%，但在浮动利率市场只比 A 公司多付 0.7%，说明 B 公司在浮动利率市场有比较优势，而 A 公司在固定利率市场有比较优势。现在假如 B 公司想按固定利率借款，而 A 公司想借入与 6 个月期 LIBOR 相关的浮动利率资金。由于比较优势的存在将产生可获利润的互换。A 公司可以 10%的利率借入固定利率资金，B 公司以 LIBOR+1%的利率借入浮动利率资金，然后它们签订一项互换协议，以保证最后 A 公司得到浮动利率资金，B 公司得到固定利率资金。

作为理解互换进行的第一步，我们假想 A 与 B 直接接触，他们可能商定的互换类型如图 4.3 所示。A 公司同意向 B 公司支付本金为 1 千万美元的以 6 个月期 LIBOR 计算的利息，作为回报，B 公司同意向 A 公司支付本金为 1 千万美元的以 9.95%固定利率计算的利息。

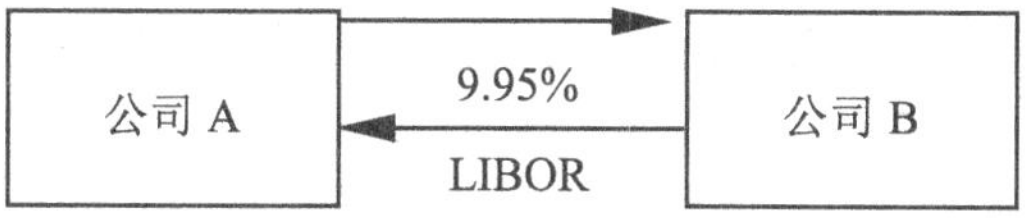

图 4.3　A、B 公司商定的互换类型

考察 A 公司的现金流：

(1)　支付给外部贷款人年利率为 10%的利息。

(2)　从 B 得到年利率为 9.95%的利息。

(3)　向 B 支付 LIBOR 的利息。

三项现金流的总结果是 A 只需支付 LIBOR+0.05%的利息，比它直接到浮动利率市场借款少支付 0.25%的利息。同样 B 公司也有三项现金流：

(1)　支付给外部借款人年利率为 LIBOR+1%的利息。

(2)　从 A 得到 LIBOR 的利息。

(3)　向 A 支付年利率为 9.95%的利息。

三项现金流的总结果是 B 只需支付 10.95%的利息，比它直接到固定利率市场借款少支付 0.25%的利率。

这项互换协议中 A 和 B 每年都少支付 0.25%，因此总收益为每年 0.5%。

4.4　外汇期货交易

商品期货交易已有 100 多年的发展历史，而金融期货交易直到 20 世纪 70 年代才开始出现。当时，随着美元的贬值，布雷顿森林体系的基础发生了动摇，国际货币制度出现危机，各国开始放弃固定汇率制，转而实行浮动汇率制度。面对国际市场汇率的频繁波动，为了使从事国际业务的企业和金融机构通过套期保值等方法规避外汇风险，1972 年，美国芝加哥商品交易所(CME)成立了国际货币市场(IMM)，并开始从事外汇期货交易，将商品期货的成功经验引入货币金融领域。

4.4.1　外汇期货交易的概念

外汇期货交易(Foreign Exchange Futures)是金融期货(Financial Futures)的一种，有时也称为货币期货(Currency Futures)。指在有组织的交易市场上以公开叫价(Opcn Cry)方式进行的、买卖在未来某一标准清算日期、根据协议价格交割标准金额数量的合同的交易。

4.4.2 外汇期货交易的特点

外汇期货交易与远期外汇交易极其相似，都是按合约的约定到期进行交割的。但外汇期货交易与外汇远期交易相比，有以下不同的特点：

(1) 外汇期货交易是一种标准化的期货合约，表现在交易币种、交易数量、交割时间都是标准化的。标准化表现在：一是交易币种的标准化。例如，在芝加哥的国际货币市场期货交易所开业时只有美元、英镑、加拿大元、德国马克、日元、瑞士法郎、荷兰盾、墨西哥比索八种货币。二是合同金额的标准化。不同外汇期货合约的交易金额有特殊规定，比如，一份期货合同英镑为 25 000、日元为 12 500 000、瑞士法郎为 125 000、加拿大元为 100 000。三是交割期限和交割日期固定化。交割期一般与日历月份相同，多为每年的 3 月份、6 月份、9 月份和 12 月份。一年中其他月份可以购买但不交割。具体交割日多是到期月份的第三个星期的星期三。

而远期外汇市场上交易的是远期外汇合约，合同金额的规格大小不固定，交易数量及合同细则可由交易双方自行协商确定，具有一定的灵活性。且在远期外汇买卖中，大部分合同须在到期日进行实际交割。交割日期无固定规定，可由客户根据需要进行自由选择。

(2) 价格波动不同。外汇期货交易中，交易所规定每一种期货合同的最低价格变动额。交易所虽然实行“按市定价”原则，即外汇合同的价格随市场汇率的变化不断调整，外汇价格可以自由浮动，但汇价变动必须限制在规定的每天最大变动额之内。外汇买卖成交后，在未交割或结清前，期货市场根据每天的价格变动对客户的账户按结算价格计算盈亏。结算价格是每天收市前最后半分钟或一分钟的价格平均数。根据结算价格计算的盈利与亏损分别记入保证金账户中。外汇期货市场上的结算是每天进行的，只要结算价格变化，每天会产生损益收付，直到结清和交割为止，因此期货交易实际上实行的是每日清算制度。

而远期外汇交易在合约没有到期之前，无论外汇市场价格如何变化，损益都是潜在的，不可能随时结清，只有当合约到期，交易者进行实际交割时，实际的损益才会产生。

(3) 外汇期货交易实行保证金制度。在期货市场上，买卖双方在开立账户进行交易时，都必须交纳一定数量的保证金。缴纳保证金的目的是为了确保买卖双方能履行义务。清算所为保证其会员有能力应付交易需要，要求会员开立保证金账户，储存一定数量的货币。另外，会员再向他的客户收取一定数量的保证金。保证金分为初始保证金和维持保证金。初始保证金是订立合同时必须缴存的，一般为合同价值的 3%~10%，根据交易币种汇率的易变程度来确定。维持保证金指开立合同后，如果发生亏损，致使保证金的数额下降，直到客户必须补进保证金时的最低保证金限额。一旦保证金账户余额降到维持水平线以下，客户必须再交纳保证金，并将保证金恢复到初始水平。在芝加哥商品交易所的国际货币市场上，英镑的初始保证金为 4050 美元，维持保证金为 3000 美元，日元的初始保证金为 1890 美元，维持保证金为 1400 美元，墨西哥比索的初始保证金为 4000 美元，维持保证金为 3000

美元。

而远期外汇交易不需要交付保证金和佣金，银行根据客户的资信状况确定价格。

(4) 外汇期货交易实行每日清算制度。当每个营业日结束时，清算所要对每笔交易进行清算，即清算所根据清算价对每笔交易结清，盈利的一方可提取利润，亏损一方则需补足头寸。由于实行每日清算，客户的账面余额每天都会发生变化，每个交易者都十分清楚自己在市场中所处的地位。如果想退出市场，则可做相反方向的交易来对冲。

4.4.3 外汇期货交易标准化合约的内容

(1) 货币种类。以美国芝加哥国际货币市场为例，它的外币期货合约共 6 种，依次分别为加拿大元、日元、瑞士法郎、欧元、英镑、澳大利亚元。所有这些合约均用间接标价法，即以美元计价。

(2) 合约金额。如前所示，每份国际货币期货合约的金额都是标准的。

(3) 最小价格波动和最高限价。最小价格波动是指国际货币期货合约在买卖时，由于供需关系使合约货币价格产生变化的最低限度。以英镑为例，规定期货合约的最低价格波动为 0.0005 点(一般简称 5 个点)。这里每个点等于每英镑的万分之一。以美元价格计算，则最小价格波动应为 25 000×0.0005=12.5 美元。其他 4 种货币期货合约的最小价格波动均为 1 个点。

最高限额是指每日交易变化的最大幅度限制，超过这一限额，该种货币的期货交易就将停止。例如，加元、日元、瑞士法郎、英镑的最高限价分别是 75 点(0.0075)、150 点(0.0150)、500 点(0.0500)；以美元价格换算，最高限额分别为 750 美元、1250 美元、1875 美元、1250 美元。

(4) 交割月份。交割月份是期货合约规定的外币合约的到期月，芝加哥国际货币市场的外币期货合约的交割月份分别为 3、6、9、12 月份。若合约到期前未进行对冲(即进行相反的买卖行为)，则必须进行现汇交割。

(5) 交割日期。这是指到期外币期货合约进行现货交割的日期，具体是指到期月的某一天。芝加哥国际货币市场规定的交割日期都是到期月的第三个星期的星期三。例如，有人卖出一份 3 月英镑期货合约，若到期他没有进行对冲(即在到期前买进一份英镑期货合约)，则他必须在 3 月份的第三个星期的星期三，用英镑现货按以前商定的价格卖出。

4.4.4 外汇期货交易的功能。

外汇期货交易的功能主要表现在三个方面：

1. 套期保值

期货交易的套期保值是通过在期货市场上买进(卖出)与现货市场数量相同但交易方向

相反的期货合约，以期在未来某一时间通过卖出(买进)期货合约而补偿因现货市场价格波动所带来的实际价格风险的交易方式。

套期保值者完成保值功能的基本因素是：在国际金融市场上，现货市场价格与期货市场价格的变动方向保持一致，涨跌幅度不完全相同，结果是现货市场交易发生亏损，期货市场交易就会盈利；相反，现货交易市场获得盈利，则期货交易市场出现亏损，两者冲抵可使现货市场的交易风险降至最低限度。套期保值是一种防御性的经济行为，只是为了规避风险，而不是为了获利，这使交易者盈时有度，亏时有限，达到基本保值的目的。

外汇期货的套期保值分为卖出套期保值(Selling Hedge)和买入套期保值(Buying Hedge)两种。卖出套期保值(空头套期保值)是指利用卖出外汇期货合约的方式降低套期保值者在现汇市场上因汇率下跌而带来的风险。出口商和从事国际业务的银行预计未来某一时间会得到一笔外汇，为了避免外汇汇率下浮造成的损失，一般采用卖出套期保值。

例 4.8 美国的某一跨国公司设在英国的分支机构急需 250 万英镑现汇支付当期费用，此时美国的跨国公司正好有一笔闲置资金，于是在 3 月 12 日向其分支机构汇去了 250 万英镑，其分支机构 3 个月后偿还，当日的即期汇率为 1 英镑=1.5790/1.5806 美元，远期 3 个月的汇率为 1 英镑=1.5800/1.5793 美元。为了避免汇率变动带来风险，美国的这家跨国公司便在外汇期货市场上做英镑空头套期保值业务。其交易过程如下：

现汇市场：

3 月 12 日，按当日汇率 1 英镑=1.5806 美元买进 250 万英镑，折合 3 951 500 美元。

6 月 12 日，按当日汇率 1 英镑=1.5746 美元卖出 250 万英镑，折合 3 936 500 美元。

盈亏：−15 000 美元(3 936 500−3 951 500)

期货市场：

3 月 12 日，卖出 100 份于 6 月份到期英镑期货合约，每份 25 000 英镑，汇率为 1 英镑=1.5800 美元，价值 3 950 000 美元。

6 月 12 日，按汇率 1 英镑=1.573 3 美元买进 100 份于 6 月份到期的英镑期货合约，价值 3 933 250 美元。

盈亏：16 750 美元(3 950 000−3 933 250)

可见其净盈亏为 1750 美元(16 750−15 000)

在上例中看出，美国的跨国公司在现汇市场上买进的 250 万英镑，3 个月后兑换美元时，由于英镑汇率下浮，该公司在现汇市场上亏损 15 000 美元。但由于该公司在外汇期货市场上对现汇 250 英镑做了空头套期保值，卖出 100 份英镑期货合约，3 个月后收回分支机构的还款时，又补进 100 份英镑期货合约对冲，在期货市场上获利 16 750 美元。盈亏相抵，获利 1750 美元(未考虑相应的交易费用)。由此我们知道，该公司通过在外汇期货市场做空头套期保值交易，降低了现汇市场的风险，实现了对现汇保值的目的。若该公司不进行空头套期保值，将损失 15 000 美元。

买进套期保值(多头套期保值)是指交易者利用买进外汇期货合约的方式降低套期保值

者在现货市场上因汇率上升而产生的风险。进口商或需要付汇的人因担心付汇时本国货币对外汇贬值，往往采用买入套期保值。

例 4.9 一美国商人 3 月 1 日签订合约，从英国进口一批货物，约定 3 个月后支付 100 万英镑。3 月 1 日的即期汇率为：1 英镑=1.5806 美元，远期 6 个月汇率为 1 英镑=1.5800 美元，6 月 1 日的即期汇率 1 英镑=1.5746 美元，远期 6 个月汇率为 1 英镑=1.5733 美元。美国商人进行套期保值的过程如下：

现货市场：

3 月 1 日即期汇率为 1 英镑=1.5806 美元，如果买入 100 万英镑折合 1 580 600 美元。

6 月 1 日即期汇率为 1 英镑=1.5746 美元，买入 100 万英镑折合 1 574 600 美元。

理论上盈亏：6000 美元(1 580 600−1 574 600)

期货市场：

3 月 1 日买入 100 万远期 6 月英镑期货合约，汇率为 1 英镑=1.5800 美元，折合 1580 000 美元。

6 月 1 日卖出 100 万远期 6 月英镑期货合约，汇率为 1 英镑=1.5733 美元 折合 1 573 300 美元。

亏损：6 700 美元(1 580 000−1 573 300)

在本例中，由于到了付款期英镑贬值、美元升值，所以美国商人参与买入套期保值，盈亏相抵净亏损 700 美元(6700−6000)，但是他避免了由于英镑汇率升值、美元汇率贬值带来的更大损失。由此也可看出，参与套期保值是对未来汇率的变动方向不能确定、为避免汇率不利变动带来的损失而采取的措施。如果能十分肯定汇率向有利于自己的方向变动，不参加套期保值就可获取汇率变动带来的利益。

2. 外汇投机

外汇投机是与外汇套期保值目的完全不同的一种交易方式。外汇投机者以期货市场为对象，利用外汇期货市场的价格波动，通过“买空”或“卖空”期货合约，掌握价格波动的最佳差价对冲手中的期货合约，从中谋取盈利。“买空”或“卖空”是外汇投机交易采用的基本手段。“买空”是投机者预测某种外汇期货合约行情看涨时买进期货合约，待价格上涨后卖出合约。“卖空”是投机者预测期货合约价格下跌时卖出外汇期货，待价格下跌后买进期货合约以冲抵。外汇期货的投机者往往无具体的外汇需求，而是借汇率涨落波动之机，进行冒险性的期货交易从中获利。由于外汇期货交易实行的是保证金交易，投机者能用较小的资本做较大的外汇交易，体现了以小博大的投机特点。国际金融市场正是由于投机者的参与，保值者的愿望才便于实现，才使外汇期货市场有了更大的流动性。

期货市场的投机活动分为多头投机和空头投机两种：

多头投机。多头投机是指投机者预测某外汇汇率上升，先买后卖，将先前设立的多头地位了结，从中谋取盈利的行为。进行多头投机的前提是预测某种货币的汇率上升，先进行买入，如果汇率果然按其预测方向变动，交割之前进行卖出，他就会盈利；反之，不管他是做对冲结束还是进行实际交割，他都会亏损。

空头投机。它与多头投机相反，空头投机是预测某外汇汇率下跌，先卖后买，了结先前的空头地位，从中谋取盈利。进行空头投机的前提是汇率下跌。在预测汇率会下跌的前提下，投机者先进行卖出，汇率果然按其所预料的那样出现下跌，在交割日到来之前进行买入，他就会盈利；否则不管他是做对冲结束还是进行实际交割，他都会亏损。

3. 价格发现功能

所谓价格发现是指形成竞争性价格和世界性价格的过程。外汇期货市场由于它的透明度高和流动性强，因而成为更有效的价格发现制度。在外汇期货市场上，通过参与者各方有序的公开竞争和讨价还价，形成的汇率能比较真实地反映外汇市场的供求状况。

4.5 外汇期权交易

当代的外汇期权交易产生于 1982 年 12 月费城股票交易所，首次交易币种是英镑期权和马克期权。并经过了美国证券交易委员会的批准。1984 年芝加哥期货交易所推出了外汇期货合同的期权交易。到 20 世纪 80 年代后半期，各大银行开始向顾客出售外币现汇期权，使外汇期权业务成为外汇银行的一项主要业务。

外汇期权交易与期货交易一样，具有严格的合同要求，它所买卖的货币，一般都是可自由兑换的硬通货，汇率采用浮动制。期权的到期日与外汇期货市场的交货期完全相同。其特殊性仅仅表现在外汇期权的最后交易日是到期月份的第三个星期三之前的星期五。

4.5.1 外汇期权的概念

外汇期权(Exchange Options)是指外汇期权合同购买者具有按规定的条件买卖一定数量的某种外币的权利。期权合同的双方当事人中出售期权合同的一方称为合同签署人，一般为银行；购买期权合同一方称为合同的持有人，一般为企业。当然银行与银行之间也可能订立期权合同。外汇期权的交易实际上是买卖的一种权利，即外汇期权的买方支付一定的期权费后，在规定的时间就有权选择按合约规定的币种、数量和汇率买进或不买该种外汇的权利或者卖出或不卖的该种外汇的权利，同时期权的卖方就失去了选择权，只能服从期权买方的选择。

实际上，交易双方交易的是“选择权”。即在缴纳一定比例的期权费后，买方有权决定是否按规定买卖外汇。如果行情利于自己时，期权购买者可选择履约，不利时可选择放弃履约。

为了便于理解外汇期权的概念，我们可以通过图 4.4 来对外汇期权做一个归纳：

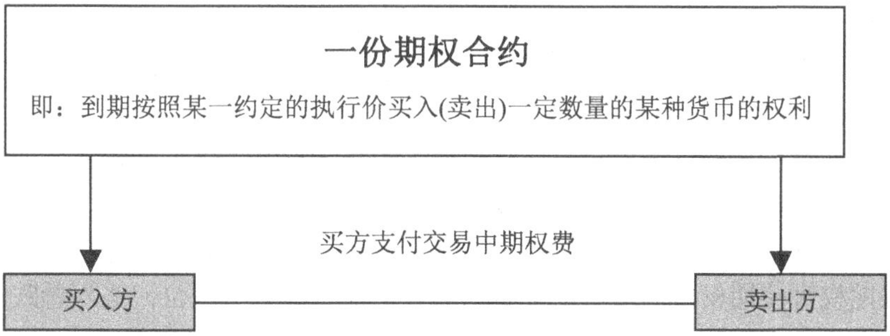

图 4.4　期权合约交易

4.5.2　外汇期权的种类

外汇期权按不同的标准，有不同的分类。

按照行使期权的时间，分为美式期权和欧式期权两种。美式期权是指期权的买方可在期权到期日之前的任何一天，向对方宣布，决定执行或不执行购买(或出卖)的期权合约。欧式期权是指期权的买方只能在期权到期日当天向对方宣布，决定执行或放弃购买(或出卖)的期权合约。美式期权比欧式期权灵活，期权费用也比较高。

以中国银行为例，它只提供欧式期权交易，即客户只有在期权到期日才能执行合约，在期权到期日前，客户不得要求提前行使期权。

按照购买者的买卖方向，分为买入期权(Call Option)和卖出期权(Put Option)。买入期权又称看涨期权，简称买权，是指合约的购买者有权在合约期满或期满之前以约定汇率购进约定数量的外汇。也有权不买，以避免该种货币汇率大幅度上涨带来的损失。卖出期权又称看跌期权，简称卖权，是指合约的购买者有权在合约期满或期满之前以约定汇率卖出约定数量的外汇。也有权不卖，以避免该种货币汇率大幅度下跌带来的损失。

在买入期权和卖出期权中，我们可以看到共有四类交易的参与者，如下图 4.5 所示。

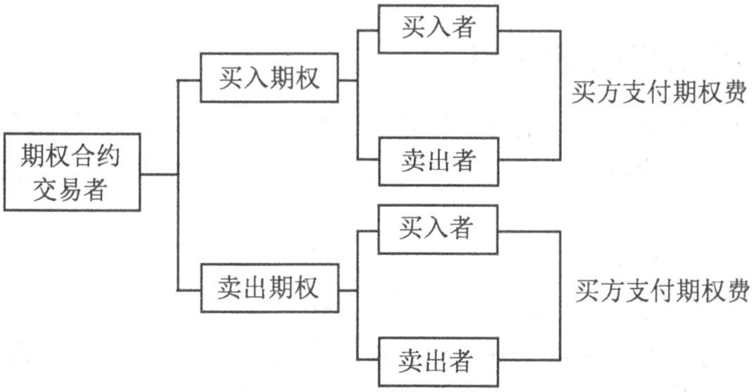

图 4.5　按购买者方向对期权分类

一般来说，银行会参与在外汇期权交易中，形成外汇期权卖出方。进行外汇期权交易的客户会是买入方，即："买入期权"的买入者或是"卖出期权"的买入者。并由买入者的客户交付期权费用。

按基础资产对标准期权分为现汇期权、外汇期货期权等。现汇期权是指期权买方有权在期权到期日或之前，以协定汇价购入或出售一定数量的某种外汇现货。外汇期货期权交易是指期权买方有权在到期日或之前，以协定的汇价买进或出售一定数量的某种外汇期货，即买入看涨期权可使期权买方按协定价格取得外汇期货的多头地位；买入看跌期权可使期权买方按协定价格建立外汇期权的空头地位。

4.5.3 外汇期权交易的特点

(1) 不论是履行外汇交易的合约还是放弃履行外汇交易的合约，外汇期权买方支付的期权交易费都不能收回。

(2) 参与外汇期权交易后，使外汇交易的灵活性增强。因为在期权合约有效期内或在规定的合约到期日，外汇期权买方可根据对自己是否有利来选择是履行外汇交易的合约还是放弃履行外汇交易的合约，期权的买方只损失预先支付的期权费用。

(3) 外汇期权的费率不固定。期权费用反映即期汇率的高低、汇率升水和贴水的幅度，一般期权费用的高低主要取决于这几个因素：第一，市场即期汇率的水平。一般期权交易货币的即期汇率越高，期权费也越高；反之则低。第二，期权的协定汇价。协定汇价是指在期权交易中，履行期权合约时进行外汇交易使用的汇率。如果协定汇价高，则买入期权的期权费低，而卖出期权的期权费高。相反，如果协定汇价低则买入期权的期权费高，而卖出期权的期权费低。第三，期权的有效期。期权合同的时间越长，期权费越高；反之越低。第四，预期汇率的波动幅度。一般而言，较稳定的汇率比汇率波动大的外汇期权费低。因为期权交易的目的在于消除汇率变动带来的风险，汇率变动的幅度越大，风险越高，参加期权交易越有必要，期权交易的需求量越大，自然期权费也越高，反之则越低。

4.5.4 外汇期权交易的作用

外汇期权对于买方而言，其主要作用是通过购买期权，增强了交易的灵活性，可以有权选择有利于自己的汇率进行外汇买卖，消除汇率变动带来的损失，谋取汇率变动带来的收益。

在进出口贸易中，如果进口商事先采用的是外汇期权交易，那么在汇率变动不利于自己的情况下，就可能通过放弃履行期权，而使其损失仅限于其所预付的期权费。但如果采取外汇期货交易，那么到期时就必须实际履行期货交易业务。如果外汇期货发生亏损，也就必须用现货的盈利来弥补这种亏损，这样套期保值的作用便大打折扣了。正是基于以上的原因，对于进出口商和其他有外汇收付需要的客户而言，当他们对汇率未来的走势没有把握时，就可参与外汇期权交易，这样既可防止汇率发生不利变动带来的损失，又可获取汇率有利变动的利益。但是同时，无论客户最终是否执行期权，作为买入方必须支付高额的期权费。

例 4.10　中国某公司从美国进口机械设备，需要 3 个月后向美国出口商支付 100 万美元；按照即期汇率 1 美元=8.29 元人民币，进口成本折算为 829 万元人民币。为了避免外汇汇率风险、保值和固定成本，该公司向中国银行支付 1 万美元的期权保费。费率为合同金额的 1%。购买 3 个月后的买权，即该公司有权在 3 个月后按照 1 美元=8.29 元人民币的汇率，向银行买进所要支付给进口商的 100 万美元。实际使用人民币为 829 万元+8.29 万元=837.29 万元人民币。3 个月后可能出现以下三种情况。

(1)　美元与人民币的汇率上升为 1 美元=8.45 元人民币，若该公司没有采取保值措施，购买期权，需要 845 万元人民币，才能换得 100 万美元。在此情况下该公司行使买权，用 829 万元人民币换得 100 万美元，加上期权保费，还节约约 8 万元人民币。使进口成本降低。

(2)　3 个月后，美元兑换人民币的汇率由现在的 8.29 变化为 1 美元=8.00 元人民币，人民币升值强劲，美元疲软。这时他就可让期权过期作废，即行使不买的权利，按照当时的即期汇率从现汇市场上购入美元，在外汇市场上用 800 万元人民币换得 100 万美元完成支付。从中取得美元汇率下跌的好处。

(3)　3 个月后，汇率没有发生变化，保持在 1 美元=8.29 元人民币的水平上，该公司只是支付了 1 万美元的期权保费，却把所有的风险都化解了，固定了进口成本，还是很值得的。

例 4.11　有一美国出口商，3 个月后要收到一笔英镑货款，他能肯定英镑汇率会大幅度变动，但不能肯定英镑汇率的变动趋势，若不在远期外汇市场卖出，他担心到交割时英镑汇率下跌了而蒙受损失，使其出口利润降低甚至变为亏损。若在远期外汇市场卖出，他担心到交割时英镑汇率上升了，而丧失掉英镑升值带来的利润。所以最好的选择是参与外汇期权交易，即买入外汇卖出的期权。这样既能保障汇率下跌不受损失，又能获得汇率上升带来的利润，当然要付出支付期权费的代价。

对于投机者而言，他们参与外汇期权交易的目的就是给他们的外汇投机进行保险，控制投机失败带来的损失。如果他们预测某种汇率会上升，但又不能十分肯定，他们就可购入买进外汇期权，即做“多头”投机交易。如果到交割日汇率果然上升了，他们就行使买的权利；如果汇率下跌，他们就行使不买的权利，仅损失期权费。因此他们为预测不准所付出的代价仅仅是数额很小的期权费用。如果他们预测某种汇率会下降，但没有足够的把握，他们就可购入卖出外汇期权，即做“空头”投机交易，同样能避免预测不准确带来的巨大损失。

一般认为，外汇期权交易控制和降低了外汇交易的风险。但在实践中由于期权交易控制风险的作用，使投机者进行投机的胆量越来越大、规模也越来越大，因此使外汇交易的风险加大，甚至使整个金融风险正在加大。

小　　结

外汇交易是国际金融活动中的重要问题，实务性、技术性很强。20 世纪 80 年代以来金融产品创新层出不穷，使人眼花缭乱。目前国际金融市场上已知的金融衍生产品多达1200多种，这些金融产品最主要的有金融远期、金融期货、金融期权、金融互换和票据发行便利五大类。在本章中主要介绍了基础性的外汇交易：即期外汇交易和远期外汇交易。此外还对外汇择期交易、外汇互换交易、外汇期货交易、外汇期权交易业务等方面金融衍生交易的内容作了阐述与介绍。要求学生掌握传统的和创新的外汇交易业务的内容与做法，掌握不同外币不同交割期限之间的折(套)算原则和技巧。其中难点部分是：远期外汇交易、外汇期货交易、外汇期权交易业务有关计算。重点需要掌握的部分是：即期外汇交易和远期外汇交易。互换交易、外汇期货交易、外汇期权交易业务。

复习思考题

1. 名词解释

(1) 外汇市场
(2) 即期外汇交易
(3) 远期外汇交易
(4) 择期外汇交易
(5) 掉期交易
(6) 套汇交易
(7) 套利交易
(8) 外汇期货交易
(9) 外汇期权交易
(10) 看涨期权
(11) 看跌期权

2. 问答题

(1) 简述外汇市场构成与功能。
(2) 远期外汇交易有哪些作用?
(3) 外汇期货交易有哪些特点？外汇期货交易与远期外汇交易的区别体现在哪些方面?

(4) 外汇买卖的交割日期如何确定?

(5) 试述外汇期权交易的特点与作用。

3. **计算题**

(1) 假设在某月某日某一时刻，某外汇市场的外汇行情如下：

香港：1 美元=7.8123/7.8514 港元

纽约：1 英镑=1.3320/1.3387 美元

伦敦：1 英镑=10.6146/10.7211 港元

试问：能否进行地点套汇？若能，应如何进行操作？若有 100 万港元，套汇者最多能获得多少利润？

(2) 某日在香港外汇市场上，即期汇率为 1 美元=7.3650/7.3702 港元，3 个月远期升水为 70/80 点。试计算 3 个月期美元的远期汇率。

案例及热点问题分析

IBM 公司和世界银行间的货币互换

1981 年，世界银行计划以瑞士法郎和马克等货币筹集一笔资金，但是由于世界银行长期在该市场上筹集资金，给投资者造成筹资过度的感觉，因此新增筹资的成本未必有利。而美国市场的情况要好得多，世界银行可以以比较有利的成本筹集美元资金。与此同时，IBM 正准备为其已经发行的瑞士法郎和德国马克债券的汇率风险进行套期保值。

在所罗门兄弟投资公司的安排下，世界银行在美国发行了一笔美元债券，并在货币市场上兑换为瑞士法郎和德国马克，然后将其债务与 IBM 交换，具体交易过程如图 4.6 所示。请从上例分析货币互换如何回避汇率风险。

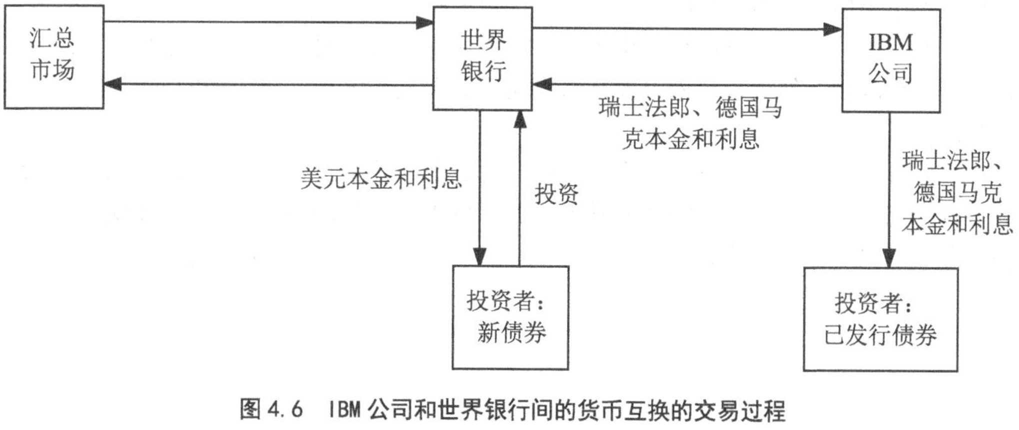

图 4.6　IBM 公司和世界银行间的货币互换的交易过程

课后阅读材料

中国外汇交易中心

中国外汇交易中心是由中央银行领导下的、独立核算、非赢利性的事业法人。交易中心实行会员制，到1994年底已有会员303家，包括中资银行及其分行、外资银行、其他非银行机构。其中，外资银行只能代理，而不能自营外汇买卖。买卖的方式只有即期交易，没有远期和期货买卖(在第3章我们能了解到这几种交易方式的区别)。

1. 我国外汇交易市场的特点

1994年1月1日我国对外汇管理体制进行了改革，外汇交易市场无论从结构、组织形式、交易方式和交易内容都与国际规范化的外汇市场更加接近。我国外汇交易市场有以下几个特点：

(1) 运用现代化的通信网络和电子计算机联网为各金融机构提供外汇交易与清算服务。在交易方式和内容上，实行联网交易。外汇市场只进行人民币与美元、人民币与日元、人民币与港币之间的现汇交易。

(2) 在市场结构上，可分为两个层次：一是客户与外汇指定银行之间的交易；二是银行间的外汇交易，包括外汇指定银行之间的交易和外汇指定银行与中央银行之间的交易。

(3) 决定市场汇率的基础是外汇市场的供求情况。人行每日公布基准汇率，各外汇指定银行在规定的浮动范围内自行决定挂牌汇率，汇率浮动范围在0.25%以内。

(4) 中国人民银行对外汇市场进行宏观调控和管理。央行主要运用货币政策进行干预。

2. 我国外汇市场的两大板块

在我国，同样值得注意的是，我国外汇市场上存在着两大板块，即人民币兑外汇市场和外币兑外币市场。下面我们简单介绍一下这两大板块：

(1) 人民币兑外币市场：这一市场因涉及人民币业务，对国内经济的冲击较大，存在着许多的交易限制。例如，目前只能从事人民币兑美元、港币、日元的即期交易；交易限制多等。

(2) 外币兑外币市场：参与者不仅包括公司企业，还包括持有外汇的居民个人。市场发展得较为完善。随着开放型经济的发展，我国国内外汇市场融入国际外汇市场是必然的趋势，两大板块合二为一是必然的趋势。

第5章　国际金融市场与国际金融机构

【内容提要】

在本章中，读者可以学习到有关国际金融市场的特点及其发展趋势，掌握欧洲货币市场及一般货币市场、资本市场业务活动的特点，国际金融机构的组织机构、资金来源和业务活动等方面的内容。

具体包括:

1. 国际金融市场的含义、类型、特点、形成条件和作用
2. 国际货币市场、国际资本市场、外汇市场、黄金市场的特点和业务
3. 欧洲货币市场的概念、产生的原因、特点及构成
4. 国际金融机构的性质与作用、我国与主要国际金融机构的关系
5. 国际货币基金组织、国际复兴开发银行、国际金融公司和国际开发协会的宗旨、组织机构、资金来源、主要业务活动
6. 国际清算银行和亚洲开发银行的组织机构、资金来源和主要业务活动

5.1　国际金融市场概述

第一次世界大战前，英国资本主义经济发展迅速，对外贸易和航运事业突飞猛进，货币、银行体系比较完善，从海外殖民地榨取到巨额利润，资金来源充足，使伦敦成为当时最繁忙的国际金融市场。第一次世界大战后，英国经济力量大为削弱，海外殖民地相继宣告独立，伦敦金融市场地位下降，而纽约金融市场的地位相对上升。特别是第二次世界大战后，美国凭借其经济优势和美元等同黄金的有利条件，建立了以美元为中心的资本主义货币体系，纽约逐渐成为国际上最重要的资本和外汇市场。

进入20世纪60年代，美国国际收支急剧恶化，黄金大量流失，美元泛滥，出现了美国境外的欧洲美元市场。由于伦敦拥有先进的技术设施，金融机构林立，大量的欧洲美元存放业务是在伦敦市场进行的。使伦敦又重新恢复为一个重要的国际金融市场。

除纽约、伦敦的国际金融中心以外，瑞士的苏黎世金融市场，法国的巴黎金融市场、联邦德国的法兰克福金融市场、日本的东京金融市场以及地处东南亚的新加坡金融市场、香港金融市场等，也都是重要的国际金融中心。

5.1.1　国际金融市场的概念和类型

1. 国际金融市场的概念

国际金融市场是国际间从事各种国际货币和金融业务活动的场所的总称，主要由经营

国际货币业务的一切金融机构所组成。国际金融市场有广义和狭义之分。

广义的国际金融市场是指各种国际金融业务活动的场所。这些业务活动包括长、短期资金的借贷、外汇与黄金的买卖。这些业务活动分别形成了货币市场(Money Market)、资本市场(Capital Market)、外汇市场(Foreign Exchange Market)和黄金市场(Gold Market)。这几类国际金融市场不是截然分离，而是互相联系着的。

狭义的国际金融市场是国际资金借贷或融通的场所，因而亦称为国际资金市场(International Capital Market)。

本章将从广义的概念出发来研究国际金融市场。

2. 国际金融市场的类型

国际金融市场按照不同的标准可以分成不同的种类。具体如图 5.1 所示。

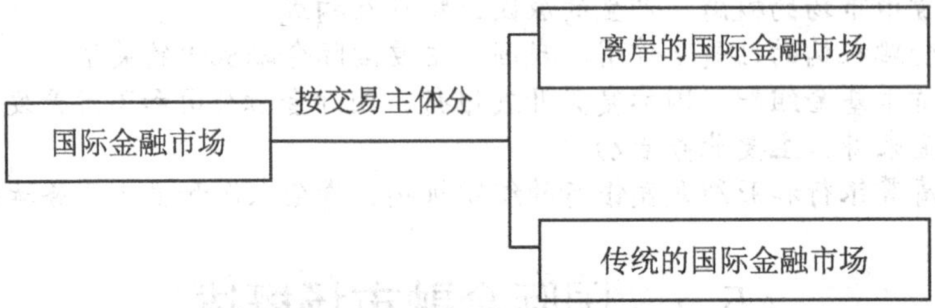

图 5.1 国际金融市场的分类

(1) 传统的国际金融市场。即从事市场所在国货币的国际借贷，并受所在国政府政策和法令管辖的金融市场。如纽约、伦敦、东京、巴黎、法兰克福和米兰等都属于传统国际金融市场。这种类型的国际金融市场，经历了由地方性金融市场到全国性金融市场，最后发展为世界金融市场的历史发展过程。

(2) 新型的国际金融市场。又名离岸金融市场。其主要构成是第二次世界大战后形成的欧洲货币市场(Euro-Currency Market)。它是在传统国际金融市场的基础上形成的。但它与传统国际金融市场相比有着明显的区别。

5.1.2 当代国际金融市场的特点

自 20 世纪 50 年代末 60 年代初起，欧洲货币市场的出现使国际金融市场的发展进入一个新阶段。特别是在 70 年代，世界经济形势发生了重大变化：主要发达国家经济在不同程度上陷入滞胀，市场利率居高不下；布雷顿森林体系崩溃，主要国家纷纷实行浮动汇率制度，外汇市场起伏不定；为提高金融业的竞争力，许多国家相继采取了一系列金融放松管制措施，金融市场竞争日渐加剧。国际金融市场开始发生结构性变化，呈现出新的特点：

1. 金融市场全球一体化

所谓国际金融市场一体化是指20世纪50年代末60年代初开始的国内和国外金融市场之间的日益紧密的联系、协调，它们相互影响、相互促进，逐步走向一个统一的金融市场的状态和趋势。

随着国际金融市场的发展，国际金融中心向全世界扩散。现代高度发达的通讯工具把分散在世界各地的金融机构有机地联结在一起，保证了国际金融交易及时、准确、高效地进行，使全球的金融市场成为全时区、全方位的一体化国际金融市场。

金融市场全球一体化表现为四方面，具体包括：资本流动全球化，金融市场全球化，金融机构全球化，金融监管全球化。以资本流动全球化为例：1950－1997 年，世界生产增长了 5 倍，世界贸易扩大了 15 倍，而国际资本规模膨胀了 44 倍。另外，根据国际货币基金组织(IMF)的统计，1983 年国际资本流动规模为 3000 亿美元左右，1996 年为 1.8 万亿美元，1999 年达到 3.8 万亿美元，同年西方发达国家的金融资产总额已达到 30 多万亿美元；国际游资达 7.5 万亿美元，亚洲金融危机后此数额有所缩小。

2. 国际融资证券化

长期以来，国际银行贷款一直是国际融资的主渠道，并于 1980 年达到高峰，占国际信贷总额的比重高达 85.1%。但从 1981 年开始，国际银行贷款的地位逐步下降，到 20 世纪 80 年代中期，国际证券已取代了国际银行贷款的国际融资主渠道地位。1985 年，国际银行贷款占国际信贷总额的 41.1%，国际债券发行额则占到 58.9% ，进入 20 世纪 90 年代以后这种趋势愈加明显。

目前，发达国家由于市场机制高度完善，证券市场历史较长，发展充分，证券化率整体上要高于发展中国家。根据世界银行提供的数据计算，1995 年末发达国家的平均证券化率为 70.44%。其中美国为 96.59%，英国为 128.59%，日本为 73.88%。发展中国家的平均证券化率为 37.29%，其中印度为 39.79%，巴西为 25.46%。

3. 交易环境宽松化

由于通货膨胀加剧，市场利率上升，而银行受金融法令的约束，对存款人支付的利息率不能超过最高限，以至造成银行存款额急剧下降，发生“脱媒”危机。另外银行之间的竞争日益激烈，纷纷要求放松金融管制。为促使国际间资金顺利流动，使银行吸收到更多的存款资金，推动国际金融业务的进一步发展，各国政府对国际金融的管制日渐放宽。

4. 金融工具创新化

1973 年 2 月美元第二次贬值以后，主要发达国家纷纷放弃了固定汇率制，实行浮动汇率制，加之通货膨胀加剧、市场利率上升，为减少或转移因汇率和利率的波动而给投资带来的风险，于是，在金融市场上出现了很多新的金融工具，如浮动利率债券、金融期货交易、金融期权交易以及股票价格指数交易等。1990—1994年，交易所衍生工具从2.2万亿美元上升到8.8万亿美元，年均增长率为71.7%。到1997年底，交易所衍生工具名义价值余额又上升了3.3万亿美元，增长率近38%。在全球交易量最大的10种期货与期权合约中，前9位均为衍生金融品种。到2001年底，世界上已经有60多个交易所。金融工具的不断创新，使国际金融市场更具活力，但这些用来防范风险的工具利用不当却又可能带来新的更大的风险。

5.1.3 国际金融市场的形成条件

一般国际金融市场的形成需具备以下条件。

1. 稳定的政治经济形势

政治、经济形势的稳定，是国际金融市场赖以存在和发展的基本条件。如果一个国家政治局势动荡、经济状况长期恶化，该国就不可能建成为国际金融市场。

2. 宽松的经济政策和金融政策

主要表现在三个方面：一是实行自由开放的经济政策，对外经济往来活跃，进出口贸易有一定规模。二是实行自由外汇制度，外汇管制很少或根本没有，外汇交易自由，资金调拨灵活。三是所在国政府在存款准备金、税率、利率等方面采取一些优惠措施。

3. 完善的市场结构

完善的市场结构意味着既拥有相当数量的金融机构和高素质的专门人才又具有健康和高效的运行机制。任何一个国家和地区，只有具备完善的市场结构才能快速高效地处理国际性金融业务活动。

4. 完备的基础设施

国际金融市场以无形市场为主，现代化的通信设备、高效的结算网络就成为必不可少的基础设施，有了现代化的国际通信条件，才能方便地进行货币买卖、融资、票据及有价证券的发行、承购、转让等业务活动。同时适中的地理位置、便利的交通条件和其他相配套的服务设施对国际金融市场的发展也非常重要。

5.1.4 国际金融市场的作用

1. 有利于调节国际收支

一国发生国际收支逆差时，可以通过国际金融市场筹措资金加以弥补。这样既可以缓解该国的逆差压力，又有利于世界经济的发展。另外，国际金融市场上外汇供求变化会导致汇率变动，而汇率变动又可以影响和改善一国国际收支状况。

2. 有利于促进银行业务国际化

国际金融市场的各种银行业务活动使各国的金融机构有机地结合在一起，世界各地的银行业务发展成为国际间的银行业务，一些大商业银行迅速向跨国化方向发展。

3. 有利于促进国际贸易发展

国际金融市场的形成与发展，极大地便利了国际贸易的进行。贸易双方通过国际金融市场进行国际借贷、国际结算与外汇买卖，一方面可以规避各自可能遇到的汇率风险，另一方面可以融通资金为国际贸易的顺利开展提供了良好的条件。第二次世界大战后，世界贸易额年平均增长率高于世界国民生产总值的年平均增长率，这与国际金融市场的日益发达是密不可分的。

4. 有利于促进经济国际化

第二次世界大战后，以跨国公司的产生为标志，世界经济的发展出现了国际化的趋势。跨国公司的国际经营，要求有相应的国际金融市场为其服务。而国际金融市场的发展，尤其是欧洲货币市场的出现为跨国公司在国际间的资金调拨及资金借贷提供了便利，促进了跨国公司的国际经营，推动了经济国际化的发展。

国际金融市场对世界经济的作用是积极的，但同时也存在着消极作用。如在国际收支失衡的调节过程中，若逆差国举债过度，容易引发债务危机；国际金融市场为国际资本流动提供了便利，但会影响到有关国家国内货币政策的执行效果，并给国际间的货币投机和国际游资以可乘之机，容易造成外汇市场的动荡，增加国际投资的风险等。

5.2 传统国际金融市场

传统国际金融市场，是指经营国际金融业务、但必须受所在国政府政策法令管辖的国际金融市场。传统的国际金融市场是主要发达国家国内金融市场国际化的结果，是各国国内金融市场的对外部分，是使用本国货币进行国际金融交易的市场。传统国际金融市场主要分为货币市场、资本市场、外汇市场和黄金市场。

5.2.1 国际货币市场

传统的国际货币市场同样也是在主要发达国家国内货币市场的基础上演变发展而来的，这些市场在满足国外短期融资和投资需求的基础上，逐步发展成为国际货币市场，是一国货币市场的对外部分。

1. 国际货币市场的含义

货币市场亦称短期资金市场，是指短期资金(期限为 1 年和 1 年以内)的融通市场。货币市场的主要功能在于调节短期的资金余缺，为短期投资和短期借贷服务。其特点是交易的一方为市场所在地的非居民，另一方为居民。

货币市场工具主要包括国库券、银行承兑汇票、商业票据、大额可转让存单、银行同业拆借和回购协议等。这些工具的交易买卖均构成各个单一的市场，都是货币市场的重要组成部分。货币市场根据不同的借贷方式，一般分为银行短期借贷市场、短期证券市场和贴现市场。由于西方各国的传统和习惯不同，货币市场中短期信贷的金融中介机构及其地位也不同。在美国，货币市场以银行信贷和短期债券业务为主，商业银行占重要地位。而在英国货币市场则以贴现业务为主，贴现行占据主要地位，贴现市场自然也占有特殊重要的地位。

2. 银行短期信贷市场

银行短期信贷市场是国际银行同业间的拆放市场和银行对外国工商企业的信贷市场。这一市场的交易目的在于解决外国工商企业临时性或季节性短期流动资金的需要，进行银行间的头寸调剂，目前，短期信贷市场以银行同业拆借市场为主。

(1) 银行同业拆借市场

银行同业拆借市场即是指商业银行为弥补交易头寸的不足或准备金的不足而在相互之间进行的借贷活动(注，同业拆借也称为同业拆放)。银行同业拆借的特点是：无需提供担保品，仅凭信用；主要以在中央银行的存款这种即时可用资金为交易对象，期限按日计算，通常为隔夜拆借，即期限只有 1 天；利率由市场资金供求状况决定，经双方协商，一般低于优惠贷款利率。银行同业拆放是短期借贷市场资金借贷的核心，由于大商业银行对这个市场的控制，中小商业银行一般不宜直接获得条件优惠的短期贷款，常常是由大商业银行获得贷款后，再贷给中小商业银行。

(2) 银行短期信贷市场的特点

① 期限较短。银行短期信贷的期限大部分是按日计算，最长不超过一年，最短的为隔夜借贷。多为 1 周、1 个月、3 个月和 6 个月。

② 借贷起点较高。每笔短期借贷金额的起点为 25 万美元和 50 万美元，但一般为 100 万美元，甚至更高。由于起点较高，参加该市场的多为大商业银行和大跨国公司。

③ 条件灵活，选择性强，无需签订协议。借贷双方对借款期限、币种、金额和交割地点进行协商确定，借贷双方均有较大的选择余地。另外，短期借贷多发生于业务关系密切的银行与企业之间、银行与银行之间，由于彼此了解对方的资信，而且双方均熟知各种条件的内涵和法律责任，所以一般无需签订书面借贷协议，也无需担保品。通常凭借款人的信用，通过电信联系进行拆放。

④ 利率通常以 LIBOR 利率为基准。利率报价通常以伦敦同业市场的拆放利率(LIBOR)为基准，LIBOR 是伦敦市场 30 多家有报价资格的主要银行相互间的拆放利率。

3. 短期证券市场

短期证券市场是国际间进行各种短期证券发行与交易的市场。它是规模最大、最活跃、地位最重要的货币市场。交易对象品种多、交易量大，主要包括国库券、商业票据、银行承兑票据、大额可转让定期存单等市场。

(1) 国库券市场。国库券是指国家政府财政部发行的为弥补季节性财政赤字的短期债券。它具有期限短、流动性强、风险低、免缴个人所得税等优点，在短期投资市场上受到普遍欢迎，是公众的重要投资对象，并成为各国中央银行开展公开市场业务的重要操作工具。在美国，3 个月和 6 个月的国库券每周发行，9 个月和 12 个月的国库券则每月发行。国库券的发行由联邦储备银行通过投标以拍卖方式进行，国库券利率以贴现方式计算，到期按面额偿还。在货币市场上，较为著名的有美国政府国库券、英国政府发行的“金边”债券和德国政府发行的“堤岸”债券等。

(2) 商业票据市场。商业票据是指具有高信用等级的公司所发行的无抵押担保的融资性短期债券。商业票据的期限很短，平均期限只有 20~45 天，最长不超过 270 天。在美国商业票据的发行者主要是资信好的金融公司或银行控股公司。发行目的主要是为了满足短期的资金需要，如支付税金、工资等。商业票据的利率低于商业银行的优惠贷款利率，但高于国库券、银行承兑票据及大额可转让定期存单利率。

(3) 银行承兑汇票市场。在国际贸易中，为了解决进口商和出口商互不信任的问题，除商业信用外，还需要银行信用，经过银行承兑的商业票据就变为银行承兑汇票。一旦银行在汇票上盖上承兑的戳记，该汇票就有了银行的付款保证，投资者就愿意购买，银行承兑汇票便成了货币市场上的融资工具。银行承兑汇票作为一种货币市场工具具有较低的信用风险，其次级市场也非常好。大多数承兑汇票在 3 个月内到期，其利率与同期的国库券利率相似。

(4) 大额可转让定期存单市场。大额可转让定期存单简称 CDs，实际上是银行的一种负债业务，由银行出售存单取得资金，客户付出货币购买存单。因其具有面额固定、不记名、期限短、流动性强等优点而受到投资者的欢迎。1966 年花旗银行伦敦分行首次推出欧洲美元大额可转让定期存单，成为跨国公司与金融机构短期投资的重要对象。在美国，大额可转让定期存单市场是仅次于国库券市场的第二大短期证券市场。

4. 贴现市场

票据贴现是指票据持有人将未到期的票据出售给银行以取得现金，银行扣除自贴现日至该票据到期日利息的业务活动。贴现市场是银行及其他金融机构买进未到期票据，对持有人提供短期资金融通的市场。参与贴现活动的主要有贴现银行：商业银行和中央银行。贴现的票据主要是商业票据、银行承兑汇票、国库券和其他短期债券。最典型的贴现市场是英国的初级市场(贴现市场)，该市场的参与者主要是英格兰银行、贴现行、清算银行、承兑行及外国银行，贴现对象包括政府短期债券、商业承兑汇票、银行承兑汇票等。在英国，贴现市场是目前惟一由英格兰银行担保的货币市场。

5.2.2 国际资本市场

与国际货币市场相对应，国际资本市场是指中长期资金(期限在1年以上)的融通市场。国际资本市场融通资金的方式主要有两种，即银行中长期信贷和证券交易。因此国际资本市场具体可分为银行中长期国际信贷市场和中长期国际证券市场。

1. 中长期国际信贷市场

中长期国际信贷市场的主要业务是银行及其他金融机构为长期资金需求者提供期限1年以上的中长期贷款。期限一般为1~5年或5~10年，甚至更长。借款方多是世界各国私营和国营企业、社会团体、政府机构和国际组织，贷款方主要是商业银行。银行中长期国际信贷主要分为单一银行贷款和辛迪加银团贷款。

辛迪加银团贷款是由多家银行组成的辛迪加银团提供的贷款。辛迪加银团由牵头银行、管理银行、参与银行和代理行几部分组成。牵头银行的主要责任包括与借款人协商贷款期限和贷款条件，安排其他银行提供一部分贷款以及分析市场状况。在银团中，其他参与银团并提供部分贷款的银行称为参与银行。在参与银行中有一种充当特殊角色的银行被称为管理行，它们与一般参与行的区别是：它们在贷款中所占的份额较大，并协助牵头行工作或为牵头行提供建议。此外还有一种代理行，它负责管理这笔贷款的具体事宜，如把贷款份额分发给各家银行并向贷款人收取本息等。

2. 中长期国际证券市场

国际证券市场是指中长期证券发行与交易的市场，它由国际债券市场和国际股票市场构成。

(1) 国际债券市场。国际债券是指一国政府或金融机构、企业等为筹借外币资金，在国外发行的以外币计值的债券。其发行者为借款人，购买者为投资人，中介者为承销国际债券的金融机构。国际债券市场是国际债券发行和买卖的市场。20世纪80年代以前，国际银行中长期信贷是国际资本市场的主要融资手段，其融资量在整个国际资本市场融资总量所占比重高达60%，远远高于国际债券所占35%的融资比重。20世纪80年代以来，国际融资的证券化趋势推动了国际债券市场的迅速发展，目前国际债券市场已成为国际资本市场的主导力量。国际债券主要分为外国债券和欧洲债券两大类，本节只介绍外国债券。欧洲债券见5.3节。

外国债券是指筹资者在国外债券市场发行的以东道国货币为面值的债券。外国债券市场是一个传统的债券市场，其特点是发行、买卖外国债券时，发行者在其本国以外的一个国家发行债券，其面值货币是发行地点所在国的货币。如中国银行和中国国际信托投资公司在日本发行的日元债券，日本在美国发行的以美元为面值的债券等。目前，美国纽约、德国法兰克福、日本东京、瑞士苏黎世都是世界著名的外国债券市场，它们的业务量几乎占全部外国债券市场业务总量的 95%以上。有些国家还对外国债券赋予某种特定的名称，如在美国市场上发行的外国债券称作“扬基债券”、在日本市场上发行的外国债券称为“武士债券”、在英国市场上发行的外国债券称为“猛犬债券”等。

(2) 国际股票市场。国际股票市场是指在国际范围内发行并交易股票的场所或网络。参与国际股票市场交易的筹资者与投资者均不受国籍的限制，其买卖的对象既有市场所在国发行的股票，也有外国发行的股票。例如在美国纳斯达克股票市场，仅 1998 年第四季度就有 12 家外国公司上市。

股票是股份企业发给股东的、借以证明其投资入股和索取股息红利的凭证。按股东权利的不同，股票可分为优先股与普通股。优先股是指对公司的收益和资产分配权优先于普通股的股票。优先股的股东不直接参与公司的经营管理，但可获取固定的股息收入，并在公司倒闭时可先于普通股股东获得清偿。普通股是指在公司利润分配方面享有普通权利的股份。普通股股东享有盈余分配权、企业管理权和新股的优先认购权等权利。按记名与否，股票还可分分为记名股票和不记名股票等。

股票市场的核心是证券交易所。证券交易所是有组织的、专门进行有价证券买卖的市场，又叫场内交易市场。证券交易所以股票交易为主，并且交易是按照一定的时间、一定的规则进行。此外，股票市场还包括场外交易市场和第三市场。场外交易市场即不通过证券交易所，而由证券商通过电话、电传等方式进行自营或代客买卖未在股票交易所登记的股票的市场。在美国，场外交易市场最为发达，其交易规模往往超过交易所。第三市场是指非证券交易所成员，交易已在证券交易所登记的普通股的场外交易市场。参加这一市场交易的主要是金融机构、大证券经销商和大投资者。这一市场的好处是买卖股票可以直接进行，从而可以节约巨额佣金、费用等。世界上主要的股票市场有：纽约股票市场、伦敦股票市场、东京股票市场和香港股票市场，其中纽约股票市场规模最大。

20 世纪 90 年代末期以来，股票市场的国际化趋势日益明显，国际上一些主要的股票交易所开始走向联合甚至合并。2000 年 3 月，巴黎、阿姆斯特丹、布鲁塞尔三大交易所宣布合并，成立了仅次于伦敦的欧洲第二大股票交易所——“欧洲第二”。同年纽约证券交易所发起了“全球股票市场”计划，由 Euro next、香港证券交易所、东京证券交易所、多伦多证券交易所、墨西哥交易所、澳大利亚交易所及巴西圣保罗交易所等十大交易所加盟。连接欧美亚三大洲，上市企业市值超过 20 万亿美元，占全球股市市值的 60%，这使股票全球化、全天候交易的梦想成为现实。

5.2.3 国际黄金市场

1. 国际黄金市场的概述

国际黄金市场是专门进行黄金买卖的国际交易市场，是国际金融市场的一个重要组成部分。目前，全世界可以自由买卖黄金的市场有40多个，目前世界上比较著名和有影响的黄金市场主要集中在伦敦、苏黎世、纽约和香港等地。伦敦黄金市场世界上最大的黄金市场。纽约商品交易所和芝加哥商品交易所是世界最大的黄金期货交易中心。两大交易所对黄金现货市场的金价影响很大。苏黎世黄金市场是世界上最大的私人黄金的存储中心。

按其影响和规模，可分为主导性市场和区域性市场。主导性市场是指国际间交易黄金集中，其价格水平和交易量都对其他市场有很大影响的市场，如伦敦、苏黎世、纽约、芝加哥和香港的黄金市场交易规模大，其价格的形成及交易量的变化对其他黄金市场有很大影响，是起主导作用的国际性黄金市场。区域性黄金市场是指交易规模有限，多集中于本地区，对其他市场影响不大的黄金市场，如欧洲的法兰克福、巴黎、布鲁塞尔；亚洲的东京、新加坡；非洲的开罗；北美的多伦多、底特律；拉美的布宜诺斯艾利斯等。以交易类型区分，黄金交易分为现货交易和期货交易两种。国际上主要的黄金现货市场在伦敦、苏黎世、纽约、法兰克福和香港，黄金期货市场主要在纽约、芝加哥、香港、新加坡和悉尼。

2. 国际黄金市场的供给

国际黄金市场的供给方较为集中，市场交易的垄断成分相对显著。黄金供给的来源主要有两大渠道：一是各国新开采的黄金；二是往年黄金存量的再销售。前一渠道主要取决于世界主要采金国(南非、美国、澳大利亚、加拿大)的黄金开采量。后一渠道则主要取决于各国官方、国际货币基金组织、商业银行及民间的黄金出售。

3. 国际黄金市场的需求

(1) 工业用途的黄金需求。作为贵金属使用价值的体现。主要为电子、航天、医疗、军事工业、首饰加工、金币金牌铸造等行业所吸收。其中以首饰加工业的需求量最大。

(2) 投资目的的黄金需求。各国的金融机构、投资者为分散风险、防止通胀损失的保值需求；民间的资产保值和收藏需求等。

(3) 官方储备的黄金需求。黄金非货币化以后，黄金在各国官方储备中所占比重不断下降，但至今仍然保持一定比重，以用于保值、外债担保、换取外汇和其他战略需要。

(4) 投机动机的黄金需求。黄金市场自由化以后，价格波动频繁，吸引了大量投机性游资进入。投机性需求目前已经成为左右国际黄金市场价格变化的重要力量。

4. 国际黄金市场的价格决定

(1) 影响金价变化的因素分析

① 基本因素。即前面所提到的供求关系。

② 外围因素。外围因素通过对基本因素的影响而间接影响金价的变化。

各种外围因素对金价的影响很复杂，如表 5.1 所示。

表 5.1　外围因素与金价变化

影响金价上涨因素	影响金价下跌因素
美元汇率走弱	美元汇率走强
世界经济衰退	世界经济景气
证券市场萧条	证券市场繁荣
石油等大宗商品价格下跌	石油等大宗商品价格上涨
通货膨胀率高	通货膨胀率低
国际政治军事局势动荡	国际政治军事局势稳定
替代性(金融)商品价格上升	替代性(金融)商品价格下跌

由表可知，除了替代性(金融)商品价格以外，金价往往与外围因素呈现反向变化的关系，这是由黄金作为安全保值的工具所决定。但在现实经济生活中，各种因素相互交织，互为影响，外围因素对金价的影响究竟如何，需要具体情况具体分析。

(2) 国际黄金市场的交易方式

① 现货黄金交易。分布于伦敦、苏黎世、纽约、香港、新加坡等。伦敦市场又可分为定价交易和报价交易两种形式，定价交易是在五大金行之间进行的为形成市场基准价格的小范围交易行为。报价交易则是在定价基础上由交易双方自行议价的交易行为，其交易量大于定价交易。根据伦敦黄金市场公会(IBMA)的规定，合格的金条纯度为 99.5%，重量为 400 盎司，交货与支付须在两个交易日内完成。

苏黎世市场的现货交易的品种及规定大致与伦敦市场相同。香港市场的现货交易品种主要有 99 金，本地伦敦金、金币及金首饰等。

② 期货黄金交易。主要分布于纽约、芝加哥、香港、新加坡、悉尼等。主要用于保值和投机目的。以纽约和芝加哥黄金市场的交易客体在形式上多种多样，主要有各种成色和重量的金条、金币、金丝和金叶等，其中最重要的是金条。大金条量重价高，是专业金商和中央银行买卖的对象。小金条量轻价低，是私人和企业收藏的对象。金价按纯金的重量来计算，即以金条的重量乘以金条的成色。

5. 世界主要黄金市场

(1) 伦敦黄金市场

伦敦黄金市场历史最为悠久。1804 年，伦敦取代荷兰阿姆斯特丹成为世界黄金交易的中心，1919 年伦敦金市正式成立。该市场组织比较健全、设施比较齐备、从业人员的技术和经营素质也较高，世界上最大的产金国南非是其主要的黄金供应者。

伦敦黄金市场以现货交易为主，1982 年 4 月开始黄金期货交易。伦敦市场的交易量大，主要是批发业务，它是世界上惟一可以成吨买卖黄金的市场。目前，伦敦仍是世界最大的黄金市场。

伦敦市场实行每日两次定价制度。伦敦时间每天上午 10:30 和下午 3:00 召开定价会议，由五大金商根据各家的供需情况商定当天的金价。世界各黄金市场均依此调整各自的金价。这五大金商是：罗思柴尔德父子公司、塞缪尔·蒙塔古公司、莫卡特·戈德司米德公司、夏普·皮克斯利公司和约翰逊·马瑟公司。

伦敦黄金市场的特点主要有：一是交易制度比较特别。因为伦敦没有实际的交易场所，其交易是通过无形方式——各大金商的销售联络网完成的。交易会员由五大金商及一些公认为有资格向五大金商购买黄金的公司或商店所组成，然后再由各个加工制造商、中小商店和公司等连锁组成。交易时由金商根据各自的买盘和卖盘，报出买价和卖价。二是灵活性强。黄金的纯度、重量等都可以选择，若客户要求在较远的地区交售，金商也会报出运费及保费等，也可按客户要求报出期货价格。最通行的买卖伦敦金的方式是客户可无须现金交收，即可买入黄金现货，到期只需按约定利率支付即可，但此时客户不能获取实物黄金。这种黄金买卖方式，只是在会计账上进行数字游戏，直到客户进行了相反的操作平仓为止。

伦敦黄金市场特殊的交易体系也有若干不足：一是各个金商报的价格都是实价，有时市场黄金价格比较混乱，连金商也不知道哪个价位的金价是合理的，只好停止报价，伦敦黄金的买卖便会停止；二是伦敦市场的客户绝对保密，因此缺乏有效的黄金交易头寸的统计。

(2) 苏黎世黄金市场

苏黎世黄金市场是第二次世界大战后发展起来的国际黄金市场，在国际黄金市场的地位仅次于伦敦。由于瑞士特殊的银行体系和辅助性的黄金交易服务体系，为黄金买卖提供了一个既自由又保密的环境，加上瑞士与南非有优惠协议，获得了 80%的南非金，前苏联的黄金也聚集于此，使得瑞士不仅是世界上新增黄金的最大中转站，也是世界上最大的私人黄金的存储中心。

苏黎世黄金市场没有正式组织机构，由瑞士三大银行，即瑞士银行、瑞士信贷银行和瑞士联合银行负责清算结账。三大银行不仅为客户代行交易而且黄金交易，也是这三家银行本身的主要业务。苏黎世黄金总库建立在瑞士三大银行非正式协商的基础上，不受政府管辖，作为交易商的联合体与清算系统混合体在市场上起中介作用。

苏黎世黄金市场无金价定盘制度。每天上午 9:00 组成黄金总库的三大银行议定市场价格，并以电话保持联系，在交易时间内，若市场供需发生变化，经三家银行同意后即可调整黄金总库的金价，三家共同遵守，并对外采取统一的买卖报价，苏黎世市场的金价和伦敦市场的金价一样受到国际市场的重视。

苏黎世黄金市场的主要特点是：以现货交易为主，基本上经营零售业务，是一个实物交易中心。

(3) 纽约、芝加哥黄金市场

纽约和芝加哥黄金市场是在 20 世纪 70 年代中期才发展起来的，1977 年后，美元贬值，美国人(主要是以法人团体为主)为了套期保值和投资增值获利，使得黄金期货发展起来。纽约和芝加哥黄金市场虽然历史较短，但是发展速度非常快，主要特点是以期货、期权交易为主。纽约商品交易所和芝加哥国际货币市场都是重要的世界黄金期货、期权市场，它们对黄金现货市场的价格产生很大影响。

以纽约商品交易所为例，该交易所本身不参加期货的买卖，仅提供场所和设施，并制定一些规则保证交易双方在公平和合理的前提下交易。该所对进行现货和期货交易的黄金的重量、成色、形状、价格波动的上下限、交易日期、交易时间等都有极为详尽和复杂的描述。

(4) 香港的黄金市场

香港黄金市场成立于 1910 年，距今已有 90 多年的历史，其形成以香港金银贸易场的成立为标志。1974 年香港取消《禁止黄金输出入条例》后，香港黄金市场发展极快。由于香港黄金市场在时差上刚好填补了纽约、芝加哥市场收市和伦敦开市前的空档，可以连贯亚、欧、美，形成完整的世界黄金市场，其优越的地理条件引起了欧洲金商的注意，伦敦五大金商、瑞士三大银行等纷纷来港设立分公司。他们将在伦敦交收的黄金买卖活动带到香港，逐渐形成了一个无形的当地“伦敦黄金市场”，促使香港成为世界主要的黄金市场之一。

香港市场的黄金主要来自欧洲和澳大利亚，买主则主要是东南亚国家。香港黄金市场由三部分组成：一是香港金银贸易市场。以华资金商为主，有固定的场所，成交量最大。交易方式是公开喊价，现货交易。二是伦敦金市场。20 世纪 70 年代逐渐发展起来，以外资金商为主，属无形市场，一切交易通过电信手段，按伦敦交易方式进行，交收地点设在伦敦现货市场，实际是伦敦黄金市场在亚洲的批发市场。三是黄金期货市场。1980 年 8 月成立，有固定场所，其性质与美国纽约和芝加哥的黄金期货性质是一样的。因期货交易同纽约市场联系日趋密切，形成了纽约—芝加哥—香港黄金集团。

5.3 欧洲货币市场

在对传统的国际金融市场有了了解之后，有另外一类与其对应的金融市场称之为离岸金融市场，又名离岸金融中心。自从 20 世纪 50 年代以来，离岸金融中心异军突起，在国际资本流动中的作用日益显著，对许多国家资本管理体制乃至全世界资本流动模式的发展演变都产生了重大影响。

准确地说，离岸金融市场和欧洲货币市场是有区别的。欧洲货币市场是一个监管制度下的存款银行，它设计出新的证券和机构。所以欧洲货币市场所反映的是交易什么即交易客体上。由于目前欧洲货币市场已经延伸到了欧洲以外的金融中心，所以离岸则往往更多地用来表示其坐落地和该市场究竟是谁在交易(即交易主体)上，强调了交易主体的非居民性。

5.3.1 离岸金融市场

一般来说，各国的金融机构只从事本币存贷款业务，但第二次世界大战之后，各国金融机构从事本币之外的其他外币的存贷款业务逐渐兴起，有些国家的金融机构因此成为世界各国外币存贷款中心，这种专门从事外币存贷款业务的金融活动统称为离岸金融(Offshore Finance)。

也就是说，任何国家、地区及城市，凡主要以外币为交易(或存贷)标的，以非本国居民为交易对象，其本地银行与外国银行所形成的银行体系，都可称为离岸金融中心。欧洲美元市场就是一种典型的离岸金融中心。

目前，伦敦之所以成为全球最大的外汇交易中心，就在于伦敦拥有全球最为活跃的美元离岸交易市场(每天约 4620 亿美元)，伦敦的美元交易量较之美国本土还要高(美国为日均 2360 亿美元左右)。

根据业务经营和管理，离岸金融中心可以划分为三种类别：内外混合型、内外分离型和避税港型离岸金融中心。①内外混合型离岸金融中心，离岸金融业务与国内金融业务不分离，资本流动高度自由化，其典型为伦敦、香港。②内外分离型离岸金融中心离岸金融业务与国内金融业务分离，监管当局对非居民交易给予税收优惠，但非居民交易必须与国内账户严格分离，其典型为新加坡、纽约、巴林、东京、曼谷等。③避税港型离岸金融中心拥有大批注册金融机构和公司，这些公司通常称作离岸公司或国际商业公司，但这些机构通常并不在这里设立实体，实际业务都在母国进行，只是通过注册的机构在账簿上进行境内和境外交易，以求享受该地区的税收优惠，其典型是加勒比海的英属维尔京群岛、巴哈马、开曼、百慕大，南太平洋及地中海上的塞浦路斯岛。2001 年仅英属维尔京群岛注册的国际商业公司总数就达到了 470 029 家，其中当年就新注册 50 234 家，金融和商业服务创造了该岛 2001 年 49.6%的 GDP。

欧洲货币市场与前面讲到的离岸金融中心同为经营境外货币市场，前者是境外货币市场的总称或概括，后者则被认为是具体经营境外货币业务的地理区域，主要是吸收并接受境外货币的储存，然后再向资金的需求者贷放。

5.3.2　欧洲货币

欧洲货币市场是 20 世纪 50 年代末期国际金融领域中的一个新生事物，它的出现标志着国际金融市场的发展进入了一个新的历史阶段。欧洲货币市场是现今国际金融市场的主体和核心。欧洲货币是指在货币发行国境外存放的货币的总称。欧洲货币又称境外货币。要正确掌握这一概念需注意以下三方面。

(1) 欧洲货币是一种境外货币。欧洲货币的“欧洲”两个字不是地理概念，只是说明该种货币最早产生于欧洲。通常，在美国境外存放的美元称为欧洲美元，在英国境外银行(包括美国银行在国外的分行)所存放的英镑资金称为欧洲英镑，在日本境外银行存放的日元资金称为欧洲日元，依此类推，这些货币都是欧洲货币。目前，欧洲货币已扩展到亚洲、北美和拉美地区。但是从欧洲货币的数量上来看，其中仍旧以欧洲美元为主。

(2) 欧洲货币是一种多货币体系。欧洲货币发端于欧洲美元，然后又陆续出现了欧洲英镑、欧洲瑞士法郎等。随着欧洲货币的进一步发展，在亚洲、北美和拉丁美洲等地也出现了境外货币。如在香港存放的美元，在纽约存放的日元等，它们经常被称为亚洲美元、美洲日元，但习惯上仍统称为欧洲货币，属于欧洲货币的组成部分。

(3) 欧洲货币的最后清算仍需回到货币发行国。欧洲货币的交易虽然是在境外进行的，但仍然是货币发行国的对外债权债务的组成部分。

5.3.3　欧洲货币市场的概念

欧洲货币市场是指在一国境外进行该国货币借贷的国际市场。

欧洲货币市场是战后兴起的国际金融市场。它发端于欧洲美元市场，而欧洲美元最早出现在 20 世纪 50 年代。随着跨国企业的发展和以后某些国家货币金融政策的推行，美元和其他欧洲货币在境外的存储与贷放数额急剧增长，使欧洲货币市场的作用超越了传统国际金融市场。

5.3.4　欧洲货币市场的特点

欧洲货币市场是一种完全国际化了的市场，由于其自身的性质，在市场形成和发展过程中，形成了与各国国内金融市场和传统的国际金融市场不同的特点：

1. 资金规模大、币种多

欧洲货币市场的资金来自世界各地，数额极其庞大，各种可自由兑换货币应有尽有。欧洲货币市场上交易的币种除美元、日元等传统币种外，还包括瑞士法郎、英镑、加拿大元等币种，以发展中国家货币为交易币种的也很多。在这种完全国际性的市场上，人们可以任意选择投资和借款的地点、币种和规模，以满足不同用途和期限的需要。

2. 管制较少

传统的国际金融市场必须受所在国家政策、法令的约束，但欧洲货币市场是一个超国家或无国籍的资金市场，不受任何国家金融法规和税制的限制，是最具自由性的市场。欧洲货币市场从事对非居民的欧洲货币借贷。一方面，由于在该货币发行国境外进行该货币的借贷，是货币发行国金融当局鞭长莫及，从而有效地逃避其管制；另一方面，由于非居民的非本币借贷对市场所在国的国内金融市场几乎没有什么影响，即使存在影响也可以通过采取一定措施加以隔离，而且欧洲货币市场还可以给当地市场带来税收、就业和知名度等方面的好处，因此，市场所在国一般对其也不多加限制，甚至有的国家为了吸引资金、扩大业务还尽力创造宽松的市场环境以鼓励其发展。所以，欧洲货币市场通常建立在为非居民之间借贷交易提供更为方便条件的国家和地区。比如，在信贷交易方面，欧洲银行不承担上交存款准备金的义务，利率也没有上下限的限制；在债券交易方面，欧洲债券的发行基本上不受任何一个国家法律的约束，利息收入不纳税等。

3. 利率体系独特、存贷款利差小

欧洲货币市场利率体系的基础是伦敦银行同业拆借利率(注：拆借利率也称拆放利率)，后者同各国利率有一定的联系，但同时还受欧洲货币市场上供求关系的影响。由于欧洲货币市场竞争激烈，导致其存款利率略高于货币发行国国内的存款利率，而贷款利率则略低于其国内贷款利率，存贷款利差愈来愈小。一般为 0.25%~0.5%，有时甚至为 0.125%。存款利率略高，是因为国外付款的风险比国内大。贷款利率略低，是因为欧洲银行享有所在国的免税和免缴存款准备金等优惠条件，贷款成本相对较低，具有很强的竞争能力。尽管存贷利差很小，但因经营规模较大，所以信贷利润仍相当可观。

4. 资金调度灵活方便

欧洲货币市场资金不受任何限制，调度十分灵活方便，另外，手续也很简单，所以资金周转非常快。与传统的国内、国际金融市场相比，具有很强的竞争能力。

5. 批发性市场

欧洲货币市场的借款人和存款人都是一些大客户，不仅包括国际性银行、跨国公司，而且各国政府、中央银行和国际金融机构也经常出入其中。因此，单笔交易数额都很大，少则几万、几十万美元，多则几亿、十几亿美元。所以，通俗地说，欧洲货币市场属批发交易市场。

6. 银行同业拆借市场地位突出

欧洲货币市场上的交易以银行同业交易为主，银行同业间的资金拆借占市场总额很大的比重，也就是说，银行的绝大部分欧洲货币业务都是通过与其他银行的业务往来进行的。欧洲货币市场存在发达的银行同业拆借市场的主要原因有：一是各国商业银行常常在欧洲

货币市场上借款，以满足本国对准备金的要求，这被称为“橱窗布置”。二是资金由拥有过剩存款的欧洲银行流向最终客户，需要经过一系列的银行中介。三是欧洲银行在可兑换货币国家之间进行短期资本套利。事实上套利资本的运动都是通过欧洲货币市场，而且欧洲货币市场上大多数存款资金也是短期的。

5.3.5　欧洲货币市场的构成

欧洲货币市场由欧洲货币短期借贷市场、欧洲货币中长期借贷市场及欧洲债券市场构成。现分述如下。

1. 欧洲货币短期借贷市场

欧洲货币短期借贷市场是指期限在一年以内(含一年)的短期欧洲货币借贷的市场。它是欧洲货币市场的基础部分。其余两个市场都是在此基础上发展起来的。欧洲货币短期借贷市场具有以下特点。

(1) 期限短。欧洲短期借贷市场存款期限最长不超过 1 年，一般为 1 天、7 天、30 天、90 天期的最为普遍。交易期限短有利于短期资金余缺的调剂，大银行和大公司一般都利用该市场来调整他们的短期资金头寸。

(2) 起点高。欧洲短期借贷市场属于批发交易市场，存贷款金额的起点较高，每笔欧洲美元存款的最低额为 5 万美元。而欧洲美元的贷款通常以 100 万美元为单位。由于借贷起点高，市场的参加者多为大银行和大企业，个人或与银行关系生疏的客户很难进入市场。

(3) 条件灵活，选择性强。凡借款期限、币种、金额和交割地点均可由借贷双方协商确定，不拘一格，灵活方便；加以资金充足，接待双方均有较大的选择余地。

(4) 存贷利差小。欧洲货币短期借贷市场存款利率略高于国内金融市场利率，而贷款利率一般低于国内市场利率，存贷款的利差较小，两者之间一般相差 0.25%~0.5%。

(5) 无需签订合同。欧洲短期借贷市场业务主要由银行向熟悉的较大客户提供，一般全凭信用，无须交纳担保品，也不需要签订书面贷款协议，只通过电话或电传进行，事后以书面确认即可。

2. 欧洲货币中长期借贷市场

欧洲货币中长期借贷市场是在欧洲短期借贷市场的基础上逐步发展起来的，20 世纪 60 年代以前发展缓慢，1973 年以后才迅速发展成为欧洲货币市场的重要组成部分。传统惯例，1 年至 5 年期的贷款为中期贷款，5 年以上的为长期贷款。二次大战以后，欧洲货币市场及其他国际金融市场一般不再将二者期限严格划分，而将期限在 1 年以上至 10 年左右的贷款，统称为中长期贷款。在欧洲短期借贷市场发展的同时，欧洲货币中长期借贷市场也迅速发展起来。

欧洲货币中长期借贷市场的特点是：

(1) 贷款期限长、金额大。欧洲货币中长期借贷市场的借贷期限从1年以上到5年、7年、10年以至更长，其中以3~7年最为普遍，贷款额度多为1亿美元以上，多者可达10亿美元甚至更多。

(2) 联合贷放。即银团贷款，有十几家，甚至数十家银行联合起来，提供贷款。这样既满足了巨额信贷的需求，同时也分散了银行的经营风险。

(3) 一般采用浮动利率。如采用“LIBOR+Spread”。LIBOR为伦敦银行同业拆放利率，Spread为风险加息幅度，其高低要视贷款金额、期限和借款人的资信状况而定，一般在0.375%~3%之间。贷款期限内，根据LIBOR的实际变动，每3个月或6个月调整一次利率。

(4) 签订书面贷款协议。与欧洲货币短期借贷业务不同，欧洲货币中长期借贷的双方必须签订贷款协定，而且有的协定还需经借款国的官方机构予以担保。欧洲中长期贷款协定的内容，一般包括利率与主要费用负担、贷款期限、贷款偿还办法、资金交割地点、利息期、费用增加补偿条款、欧洲货币供应条款、货币选择条款、提前偿还条款、违约条款、交叉违约条款、消极保证条款、适用法律条款、分期提取资金时间表等。

3. 欧洲债券市场

(1) 欧洲债券与欧洲债券市场

在给出欧洲债券定义前，我们需要先了解国际债券。国际债券是一国政府、金融机构、工商企业或国际组织为筹措和融通资金，在国外金融市场上发行的，以外国货币为面值的债券。国际债券的重要特征，是发行者和投资者属于不同的国家、筹集的资金来源于国外金融市场。

一般来说，国际债券分两类，一是外国债券，二是欧洲债券。欧洲债券是一种境外债券，不在面值货币国家发行。例如：A国的机构在B国或C国的债券市场上，以D国的货币为面值发行债券，即为欧洲债券。所以欧洲债券是指在欧洲货币市场上发行的，以市场所在国境外货币为面值的国际债券。该市场即为欧洲债券市场。

欧洲债券市场是20世纪60年代初在欧洲货币短期借贷市场的基础上发展起来的。第一笔欧洲债券是于1961年2月由葡萄牙的一家石油公司在卢森堡发行的500万欧洲记账单位债券。最初，欧洲债券多以欧洲美元为面值，其后陆续出现了各种以境外货币为面值的欧洲债券，如欧洲德国马克债券、欧洲荷兰盾债券以及欧洲加拿大元债券等，但欧洲美元债券始终占主导地位。欧洲债券发展迅猛，20世纪80年代初期便超过了外国债券发行额，成为国际债券市场的主体。1991年欧洲债券的发行金额为2485亿美元，占国际债券发行总额的83.5%。

(2) 欧洲债券的种类

欧洲债券市场融资工具种类很多，按发行条件划分可分为以下几种。

① 固定利率债券。也称普通债券，即利率固定不变的欧洲债券。这种债券通常以年为计息期，以平价(面值)或略低于平价折扣发行。期限多为3~7年，个别长达10年。固定

利率债券在市场利率相对稳定的情况下较为流行，若市场利率波动较大，其发行易受影响。

② 浮动利率债券。即在偿还期内利率随市场利率变化作定期调整的国际债券。是当前欧洲债券市场的主流品种。这种债券一般以 3 个月或 6 个月期的伦敦银行同业拆借利率或美国优惠贷款利率为参考，再加上一个附加利率来确定。发行期限多为 3~15 年，有的甚至达 40 年。可以借新还旧的方式赎回已发行债券。20 世纪 80 年代以来，浮动利率债券又衍生出众多新型的票据种类，如“利率下降锁定债券”，当市场利率下降到某一特定水平时，根据事先约定的有关条款，浮动利率自动变成固定利率，从而降低了债券持有者的风险。

③ 可转换债券。即债券有固定的利率和期限，但债券持有人可在指定的日期，以事先约定的价格将所持有的债券转换成发行公司的普通股票，或其他可流通转让的金融工具，如浮动利率债券等。此类债券在欧洲债券市场上广泛使用，其利率一般低于固定利率债券，转换权利就是对低息的补偿。

④ 零息债券。即债券无票面利率，也不附息票，到期也无利息支付，但债券采用折价发行方式，到期按面值还本。债券面值与发行价格的差额即为投资者的收益。零息债券的收益来自资本的增值而非利息，有利于投资者避税，有些国家不将资本增值作为收入课税。

⑤ 双币债券。即债券以一种货币购买与支付息票，但以另一种货币支付本金。例如，以瑞士法郎为债券面值，利息按固定利率以瑞士法郎支付，本金则按约定的瑞士法郎对美元的汇率以美元偿还。这种债券利率较高，对投资者较具吸引力。对于需筹措瑞士法郎资金而又具美元偿还能力的借款者，则可降低利率风险。

⑥ 认购权证债券。即债券由债券本身及金融资产认购权两部分组成。对投资者而言投资该债券不仅可获得利息收益，而且还拥有继续投资的权利；对债券发行者而言这种债券利率较低，发行人可借以降低筹资成本。金融资产认购权可以和债券分离在市场上出售，其价格依市场利率水平而定。若市场利率上升，超过认购权中的既定利率水平时，持认购权按既定利率水平投资会不合算，则认购权因无人问津而一文不值；若市场利率下降到既定利率水平之下，下降得越多，则认购权价格就越高。

(3) 欧洲债券市场的特点

欧洲债券市场的主要特点有：

① 管制较松。欧洲债券市场金融管制较松，审查不严，发行手续简便，成本低。如发行债券无须官方批准，也不受任何国家金融法规的约束，自由灵活。同时，欧洲债券的发行不缴注册费、发行费，所以发行成本较低，一般为债券面值的 25%。

② 市场容量大。由于欧洲债券实质上是向世界范围内的投资者发行，所以其市场容量远远大于任何一个外国债券市场。据统计，欧洲债券市场仅 1989 年上半年发行额就为 1 023 亿美元，全年发行额超过 2 000 亿美元。这个数量级是任何一个外国债券市场无法比拟的。

③ 债券发行不记名。保护了投资者的利益。多数欧洲债券是不记名的，投资者的投资情况及收入可以保密，有利于避税，对许多投资者有较大的吸引力。

④ 信用风险小，安全性高。欧洲债券的发行者主要是国际金融组织、各国政府、跨国公司和大企业集团，这些机构一般资产庞大，实力雄厚，信誉良好，还款有保证，信用风险小，安全性高。

5.4 国际金融机构概述

5.4.1 国际金融机构简介

国际金融机构是为了协调各国经济运行的矛盾，贯彻国际货币制度，实现国际货币、金融合作、调节各国国际收支和稳定汇率，而建立的从事国际金融管理和经营活动的超国家性质的金融组织。其基本职能是从事国际金融事务的协调和管理以及为稳定和发展世界经济而开展国际金融业务。

国际金融机构的产生和发展有着深刻的国际政治经济背景。第一次世界大战以前，资本主义国家的货币信用和国际结算制度尚处于建立和形成阶段。虽然它们在货币信用与国际结算领域也存在着一定的矛盾，但还不十分尖锐。一些国家的国际收支都有顺差，资金可以自由调拨。外汇汇率基本保持稳定。因此，建立国际金融机构的条件尚不具备。第一次世界大战爆发以后，由于资本主义发展的不平衡日趋明显，资本主义国家之间的矛盾日益尖锐。所以，第一次世界大战以后，资本主义国家召开了一系列的国际金融会议，讨论货币、外汇问题。

1930 年 5 月，为了处理德国的战争赔款和协约国之间债务的清算及清偿事务，由英国、法国、德国、意大利、比利时等国的中央银行和美国的三家大银行组成的银行团在瑞士的巴塞尔成立了国际清算银行(简称 BIS)，这是成立国际金融机构的一个重要开端。

世界上的主要国际金融机构都是在二次世界大战后陆续建立并发展起来的，这些机构建立的原因既有西方国家企图以其缓解货币信用制度与国际收支危机的目的，同时也有利用其冲破其他国家的防御壁垒，以建立本国金融霸权的企图。但是，从二次世界大战后到今天，世界经济力量的对比发生了巨大变化，因而这些国际金融机构的性质也被赋予了新的内容。

目前，国际上众多的国际金融机构按其范围可分为三种类型：一是全球性国际金融机构，包括国际货币基金组织和以国际复兴开发银行为核心的世界银行集团；二是半区域性的国际金融机构，如国际清算银行、亚洲开发银行、泛美开发银行和非洲开发银行等，它们的成员国家主要在区域内，但也有区域外的国家参加；三是区域性的国际金融机构，包括欧洲投资银行、阿拉伯货币基金组织等，他们完全由地区的国家组成，是真正意义上的区域性国际金融机构。

5.4.2　国际金融机构的性质与作用

1. 国际金融机构的性质

第二次世界大战后成立的众多的国际金融机构类型不同，但在性质上却有许多共同点。

(1) 政府间国际金融组织。第二次世界大战前，建立的国际清算银行是国有资本和私人垄断资本联合建立的国际金融机构，因而其业务活动范围和所起的作用都非常有限。第二次世界大战后建立的国际金融机构则不同，它们都是由各国政府出资建立、委派代表组成国际金融组织的领导机构。

(2) 股份公司式的企业组织。同联合国的其他国际组织不同，各国际金融机构都是经营国际资金借贷的企业。它们的组织原则也不同于联合国所属各国际组织的一国一票原则，而同股份公司的投票原则非常相似。成员国须按各自经济实力缴纳股金，作为国际金融机构的资本；每个成员国均有投票权，但表决权的多少同出资的多少成正比例关系；出资最多的国家各委派代表组成处理该国际金融机构日常业务的执行董事会。

(3) 国际金融机构在处理一些具体事务中呈现明显的不平等。体现在：几个全球性金融机构都在大国控制之下，贷款条件严格，利息率不断提高，加重了发展中国家的债务负担，加剧了它们的支付困难；国际金融机构往往干预发展中国家的经济政策和发展规划，这在一定程度上也妨碍了它们民族经济的自由发展。

2. 国际金融机构的作用

众多的国际金融机构建立以来，在加强国际合作、发展世界经济方面起了一定的积极作用。最主要表现在：提供短期资金，解决国际收支逆差，这在一定程度上缓和了国际支付危机；提供长期建设资金，促进发展中国家的经济发展；调节国际清偿能力，应付世界经济发展的需要；稳定汇率，促进国际贸易的增长。

5.5　国际货币基金组织

5.5.1　国际货币基金组织的成立及其宗旨

1. 国际货币基金组织的成立

国际货币基金组织((International Monetary Fund，国际通用简称 IMF)是在国际合作的基础上，为协调国际间货币政策，加强货币合作而建立的政府间的国际金融机构。它与世界银行集团、关税与贸易总协定(后改建为世界贸易组织，英文缩写为 WTO)共同构成战后维持国际经济秩序的三大支柱。

1930 年，世界发生经济大衰退，各国相继实施严格的外汇管制措施以防资金逃避，并采取本国货币贬值办法增强出口竞争力，这使得国际贸易和投资受到极大的阻力。1940至1941年间，为防止战后各国国际收支出现重大失衡，避免各国竞相贬值货币或采取以邻为壑的贸易政策，英、美等国家为整顿、重建世界经济，国际社会开始酝酿建立国际货币基金组织。

在布雷顿森林会议之前，有关重建国际货币制度的问题，以英国的凯恩斯(Keynes Plan)和美国的怀特方案(White Plan)最受重视。这两个方案的基本精神都是透过国际经济合作组织，促进自由贸易及经济发展，但其实施的具体方法则大不相同。

凯恩斯方案发展于1943年4月，主张设立通货同盟，称为国际清算同盟。同时创设一种新的国际货币(Bancor)，以当作国际清算工具。

怀特方案于1943年7月发表，主张设立一个“国际安全基金”，以作为国际货币合作的永久机构。

在两个计划的蓝本之下，1944年7月1日至22日，在美国新罕布什尔州的布雷顿森林镇，在美英等国的策划下，有美、英、法、中、苏等44个国家的代表召开了具有历史意义的联合国货币与金融会议，在这次会议上，通过了《国际货币基金组织协定》和《国际复兴开发银行协定》(又被简称《世界银行协定》)。

1945年12月27日，29个国家的代表在华盛顿举行仪式，正式签署了上述两个协议。1946年3月国际货币基金组织正式成立，总部设在华盛顿，1947年3月开始办理放款业务。当时，由于份额可列第三位的苏联政府决定不出席会议，中国当时在基金组织的份额(相当于股本金)排位居于美、英之后，名列第三。

从此，国际货币基金组织和世界银行成为联合国11个专门机构中独立经营国际金融业务的机构。目前这两个全球性的国际金融机构是所有国际金融组织中规模最大、成员最多、影响最广泛的机构，它们对加强国际经济和货币合作，稳定国际金融秩序，发挥着极为重要的作用。

2. 国际货币基金组织的宗旨

根据货币基金组织协定的规定，基金组织的宗旨是：

(1) 建立一个永久性的国际货币机构，为会员国在国际货币问题上进行磋商与协作，以促进国际货币合作。

(2) 便利国际贸易的扩大和平衡发展，借以提高和维持各会员国的就业和实际收入高水平的，并增强会员国的生产能力。

(3) 促进外汇汇率稳定，维持会员国间有秩序的外汇安排，并避免货币贬值竞争。

(4) 协助会员国间建立经常交易的多边支付和汇兑制度，并消除妨碍世界贸易发展的外汇管制。

(5) 贷款给会员国用以调节各国的国际收支的不平衡。

(6) 缩短会员国国际收支不平衡的时间，并减轻其程度。

由此可见，国际货币基金组织建立的根本目的是当会员国发生暂时性的国际收支不平衡时，基金组织可提供短期贷款，帮助它们解决不平衡问题，从而维持外汇汇率的稳定。

5.5.2　国际货币基金组织的组织机构

国际货币基金组织的会员国通常分为两类：一类是参加 1944 年布雷顿森林会议，并于 1945 年 12 月 31 日前在协定上签字正式参加的国家称为创始会员国，共有 39 个；另一类是在此后参加的国家，称为其他会员国。会员国每年都在陆续增加，到目前为止，会员国已增加到 182 个。

国际货币基金组织是以会员国入股方式组成的，每个会员国必须缴纳一定的份额作为入股基金。会员国缴纳的基金份额，其性质相当于股份公司的入股金。份额的大小，决定会员国从基金组织借款或提款的额度，会员国投票权的多少以及分得特别提款权的多少。

它的管理办法、机构设置、表决权力等与股份公司极为相似，尤其是在会员国的投票、表决权和组织机构的建立上表现的特别突出。

国际货币基金组织的活动，由会员国投票决定。会员国的投票权，根据基本票数和份额计算出会员国的票数，根据基金组织规定，每个会员国有基本投票权 250 票，然后按各会员国向基金所缴纳的基金份额，每 10 万特别提款权即增加 1 票，两者相加便是该会员国的总投票权数。在此基础上，各国投票权数还可能有加减。到投票日，国际货币基金组织每贷出某成员国货币相当于 40 万单位的特别提款权，则给该成员国增加一票；同时借款的成员国每向国际货币基金组织借取款项，每借得 40 万单位的特别提款权，则减少一票。会员国的份额越大，表决权越大，其理事和执行董事权力也越大。

基金组织的一般投票由简单多数表决即可通过，但在重大问题上，如调整份额、分配特别提款权要由国际货币基金组织董事会决定，并需要 85%的多数票；确定额外认购的支付手段要由国际货币基金组织董事会决定，并需要 70%的多数票等。美国所占份额最多，因而投票权最大，它目前拥有 265 000 票，占总票数的 18%，它实际上拥有了对国际货币基金组织重大问题的否决权。2001 年 2 月 5 日中国在国际货币基金组织中增资后的份额为 63.692 亿特别提款权，占总份额的 3%。我国拥有 63 942 张选票，占总投票权的 2.95%。目前，我国在基金组织的份额与加拿大并列第八位，位居前七位的分别是美国、日本、德国、英国、法国、意大利和沙特阿拉伯。

5.5.3　国际货币基金组织的资金来源

国际货币基金组织的资金来源主要有以下几个途径：

1. 基金份额

国际货币基金组织最主要的资金来源是会员国所缴纳的份额。份额在性质上相当于股东加入股份公司的股金，会员国缴纳以后，即成为国际货币基金组织的财产。这些份额起着国际储备的作用，可解决会员国国际收支不平衡和短期资金需要。会员国应缴纳的份额的大小，按会员国的国内生产总值、经常账户交易、官方黄金外汇储备、平均进口额、出口变化率和出口额占国民收入的比例等变量所构成的公式计算得出，它作为国际货币基金组织理事会确定会员国最初份额的依据。会员国份额的最后确定，则须由国际货币基金组织与会员国磋商。

份额单位原为美元，1969 年后改为特别提款权。现在会员国缴纳份额的办法是：份额的 25%用可自由的兑换货币或特别提款权缴纳；在基金组织最初创立时，25%的份额是以可自由兑换的货币和黄金来缴纳的。1978 年 4 月 1 日，国际货币基金组织正式通过修改协定，取消了份额的 25%须以黄金缴纳的规定。份额的 75%以本国货币缴纳。存放于本国中央银行，在国际货币基金组织需要时可以随时动用。此外，如果国际货币基金组织对于成员国应缴本国货币在业务上不需要时，成员国可用其发行的见票即付、不可转让且无息的国家有价证券代替。

基金组织刚建立时，会员国缴纳份额总计为 76 亿美元，其中美国的份额 27.5 亿美元，占总额的 36.1%，是缴纳份额最多的国家。基金组织规定、每 5 年对基金份额进行一次普遍检查，如有必要，可对会员国的份额进行调整。

会员国向基金组织缴纳的份额除作为国际货币基金发放短期信用的基金来源外，份额的大小对会员国尚有其他三个作用：①决定会员国从国际货币基金借款或提款的最高限额，一个会员国可以从基金获得的最大融资额度同份额成比例；②决定会员国投票权的多少。一般地说，份额越大，增加的票数越多；③决定会员国分得的特别提款权的多少。

2. 借款

基金组织的另一资金来源是借款。在国际货币基金组织与会员国协议下，向会员国借入资金，以作为对会员国提供资金融通的来源。例如，1962 年 10 月国际货币基金根据“借款总安排”，从“十国集团”借到 60 亿美元。又例如，1974 年、1975 年国际货币基金为解决石油消费会员国的国际收支困难，开办的“石油贷款”业务，其资金来源也是通过借款解决的。

3. 信托基金

国际货币基金组织于 1967 年 1 月决定，按市价出售黄金所得利润，作为信托基金，向最贫穷的会员国提供信贷，以作为对会员国提供资金融通的来源。

5.5.4　国际货币基金组织的主要业务活动

国际货币基金组织的主要业务活动除了对会员国的汇率政策进行监督，与会员国就经济、金融形势进行磋商和协调外，最主要的业务便是向会员国融通资金及提供各种培训、咨询服务。

1. 融通资金

国际货币基金组织所经营的主要业务就是发放贷款。但它所发放的贷款不同于一般金融市场或商业银行提供的贷款，其贷款特点如下：

(1) 贷款对象仅限于会员国政府。基金组织只与会员国的财政部、中央银行、外汇平准基金组织或其他类似的财政金融机构往来。

(2) 贷款用途仅限于弥补会员国因经常项目收支而发生的国际收支的暂时不平衡，用于贸易和非贸易的经常项目支付，而不是用于开发项目。

(3) 贷款期限则限于短期贷款。

(4) 贷款规模与会员国在国际货币基金组织缴纳份额相联系，受会员国缴纳份额的限制，与其份额大小成正比例。

(5) 贷款形式。基金组织对会员国的贷款是通过两个部门(账户)进行的。一个是一般资金部门(账户)。这个部门的借贷方式是采取货币互换的形式，即当某会员国需向基金组织贷款时，用本国货币资产交换所需国的货币资产，称为“购买或提存”，即会员国有权按所缴纳的份额，向基金组织提用一定的资金。会员国还款时，则需购回本国货币资产，称为“购回”，另一个是特别提款权部门，其贷款方式则是用本国所分配到的特别提款权去交换所需其他会员国的货币。

(6) 贷款利率。视资金的来源确定，除资金来源于借款外，基金组织对所有贷款收年率为 6.25%的固定使用费，即利息。资金来源于借款的，根据用于该项贷款借入资金时的利率再加上一个差额，差额从 0.2%到 0.325%不等，按照贷款额度与偿还时间的长短而定。除利息外，每笔贷款要收取一定费用，一般为 0.5%。

(7) 计价货币。基金组织贷款无论以什么货币提供，都以特别提款权计值，利息也用其缴付。

2. 提供培训、咨询等服务

除资金融通业务外，基金组织还为会员国提供包括培训、咨询等在内的服务。为了提高会员国有关专业人员的素质，基金组织帮助会员国组织人员培训、编辑、出版各种世界经济及国际金融专题的刊物和书籍；同时，基金组织派往各地的人员，搜集世界各国的经济、金融信息，并以委派代表团的形式，对会员国提供有关国际收支、财政、银行、外汇、货币、外贸和统计等诸方面的咨询及技术援助。

5.6 世界银行集团

在前面一节中我们已经提到，世界银行、国际货币基金组织和关贸总协定(即：后来的世界贸易组织)被认为支撑世界经贸和金融格局的三大支柱。实际上，这三大支柱都来自于1944年召开的布雷顿森林会议。

这里我们所提及的国际复兴开发银行就是今天世界银行集团(The World Bank Group)的核心机构，经常被简称为世界银行。世界银行集团共包括五个机构：国际复兴开发银行(International Bank for Reconstruction and Development，IBRD)，国际开发协会(International Development Association，IDA)及国际金融公司(International Finance Corporation，IFC)和多边投资担保机构(Multilateral Investment Guarantee Agency，MIGA)。中国是世界银行创始会员之一。本节中我们将对世界银行集团的内容加以介绍。

5.6.1 国际复兴开发银行

1. 国际复兴开发银行的概况

国际复兴开发银行，简称世界银行(the World Bank，WB)。它是联合国下属的一个专门机构，负责长期贷款的国际金融机构。1944年7月在美国布雷顿森林举行的联合国货币金融会议上通过了《国际复兴开发银行协定》，1945年12月27日，28个国家政府的代表签署了这一协定，并宣布国际复兴开发银行正式成立。1946年6月25日开始营业，1947年11月5日起成为联合国专门机构之一，是世界上最大的政府间金融机构之一。总部设在美国华盛顿，并在巴黎、纽约、伦敦、东京、日内瓦等地设有办事处，此外还在20多个发展中成员国设立了办事处。

国际复兴开发银行有三个限制条件：

(1) 只有参加国际货币基金组织的国家，才允许申请成为国际复兴开发银行的成员，但国际货币金组织的会员国不一定都必须参加国际复兴开发银行。贷款是长期的，一般为15~20年不等，宽限期为5年左右，利率为6.3%左右。

(2) 只有成员国才能申请贷款，私人生产性企业申请贷款要由政府担保。

(3) 成员国申请贷款一定要有工程项目计划，贷款要专款专用，国际复兴开发银行每隔两年要对其贷款项目进行一次大检查。

国际复兴开发银行与国际货币基金组织共同被定义为永久性的国际性金融机构，也是属于联合国的一个专门机构。截止2003年，共有184个成员国，拥有职员约1万人。中国于1980年恢复了在国际复兴开发银行的合法地位。1981年起中国开始借用该行资金。

国际复兴开发银行并非是一个普通意义上的银行，它实质上是提供国际间合作的特殊组织。同时国际复兴开发银行也是世界上最大的多边开发机构，仅2003年，国际复兴开发银行在世界范围内为超过100个发展中成员国提供了18.5亿美元的贷款及技术援助来帮助他们减轻贫困。

2. 国际复兴开发银行的宗旨

作为一个全球性的金融机构，世界银行成立初期是致力于战后欧洲复兴。法国是第一个从国际复兴开发银行得到贷款的国家。1948年以后转向世界性的经济援助。

目前，国际复兴开发银行的宗旨是：

(1) 对用于生产目的的投资提供便利，以协助会员国的复兴与开发；鼓励较不发达国家生产与资源的开发。

(2) 利用担保或参加私人贷款及其他私人投资的方式，促进会员国的外国私人投资。当外国私人投资不能获得时，在条件合适时，运用本身资本或筹集的资金及其他资金，为会员国生产提供资金，以补充外国私人投资的不足，促进会员国外国私人投资的增加。

(3) 用鼓励国际投资以开发会员国生产资源的方法，促进国际贸易的长期平衡发展，并维持国际收支的平衡。

(4) 在贷款、担保或组织其他渠道的资金中，保证重要项目或在时间上紧迫的项目，不管大小都能优先安排。

(5) 在业务中适当照顾各会员国国内工商业，使其免受国际投资的影响。

根据国际复兴开发银行的宗旨，国际复兴开发银行的主要任务就是对发展中成员国提供长期贷款对成员国政府或经政府担保的私人企业提供贷款和技术援助，资助他们兴建某些建设周期长，利润率偏低，但又为该国经济和社会发展所必需的建设项目。

国际复兴开发银行通过向会员国提供中长期资金，解决了会员国战后恢复和发展经济建设的部分资金需求，促进了会员国的经济复兴与发展。国际复兴开发银行只向信誉良好的借款者提供贷款，只有那些可望给该国带来较高经济实际收益率的项目才能得到帮助。

3. 国际复兴开发银行的组织机构

国际复兴开发银行的组织机构与国际货币基金组织相似，也是理事会下设执行董事会作为决策机构。

凡参加了布雷顿森林会议并于1945年12月31日前在协定上签字的国家都称为创始会员国，此后，任何国家，不论政治、经济体制如何，都可按规定程序向国际复兴开发银行的理事会提出申请，审查批准后便可参加。创始会员国与后来申请参加的会员国有同样的权利，承担同样的义务。

(1) 理事会

最高决策机构是理事会，由各会员国选派一名理事和一名副理事组成。副理事只有在理事缺席时才有投票权。理事和副理事由成员国的财政部长、中央银行行长或级别相当的官员担任，任期5年，可连选连任。每年秋天与国际货币基金组织联合召开年会。理事会的主要职权是：批准接纳新会员国；增加或减少银行资本；停止会员国资格；决定银行净利润的分配以及其他重大问题。理事会通常在每年 9 月间与国际货币基金组织一起举行一次年会，必要时可召开特别会议。

(2) 执行董事会

执行董事会是负责办理国际复兴开发银行日常业务的机构，行使由理事会授予的职权。执行董事会由 24 人组成，任期两年，其中 5 人是常任执行董事，由持有股份最多的美国、英国、德国、法国和日本各自指派，其余 19 人由其他会员国按地区分组推选，中国和沙特阿拉伯均作为单独选区选派。

执行董事会选举 1 人为行长，并兼任执行董事会主席，负责日常事务，任期 5 年，可以连任。行长同时兼任国际开发协会会长，国际金融公司主席，多国投资保证机构的主席等职。但行长无投票权，只有在执行董事会表决中双方票数相同时，才可投出决定性的一票。历届行长一般由美国总统提名，均为美国人。24 名执行董事一般每周开两次会，研究国际复兴开发银行的业务，主要包括批准贷款、担保、新的政策、行政预算、帮助会员国的策略以及借款和融资决定。

4. 国际复兴开发银行的股份

国际复兴开发银行按股份公司的原则建立。成立初期，国际复兴开发银行法定资本 100 亿美元，全部资本为 10 万股，每股 10 万美元。凡是会员国均要认购银行的股份，认购额由申请国与世行协商并经世行董事会批准。一般来说，一国认购股份的多少根据该国的经济实力，同时参照该国在国际货币基金组织缴纳的份额大小而定。会员国认购股份的缴纳有两种方法：

(1) 会员国认购的股份，先缴 20%。其中 2%要用黄金或美元缴纳，18%用会员国本国的货币缴纳。

(2) 其余 80%的股份，当世界银行催交时，用黄金、美元或国际复兴开发银行需要的货币缴付。

需要说明，前面所述会员国缴付股金办法，是国际复兴开发银行协定规定的，也是最初采用的办法，但在 1995 年增资时，会员国将其认缴股增加一倍，但会员国实际缴付的股金并未相应增加，故此会员国实际缴纳的股金由原来的 20%下降为 10%，用黄金、美元缴纳的部分由 2%降为 1%，会员国用本国货币缴付的部分由原占认缴额的 18%降为 9%，而其余的 90%是待缴股金。

国际复兴开发银行的重要事项都需会员国投票决定，投票权的大小与会员国认购的股本成正比，与国际货币基金的有关投票权的规定相同。国际复兴开发银行每一会员国拥有 250 票基本投票权，每认购 10 万美元的股本即增加一票。美国认购的股份最多，有投票权 226 178 票，占总投票数的 17.37%，对国际复兴开发银行事务与重要贷款项目的决定起着重要作用。我国认购的股金为 42.2 亿美元，有投票权 35 221 票，占总投票数的 2.71%。各会员国的投票根据其持有的股份计算的。每个会员国拥有基本投票权250票，此外，每增加认缴股金10万美元就增加一票。

除另有规定外，一般事务都可以由简单多数通过。重大问题则需要总投票权的85%通过才行。

5. 国际复兴开发银行的资金来源

国际复兴开发银行的贷款约占世界银行集团年贷款额的四分之三，其资金几乎全部筹自金融市场。

国际复兴开发银行成立之初，法定资本约100亿美元，分为10万股，每股10万美元，以后多次增资。1995财政年度(1994年7月1日—1995年6月30日)IBRD的法定认缴股金已达1 840亿美元。

国际复兴开发银行资金的另一个来源是在国际债券市场上发售三A级债券和其他债券，发售对象为养老基金、保险机构、公司、其他银行及个人。在20世纪60年代以前，国际复兴开发银行的债券主要在美国的债券市场上发行，以后随着西欧和日本经济实力的增强，逐渐推广到瑞士、日本和沙特阿拉伯等国家。债券的偿还期从2年到25年不等，利率以国际金融市场行情而定，但由于国际复兴开发银行信誉较高，所以，利率要低于普通公司债券和某些国家的政府债券。自20世纪80年代中期以来，国际复兴开发银行每年在国际债券市场的债券总额约100亿美元。实际上，目前国际复兴开发银行是世界各主要资本市场上的最大非居民借款人。除了在国际资本市场上发行债券以外，国际复兴开发银行也直接向会员国的政府、中央银行等机构发行中、短期债券筹集资金。

国际复兴开发银行的主要资金来源还有将贷出款项的债权转售私人投资者，主要是国际商业银行等金融机构，这样可以迅速收回一部分资金，以扩大国际复兴开发银行贷款资金的周转能力。这种方式的资金来源，在20世纪80年代国际复兴开发银行业务中很普遍。另外，国际复兴开发银行的利润收入也是资金来源之一。

此外，自1984年以来，国际复兴开发银行年年都有净收益。它除将一部分净收益以赠款形式拨给国际开发协会外，其余均充作本身的储备金，成为发放贷款的一个资金来源。

6. 国际复兴开发银行的业务活动

国际复兴开发银行通过提供贷款、政策咨询和技术援助，支持各种以减贫和提高发展中国家人民生活水平为目标的项目和计划。制定有效的减贫战略和提供以减贫为主的贷款是实现这些目标的关键。国际复兴开发银行的业务计划高度重视推进可持续的社会和人类发展，高度重视加强经济管理，并越来越强调参与、治理和机构建设。

发放低息贷款，在发展中国家从事经济与社会发展项目是国际复兴开发银行各项业务中最主要的业务。在第二次世界大战后的初期，国际复兴开发银行发放的贷款主要集中于欧洲国家，帮助西欧国家在战后恢复经济。1948年后，欧洲各国的战后复兴主要依赖于美国的“马歇尔计划”的援助。于是，国际复兴开发银行的贷款转向亚洲、非洲、拉丁美洲等发展中国家，帮助他们解决开发资金的需要。自20世纪70年代以来，国际复兴开发银行自身的贷款规模虽然一再扩大，但仍然满足不了会员国，主要是发展中国家会员国不断增长的资金需要。为了适应这一趋势，国际复兴开发银行在原有贷款方式的基础上，又发展了一种新贷款——联合贷款，也可称为共同融资。

5.6.2 国际金融公司

1. 国际金融公司的建立和宗旨

(1) 国际金融公司的建立

国际金融公司(IFC)成立于1956年7月。是世界银行集团的成员，总部设在华盛顿。作为一个国际组织，它的宗旨是通过资助成员国的非国营企业来促进发展中国家经济的发展。国际金融公司与世界银行集团的其他机构密切合作并互为补充，但它在法律和财务上是独立的。它有自己的章程、股东、财务制度、管理体系及工作人员。

国际金融公司综合了多边开发银行和私人商业银行的特点。其股本金来源于176个成员国，包括发达及不发达国家。根据国际金融公司协定规定，成员国必须是国际复兴开发银行的会员国，但国际复兴开发银行的会员国不必一定要加入国际金融公司。据此条件，1955年6月30日时满足这一条件的56个国家，如果在1956年12月31日以前交付份额，都被认为是公司的创始成员。

国际金融公司(IFC)与国际开发协会(IDA)是国际复兴开发银行的两个附属机构，同时它们又是独立的国际金融机构。国际金融公司的建立，是由于国际复兴开发银行的贷款，是以会员国政府为对象，而对私人企业贷款必须由政府机构担保，因此，在一定程度上限制了国际复兴开发银行业务的扩展。为了扩大对私人企业的国际贷款，美国国际开发咨询局建议在国际复兴开发银行下设立国际金融公司，

(2) 国际金融公司的宗旨

世界银行向私有企业贷款时要求相关政府提供还款保障，这很大程度上限制了其业务范围。国际金融公司是为了弥补这一不足而建立的，它是帮助欠发达国家的计划的一部分。国际金融公司的宗旨是：鼓励成员国、特别是欠发达国家中有生产能力的私人企业的增长，为其新建、改建和扩建等项目提供资金，促进它们的经济发展，从而补充世界银行的活动。

2. 国际金融公司的组织机构

国际金融公司的组织机构和管理办法与国际复兴开发银行相同。它的最高权力机构是理事会，理事会下设执行董事会，正副理事、正副执行董事也就是国际复兴开发银行的正副理事和正副执行董事。公司的正副理事、正副执行董事也就是世界银行的正副理事和正副执行董事，它的总经理由国际复兴开发银行的行长兼任，在总经理下设若干办事部门。

公司的一些机构、人员是由国际复兴开发银行相应的机构、人员兼任。但和国际开发协会不同，国际金融公司有自己的独立的一套行政人员，虽然某些机构人员也由世界银行相应的机构人员兼任。国际金融公司有自己独立的办公地址，具有完全的法人地位，是一个独立的国际金融机构，在 1957 年与联合国签订协定后，成为联合国的专门机构之一。

国际金融公司会员国的投票权是按认缴股份额计算的，每个会员国都有基本票 250 票，每认缴 1 000 美元增加 1 票。美国是认缴股份最多的国家，拥有的投票权也最多，目前它拥有 121 265 票，占总投票权的 23.48%。

3. 国际金融公司的资金来源

国际金融公司的资金主要来源于会员国认缴的股金、借款和净收益三个方面：

(1) 股金。国际金融公司最主要的资金来源是会员国认缴的股金。公司成立时，法定资本为 1 亿美元，分为 10 万股，每股 1 000 美元。各会员国认缴股金的大小，与其在国际复兴开发银行所认缴的股份成正比，所以股份必须以黄金或美元缴纳。此后，国际金融公司几次增资，到 1997 年 6 月，会员国认缴资本总额已近 22.3 亿美元，其中，美国认缴约 5.33 亿美元，占总资本的 23.93%，我国认缴了 0.245 亿美元，占总资本的 1.1%。

(2) 借款。借款是公司凭借其资信在国际金融市场通过发行债券等方式筹资，目前已成为公司最大的资金来源。此外，国际金融公司还通过国际信贷和发行国际债券筹措资金。

(3) 业务净收益。国际金融公司历年来的业务净收益主要用于支付公司的行政管理费用、促进资助私人企业项目投资以及技术援助所需费用等。20 纪 90 年代以来，公司的利润增长较快。

4. 国际金融公司的主要业务活动

国际金融公司的业务活动主要是对私人企业贷款，其贷款特点是：①对象限于成员国领土内的生产性私人企业，而且这些企业不能以合理条件从其他渠道获得资本。“生产性”指公司资助的企业应能对成员国的经济发展有所贡献。②期限一般是 7~15 年。③申请借款应该具有健全的资本结构，一定的管理能力和能够获利的项目，不需政府担保。④贷款利率略高于世界银行的贷款利率，年息一般达到 7%。⑤贷款可以用各种货币支付，退还时必须用借入的币种偿还。国际金融公司贷款分为 A 种和 B 种，A 种是由公司自身提供的贷款，B 种是由公司出面组织国际商业银行提供的银团贷款。两种贷款均不需要政府担保。

除贷款外，国际金融公司还可以对企业进行投资，直接入股。在其参股的企业中，国际金融公司的投资一般不超过 25%，但投资收益率一般要在 10%以上，因此对投资项目的选择较严格。国际金融公司一般不进行投票或参与日常管理，但可能有其他方面的特殊要求。由于参股时国际金融公司是私人企业的股东，它对这些企业的管理等各方面帮助很大。

国际金融公司的另一项业务是咨询服务，向发展中国家的政府和企业提供包括私有化和企业改组、资本市场发展、技术援助等方面的咨询服务。

国际金融公司的贷款对象主要是亚非拉的发展中国家的制造业、加工业及开采业，如建筑材料、纺织、造纸、肥料、机械、化工、采矿以及公用事业、旅游业等。另外，该公司还贷款给当地的开发金融机构，通过联合投资活动，组织工业发达国家的资本输出。贷款额一般在 10 万~2 000 万美元，贷款期限为 7 年到 15 年。利率则要看借款者的资信好坏而定，最高为 10%，最低为 6%，一般则在 7%以上。利润和红利每年都有变化，高低不等。

5.6.3 国际开发协会

1. 国际开发协会的建立及其宗旨

国际开发协会(IDA)的产生是由于发展中国家长期遭受帝国主义的剥削，外债高筑，每年还本付息的负担沉重，而国际货币基金组织和国际复兴开发银行的贷款条件较严，数量有限，不能帮助贫穷的发展中国家摆脱困境，这些国家的不满情绪日益高涨。鉴于这种情况，在美国的倡议下，经国际复兴开发银行理事会批准，成立了国际开发协会，专门对较穷的发展中国家提供优惠的贷款。

国际开发协会于 1960 年 9 月 24 日正式成立。同年 11 月开始营业，总部设在华盛顿。它有自己独立的会计和盈亏核算，从法律地位和资金构成来看，它是一个独立的金融机构。国际开发协会在世界银行履行其减贫使命方面起着重要作用。

国际开发协会的成员必须是国家，且必须是世界银行成员国。在建立国际开发协会的协定后列名的同意在 1960 年 12 月 31 日以前加入协会的国家，被认为是其创始会员国(有的国家虽然列名最后并未加入，如乌拉圭)。创始会员国的份额是预先设定的。其他国家要加入必须进行申请，它们的份额由协会决定。目前 180 多个世界银行成员国中的 160 个已加入协会。

国际开发协会的宗旨是：促进欠发达国家成员的经济发展，对这些国家的公共工程和发展项目提供条件较宽的长期贷款，以协助世界银行的贷款工作。国际开发协会共提供给 81 个国家贷款。2003 财政年度的前 10 名资金借入国中，位列第一的是印度，共借入 686.6 百万美元。

2. 国际开发协会的组织机构

国际开发协会的组织机构也分为理事会、执行董事会、会长和工作人员三级。协会的会长就是世界银行的行长，理事和董事也就是世界银行的理事和董事，与世界银行是一套人马，两块牌子，因此又称为“第二世界银行”。鉴于此，也有人认为它不是独立于世界银行的机构，而是一笔由世界银行经营管理资金，世界银行的有关人员负责处理协会的日常工作。为了弥补因办理协会业务而增加的开支，世界银行每年向协会收取一笔管理费。

但是，实际上国际开发协会是一个独立的政府间国际经济组织，它在法律上和财务上都是与世界银行独立的，二者的股本、资产和负债相互分开，业务也分别进行。

国际开发协会成立之初，有 68 个会员国，现已增加到 164 个。只有国际复兴开发银行的会员国，才有资格参加国际开发协会，但并不一定要参加该协会。按照各会员国的经济状况，会员国可分为工业发达国家和发展中国家两类。

协会开业时规定，每个会员国有基本票 500 票，另外按每认股 5 000 美元就增加一票。第三次补充资金时，每个会员国有 1250 票，每增缴 80 美元另加 1 票。第四次补充资金时，每个会员国 3 850 基本票，每增缴 25 美元再加 1 票。

3. 国际开发协会的资金来源

国际开发协会的资金来源主要有以下几个方面：

(1) 会员国认缴的资本

国际开发协会原定法定资本为 10 亿美元，其中，第一组国家(工业发达国家，如美国、英国、德国、法民、日本等)为 76 亿美元，以黄金或自由外汇缴纳；第二组国家(发展中国家，如亚非拉等)为 24 亿美元，10%用黄金或自由外汇缴纳，其余 90%可以用本国货币缴纳。后来又多次增资，自协会成立以来，会员国认缴资本累计已达 960 亿美元。

(2) 国际复兴开发银行拨款

从 1964 年开始，国际复兴开发银行都要从净收入中以赠与形式拨款资助协会，作为其贷款资金的一项来源。

(3) 补充资金和特别基金捐款

由于国际开发协会规定不得依靠在国际金融市场发行债券来筹措资金，所以，国际开发协会只能要求各会员国政府(主要是第一组会员国)定期提供补充资金，一般是 3 年一次。

(4) 利润收入

国际开发协会业务经营的净收入也是协会资金的来源之一，由于协会贷款条件极为优惠，所以这部分收入很少。

4. 国际开发协会的主要业务活动

国际开发协会的业务主要是提供项目贷款。国际开发协会被称为世界银行的“软贷款窗口”，它的贷款是一种长期低利的贷款，其优惠条件主要表现在：贷款期限长，可长达 35~40 年；不收利息，对已支付贷款额每年只收 0.7%的管理费，对未支付贷款每年收 0.75%的承诺费；有 10 年宽限期，从第一个 10 年起，每年还本 1%，其余 30 年，每年还本 3%；偿还贷款时，可以全部或一部分用本国货币。因此为“软贷款”(soft loan)。业务中，国际开发协会的贷款被称为“信贷”(credit)，以区别于世界银行的贷款活动。这种贷款有以下特点：

(1) 贷款对象。协会主要向较贫穷的发展中国家提供贷款，根据新标准，只有人均国民生产总值在 865 美元以下的会员国才能获得此种贷款，目前符合标准的国家有 81 个，从地域上看，这些国家主要集中在南亚和非洲。而且，一般只贷给会员国的政府。

(2) 根据国际开发协会章程，信贷活动一般是针对特定项目，在特殊情况下，也可提供规划性贷款或非项目贷款。协会成立初期，资金主要投向交通、电力、港口等基础设施和基础产业，20 世纪 70 年代后，由于意识到低收入国家往往非常倚重农业，因此国际开发协会的信贷比较集中于农村开发项目。协会还对其他长期才能产生效益或者很难用收入来表示的项目，如教育和其他人力资源等进行贷款。

(3) 协会的信贷是非赢利性的，不收利息，只收 2.75%的手续费。

(4) 协会的信贷是长期贷款，期限长近 50 年，头 10 年不必还本，第二个 10 年起，每年还本 1%，其余 30 年，每年还本 3%，贷款可以全部或部分用本国货币偿还。

协会的贷款程序与国际复兴开发银行的贷款程序相同。

5.6.4 多边投资担保机构和解决投资争端国际中心

1. 多边投资担保机构

为促进国际资本流向发展中国家，加快发展中国家的经济发展，1968 年国际复兴开发银行草拟了《多边投资担保机构协议》，但没有得到通过。经过多次修改后，《多边投资担保机构公约》于 1985 年 10 月 11 日在国际复兴开发银行年会上得到通过。公约共 11 章 67 条，自 1988 年 4 月 12 日起正式生效，多边投资担保机构也同时成立，目前有成员国 164 个。

公约的主要内容包括：

(1) 宗旨：促进资本流向发展中国家，对投资者的非商业性风险予以担保。

(2) 机构地位：享有国际法主体资格，同时具备私法意义上的法人资格。

(3) 业务：只限于非商业性政治风险，具体分为货币汇兑险、征收险、违约险、战争和内乱险。

(4) 规定合格的投资、合格的投资者和东道国条件。

(5) 东道国主权控制的范围。

(6) 争端的解决。

中国 1988 年 4 月 28 日签署公约，4 月 30 日向国际复兴开发银行递交对公约的核准书，成为多边投资担保机构的创始会员国之一。

2. 解决投资争端国际中心

1965 年 3 月 18 日于华盛顿由国际复兴开发银行(下称世行)主持制定的《解决国家与他国国民间投资争端公约》，1966 年 10 月 14 日生效，50 多个国家参加。主要内容有：建立“解决投资争端国际中心”，作为调解和仲裁的常设机构。中心的行政理事会由缔约国各派出代表一人组成，具有决定该中心主要问题的权利。世界银行的行长为行政理事会的当然主席。根据争端双方当事人间的书面协议受理案件。

(1) 当事人要求调解的，应向秘书长提出书面申请。经同意登记后由双方当事人从调解人小组中或从调解人小组外任命独任调解人，或由非偶数调解人组成调解委员会，对争端进行调解。

(2) 当事人要求仲裁的，亦应向秘书长提出书面申请，经同意登记后由双方当事人从仲裁人小组中或从仲裁人小组外任命独任仲裁员一名，或由非偶数仲裁人组成仲裁庭进行仲裁。生效后的裁决对双方皆有约束力，并应在各缔约国领土上得到承认和执行。

我国于 1992 年 7 月 1 日加入该公约。

5.7 区域性国际金融机构

20 世纪 60 年代以来，亚洲、非洲、美洲和欧洲的一些国家，通过互相合作的方式，建立本地区的多边性金融机构，以适应本地区经济的发展和国际投资及技术援助的需要。这些区域性国际金融机构对促进本地区的国际贸易与投资，以及成员国经济的发展，起着极为重要的作用。本节介绍一些比较重要的区域性国际金融机构。

5.7.1 亚洲开发银行

1. 亚洲开发银行的成立和宗旨

亚洲开发银行(Asian Development Bank，ADB)是西方国家和亚洲及太平洋地区发展中国家联合创办的政府间国际金融组织。第二次世界大战爆发后，使得亚洲及太平洋地区的许多发展中国家原本就不发达的经济受到严重的破坏。战后，获得民族独立的殖民地国家面临着迅速发展本国经济的艰巨任务。但由于缺乏资金、技术等条件，这些国家和地区的经济发展十分缓慢。面对这一现状，亚洲国家和地区的政府意识到必须在本地区建立一个开放性的金融组织，通过该组织进行本地区之间以及本地区与国际之间的金融合作，为本地区的经济发展提供资金。

1963 年 3 月，日本首先提出了设立“亚洲开发银行”的建议。同年 12 月，联合国亚洲及远东经济委员会，在马尼拉召开第一次亚洲经济合作部长级会议讨论日本的建议。各国代表原则上同意建立亚洲开发银行。1965 年 11~12 月，在马尼拉召开的第二次亚洲经济合作部长级会议上，通过了亚洲开发银行章程。1966 年 11 月 24 日，亚洲开发银行正式成立，同年 12 月开始营业，总部设在马尼拉。

亚洲开发银行的宗旨是：通过向会员国发放贷款、进行投资和技术援助，并同联合国及其专门机构进行合作，以协调会员国在经济、贸易和发展方面的政策，进而促进亚太地区的经济繁荣。为实现这一宗旨，亚洲开发银行的主要任务有：利用亚洲开发银行的资金为本地区发展中国家的开发项目和计划提供贷款；为这些贷款项目的确认、准备、实施和运转提供必要的技术援助；通过亚洲开发银行的活动促进成员国公营和私营部门的开发性投资；为成员国协调本国的开发计划和政策提供必要的资金和技术援助。

2. 亚洲开发银行的组织机构

亚洲开发银行是以成员国入股的方式组成的企业性金融机构。设有理事会、董事会以及办事机构。

理事会是亚洲开发银行的最高权力机构，由各成员国任命的 1 名理事和 1 名副理事组成。理事和副理事的任期由各任命国决定。亚洲开发银行的章程中，明确规定了必须由理事会行使的权力。这些权力主要有接纳亚洲开发银行新成员国和确定接纳条件、增加或减少亚洲开发银行的核定股本、修改亚洲开发银行章程、决定亚洲开发银行储备金及纯收益的分配等。理事会通常每年举行一次会议，当出席会议的理事投票权合计数占总投票的 2/3 以上时，即构成法定人数。

董事会是亚洲开发银行日常业务的领导机构，行使由亚洲开发银行章程和理事会赋予的权力。董事会成员由理事会按不同选区选举产生，任期 2 年，可以连任。亚洲开发银行 56 个成员分成 12 个选区。董事会由 12 个董事和 12 个副董事成。56 个成员中，日本、美国和中国三大股东国是单独选区，各自派出自己的董事和副董事。其他成员组成 9 个多国选区，董事和副董事由选区内不同成员根据股份大小分别派出或轮流排出。

行长是亚洲开发银行的合法代表和最高行政长官，在董事会的指导下处理亚洲开发银行的日常业务并负责亚洲开发银行官员和工作人员的任命和辞退。行长由理事会选举产生，任期 5 年，可以连任。行长必须是本地区会员国的公民，自建行以来，一直由日本人担任。行长可以参加理事会，但无表决权。行长任董事会主席时，一般不参加投票，只有在表决中出现赞成与反对票数相等的情况，才可以投决定性一票。

总部是亚洲开发银行的执行机构，负责亚洲开发银行的业务经营。在总部内设有 9 个局和 11 个局级办公室。亚洲开发银行除总部外，还在借款多的国家和地区设立了常驻代表处。

3. 亚洲开发银行的资金来源

亚洲开发银行的资金主要来源于普通资金和特别基金两个方向。除此之外，亚洲开发银行还从其他资金渠道为项目安排联合融资。

(1) 普通资金

普通资金是亚洲开发银行开展贷款业务的最主要资金来源，普通资金有以下部分构成：股本、借款、普通储备金、特别储备金、净收益、预交股本。亚洲开发银行初建时，法定股本为 10 亿美元，分为 10 万股，每股 1 万美元。1978 年 4 月 1 日，每股改按 1 万特别提款权计算。亚洲开发银行首批认缴股本中，成员国的实缴股本和待缴股本各占 50%。实缴股本分 5 次缴纳，每次缴 20%，每次缴纳金额的 50%以黄金或可自由兑换货币支付，其余的 50%以本国货币支付。待缴股本由成员国保存，在亚洲开发银行催缴时以黄金、可自由兑换货币或亚洲开发银行需要的货币支付。

亚洲开发银行理事会每 5 年对法定股本进行一次审查，根据业务经营的需要，决定是否增资和认缴股本的分配情况。亚洲开发银行在第三次普遍增资时决定：实缴股本占认缴股本的 5%，其余的 95%为待缴股本。实缴股本中的 40%以可自由兑换货币支付，60%以本国货币支付。

也是亚洲开发银行的重要资金来源，亚洲开发银行的借款部分来自于在主要国际资本市场发行长期债券筹集资金，也向会员国政府、中央银行以及其他国际金融机构借入款项，有时还向国际商业银行直接借款。

(2) 特别基金

亚洲开发基金建立于 1974 年 6 月，专向亚太地区贫困成员国发放优惠贷款。亚洲开发基金主要来源于亚洲开发银行发达成员国的捐赠。在这些国家中，日本是最大的认捐国，其次是美国。除此之外，亚洲开发基金还有两个来源：一是亚洲开发银行理事会按照银行章程规定，从各成员国缴纳的未核销实缴股本中拨出 10%的款项留给该基金；二是亚洲开发银行从其他渠道取得的一部分捐款。

技术援助特别基金建立于 1967 年，主要用于提高发展中国家人力资源的素质和加强执行机构的建设。具体来说是资助发展中国家聘请咨询专家、培训人员、购置设备进行项目准备和项目执行、制定发展战略、加强机构建设和技术力量、从事部门研究等。技术援助基金主要来源于各成员国的捐赠。另外，亚洲开发银行理事会于 1986 年 10 月 1 日决定，从为亚洲开发基金增资的 36 亿美元中，拨出 2%的款项给技术援助特别基金。

日本特别基金建立于 1988 年 3 月 10 日，用于支持发展中国家所进行的与实现工业化、开发自然资源、人力资源以及引进技术有关的活动，以便加速发展中国家的经济增长。该项基金全部由日本政府捐赠。

(3) 联合融资资金

通过多、双边渠道，从出口信贷代理商、市场金融机构、商业银行、寿险公司及养老金等金融机构，为一揽子合同项目筹集的资金或从供货商筹集的资金，或者是以提供部分信贷保金、偿还部分债务及保险金等为目的筹集的资金。

4. 亚洲开发银行的主要业务活动

亚洲开发银行的主要业务是向本地区发展中国家提供贷款。亚洲开发银行的贷款分为硬贷款、软贷款和赠款。硬贷款是由亚洲开发银行普通资金提供的贷款，贷款的期限为 10~30 年，含 2~7 年的宽限期，贷款的利率为浮动利率，每半年调整一次。软贷款又称优惠利率贷款，是由亚洲开发基金提供的贷款，贷款的期限为 40 年，含 10 年的宽限期，不收利息。仅收 1%的手续费。赠款资金由技术援助特别基金提供。

亚洲开发银行成立以来。其贷款业务发展十分迅速，涉及农业和农产品加工业、能源、工业、交通运输、通信、开发银行、环境卫生、供水排水、教育、城市发展以及人口控制等众多部门。其中农业和农产品加工业、能源及交通运输业是亚洲开发银行发放贷款的重点部门。

亚洲开发银行的贷款对象为成员国政府及所属机构、其境内的公私企业和与开发本地区有关的国际性或地区性组织。

亚洲开发银行的贷款方式与国际复兴开发银行相似，主要有项目贷款和规划性贷款。项目贷款是为会员国的具体建设项目提供的贷款，是亚洲开发银行的主要贷款方式。贷款程序也要经过项目确定、可行性研究、实地考查评估、签署借贷协议、贷款生效、项目的执行与监督、项目完成后的评价等一系列环节。规划性贷款是对会员国某个需要优先发展的部门提供的贷款。另外，亚洲开发银行的贷款有些是通过会员国的金融机构进行转贷。

亚洲开发银行除贷款外，还提供技术援助，其类型分为项目准备技术援助、项目执行技术援助、咨询性技术援助和区域活动技术援助。项目准备技术援助是帮助成员国确定项目或进行项目的审核。使亚洲开发银行或其他金融机构能顺利地对项目进行投资。项目执行技术援助是帮助项目执行机构(包括开发性金融机构)提高管理能力，以便更好地执行亚洲开发银行贷款的项目。咨询性技术援助是用于帮助有关机构加强建设，进行人员培训，研究部门政策和策略，制定国家发展规划等。区域性技术援助用于重要问题的研究，开办培训班，举办涉及整个区域发展的专题研讨会等。亚洲开发银行开发银行在亚太地区社会经济发展中起着重要的作用。

5.7.2 国际清算银行

国际清算银行(BIS)是根据 1930 年 1 月 20 日签订的海牙国际协定，于同年 5 月由英国、法国、意大利、德国、比利时、日本 6 国的中央银行，以及代表美国银行界利益的三大商业银行(摩根银行、芝加哥花旗银行和纽约花旗银行)组成的银行集团联合组成的，行址设在瑞士的巴塞尔。后来欧洲各国、加拿大、澳大利亚和南非的中央银行也纷纷加入。成立这家金融机构的目的是办理第一次世界大战后德国赔款的支付和战后所造成的国际债务的支付和转移等，随着战后债务问题的解决，国际清算银行并没有解散，它先后成为“欧洲经济合作组织”、“欧洲支付同盟”、“欧洲煤钢联营”、“黄金总库”、“欧洲货币合作基金”等的金融代理人，承担着繁重的结算工作，执行着“中央银行的银行”的职能。

国际清算银行的宗旨是：促进各国中央银行之间的协作，为国际金融活动提供方便，在国际金融清算中充当受托人或代理人。

1. 国际清算银行的组织机构

国际清算银行的最高权利机构是股东大会，股东大会每年举行一次，由认购该行股票的各国中央银行派代表参加。股东大会审查通过年度决算、资产负债表、损益计算表和红利分配办法。股东大会的投票权数根据认股数按比例分配。

国际清算银行的实际权力由董事会掌握。董事会由董事长、副董事长各一名及董事 11

名组成。董事会下设经理部、货币经济部、秘书处和法律处。目前有职工 300 名。经理部有总经理和副总经理各一人及经理、副经理 10 余人，下设四个机构，及银行部，主管具体银行业务。货币经济部，负责调查研究工作。

2. 国际清算银行的职能和业务

国际清算银行的职能是办理多种国际清算业务，因此它主要是和各国中央银行往来。此外，也和一些国家的商业银行有往来关系。目前全世界约有 80 多家中央银行在国际清算银行保有存款账户，各国约 10%的外汇储备和 3000 多吨的黄金存在该行。该行还办理各国政府国库券和其他债券贴现和买卖业务，买卖黄金、外汇，或代理各国中央银行买卖。

国际清算银行还是各国中央银行进行合作的理想场所。很多国家的中央银行行长每年定期在巴塞尔年会上就一些世界经济与金融形势问题进行讨论。探讨如何协调宏观政策和维持国际金融市场的稳定。尤其是该行的董事会每月在巴塞尔开会，以及主要发达国家中央银行频繁接触，对协调它们之间的货币政策起到了很重要的作用。另外，国际清算银行还尽力使其全部金融活动与国际货币基金组织的活动协调一致，并与其联手解决国际金融领域的一些棘手问题。

小　　结

在本章中，介绍了两部分的内容。其一是国际金融市场，其二国际金融机构。其中重点内容包括：国际金融市场的定义，各种传统国际金融市场，欧洲货币市场，国际货币基金组织，世界银行集团。其中难点部分是：欧洲货币市场的概念与产生的原因、特点和构成等；重点需要掌握的部分是：国际金融市场的特点、形成条件，国际货币市场、资本市场、外汇市场和黄金市场的特点及其业务等。

复习思考题

1. 名词解释

(1) 国际金融市场

(2) 离岸金融市场

(3) 欧洲货币市场

2. 问答题

(1) 什么是国际金融市场？主要有哪些类型？

(2) 当代国际金融市场的特点是什么？

(3) 国际金融市场的形成需要哪些条件？
(4) 传统国际货币市场主要包括哪些市场？
(5) 世界著名外汇和黄金市场主要有哪些？
(6) 如何理解欧洲货币与欧洲货币市场的含义？
(7) 欧洲货币市场形成与发展的原因是什么？
(8) 简述欧洲货币市场的特点及构成。
(9) 欧洲债券市场的特点是什么？
(10) 简述国际金融机构的性质与作用。
(11) 国际金融机构发挥着哪些作用？
(12) 简述国际货币基金组织的宗旨、资金来源和主要业务活动。
(13) 简述国际复兴开发银行的宗旨、资金来源和主要业务活动。
(14) 国际复兴开发银行的贷款条件和方向是什么？
(15) 试比较国际货币基金组织和国际复兴开发银行提供的贷款的不同点。
(16) 简述国际开发协会和亚洲开发银行的宗旨和资金来源。

案例及热点问题分析

案例及热点问题分析 5-1

开曼：离岸绿洲还是避税天堂

国家外经贸部统计资料显示，在去年外商对华投资十大来源地中，开曼群岛排在第五位。一个人口不足 3 万、面积不足 300 平方公里的小岛，为什么能在众多对华投资国家和地区中名列前茅？业内人士指出，这是因为开曼群岛是所谓的“离岸绿洲”，世界上不少投资者都在那里注册公司，然后再把资金投往别处。这个“绿洲”为何有如此大的魔力？且让我们撩起它神秘的面纱——在加勒比海蔚蓝的大海上，有 3 座美丽的小岛，岛上覆盖着茂密的热带雨林。雪白的沙滩，亭亭玉立的棕榈树，温和湿润的气候，使这里成为迷人的海滨胜地。这就是世界著名的避税天堂和离岸金融中心——开曼群岛。

3 万常住人口，4 万家公司开曼群岛面积为 259 平方公里，首府是乔治敦。该地区年生产总值约 6 亿美元，人均生产总值近 3 万美元，是加勒比海最富裕的地区。除旅游业之外，开曼最主要的支柱产业是离岸金融业务。

离岸金融是指设在某国境内、但不受该国金融法规管制的金融机构所进行的资金融通业务。它形成的离岸金融市场为非居民间从事国际存贷业务的市场，资金必须来自银行所在国的非居民或其他国际来源的外币资金，基本上不受任何一国货币法令的管制，并享受免税或减税、可自由汇出境外等待遇。这种中心可分 3 种类型，伦敦型、纽约型及避税港型。开曼群岛的离岸金融市场就属于避税港型。

开曼群岛 1670 年被英国占领，1962 年前属英国牙买加管辖，牙买加独立后由英国派总督直接管辖至今。20 世纪 60 年代以来，因拒绝参加牙买加的双重税收条约，开曼成为具有独立而特殊税收环境的地区。巴克莱银行、加拿大皇家银行、帝国商业银行等接踵而至，在此建立离岸金融机构。

20 世纪 70 年代以来，花旗银行等美国、加拿大、英国及瑞士的银行、信托公司、保险公司及其他机构相继落脚开曼，原设在巴哈马群岛的公司、银行、信托等机构也迁来凑热闹。近年来，得益于欧洲货币市场的迅速发展，开曼的离岸银行机构以每年 23.4%的速度增加，使开曼成为世界上人均拥有银行最多的地区。

目前，开曼已成为世界上最大的离岸金融中心之一，据统计，开曼的离岸银行拥有高达 8000 亿美元的外来资产。离岸金融业务每年至少为开曼当局增加 2500 万美元的收入，这占其总收入的 15%以上。除了银行以外，保险公司和其他跨国投资企业也纷纷在开曼注册离岸公司。说起来让人难以置信，开曼群岛只有约 3 万常住人口，在岛上注册的公司却多达 4 万家。

名曰离岸金融中心，实为避税天堂

小小的开曼群岛何以引来这么多的“公司”？原因之一在于它的税收“优势”。离岸金融中心只是一个“美称”，在国际上，它们还有另一个名字——“避税地”。开曼群岛就是一个著名的避税地，它以税收和地理上的优势吸引大量投资者，成为逃税者的天堂。开曼不征收任何所得税和财产税。对于外国投资者在岛上注册但不在岛上经营的豁免公司，开曼提供 20 年内不征收所得税的保证，而豁免信托公司可得到 5 0 年内不课征所得税的保证。在开曼注册的公司经常连一间办公室都没有，这就是人们常说的 “空壳”公司。这些公司大都没有实际业务，而是充当各种投资及贸易媒介，有的公司甚至私下接受洗钱，其收入形式一般为佣金，收入享受免税后可再投资或转移回国。注册这种公司的好处是可以合法地避开本国税务机构的管制，还可长期免缴开曼税收，享有资产经营高度保密的权利，同时不受任何财务报告及资产估算制度的约束。

开曼何以成为避税天堂

像开曼群岛这样的国际避税地，之所以对跨国投资者具有巨大的吸引力，是因为除无税或低税以外，还具有其他一些有利条件，比如政治和社会稳定、交通和通讯便利、银行保密制度严格、对汇出资金不加限制等。交通和通讯便利是避税地应具备的“硬件”之一。从避税地在全球的分布来看，一些重要的或著名的避税地与主要的资本输出国在地理位置上都很接近，这就为吸引跨国公司前来投资创造了便利条件。

以开曼群岛为例，从该岛到美国迈阿密的飞行时间仅为 1 小时，每天都有几个航班。另外，避税地的交通和通信一般都很发达，适应开展离岸业务的需要。跨国公司利用避税地避税，无疑会损害高税国的税收利益，所以高税国对本国公司向境外转移资金十分关注。因此，为了吸引避税公司，避税地一般都很重视银行的保密问题。开曼群岛在1966年就颁布了《银行和信托公司管理法》，规定了为客户保密的原则。1976年，开曼又制定了《保密关系法》，规定对泄密者最高可处以两年徒刑。由于有严格的保密法，外国政府很难从开曼的银行取得客户存款账户信息。在开曼，避税行为并不算违法，开曼政府一般并不因外国政府调查税收案件而向其提供有关情报。这样的银行保密制度，无疑是为逃税和洗钱撑开了保护伞。

根据有关资料，由于“避税天堂”的存在，全世界每年避税及洗钱的金额超过6000亿美元，使发展中国家遭受的财政损失每年高达500亿美元，几乎相当于西方国家援助发展计划的总额。对于开曼等避税地，联合国和经合组织都持反对态度，并成立了专门的小组，强调打击国际避税。

(资料来源：中华会计网校，中国税务报)

[问题]

讨论：避税港型离岸金融中心存在的利弊。

案例及热点问题分析5-2

纽约金融市场

纽约是世界最重要的国际金融中心之一。第二次世界大战以后，纽约金融市场在国际金融领域中的地位进一步加强。美国凭借其在战争时期膨胀起来的强大经济和金融实力，建立了以美元为中心的资本主义货币体系，使美元成为世界最主要的储备货币和国际清算货币。西方资本主义国家和发展中国家的外汇储备中大部分是美元资产，存放在美国，由纽约联邦储备银行代为保管。一些外国官方机构持有的部分黄金也存放在纽约联邦储备银行。纽约联邦储备银行作为贯彻执行美国货币政策及外汇政策的主要机构，在金融市场的活动直接影响到市场利率和汇率的变化，对国际市场利率和汇率的变化有着重要影响。世界各地的美元买卖，包括欧洲美元、亚洲美元市场的交易，都必须在美国，特别是在纽约的商业银行账户上办理收付、清算和划拨，因此纽约成为世界美元交易的清算中心。此外，美国外汇管制较松，资金调动比较自由。在纽约，不仅有许多大银行，而且商业银行、储蓄银行、投资银行、证券交易所及保险公司等金融机构云集，许多外国银行也在纽约设有分支机构，1993年世界最大的100家银行在纽约设有分支机构的就有95家。这些都为纽约金融市场的进一步发展创造了条件，加强了它在国际金融领域中的地位。

纽约金融市场按交易对象划分，主要包括外汇市场、货币市场和资本市场。

纽约外汇市场是美国，也是世界上最主要的外汇市场之一。纽约外汇市场并无固定的交易场所，所有的外汇交易都是通过电话、电报和电传等通信设备，在纽约的商业银行与外汇市场经纪人之间进行。这种联络就组成了纽约银行间的外汇市场。此外，各大商业银行都有自己的通讯系统，与该行在世界各地的分行外汇部门保持联系，又构成了世界性的外汇市场。由于世界各地时差关系，各外汇市场开市时间不同，纽约大银行与世界各地外汇市场可以昼夜 24 小时保持联系。因此它在国际间的套汇活动几乎可以立即完成。

纽约货币市场即纽约短期资金的借贷市场，是资本主义世界主要货币市场中交易量最大的一个。除纽约市金融机构、工商业和私人在这里进行交易外，每天还有大量短期资金从美国和世界各地涌入流出。和外汇市场一样，纽约货币市场也没有一个固定的场所，交易都是供求双方直接或通过经纪人进行的。在纽约货币市场的交易，按交易对象可分为：联邦基金市场、政府库券市场、银行可转让定期存单市场、银行承兑汇票市场和商业票据市场等。

纽约资本市场是世界最大的经营中、长期借贷资金的资本市场。可分为债券市场和股票市场。纽约债券市场交易的主要对象是：政府债券、公司债券和外国债券。纽约股票市场是纽约资本市场的一个组成部分。在美国，有 10 多家证券交易所按证券交易法注册，被列为全国性的交易所。其中纽约证券交易所、NASDAQ 和美国证券交易所最大，它们都设在纽约。

对比纽约和其他你所了解的信息，谈谈上海在建立国际金融中心的过程中还有哪些方面需要提高？

课后阅读材料

课后阅读 5-1

伦敦同业拆借利率(LIBOR)

LIBOR 即 London InterBank Offered Rate 的缩写，目前译成的中文名字多为“伦敦同业拆借利率”，这些拆款利率是英国银行家协会(British Banker’s Association)根据其选定的银行在伦敦市场报出的银行同业拆借利率，进行取样并平均计算成为指标利率，该指针利率在每个营业日都会对外公布。

所谓的同业拆借利率指的是银行同业之间的短期资金借贷利率。同业拆借有两个利率，拆进利率(Bid Rate)表示银行愿意借款的利率；拆出利率(Offered Rate)表示银行愿意贷款的利率。一家银行的拆进(借款)实际上也是另一家银行的拆出(贷款)。同一家银行的拆进和拆出利率相比较，拆进利率永远小于拆出利率，其差额就是银行的得益。在美国市场上，一般拆进利率在前，拆出利率在后，例如 3.25~3.50。在英国市场上，一般是拆出利率在前，拆进利率在后，例如 3.50~3.25，两种情况下，都表示为“我借款 3.25。我贷款 3.50”。同业拆借中大量使用的利率是伦敦同业拆借利率(London InterBank Offered Rate，LIBOR)。

进一步来看,LIBOR是伦敦的第一流银行借款给伦敦的另一家第一流银行资金的利率。现在LIBOR已经作为国际金融市场中大多数浮动利率的基础利率，作为银行从市场上筹集资金进行转贷的融资成本，金融业贷款协议中议定的 LIBOR 通常是由几家指定的参考银行，在规定的时间(一般是伦敦时间上午 11：00)报价的平均利率。目前全球最大量使用的是 3 个月和 6 个月的 LIBOR。我国的银行对外的筹资成本即是在 LIBOR 利率的基础上加一定百分点。

LIBOR 的走势主要取决于各国的货币政策，并随着市场的资金供求状况而不断变动。LIBOR 是目前国际间最重要和最常用的市场利率基准，也是银行从市场上筹集资金进行转贷的融资成本参考。除了各大新闻通信公司每日提供相关的 LIBOR 报价信息之外，也可以在英国银行家协会的网页(www.bba.org.uk)查询到历史资料，即可以很容易地了解到 LIBOR 近期和历史的水平。

另外，从 LIBOR 变化出来的，还有新加坡同业拆借利率(SIBOR)、纽约同业拆借利率(NIBOR)和香港同业拆借利率(HIBOR)等。

(资料来源：财智网)

课后阅读 5-2

加勒比离岸金融业基本情况和特点

1. 离岸金融业的由来和避税港介绍

加勒比地区离岸金融业的来源资金主要是出于避税的目的，而此项业务的提供地主要是一些资源匮乏的发展中的微小型国家，他们通常旅游资源丰富，基础设施及旅游配套的设施相对比较完善，如电信、银行等行业比较发达。由于以上特征，这些国家都希望大力发展服务业，不断探讨新兴的行业以增加国内收入和就业，离岸金融业就是在这种背景下产生的。这些国家依靠低税收政策来吸引国外逃税的游资进入他们的金融机构，然后利用这些资金去国际市场投资。有些进入离岸金融业的资金甚至是非法资金，通过离岸金融业务提供地来达到“洗钱”的目的。这一点在加勒比地区的此项业务中表现更加明显。

离岸业务提供地通常被称作“离岸中心”或“避税港”，下面就对避税港的相关情况作一简单介绍：

避税港国家对本国居民可能征税，但通常不对离岸投资者征税。离岸地区对离岸投资者来说没有任何税赋：没有个人或企业所得税、没有资本利得税、没有外国投资税、汇出税、地产税、销售税和增值税等。在避税港成立的公司不要求提交财务报告，也不需要向其母国缴税。一般来说，每年只须缴纳不超过 500 美元的注册费用，但这是此类公司须缴纳的惟一费用。目前比较著名的避税港有加勒比地区的巴哈马、英属维尔京群岛、伯里兹、安提瓜、特克斯与凯科斯、圣基兹与尼维斯等、亚洲的巴林和欧洲的卢森堡等地。其中，加勒比地区大多数岛国都是离岸金融业比较发达的地区。

避税港国家有严格的法律规定，明确禁止金融机构(包括银行、代理商、保险公司等)和咨询业人员(代理商、会计、律师、投资顾问等)将客户资料或有关会计资料泄露给任何第三方，不管第三方是个人、公司或政府等。这些法律规定任何泄露信息者可能被判一年以上的刑期并罚款至少 1 万美元。

在避税港地区注册的企业形式大多是国际商务公司(IBC)，IBC 是经营私人业务的最好方式，这种公司完全是私人性质的，即使是注册地国家政府也不知道注册者本人、公司董事成员、股东情况和公司管理人员的身份，因此也永远不会泄露此类信息。只有注册者知道他的公司的人员情况。注册地政府通常不知道注册者本人的情况，只知道有这么一家公司(如该公司每年按时交纳政府费用，这就表示该公司“信用良好”)及其注册日期。政府相关法规允许该公司在世界各地经营业务(但大多数 IBC 不允许在其母国从事经营活动，金融业务除外)。和美国公司一样，IBC 可以由同一个人同时兼任公司股东、董事、总裁、代理或公司内部其他任何职务，一个人可以代表整个公司，不需要任何其他人。

离岸公司的股份发行与非离岸地区也不一样，他们具有高度的隐私权，股份持有人就是公司所有者，只有他/她本人知道他/她拥有某离岸公司的股份，因为股份发行不需要到政府机构登记。因此，离岸公司的所有权是保密的，此类股份可以在完全保密的情况下进行买卖或交换。

2. 加勒比地区离岸金融业的发展现状

概括地说，加勒比地区除几个有开采性资源的岛屿如牙买加、特多等国家外，其他较小的岛屿如安圭拉、安提瓜和巴布达、巴哈马、巴巴多斯、伯利兹、百慕大、开曼群岛、多米尼克、圣卢西亚、圣文森特和格林纳丁斯、英属维尔京群岛等国家和地区都有离岸金融业。他们的自然地理条件基本相似，没有或少有独立的加工业，国内消费品以进口为主，国民收入基本以旅游等服务业为主要来源，如安提瓜等小岛的旅游业收入基本占 GDP 的 80%左右，他们都希望想方设法通过扩大服务业领域以增加就业，从而进一步增加国民收入，离岸金融业出现后，成为这些国家的新兴行业。他们纷纷制定相应的政策法规以鼓励和规范离岸金融业的发展。其中，巴哈马是世界头号离岸金融中心，同阿拉伯地区的巴林等被称为世界上最主要的离岸金融业集中地带。巴哈马 1998 年通过的《信托法》对离岸金融业的各个相关环节和有关从业人员的职责范围等做了明确规定，与此同时，他们还采取措施拓宽离岸资金的投资渠道并在汇率及税收等方面实行更加优惠的政策以吸引更多的离岸资金。

3. 加勒比地区离岸金融业的运作方式和特点

离岸金融业的通常做法是：离岸业务提供国对在其国内注册的离岸公司或金融机构所从事的业务提供免税待遇，注册公司只通过律师或会计师等在注册国办理注册手续并代理相关业务，政府对注册公司只收取一定的注册费、注册代理费、董事提名费和受托费等有限的费用。实际上，离岸公司只在注册国注册，并不一定在那里从事实质性的业务经营活动，仅通过注册国过一道财务上的手续而避开来源国的税收监管，把资金用于境外经营业务，从而达到规避本国税收的目的。同时，各离岸金融业务提供国都制订相应的严格保密法律法规，以保证这些公司的隐私权。加勒比地区各国的离岸金融业运作方式大体也是这样，他们都制订了相应法规并不断完善配套服务体系，如安圭拉制订了《国际商务公司协调法》并推行在线注册等、安提瓜制订的《国际商务公司法》并成立了国际金融行业管理局、巴哈马的《信托法》等。

由于离岸金融的这些特点，离岸金融业对国际资本有巨大的诱惑力。国际游离资金和一些希望逃离本国税收监管的资金纷纷到这些国家注册离岸公司，从而刺激了离岸金融业的发展，与此同时，一些发达国家也纷纷制订相应法规，限制本国资金外流，如美国就限制在本国出版的报纸杂志上刊登宣传离岸金融服务的广告。

对离岸公司来讲，离岸业务的优点表现在以下几个方面：

(1) 能更好地规避本国法律管制。

(2) 如果他的财产由离岸公司拥有，则债权人不易追索。

(3) 起诉离岸业务的法官要面临不同的司法体系限制。

(4) 可以规避本国所得税和遗产税。

(5) 有更强的保密性和隐私权。

(6) 财产一旦进入离岸地区，则转移更加方便。

(7) 离岸信贷方面的法律较国内信贷法律更具体，保护性更强。

(8) 离岸中心财产通常没有当地所得税、资本利得税、利润税、公司税、遗产税和汇出税等。

(资料来源：《世界商业评论》)

第 6 章　国际货币制度

【内容提要】

随着国际金融市场一体化和国际贸易的发展，国际货币关系日益成为世界经济中的一个非常重要和复杂的问题。它突出反映了各国间的种种矛盾，涉及各国的利害关系和经济发展。本章主要让读者掌握有关国际货币制度的概念、内容及其演变，现行国际货币制度的特征、缺陷以及国际货币制度的改革等方面的内容。

本章具体内容包括：

1. 国际货币制度的概念、内容及其演变
2. 国际金本位制度的特点、作用和影响，以及国际金本位制度的崩溃
3. 布雷顿森林体系的建立、主要内容、作用及其崩溃
4. 牙买加体系的形成、主要内容和特点

6.1　国际货币制度概述

6.1.1　国际货币制度的概念及其内容

1. 国际货币制度的概念

国际货币制度(International Currency System)也称国际货币体系，是指为适应国际贸易与国际支付的需要，各国政府对货币在国际范围内发挥世界货币职能所确定的原则、采取的措施和建立的组织形式。它是支配各国货币关系的规则和机构所形成的一个完整的系统，是国际货币关系的集中反映。

国际货币制度构成国际金融活动总的框架，各国之间的金融交往，在各个方面都要受到国际货币制度的约束。国际货币制度是随着国际经济交往的不断发展而产生和形成的。由于商品经济在全世界范围内的发展，各国之间的贸易关系和其他各个领域的经济关系也日益扩大。各国之间的贸易往来、债务清算、资本移动等日趋频繁，它们最终都要通过货币进行清算和支付。但是，由于各国货币都是在本国社会经济的历史发展过程中形成的，它们在国际间不具有普遍接受的性质。各国关于本币以及它与外国货币的兑换都要有不同的规定，这样就产生了国际范围内协调各国货币安排的必要，国际货币制度正是在这一基础上形成的。

2. 国际货币制度的内容

国际货币制度的内容一般主要包括如下三个方面：

(1) 各国货币汇率的确定。汇率和汇率制度是国际货币关系的一个中心问题。汇率作为各国货币价值的一种特殊表现形式，它把一国的物价同世界市场价格联系起来。汇率问题的特殊性正是在于，虽然它本身只是货币的价格，但它却可以影响其他一系列重要的价格，特别是可以影响一系列的相对价格。而这些相对价格变动，又直接牵涉到各国之间经济利益的再分配。所以，关于汇率和汇率制度的安排，也就构成了国际货币制度的基本内容之一。根据国际交往与国际支付需要，以及使货币在国际范围内发挥世界货币职能，各国政府要规定货币汇率确定的依据、汇率波动界限、货币汇率的调整、维持汇率采取的措施等。

(2) 对国际收支失衡的调节。国际收支是各国对外经济活动的系统记录。从世界经济的全局来看，国际收支及其调节是国际货币制度的重要问题。国际收支调节机制的失灵或不健全，会使整个国际货币制度失去运行的基础。所以，确立国际收支调节机制有效地帮助和促进国际收支失衡的国家进行调节，是国际货币制度的主要内容之一。

(3) 国际储备资产的确定。为了应付国际紧急支付和稳定汇率的需要，一国必须要保持一定数量的为世界普遍接受的国际储备资产。各个不同国家用什么作为储备的标准，不但取决于各国本身的经济状况，而且也取决于国际的协调或国际的普遍接受性。国际储备资产作为国际清偿力，在各个历史时期有着不同的内容，这也构成了国际货币制度的重要组成部分。

6.1.2 国际货币制度的作用

1. 为世界贸易支付清算和国际金融活动提供统一的运行规则

在历史上的三个国际货币制度中，均对用作国际清算和支付的工具国际货币运作规则作出具体规定。比如：当确定黄金或特别提款权为国际货币用作国际清算和支付时，国际货币制度还进一步规定了黄金和特别提款权兑换其他各国货币的比价及方式。

2. 确定国际收支调节机制

合理的国际收支的调节机制能够确保世界经济秩序的稳定和各经济体的经济均衡发展。具体国际收支的调节机制表现在以下三个方面：

(1) 汇率机制：在历史上的三个国际货币制度中，有关汇率机制的规定是不同的。例如：在固定汇率制度之下，一个出现逆差的国家必须经常性地采用财政政策，货币政策和管制政策来维持国际收支的平衡。在浮动汇率制度下，汇率的波动本身会自然具有国际收支的调节功能。显然，汇率的波动可以反映国际收支的状况，同时调节国际收支。作为国际货币制度的任务之一就是根据世界经济形势和各国经济状况，来确定汇率机制。

(2) 对逆差国资金融通机制：这主要是指确定当某国发生国际收支逆差时，能在什么样的条件下从什么地方去获取资金和资金的数量及币种用于弥补国际收支逆差。资金融通从某种程度上可以取代国际收支调节或减轻国际收支调节力度。资金融通的数量越大、条件越松，则国际收支的政策调节的必要性就会下降。国际货币制度的任务要求能够确定合适的资金融通机制，使融资的数量条件适宜，避免出现不必要的国际收支调节政策。

(3) 对国际货币(储备货币)发行国的国际收支纪律约束机制。对于一些本国货币就可以充当国际储备货币的(如美元)国家来说，它们只要输出本国货币就可以弥补或减轻国际收支的逆差程度。这种情况下，如果不对这些国家采取适当的约束机制，其结果是它们会基于某种本国目的而持续地保持没有压力的国际收支逆差，进而向全世界输出通货膨胀，破坏全球经济的稳定。因此国际货币制度也把对国际货币发行国的国际收支纪律约束作为其关键的任务之一。

3. 协调各国货币金融事务和经济政策

早期的国际货币制度(如金本位制)之下，所有有关国际货币金融的事务的协调磋商和解决往往是通过多边协商实现的。随着战后世界各国间的联系越来越紧密，形式越来越多样化，范围越来越广，多边的协调已经不能解决问题，所以有必要建立一种基于在一般国家之上的带有权威性的国际金融机构，用以制定各国必须遵守的行为准则，监督各国的金融行为，并提供必要的援助。

6.1.3 国际货币制度的类型

按照不同的标准对国际货币制度可以进行不同的分类。国际货币制度的类型可以根据三个重要标准进行。

1. 按照货币本位划分

货币本位是国际货币制度中的一个重要构成部分。它直接关系到储备资产的性质。国际货币储备包括两类：商品储备和信用储备。根据储备的性质可以将国际货币制度分为三大类：

(1) 纯粹商品本位，例如：金本位。

(2) 纯粹信用本位，例如：不可兑换的纸币本位。

(3) 混合本位，例如：金汇兑本位。

2. 按照汇率制度划分

汇率制度是构成国际货币制度中的另一个重要构成部分。占据着国际货币制度的核心地位。汇率制度中的两个极端情况是绝对固定和完全弹性。在前面的汇率制度的知识中我们知道，现实中这两种情况都是不存在的。介于两者之间的有：管理浮动汇率制度、可调整的固定汇率制度、长期固定汇率制度等。例如：金本位制中就是长期固定汇率制度。

3. 按照国际货币制度的演变过程划分

从历史上来看，国际货币制度可以分为三个时期：

(1) 国际金本位制，就是以黄金作为国际本位货币的制度。

(2) 布雷顿森林体系，就是指黄金美元作为本位货币的制度。

(3) 牙买加体系，就是浮动汇率制度。

6.2 国际金本位制

国际金本位制度是世界上首次出现的国际货币制度，英国作为最早的发达资本主义国家，于 1816 年实行了金本位制，用黄金来规定货币所代表的价值。1865 年，法国、比利时、瑞士三国组成拉丁货币同盟，发行了货币史上流通最久的金法郎，规定其含金量为 0.903 225 8 克纯金，这种国际间通用的金铸币，一直到 20 世纪 30 年代才停止流通。

到 1879 年，事实上所有的主要工业国家和多数较小的国家都采用了金本位制。1914 年一战时，全世界已有 59 个国家实行金本位制。但是，让人吃惊的是没有什么条约可以证明或标志着金本位制的诞生。美国在该年采用了金本位制，将一美元定义为 23.22 哩黄金。由于当时每盎司黄金为 480 哩，故一盎司黄金就等于 20.67 美元。

国际金本位制度的产生并非偶然，它不是各国协商的结果，而是许多国家在其经济发展到一定阶段后，必然采取贵金属作为货币，使黄金执行世界货币的职能，使金本位制自然地具有了国际货币制度的性质。

之所以选择金这种贵金属作为货币，其一是因为金是一种理想的货币材料，它质地均匀，便于分割和携带，体积小，价值高，易收藏。所以早在古代，金就被人们当作货币商品。其二，在 17~18 世纪，大多数国家实行金银复本位制。后来，由于白银产量大幅增加，银价暴跌，金银价值相对不稳定，产生了“劣币驱逐良币”现象，造成金币退出流通，银币充斥市场，从而使货币制度陷入混乱。白银因此而逐步退出货币的舞台。

金币本位制度在资本主义世界盛行了约百年之久，虽然其已经成为货币史上的历史陈迹，但它给货币制度带来了深远影响。

6.2.1 国际金本位制度的特点

在金本位制度(The Gold Standard)下，黄金具有货币的全部职能。国际金本位制度，就是以一定成色及重量的黄金为本位货币的一种货币制度，即法律确定金铸币为本位货币。1816 年英国制定了《金本位制法案》，开始采用金本位制度。此外，资本主义各国都先后实行了金本位制。在金本位制下，各国将其货币单位规定同一定成色和重量的黄金相联系，即一国之本位货币是用一定成色和重量的黄金表示的，从而确定了货币的含金量。各国货币含金量之比，当时称为铸币平价。各国货币的比价或汇率，就是以这种铸币平价为基础。

各国货币当局随时愿意按所规定的货币单位的含金量，根据一定条件买卖黄金。在国际支付和结算中实行自由的和多边的国际结算制度，各国货币可以自由兑换，黄金被普遍地用作国际间的支付手段和最后清算手段。这样，黄金发展成了一种世界货币，并同各国对货币在国际间的汇兑、支付等也有了一套普遍公认的做法，因而形成了国际金本位制度。

1. 金币本位制的特点

在国际金本位制度时期，根据货币与黄金的联系程度不同，金本位制可分为金币本位制(Gold Coin Standard System)、金块本位制和金汇兑本位制三种。在第一次世界大战前，各国普遍实行的是金币本位制，这是金本位制度的典型形态。狭义的金本位制度即指金币本位制，它是一种以黄金作为本位货币的货币制度。它的主要特点是：

(1) 各国货币以黄金为基础保持固定比价关系，即以铸币平价为中心的比价关系，汇率波动幅度以黄金输送点为界限。

(2) 金币可以自由无限制铸造，本位币的含金量由法律确定后，由政府的造币厂无限制自由铸造；居民也可以用黄金请求造币厂代铸铸币。流通中的其他金属辅币和银行券可以按法定比例自由兑换成金币或者等量的黄金；本位币的价值与黄金的价格是一致的；金本位币可以自由熔化作为非货币用途的金块；金币可以自由输出入国界，数量不受限制。

(3) 实行自由多边的国际结算制度，政府不对国际收支进行直接管制。

(4) 国际收支主要依靠市场机制自发调节。

(5) 黄金作为主要的国际储备资产。

(6) 它的运行无需国际金融组织的监督。

由此可见，金币本位制是一种比较健全和稳定的典型的金本位货币制度，因此被称为“完全的金本位制”。

2. 金块本位制的特点

第一次世界大战爆发后，维持金币本位制的一些必要的条件逐步遭到破坏。为了重建世界货币秩序，1922 年在意大利召开了世界货币会议，决定恢复实行金本位制，这时因受战争重创，恢复完全的金本位制已不可能，以英国为代表的一些国家实行了金块本位制(Gold Bullion Standard System)。所谓金块本位制，是一种以金块办理国际结算而国内一般只流通纸币的变相的金本位制。金块本位制与金币本位制的主要区别是：在金块本位制下，金是在有限的范围之内才允许兑换，同时不铸造金币，金币也不流通。人们兑换黄金的条件是要求兑换的金量达到一定的最低数量，方能按照货币的含金量来兑换到金块。具体来说，它的主要特点是：

(1) 停止铸造金币，金币不再流通，而由银行券代替，但货币单位仍有含金量。

(2) 银行券等信用货币必须达到一定的金额以上才能兑换金块。如英国在 1925 年规定，一次至少兑换 400 盎司的金块(约合 1 700 英镑)。这就大大削弱了银行券与黄金的联系程度。

(3) 由国家储存金块，作为储备。

(4) 黄金仍可以自由地输出入国界，但已受到一定的限制。

3. 金汇兑本位制的特点

与此同时，一些经济实力较强的国家及一些殖民地，则实行了一种金汇兑本位制(Gold Exchange Standard)。所谓金汇兑本位制，又称虚金本位制，金汇兑本位制是一种间接兑换黄金的货币制度。在这种货币制度下虽然一国为货币单位规定含金量，但其货币并不能兑换黄金甚至金块。这种货币可以自由兑换成可以直接兑换黄金的外币。它是一种将本国货币间接地同黄金相联系的金本位制。实质是将本国货币同某个金本位国家(一般是宗主国或与之联系密切的强国)货币相联系，对外用金与对内用银的基本做法。采用这种本位制往往带有很强的歧视性。它的主要特点是：

(1) 国家规定金币为主币，但国内不铸造和不流通金币。

(2) 本国货币同别国货币的汇率按各自的含金量计算。

(3) 本国的黄金和外汇存放在一个经过选择的发达国家，通过无限制地买卖外汇来维持本国货币同该国货币之间的固定比价。

(4) 国内只流通银行券，银行券只能兑换外汇，而这些外汇在国外才能兑换黄金。

由此可见，同金币本位制相比，金块本位制和金汇兑本位制只能算作是残缺不全和不完善的金本位制度，是削弱了的金本位制度，是金本位制度走向信用本位制度的过渡形态，因为这两种类型的金本位同金币本位制相比，并没有稳定的基础，是一种不稳定的货币制度。因此被称为“不完全的金本位制”，20世纪30年代大危机后，这两种货币制度也都无法继续维持下去，取而代之的是一种不兑换的纸币或称管理纸币本位制度，早期的纸本位制须有黄金作为准备，到了近代，纸币本位制已形成管理纸币，纸币不再与黄金相联系。

6.2.2 国际金本位制度的崩溃

随着资本主义矛盾的发展，国际经济的不平衡加剧，金本位制的稳定性逐渐遭到破坏。到1913年末，英、美、法、德、俄五国占有世界黄金存量的2/3，这就削弱了其他国家货币制度的基础。一些国家为了备战，政府支出急剧增长，大量发行银行券，并在全世界范围内积极收集和争夺黄金，把国内已有的黄金集中在中央银行手中。从而使黄金的国际分配日益不均，银行券兑换黄金越来越困难。1914年第一次世界大战爆发后，各国都相继停止了货币兑换黄金，并实行黄金禁运，传统的国际金本位制度暂时停止实行。战争结束以后，世界经济形势发生了很大变化，战争期间各参战国为了融通战争经费，均发行了不能兑现的纸币，这些纸币在战后大大贬值，造成了严重的通货膨胀。同时各国货币之间汇率急剧波动对国际贸易和国际收支产生了严重影响。所以，战后各国先后着手恢复金本位制。

战争结束后美国、英国等先后实行金本位制。到1928年底，战前实行金本位制的国家基本上恢复了金本位制。但此时的金本位制已与战前的大不相同。黄金的地位比以前削弱了，其实，除美国仍实行原来的金本位制度外，英、法等国实行的是金块本位制，其他国家大都实行金汇兑本位制。无论金块本位制，还是金汇兑本位制，它们都是削弱了的金本位制度，因此，这种脆弱的国际货币制度，经过 1929－1933 年世界经济大危机的冲击，终于全部瓦解。

此外，由于黄金在世界范围内探明的储备量是有限的，这种有限的储备量无法跟上战后国际贸易迅速增长的需要等原因，1931 年 9 月英国宣布终止实行金块本位制，同英镑有联系的国家，也相继放弃了金汇兑本位制。接着，美国在 1933 年 3 月也宣布停止兑换黄金，放弃了金本位制。30 年代国际金本位制的崩溃是国际货币制度的第一次危机。

6.3　布雷顿森林体系

6.3.1　布雷顿森林体系的建立

第二次世界大战后，资本主义世界建立了一个以美元为中心的国际货币制度，即美元黄金本位制。这也是一种金汇兑本位制，一般称之为布雷顿森林体系(Bretton Woods System)。这一国际货币制度的建立，既是国际贸易和国际金融发展的需要，又是英、美两国在国际金融领域争夺主动权的产物。

国际金本位制度崩溃以后，国际货币金融关系失去了统一的标准和基础，以金本位制为标志的统一的国际货币制度瓦解，进入了一种无体系的、以几个货币集团进行货币战为特征的时期。货币集团是指一些国家联合组织的排他性货币联盟或货币区域，通常是以某个帝国主义国家的货币为中心，如英镑集团、美元集团和法郎集团等。

1931 年，英国联合英联邦国家及其他国家组成英镑集团。在集团内部，各成员国的货币同英镑保持固定比价，各国之间以英镑进行清算，并把本国外汇储备的大部分存入英格兰银行，调拨存款时，须经英国允许。英镑集团是一个非正式组织，第二次世界大战初期，英国为进一步加强外汇、贸易管制，于 1939 年用法律形式把成员国的关系固定下来，改称英镑区。

1934 年，美国及其属地、中南美国家等组成了美元集团。1939 年在美元集团的基础上建立了美元区，区内各国货币与美元保持固定比价。

法郎集团是在由法国、比利时、瑞士、荷兰、意大利等国所组成的金融集团宣告结束后，同殖民和附属国组成的一个货币集团，第二次世界大战爆发后又发展为法郎区。它是法国在贸易上和金融上控制区内各国的工具，也是保护区内市场、排挤区外国家、维护法郎的国际地位、对抗英镑和美元的武器。货币集团形成以后，在货币集团内部，以一个国家的货币为中心，并以这个货币作为集团内部的储备货币进行结算。各货币集团内部的货币比价、汇率波动界限以及货币兑换与支付均有统一严格的规定；对集团外的国际支付则采取严格的管制，从而导致各国货币战接连不断，国际货币制度使国际贸易受到了严重损害，进而加深了整个资本主义世界的经济萧条。因此各国纷纷要求建立新的国际货币制度，主张谋求国际金融方面的合作，以促进国际贸易的发展，但第二次世界大战的爆发又中断了这一历史的进程。

第二次世界大战使除美国以外的主要资本主义国家的经济遭受严重的破坏。战后各国把注意力逐渐放在复兴建设和发展生产的问题上，各国希望有一个稳定的外部环境，急需建立一种稳定的国际货币制度。

由于第二次世界大战的爆发，各国的经济、政治实力发生了重大的变化。一方面，英国在战争期间受到了巨大的创伤，经济遭到严重破坏。但英镑区和帝国特惠制仍然存在，国际贸易的40%左右仍用英镑结算，英镑仍然是一种主要国际储备货币，伦敦仍然是一个重要的国际金融中心。因此，英国还想竭力保持它的国际地位。另一方面，战后美国经济实力大大增强，成为资本主义世界最大的债权国家，这为建立美元的霸权地位创造了条件。在这个背景下，英美两国为争夺世界金融领域的霸权地位都从本国的利益出发，设计新的国际货币制度，并于1943年4月7日分别发表了各自的方案，即英国的“凯恩斯计划”和美国的“怀特计划”。

两个计划提出后，1943年9月到1944年4月，两国政府代表团在有关国际货币计划的双边谈判中展开了激烈的争论。最后由于美国在政治上和经济上的实力大大超过英国，英国被迫放弃国际清算同盟计划，而接受美国的方案。美国也对英国作了一些让步，双方达成了协议。1944年7月，在美国新罕布什尔州的布雷顿森林镇，召开了有44国参加的国际货币金融会议，通过了以“怀特计划”为基础的《国际货币基金组织协定》和《国际复兴开发银行协定》，总称《布雷顿森林协定》，以此确立了以美元为中心的国际货币制度，即布雷顿森林体系。

6.3.2 布雷顿森林体系的主要内容

布雷顿森林体系的内容主要包括：

(1) 建立一个永久性的国际金融机构，即国际货币基金组织，旨在促进国际货币合作。根据布雷顿森林协定，国际货币基金组织于1946年成立。国际货币基金组织作为布雷顿森林体系运转的中心机构负责对国际货币领域的有关事项进行磋商，监督《布雷顿森林协定》的实施，对会员国融通资金。

(2) 美元与黄金挂钩，实行黄金-美元本位制。在该制度下，美元与黄金直接挂钩，即各国政府确认美国政府规定的35美元1盎司黄金的官价，未经美国政府同意，不能对金价进行变动；而美国允许外国中央银行或政府机构按照官价用美元向美国兑换黄金。这样美元取得了等同黄金的地位。

(3) 其他国家货币与美元挂钩。战后，除美元和黄金建立了直接的联系外，其他国家的货币则没有这种联系。为了维持本国货币的信用和币值的稳定，各国货币就和美元订立固定比价，从而间接与黄金挂钩。根据 1 盎司等于 35 美元的官价，美元的法定含金量为 0.888 671 克，各国货币对美元的汇率按照各自货币的法定含金量与美元的法定含金量之比来确定。

以上(2)，(3)两方面即所谓的“黄金美元双挂钩”，如图 6.1 所示。

图 6.1 黄金美元双挂钩示意

(4) 确定固定汇率制。各会员国的外汇及其交易的汇率波动的幅度一般只能在平价上下 1%的幅度内波动，各国中央银行有义务在外汇市场上进行干预，以维持汇率的稳定。只有一国际收支发生根本性不平衡时，经基金组织批准，才允许贬值或升值。实际上，若平价变动小于 10%，一般可自行决定，事后通知国际货币基金组织即可。若超过 10%则必须经基金组织批准。可见，布雷顿森林体系的汇率制度是一种“可调整的钉住汇率制”，属固定汇率制。

(5) 规定了以美元作为最主要的国际储备货币。由于美元与黄金挂钩，取得了等同黄金的地位，由于各国货币又与美元挂钩，使美元成为国际货币制度的中心，于是美元与黄金一起成为国际储备的主要形式。

在布雷顿森林体系下，美元可以直接兑换为黄金和各国实行可调节的汇率制度，是构成这一国国际货币制度的两大支柱。国际货币基金组织则是维持这一体系正常运行的中心机构。

6.3.3 布雷顿森林体系的崩溃

1. 布雷顿森林体系存在的根本条件

(1) 美国国际收支保持顺差，美元对外价值稳定。若其他国家通货膨胀严重，国际收支逆差，则在基金组织同意下，该国货币可以贬值，重新与美元建立固定比价关系。这并不影响美元的国际地位。但若美国国际收支持续性逆差，美元对外价值长期不稳，美元则会丧失其中心地位，危及布雷顿森林制度存在的基础。

(2) 美国的黄金储备充足。在布雷顿森林体系下，美元与黄金挂钩，外国政府或中央银行持有的美元可向美国兑换黄金。美国要履行 35 美元兑换一盎司黄金的义务，必须拥有充足的黄金储备。若美国黄金储备流失过多，储备不足，则难以履行兑换义务，则布雷顿森林体系难以维持。

(3) 黄金价格维持在官价水平。战后，美国黄金储备充足，若市场价格发生波动，则美国可以通过抛售或购进黄金加以平抑。若美国黄金储备不足，无力进行市场操作和平抑金价，则美元比价就会下降，国际货币制度的基础也就会随之动摇。

2. 布雷顿森林体系的根本缺陷

(1) 特里芬难题

特里芬难题是由美国耶鲁大学教授罗伯特·特里芬在《美元与黄金危机》一书中提出的观点，他认为任何一个国家的货币如果充当国际货币，则必然在货币的币制稳定方面处于两难境地。一方面，随着世界经济的发展，各国持有的国际货币增加，这就要求该国通过国际收支逆差来实现，这就必然会带来该货币的贬值；另一方面，作为国际货币又必须要求货币币制比较稳定，而不能持续逆差。这就使充当国际货币的国家处于左右为难的困境，这就是特里芬难题。

进一步说，从当时来看，美国对布雷顿森林体系有两个基本责任：一是要保证美元按固定官价兑换黄金，维持各国对美元的信心；二是要提供足够的国际清偿力即美元。然而，这两个问题，信心与清偿力是有矛盾的。美元供给太多就会有不能兑换黄金的危险，从而发生信心问题；而美元供给太小就会发生国际清偿能力不足的问题。特里芬认为，要世界经济和国际贸易增长的需要，国际储备必须有相应的增长，而这必须由储备货币供给国——美国的国际收支赤字才能完成。但是各国手中持有的美元越多，则对美元与黄金之间的兑换关系越缺乏信心，从而越要将手中的美元兑换成黄金，这个根本缺陷最终注定了布雷顿森林体系崩溃的命运。

(2) 汇率体系僵化

布雷顿森林体系的可调整的固定汇率制，难以按照实际情况经常调整。美元是基准货币，即使美元汇率偏高或偏低，也不便作出调整。而其他国家往往不能利用汇率杠杆来调节国际收支，而只能采取一些有损于国内经济目标实现的经济政策，这就会造成国内经济的不稳定，从而形成为实现外部平衡而牺牲内部平衡的状况。从而难以实现国际收支的灵活调整。这种僵化的状态违背了“可调整的钉住汇率体系”的初衷。

(3) 国际货币基金组织协调解决国际收支不平衡的能力有限

由于汇率制度不合理，各国国际收支问题日益严重，大大超过了基金组织所能提供的财力支持。而且真正最需要资金的发展中国家在基金组织贷款条件中处于极其不利的地位，得到的贷款与需要的相去甚远，对纠正国际收支不平衡发挥的作用十分有限。

3. 美元危机

从 20 世纪 50 年代开始，由于美国的朝战、越战及国内的经济危机，美国的国际收支连年出现逆差，黄金储备大量外流。1960 年美国的黄金储备下降到 178 亿美元，而当时美国的短期外债为 210 亿美元。1968 年 3 月的半个月中，美国黄金储备流出了 14 亿多美元，仅 3 月 14 日一天，伦敦黄金市场的成交量达到了 350～400 吨的破记录数字。到 1971 年，美国的黄金储备 102.1 亿美元仅是它对外流动负债 678 亿美元的 15.05%。

1960 年 10 月，国际金融市场上爆发了战后第一次大规模抛售美元、抢购黄金的美元危机，伦敦黄金市场价格暴涨至一盎司 41 美元。在 1960—1961 年美国战后的第四次经济危机的冲击下，美国国际收支逆差进一步扩大美元的信用严重动摇。自此，美元危机不断爆发，从 60 年代到 70 年代，美元危机爆发了 10 多次。

4. 挽救美元的一系列措施

为减缓美元危机，维持国际货币制度的正常运转，美国及其他主要西方国家通过国际合作设计出一系列措施来稳定美元地位。

(1) 稳定黄金价格协定。1960 年 10 月，第一次美元危机爆发，导致了金价暴涨。这加大了美元的压力，同时也使欧洲各国的外汇市场受到很大威胁。为维持黄金官价，防止美元危机，美国于欧洲主要国家的中央银行达成一项君子协定，约定彼此不以高于 35.20 美元的价格购买黄金，但并没有约定购入的最低价格。

(2) 巴塞尔协定。1961 年 3 月，联邦德国马克与荷兰盾升值，对美元和其他西方国家的货币造成冲击。为减缓国际投机资本对外汇市场的冲击，维持美元的汇率，英国、联邦德国、法国、荷兰、意大利、比利时、瑞士和瑞典等 8 个国家的中央银行，在清算银行所在地瑞士巴塞尔达成了一项不成文的君子协定，即巴塞尔协定。该协定规定：各国中央银行应在外汇市场上积极合作，以维持彼此汇率的稳定；若异国的货币发生困难，应与提供协助的国家进行协商，采取必要的支援措施，或由该过去的黄金和外汇贷款，以维持汇率稳定。

(3) 黄金总库。1961 年 10 月，美国为维持黄金价格和美元的地位，联合英国、法国、意大利、荷兰、比利时、瑞士和联邦德国等 7 国，建立一个“黄金总库”。总库所需要的黄金约定由美国承担 50%，其余各国所承担的比例为：联邦德国 11%，英国、法国、意大利各为 9.3%，瑞士、荷兰、比利时各为 3.7%。指定英格兰银行为总库的代理机构。当黄金价格上涨时就卖出黄金，所需黄金由各国按上述比例分摊；当黄金价格下降时就买进黄金，所买进的黄金也按上述比例卖给各国的中央银行。黄金总库成立后，对稳定金价起到了较好的作用，但 1967 年和 1968 年 3 月连续两次抢购黄金风潮使黄金总库于 1968 年 8 月 3 日停止了工作。

(4) 货币互换协定。1961 年美国开始直接干预外汇市场，以维持美元汇率的稳定。这种对外汇市场的干预，需要足够的其他国家的货币。于是，1962 年 3 月美国联邦储备银行分别与 14 个西欧各主要国家银行签订了货币互换协定。约定两国的中央银行应在约定期间内互相交换保有一定金额的对方货币，各国可以随时动用对方的货币，以维持汇率的稳定等。这项协定是美国分别与各国签订的双边协定。

(5) 借款总安排。1961 年 9 月美国和英国向国际货币基金组织建议，将国际基金组织的贷款额度增加 60 亿美元，用于稳定各国的货币汇率。同年 11 月，英国、美国、法国、加拿大等国家在巴黎举行会议，决定成立“十国集团”，因在巴黎召开，又被称为“巴黎俱乐部”。会上签订了一项借款总安排，并于1962年10月生效。协定规定，在必要时国际货币基金组织从10个国家可以借入60亿美元的资金，贷给发生危机的会员国，以稳定该国的货币。

(6) 黄金双价制。60年代中期，美国的侵越战争，使国内国际收支日益恶化，美元危机爆发更加频繁。1968年3月，美国爆发了空前严重的第二次美元危机。美国流失了价值14亿美元的黄金储备。黄金总库的成员国立即协商，约定美国及黄金总库不再按35美元一盎司的价格向黄金市场供应黄金，金价听任市场供求关系自发调节，至于各国政府或中央银行仍可按黄金官价，以其所持有的美元向美国兑换黄金，各国官方金融机构也按黄金官价进行结算。自此，自由市场的金价和黄金官价完全背离，在国际市场上出现了黄金双价制。

5. 布雷顿森林体系的最后解体

(1) 美国的新经济政策

1969—1970年美国爆发了战后第五次经济危机，国内生产率下降，失业率增加，为刺激经济发展，美国采取了扩张性的货币政策，但由于利率下降，引起资本外流，削弱了美国国际收支的地位。同时扩张性的货币政策造成国内物价上涨，美国产品的国际竞争力更加低落，一向盈余的经常账户和商品贸易在1971年首次出现本世纪以来的巨额赤字，国际收支进一步恶化，黄金储备继续下降，减少到102亿美元，而美国的对外短期负债已超过520亿美元，同时又大量资本外流，实际上已形成美元泛滥的局面。

1971年5月又一次爆发了最严重的抛售美元、抢购黄金和其他硬币的美元危机。面对巨额的国际收支和各国中央银行兑换黄金的压力，1971年8月15日美国总统尼克松宣布实行新经济政策，除对内采取冻结工资、冻结物价并削减政府开支外，对外还采取了两项措施：第一，停止履行外国政府和中央银行用美元向美国兑换黄金的义务；第二，对进口商品征收10%的进口附加税。新经济政策的实施，意味着美元与黄金脱钩，维持布雷顿森林体系的一根支柱已经倒塌。

新经济政策的实施引起西方国家的强烈不满，纷纷要求美元公开贬值，取消美元的霸权地位。很多国家的货币不再钉住美元，而实行浮动汇率，固定汇率受到严重威胁。

(2) 史密森协议

美国实施新经济政策后，西方各国先后召开一系列的双边或多边会议，谋求解决危机的方案。但是，由于各国对于黄金价格、汇率调整幅度意见分歧很大，因而迟迟不能达成具体协议。

1971年12月“十国集团”在华盛顿的史密森学会大厦举行财政部部长和中央银行行长会议，达成了“史密森协议”：美元对黄金贬值7.8%，取消10%的进口附加税，黄金官价从每盎司35美元提高到38美元。

美元停止兑换黄金和美元贬值并未阻止美元危机的继续发展。1973年2月国际金融市场又一次掀起抛售美元、抢购西德马克、日元和黄金的风潮。美国政府于 1972 年 2 月 12 日又一次宣布美元贬值 10%，黄金官价也相应地由每盎司 38 美元提高到 42.22 美元。

美元的再度贬值，并不能制止美元危机。1973 年 3 月西欧又出现了抛售美元、抢购黄金、西德马克的金融风潮，伦敦黄金市场的黄金价格一度涨到一盎司 96 美元，西欧和日本的外汇市场被迫关闭达 17 天之久。西方国家经过磋商与斗争，最后达成协议：西方国家的货币实行浮动汇率制度。其中原联邦德国、法国等国家实行联合浮动，即内部固定汇率，对外浮动汇率；英国等实行单独浮动。此外，其他主要国家的货币也都实行了对美元的浮动汇率制。至此，战后支撑国际货币制度的另一支柱，即各国货币钉住美元、与美元建立固定比价的制度也完全垮台，于是布雷顿森林体系，即以美元为中心的国际金汇兑本位制完全崩溃，国际货币制度进入了浮动汇率制的时代。宣告二战后的布雷顿森林体系彻底崩溃。

6.4　牙买加体系

6.4.1　牙买加体系的形成

牙买加体系(Jamaica System)是布雷顿森林体系崩溃之后形成的、沿用至今的国际货币制度。布雷顿森林货币体系崩溃后，国际货币金融形势动荡不安，美元的国际地位不断下降，国际储备呈现多元化，许多国家实行浮动汇率，各国之间矛盾空前激化。世界各国都希望建立一种新的货币体系，以尽快结束这种局面。

1976 年 IMF 国际货币制度临时委员会在牙买加首都金斯敦举行会议，达成了《牙买加协议》。同年 4 月，国际货币基金组织理事会通过了以《牙买加协定》为主要内容的《国际货币基金协定》第二次修正案，该修正案于 1978 年 4 月 1 日起正式生效。从此，国际货币制度进入一个新的阶段。《牙买加协定》的签订，是第二次世界大战后国际货币关系中仅次于《布雷顿森林协定》的一个重大事件，它为布雷顿森林体系瓦解后国际货币制度的继续运转铺平了道路。国际上一般把《牙买加协定》生效后的国际货币制度称为“牙买加货币体系”。

6.4.2　牙买加体系的主要内容

1969 年创设特别提款权时曾第一次修改国际货币基金组织条款，《牙买加协定》是第二次对条款的修订，它反映了现行国际货币制度的内容与变化。牙买加体系是以美元为中心的国际储备多元化和浮动汇率体系，其主要内容是：

1. 浮动汇率合法化

各会员国可以自由选择汇率制度，固定汇率制与浮动汇率制可以同时并存，实施多年的浮动汇率制度得到法律上的认可，但会员国的汇率政策应受国际货币基金组织的监督，不允许会员国操纵汇率、采取损人利己的贬值政策。当国际经济条件具备，基金组织经过85%的总投票权同意，可恢复实行稳定的可调整的固定汇率制度，但这种可调整的固定汇率制度不作统一的规定，会员国可以参加，也可以放弃。

2. 黄金非货币化

减少黄金的货币作用，黄金不再作为各国货币定值标准，使黄金与货币完全脱离联系，让黄金成为一种单纯的商品。取消黄金官价，会员国中央银行可按市价自由进行黄金交易，国际货币基金组织也不在黄金市场上干预金价。取消会员国之间、会员国与基金组织之间必须用黄金清偿债权债务的义务，以及会员国必须用黄金缴付其份额的25%的义务。逐步处理国际货币基金组织所持有的黄金。

3. 提高特别提款权在国际储备中的地位

修订特别提款权的有关条款，以使特别提款权逐步取代黄金和美元而成为国际货币制度的主要储备资产。特别提款权是国际货币基金组织及其成员国为克服美元危机、国际清偿能力不足给国际经济活动带来的困难，于1969年创立的一种新的国际储备资产。协议规定，特别提款权可以作为各国货币定值的标准；参加特别提款权账户的国家可以用特别提款权来偿还国际货币基金的贷款，使用特别提款权作为偿还债务的担保，各参加国也可以用特别提款权进行借贷。国际货币基金组织要加强对国际清偿能力的监督。

4. 增加会员国的基金份额

各会员国对IMF所缴纳的基金份额从原来的292亿美元特别提款权增加到390亿美元特别提款权。增加会员国的基金份额，提高了国际货币基金组织的清偿能力，使特别提款权成为主要的国际储备资产。

5. 扩大对发展中国家的资金融通

国际货币基金组织以出售黄金所得的收益设立信托基金，以优惠条件向最贫穷的发展中国家提供贷款，以解决其国际收支上的困难。同时，扩大IMF信用贷款总额，由占会员国份额的100% 增加到145% ，并放宽出口波动补偿贷款的额度，由占会员国份额的50%提高到75%。另外还放宽贷款条件，延长偿还期限，资助持续产生国际收支逆差的国家。

小　结

在本章中，重点介绍了国际货币制度方面的基础知识以及整个国际货币制度的演变过程和目前对于国际货币制度改革的探讨，其中难点部分是：现行国际货币制度的特征、缺陷以及国际货币制度的改革。重点需要掌握的部分是：布雷顿森林体系的建立、主要内容、作用及其崩溃，牙买加体系的形成、主要内容及特点等内容。

复习思考题

1. 名词解释

(1) 国际货币制度
(2) 国际金本位制度
(3) 特里芬难题

2. 问答题

(1) 什么是国际货币制度？其主要内容有哪些？
(2) 布雷顿森林体系的主要内容是什么？
(3) 构成布雷顿森林体系的根本缺陷是什么？
(4) 简述牙买加体系的主要内容和特点。
(5) 现行国际货币制度的特征及其主要缺陷是什么？
(6) 谈谈你对当前国际货币制度改革的看法。

案例及热点问题分析

资本冲击与国际货币制度改革

[资料 1]

国际游资(Hot money)就是为追求更高利润或为保值而在国际间频繁移动的短期资金。这种短期资金流动性极强，对国际市场冲击力大。因这种资金是一种“烫手”的资金，故又称之为“热币”。国际游资的出现，与整个国际政治、经济以及金融形势的发展变化有直接关系。例如，在 20 世纪 70 年代，国际石油价格两次大幅度提高，石油生产国积累了大量的资金，本国市场吸收不了，绝大部分投放到国际资本市场上，成为一股冲击力极强的国际游资。再如，近年来，跨国公司集团发展速度极快，在其资本的周转和循环过程中，有时会出现大量暂时闲置的货币资金，其数额有时高达几千亿美元。而这种资金不会真正闲置起来，它们要借机到处生息取利，故此形成一股极为活跃的国际游资。

国际游资的流动，在流动的方向和流动的数量方面极易受一些短期因素的影响。任何一个国家出现政局不稳、私人财产得不到保障或预期出现高额税率及没收性课税等情况，就会引起巨额资本外流。国与国之间相对利率水平的差异变动，对各国货币汇率将来动向的预测，也都会引起数额极为巨大的、预期性的或投机性的资本移动。目前，发达的现代化通信工具，敏捷的信息交流，可以自由调动资金的金融管理体制，更为资本移动创造了条件，提供了便利。动荡的国际政局，瞬息变化的金融市场，起伏波动的货币汇率，为投机性的资金移动提供了契机。大规模的资金流动，加剧了国际金融市场的不稳定性和货币汇率体系的混乱，十分不利于各国经济的发展。

[资料 2]

投机交易是指以对价格变化的合理预期为前提，通过主动承担巨大的市场风险，来谋取巨大的市场利益的交易行为，或者说，是在对市场预期的基础上，通过频繁地低买高卖或高卖低买而赚取交易差价的行为。即预期价格上涨时，买进金融工具以求将来以更高的价格卖出；预期价格下跌时，卖出金融工具以求将来以更低的价格买入的行为。

投机的目的是赚取巨大的差价利润，投机的基础是对市场价格的合理预期与准确预测。如果持有多头时价格上涨或持有空头时价格下跌，则投机者便能从正确的价格预测中获利；但是，预测一旦失误，如持多时价格下跌而持空时价格上涨，则投机者便要蒙受巨大的损失。为此，投机者必须承受市场风险。投机的利润，既是对成功预测的回报，也是对承担风险的回报。

投机者是价格的预测者而非价格的操纵者，投机并不意味着市场操纵，真正的投机者往往并没有意识到对价格的控制。投机交易是金融市场上常有的现象，尽管过渡的投机，有可能引发市场的混乱与动荡，但在严格的市场管理下，投机活动有着一系列的积极作用，如活跃交易、价格发现、资源配置和风险承受等。

[资料 3]

20 世纪 60 年代欧洲美元市场的勃兴，标志着国际资本市场时代的到来，金融自由化雏形渐渐形成。国际货币基金组织早在 1998 年 9 月份承认，一个国家健全的财政政策和货币政策，并不足以保护该国的经济稳定和免受打击，外来因素也可导致经济健全的国家陷入危机，把经济危机简单地归因于一个国家政治和经济本身是太片面了。的确，一国政府在一体化经济中越来越难以单独对国际投机资本的规模和移动速度进行有效的监测和控制。单个中央银行的力量已显不足，多国中央银行和国际金融组织联手干预外汇市场成为反投机的必然选择。

在亚洲金融危机中，IMF 与有关各国也就援助菲律宾、泰国、印度尼西亚等的问题达成协议，并在 1994 年墨西哥金融危机后首次运用“紧急筹款机制”，此外在马尼拉会议和亚太经合会议上，各国就加强国际金融合作，防范金融动荡等问题进行了广泛磋商，这些举措对缓解危机意义重大。

然而美国等发达国家在对 IMF 等国际金融组织的相对较强控制，影响反危机功能发挥。如 1997 年泰、韩等国受到严重损失之后，IMF 才姗姗而来，且条件苛刻，而作为北美自由贸易协定国之一的墨西哥在 1995 年国内动荡发生仅半个月内就获得国外援助计划近 180 亿美元。

现代国际金融体系发生了深刻的变化，在金融效率大大提高、国际经济迅速发展的同时，内部隐藏着的风险也大大膨胀了。游离于银行和政府以外的货币力量已十分庞大，甚至超过政府和银行的力量，金融自由化行为必然造成对现有的货币体系的冲击。虽然二战后建立了 IMF、世界银行、国际清算银行、欧盟等一些全球和地区性的金融监管机构，在平息 20 世纪 60 年代中期以来的历次金融危机中发挥了一些作用，但是 90 年代以来的三次金融危机使货币体系的缺陷暴露无遗。

国际货币制度首要关注的焦点应该是自由化背景下的金融投机。而现在的货币体系、汇率体系却没有有效手段、措施对待这个问题，如果允许投机，允许大规模货币交易而没有监督管理乃至干预，更大的危机必然发生。现今货币体系在世界范围内缺乏一个监管世界金融体系的有效机构和一个统一规范有操作性的法规体系；缺少金融危机的必要预警机制，无论是 IMF 还是各种国际经济组织都未能建立一套对货币危机与国际金融危机做出预报和警示的方法，特别是对国际游资缺乏监控。

[问题]

请结合上文和你所了解的有关资料，探讨国际货币制度改革中有关对国际游资的监管问题。

课后阅读材料

亚洲金融危机大事记

在 1997 年亚洲金融危机以前，东南亚国家的经济已经连续 10 年高速增长。伴随着经济的高速增长，这些国家的银行信贷额以更快的速度增加，短期外债也达到前所未有的水平。其中相当部分投向房地产。投资的增加导致资产价格膨胀(主要是泰国和马来西亚)。此外，汇率制度缺乏弹性也使得大量外债没有考虑汇率风险。这些都为危机的发生埋下了伏笔。

危机首先从泰国爆发。1997 年 3 月至 6 月期间，泰国 66 家财务公司秘密从泰国银行获得大量流动性支持。此外，还出现了大量资本逃离泰国。泰国中央银行将所有的外汇储备用于维护钉住汇率制度，但仍然以失败告终。

7 月 2 日，泰国财政部和中央银行宣布，泰币实行浮动汇率制，泰铢价值由市场来决定，放弃了自 1984 年以来实行了 14 年的泰币与美元挂钩的一揽子汇率制。这标志着亚洲金融危机正式爆发。很快，危机开始从泰国向其他东南亚国家蔓延，从外汇市场向股票市场蔓延。

7 月 9 日，马来西亚股市指数下跌至 18 个月来最低点。菲律宾、马来西亚等国中央银行直接干预外汇市场，支持本国货币。

7 月 11 日，印度尼西亚、菲律宾扩大本国货币的浮动范围。

8 月 4 日，泰国央行行长被迫辞职，新的央行行长猜瓦特上任。

8 月 13 日，印尼财政部和印尼银行联合宣布，放弃钉住美元的汇率政策，实行自由浮动汇率制度，印尼盾大幅下跌 55%。

随着危机的发展，以国际货币基金组织为首的国际社会开始向危机国家提供了大量援助。但这些国家的金融市场仍在恶化，并波及香港和美国市场。危机国家在采取措施稳定金融市场和金融体系时，也开始进行经济和金融改革。

8 月 11 日，由国际货币基金组织主持的援助泰国国际会议在东京举行。经过协商，确定对泰国提供约为 160 亿美元的资金援助，以稳定泰国的经济和金融市场秩序。香港特区政府首次动用外汇基金，提供 10 亿美元，参与泰国的贷款计划。

9 月 1 日，菲律宾股票市场继续下跌，菲股综合指数击穿 2000 点防线，最后以 1975.20 点收盘，是四年来最低记录。

9 月 4 日，韩元对美元汇率跌到了韩国至 1990 年 3 月实行市场平均汇率以来的最低点，收盘价是 906 韩元兑换 1 美元。

10 月 7 日，菲律宾比索跌至历史新低点，全天平均交易价首次跌破 1 美元兑换 35 比索大关，达到 1 美元兑换 35.573 比索。

10 月 24 日，泰国颁布支持金融部门重组的紧急法令。

10 月 28 日，这是当年世界股市最黑暗的一天，美国、香港股市均跌破历史记录。香港恒生指数下跌 1438 点，以 9059 点收市，这是自 1996 年以来恒生指数首次跌破 10 000 点。

10 月 31 日，印度尼西亚宣布银行处置一揽子计划；关闭 16 家商业银行，对其他银行的存款实行有限担保。

11 月 1 日，国际货币基金组织总裁康德苏宣布，国际社会将向印尼提供 280 亿美元的紧急援助贷款，以帮助其稳定国内金融市场。

11 月 18 日，韩国中央银行宣布，央行通过回购协议向商业银行和证券公司提供 2 万亿韩元，以缓和资金短缺情况。

12 月 23 日，世界银行批准向韩国提供 30 亿美元的贷款，作为 IMF 财政援助的一部分，帮助韩国摆脱危机。

1998 年，在经过最初的动荡后，一些国家的金融市场开始趋于稳定。多数危机国家的政府加大了改革经济和金融系统的努力。但在印尼，经济危机已经演化为社会和政治危机，最终导致苏哈托的下台和政府更迭。马来西亚实行了外汇管制，受到西方国家的批评和指责。

1 月，韩国政府与国外债权人达成重新调整短期债务的协议。

1 月 26 日，印度尼西亚银行重组机构成立并宣布实行全面的担保。

2 月，印尼总统苏哈托解除了印尼中央银行行长吉万多诺的职务，任命中央银行董事萨比林为新行长。

3 月 31 日，韩国政府决定向外资全面开放金融业。

5 月 4 日，泰国中央银行行长猜瓦特宣布辞职。

5 月 17 日，印尼雅加达 14 日发生暴动后，所有银行都停止营业。

5 月 21 日，苏哈托总统下台。

6 月 5 日，国际贷款人和印度尼西亚公司就债务重组达成协议。

6 月 29 日，韩国金融监督委员会宣布，关闭五家经营不善的银行。

8 月 14 日，泰国宣布全面的金融部门重组计划，包括公共部门对银行资本充足率的干预。

9 月，马来西亚开始实行外汇管制。

12 月 31 日，由新桥资本公司牵头的国际财团购买了韩一银行 51%的股权，成为韩国首家由外资控股的商业银行。

1999 年，伴随着外部环境的改善，多数国家的经济开始出现增长，但是经济结构的调整和金融体系的改革仍然滞后。

2 月 9 日，韩国银行业 1998 年因金融危机而遭受的损失达到创纪录的 14.48 万亿韩元。

3 月 13 日，印尼政府宣布，关闭 38 家经营不善的私营银行，并对另外 7 家银行实行接管。

3 月 23 日，韩国 1998 年经济增长率为-5.8%，为近 45 年来最大幅度经济衰退。

7 月，东南亚开始摆脱金融危机的阴影。上半年各国国内生产总值增速为：新加坡 1.2%、菲律宾 1.2%、马来西亚 1.6%、泰国-3.5%、印尼-10.3%。

2000 ~2002 年，危机国家在经济稳定的背景下继续推进经济结构调整。但是除韩国和马来西亚，其他国家结构调整进展缓慢。银行系统的不良资产率出现不同程度的下降，但是这不包括已经剥离出去的不良资产。印尼不良资产处置缓慢，而泰国在 2001 年才开始从商业银行中剥离不良资产。

2001 年 6 月，泰国成立国有资产管理公司(TMAC)。

2002 年 3 月，印尼将全国最大的零售银行中亚银行出售给美国一家投资公司。

2002 年 4 月，韩国银行业告别连续 4 年的亏损，实现净利润 39.9 亿美元。

2002 年 5 月，韩国宣布将提前向亚洲开发银行和世界银行等机构归还 38 亿美元贷款。

(根据互联网上相关资料整理摘编)

第二篇　国际结算

随着国际分工的深化，国际间交往的日益增多，国与国之间的货币收付越来越多，目前每天有数以千亿美元的国际结算业务。早期的国际结算业务因商品买卖而产生，早期的国际结算业务用现金交易。除了早期采取的易货贸易以外，曾长期通过输送黄金、白银乃至铜铸币等，向有贸易差额的国家进行国际结算。黄金等贵金属在运输过程中，不仅要支付巨额运输费用，运输时间长，占压了资金，而且要承担运输、失窃以及自然灾害等各种风险，这对于发展国际间贸易和经济交往都十分不利。所以只能应付交易量小的交易。

随着商业、货币兑换业的发展，出现了使用汇票方式代替输送现金的非现金结算方式。早在公元 14~15 世纪，意大利的一些重要商业城市，如威尼斯、热那亚、佛罗伦萨等城市，商业发展较快，出现了一些初期的小型银行，开始使用汇票方式，通过在不同城市或国家的银行汇兑业务，办理非现金结算。直到 16~17 世纪，欧洲大陆国家基本上以票据结算方式取代了现金结算，使国际贸易结算大大前进了一步。

随着科学技术的进步和通信工具的发展，国际贸易中采用的贸易术语也迅速发生变化。定期航线的开辟，班轮运输的普及，邮寄单据业务的开展，以及更为及时迅速的情报资料的提供，使对外的业务联系能够维持在稳定的基础上。此外，有些国家的法律已经赋予运输合同的受让人以他自己的名义根据运输合同起诉的权利，这一切为商人从事海上贸易和以 CIF 条件成交奠定了基础。在这种情况下，海运提单已经演变为可转让的物权凭证；保险单也可通过背书进行转让；银行已经乐于以外汇购买者的身份买进单据，为卖方进行融资；这样，国际间的商品买卖逐渐发展成为单据买卖。在 CIF 条件下，卖方交单等于交货，买方收单应该付款，从而使国际贸易结算从以货物为依据发展到以单据为依据。

20 世纪末，国际结算业务进入电子数据交换(即：无纸化)阶段。目前，国际上用得最多得结算系统是：SWIFT 系统和 CHIIPS 系统。此外，电子数据交换系统(EDI Trade)，电子提单(Electronic B/L)，电子数据交换信用证(EDI Credit)，电子数据交换单据(EDI Documents)也成为国际结算的新发展。

国际结算就是指两个不同国家的当事人需要通过银行办理的两国间货币收付业务。按照国际结算内容的不同，可以分为贸易结算和非贸易结算两大类。贸易结算，是指一国对外进出口贸易交往所发生的国际货币收支和国际债权债务的结算。对外贸易在一国国际收支中占据相当的比重。因此，贸易结算构成国际结算的主要内容。在本书中我们将着重对这部分加以介绍。非贸易结算，是指贸易以外的各种对外结算。如国际资本移动、国际资金借贷、侨民汇款、利润和利息收支、公私事务旅行、驻外使领馆收支、国际公私馈赠等国际结算。非贸易结算虽然在规模和金额上远远小于贸易结算，但是，其项目的繁简，反映着一国经济对外开放的广度和深度。无论是贸易结算或非贸易结算，都要增收节支，确保安全及时收汇，防止国外拖欠账款。在非贸易结算上争取较大的顺差，对于调节一国的国际收支，特别是缩小贸易收支上的逆差，能起到积极作用。

第7章　票　　据

【内容提要】

国际结算的基本方法是非现金结算，它使用的主要是除货币以外的其他信用工具，这些信用工具的角色基本上是由票据来担任的。因此，票据便成为国际结算中普便使用的信用工具，从这种意义上说，国际结算工具便是票据。票据是出票人委托他人或自己承诺在特定时期向指定人或持票人无条件支付一定款项的一种书面证据。它以支付金钱为目的。

本章要求掌握的问题包括：

1. 掌握票据的定义
2. 掌握票据的性质
3. 熟悉票据的分类
4. 了解票据的作用
5. 熟悉汇票、支票和本票的具体知识

7.1　票据的概述

票据作为国际结算中一种重要的支付凭证，在国际上使用十分广泛。中国的票据业务刚刚启动，发展迅速，去年交易额达到2万亿元人民币。但是，中国的票据市场还不成熟，在货币市场上只占5%~6%的市场份额，与美国20%~30%的市场份额相比还有很大差距。

票据有广义、狭义之分。广义的票据是指商业活动中的一切权利凭证。包括各种有价证券和凭证。如：股票、债券、本票、提单、保险单、仓单和借据等。狭义的票据是指发票人依法签发，由自己无条件支付或委托他人无条件支付一定金额的有价证券。根据我国《票据法》的规定，票据包括汇票、本票、支票。我国所讲的票据是指狭义的票据，本章所指票据也仅指狭义的票据。

7.1.1　票据的定义

1. 定义

票据一般是指商业上由出票人签发，无条件约定自己或要求他人支付一定金额，可流通转让的有价证券，持有人具有一定权力的凭证。

2. 票据的性质

(1) 流通性(Negotiability)

可以流通转让，是票据的基本共性。也是票据的最大魅力之一。

各国票据法都规定，票据仅凭交付或经适当背书后交付给受让人即可合法完成转让手续，不需通知票据上的债务人。

《英国票据法》第八条规定：除非票据上写出“禁止转让”字样，或是表示它是不可转让的意旨以外，一切票据不论采用任何形式支付票款给持票人，该持票人都有权把它流通转让给别人。

一张票据，尽管经过多次转让，几易其主，但最后的执票人仍有权要求票据上的债务人向其清偿，票据债务人不得以没有接到转让通知为理由拒绝清偿。

(2) 无因性(Non-causative Nature)

票据受让人无需调查出票、转让原因，只要票据记载合格，他就能取得票据文义载明的权利。票据是无需过问原因的证券。只要具备法定形式要件，便产生法律效力，即使其基础关系(又称实质关系)因有缺陷而无效，票据行为的效力仍不受影响。如甲签发汇票给乙，签发票据的原因是甲购买了乙的商品。之后，甲发现乙提供的商品有质量问题，但这并不能免除甲对乙的票据责任，至于甲乙间的商品质量纠纷只能另行解决。

这里需要强调，票据的产生是有原因的，总是有一定的基础关系，所谓票据产生的基础关系指的是：出票人与付款人之间的权利义务关系；出票人与收款人、背书人与被背书人之间的资金对价关系。

但是，票据的成立是没有原因的。各国票据法都认为，票据上的权利义务关系一经成立，即与原因关系相脱离，不论其原因关系是否有效、是否存在，都不影响票据的效力。票据的无因性使票据得以流通。

(3) 要式性(Requisite in Form)

所谓要式性是指票据的作成必须符合法定的形式要求。

要式性指出票据行为是一种严格的书面行为，应当依据票据法的规定，在票据上记载法定事项，票据行为人必须在票据上签章，其票据行为才能产生法律效力。票据行为的要式性有利于票据的安全流通。

要求：票据上面记载的必要项目必须齐全；票据上面记载的必要项目必须合法。否则就不能产生票据的效力。

各国法律对于票据所必须具备的形式条件都作了具体的规定，当事人不能随意变更。

这样，票据上的权利义务关系全凭票据上的文义记载决定，无需过问票据出票、转让的原因，有利于票据的流通。

(4) 提示性(Presentment)

票据上的债权人请求债务人履行票据义务时，必须向付款人提示票据，使得请求付给票款。

如果持票人不提示票据，付款人就没有履行付款的义务。因此，票据法规定了票据的提示期限，超过期限则丧失票据权利。

(5) 返还性(Returnability)

票据的持票人领到支付的票款时，应将签收的票据交还给付款人，从而结束票据的流通。

7.1.2 票据的作用

票据由于形式简明，流通自由，各国的法律均予保护。所以票据在经济上起着很大的作用，目前概况如下：

(1) 支付和结算作用

票据最早是作为支付工具出现的。汇票和支票是委托他人付款，本票则是出票人自己付款。这是票据最原始、最简单的作用。它代替现金的使用，既可以达到安全、迅速、准确的目的；又可以加速资金的周转，提高资金的使用效益。结算作用是指在经济交往中，当双方当事人互为债权人与债务人时，可运用票据进行结算，以抵消债务，这样做既手续简便，又迅速和安全。

国际结算是非现金结算。在非现金结算条件下，必须使用一定的结算工具，用以结清国际间的债权债务。票据正是这种结算工具。

例如债务人向银行购买一张汇票寄给债权人，由债权人持票向当地银行兑取一定金额的货币，从而结清双方的债权债务。

(2) 流通作用

票据经过背书可以转让给他人，再经背书还可转让。票据的背书，使票据像货币一样得以流通，因此，票据也被形象地称为“商人的货币”。背书人对于票据的付款负有担保的义务，背书次数愈多，票据负责人愈多，票据的担保性也愈强。由于背书转让，票据就在市场上广泛地流通，形成一种流通工具，节约了现金的使用，扩大了流通手段。

(3) 信用作用

票据不是商品，不包含社会劳动，它是建立在信用基础上的书面支付凭证。出票人在票据上立下书面的支付保证，付款人或承兑人承诺按照票面规定履行付款义务。

当事人进行贸易时，可以使用票据进行结算，并约定一定期限付款。在票据到期之前，票据的持有人可以利用出票人和承兑人的信用转让票据。实际上持票人取得了一定时期的信用关系，他既可以向银行办理票据贴现，也可以通过背书将票据转让他人。对于信用欠佳的当事人，还可以利用信用较好的当事人所签发、承兑或保证付款的票据进行支付，使其经济活动得以开展。例如某项商品交易，约定交货后一个月付款。买方可向卖方开立一个月期付款的本票，则买方一个月期付款的信用即以本票代替。

(4) 抵消债务作用

国际间贸易所发生的债权与债务，可以使用票据将其抵消。

7.1.3 票据关系的当事人

票据关系是基于票据当事人的票据行为而发生的票据上的权利义务关系。由于票据行为有出票、背书、承兑、保证和付款等多种票据行为，票据关系也就有发票关系、背书关系、承兑关系、保证关系、付款关系等多种票据关系，从而在票据当事人之间产生了票据上的权利义务关系。

票据关系的当事人，是指享有票据权利，承担票据义务的法律关系主体。根据我国《票据法》的规定，票据当事人是指在票据上签章并承担责任的人和享有票据权利的人。

基本当事人是随发票行为而出现的当事人。如汇票与支票的基本当事人有出票人、付款人与收款人，本票基本当事人有出票人与收款人。基本当事人是构成票据关系的必要主体，这种主体不存在或不完全，票据上的法律关系就不能成立，票据也就无效。

总的来说，票据关系中有三个基本当事人。即出票人(Drawer)、付款人(Drawee)和收款人(Payee)。

除此以外，还有非基本当事人，非基本当事人是在票据签发之后通过其他票据行为而参加到票据关系中的当事人。如背书人(Endorser)、承兑人(Acceptor)、参加承兑人(Acceptor For Honour)、持票人(Holder)、善意持票人(Bona Fide Holder)和保证人(Guarantor)等。

(1) 出票人开立票据并交付给他人，票据开立后，出票人有对收款人及正当持票人承担票据在提示时付款或承兑的保证责任。如果票据遭到拒付，出票人被追索时，应负偿还票款责任。对即期票据，或在远期付款票据未承兑之前，出票人是票据的主债务人。

(2) 付款人是根据出票人命令支付票款的人或票据开给的当事人。付款人对票据承担付款责任。收款人或持票人不能强迫付款人承担到期付款的责任，以防止出票人无故向付款人滥发票据。但是票据一经求兑，即表示承兑人同意出票人的支付命令，愿意承担到期付款的责任。这时，承兑人即成为票据的主债务人，出票人退居从债务人的地位。所以票据承兑后，其背书人、持票人或出票人均可据以向承兑人要求付款。

(3) 收款人是收取票款的人，是票据的主债权人。收款人有权向付款人要求付款，如遭拒绝，有权向出票人追索票据。收票人经票据背书成为背书人时，同样承担票据付款或承兑的保证责任。当票据遭到拒付，持票人向其追索时，收款人应负责偿还票款，然后再向出票人追索补还。

(4) 背书人是指收款人或持票人在接到票据后，经过背书，将票据转让给他人的人。背书人既然在票据上背书签字。就要对票据负责，受让人是被背书人。被背书人在汇票上再加背书后转让，成为第二背书人。新的受让人成第二被背书人。依此类推，票据可以连续转让。对受让人，即被背书人来说，所有背书人及原出票人都是他的前手；对转让人，即背书人来说，所有受让人，即被背书人都是他的后手。背书人对其后手承担票据的付款或承兑的保证责任，证明前手签字的真实性，并以背书的连续性证明其权利的正当性。

(5) 保证人是由非票据债务人对于出票人、背书人、承兑人或参加承兑人作成保证行为的人。经过保证后保证人与被保证人负同样的责任。

(6) 持票人指的是票据占有人，即票据的收款人、被背书人或执票来人。只有持票人才能向付款人或其他关系人要求履行票据所规定的义务。

(7) 正当持票人也称善意持票人，是善意地支付了全部金额的人，取得一张表面完整、合格的、不过期的票据的持票人，他未发现这张票据曾被退票，也未发现其前手在权利方面有任何缺陷。

正当持票人的权利优于其前手，即正当持票人持有的票据不因事后发现其前手在权利方面有任何缺陷而受到影响，如果前手以不正当的手段取得票据，正当持票人的权利并不因此受到影响，他可以向票据的所有责任方要求付款。

7.1.4　票据法的法系

19 世纪末，欧洲各国对于票据相继立法，从法律上保障票据的使用和流通。其后逐渐形成两大法系，即以《英国票据法》(1882 年)为基础的英美法系和以《日内瓦统一汇票、本票法公约》(1930 年)为代表的大陆法系。

英国于 1882 年颁布施行《票据法》规定了汇票和本票的票据法规，并将支票包括在汇票之内。到 1957 年，另加定支票法八条。加拿大、印度、美国属于英美法系，但美国因各州的票据法规不统一，1897 年开始施行《统一流通证券法》，包括汇票、本票及支票。1952 年美国制订《统一商法法典》。其中第三章商业证券，即是关于汇票、本票和支票的法规。

法、德等约 30 个国家参加了 1930 年在日内瓦召开的国际票据法统一会议，签订了《日内瓦统一汇票、本票法公约》(以下简称《日内瓦统一法》)。1931 年又签订《日内瓦统一支票法公约》，这是比较完善的票据立法。由于英美未派代表参加。他们的法系仍然存在，所以《日内瓦统一法》未能成为全世界的统一票据法。

联合国国际贸易法律委员会于 1982 年公布了《国际汇票和国际本票公约(草案)》想把两大法系统一成为一个“公约”。在联合国国际贸易法律委员会第二十届年会上审议并通过公约草案。1988 年经 43 届联合国大会通过。该条约目的不在于直接调和前述两大票据法系的差异，而是解决国际贸易中汇票与本票因适用法系不同而带来的不便。其适用范围也仅限于国际汇票与本票。国际贸易中有关汇票等问题一般参照该公约规定处理，但尚未成为正式的国际公约。

1995 年我国八届全国人大常委会第十三次会议通过了我国解放以来的第一部票据法。该法律从 1996 年 1 月 1 日起实行，从而结束了我国有票无法的历史。该法明确规定，在中华人民共和国境内的票据活动，适用本法。

7.1.5 票据的权利和义务

在票据上负担支付责任的人是债务人。出票人、背书人、承兑人和保证人都是票据上的债务人，其中承兑人是主债务人，是直接负担支付义务的人，出票人、背书人、参加承兑人是从债务人，负连带支付的义务，保证人的责任与被保人相同。持有票据并有权对债务人行使票据权利的人是债权人。票据权利基本上有两种，即付款请求权和追索权。不同的债权人，根据票据行为的不同，有不同的票据权利。

但对票据权利的行使各国都有不同的规定，行使票据权利时应特别注意：

(1) 持票人对票据主债务人有付款请求权。

(2) 持票人对参加承兑人有付款请求权。

(3) 参加付款人对汇票承兑人(或本票签票人)、被参加付款人及其前手取得持票人的权利。

(4) 持票人对保证人有付款请求权。

(5) 持票人及背书人对其前手有追索权。

(6) 已履行付款责任的保证人对被保证人及其前手有追索权。

7.2 国际结算中的几种主要票据

7.2.1 汇票

1. 汇票定义

汇票(Draft/Bill of Exchange)是出票人签发的，委托付款人在见票时或者在指定日期无条件支付确定的金额给收款人或持票人的票据。汇票分为银行汇票和商业汇票。

英国票据法关于汇票的定义是：汇票是一人向另一人签发的，要求即期或定期或在可以确定的将来时间，对某人或其指定人或持票来人支付一定金额的无条件书面支付命令。

汇票的使用方式有“顺汇法”和“逆汇法”两种。逆汇法是指出口商开出的汇票，要求付款。顺汇法是指进口商向其本地银行购买银行汇票，寄给出口商，出口商凭以向汇票上指定的银行取款。

下面是一张汇票的票样。

汇票

NO T/T 20040921

(1) Exchange for(3) USD1000 (6) XI′AN，27th May 2004

(4) At...sight of this First of Exchange (Second of the same tenor and date unpaid)

(2) pay to (5) the order of Bank of China XIAN Branch (6) the sum of

U.SDOLLARS ONE THOUSAND ONLY …

Drawn under Nan yang Book Trading CO.Ltd，New York Letter of Credit No.1966 dated 12th May 2004 against shipment of books from Xian to London.

TO：Nan yang Book Trading CO.Ltd

(8) London

(7) For China National Books IMP
EXP.CO.XI′AN　Branch
& (Singed)

2. 汇票的必要项目

汇票的必要项目包括：写明其为“汇票”字样；无条件支付命令；确定的金额；付款人名称，收款人名称；出票日期；出票人签章。现就以上项目，分别说明如下：

(1) 汇票上须有“汇票”字样

该字样通常表示为“Exchange for”。汇票上注明“汇票”字样的目的在于与其他支付工具，如本票、支票等加以区分。《英国票据法》无此要求。

(2) 无条件支付命令(Pay to)

因为汇票是出票人指定付款人支付给收款人的无条件支付命令书，所以支付不能受到限制，也不能附带任何条件。下面的文句就是正常的无条件支付命令：

付人民币 20 万元给 B 公司

(Pay CNY 200,000.00 To B Company)

此外，以下各文句，因为不是命令，所以不能使用：

请付……

(Please Pay...)

如果愿意的话，请付……

(I Should Be Pleased If You Pay…)

同样，下列文句，因为不是无条件的支付命令，所以不能使用：

假定国家允许支付，我们愿意……

(If Permitted By The Government, We Will...)

但是汇票加注出票条款，表明汇票起源交易是允许的，例如为销售某种商品或按某号信用证装运某种货物而加注的出票条件。但该加注不构成支付的前提条件。如：“汇票根据贵行 2004 年 4 月 1 日 2004040111 号信用证开出。”(DRAWN UNDER L/C No. 2004040111 DATED 20040401 ISSUED BY YUOR GOOD BANK.)。支付命令是书写的，包括打字的或印定的，但不能用铅笔书写，以免涂改。

(3) 确定的金额

汇票金额必须表明确切的金额数目，例如：USD 5000.00，或者表示为：the sum of five

thousand dollars。

这里是金额而不是货物数量，也不能是模棱两可的金额数目。汇票金额要用文字大写和数字小写分别表明。如果文字与数字不符，汇票无效。实际做法多是退票并要求出票人更改相符后，再行提示要求付款。

国外汇票在支付金额以外，允许带有支付利息条款，但是利息条款要完整，有明确的利率、计息起止日期。汇票在文字大写金额后面有时加注“对价文句(VALUE RECEIVED)”，意指汇票于起源交易时收取了对价(如已装运货物，已提供劳务等)。分期付款项下的汇票多采用每一期单独开立一张远期汇票的办法。也可开立一张汇票连续若干日期分期付款。汇票上也可载明按照某种汇率付款的条款。

(4) 付款人(Drawee)名称

汇票上付款人的名称、地址必须书写清楚，以便持票人向他提示承兑或付款。同时，出票人与付款人必须有真实的委托付款关系，并且具有可靠的资金来源支付汇票金额。付款人付款地点必须明确详细。它是汇票金额支付地，也是请求付款地，或拒绝证书做出地。无记载者以付款人的营业地或居住地为准。

(5) 付款期限(Tenor)

付款期限又称付款到期日，是付款人履行付款义务的日期。汇票付款期限有下列四种：

① 即期付款的汇票，又称即期汇票。收款人提示汇票的当天，即为到期日。汇票须明确表示“在提出要求时”、“见票时或提示时”或“立即付款”字样。即期汇票无须承兑。汇票上没有明确表示付款日期，即没有注明到期日者，即可视为见票即付的汇票。

② 定期付款的汇票，又称远期汇票。付款期限一般为30天、60天和90天等。定期付款的汇票又分为以下两种：

第一，见票后固定时期付款。此种汇票须由持票人向付款人提示，要求承兑，以便从承兑日起算，确定付款到期日，并明确承兑人的付款责任。付款日期不肯定或根据某种条件付款的汇票，从法律上说，都不能视为汇票。因此注明“在一个不肯定日期”、“在一个不肯定日期以前”或“报关后”付款的汇票是无效的。

第二，出票后固定时期付款。此种汇票也须提示承兑，以明确承兑人的付款责任。

对于见票后或出票后固定日期付款的汇票，其时间的计算，均不包括见票日或出票日，但须包括付款日，即算尾不算头。

早期的《英国票据法》第14条规定，凡不是即期付款者，付款日期应加三天优惠日。1971年英国“银行金融经营法”修改该条内容，取消了三天优惠日。

星期六和星期日均被解释为“非营业日”，如汇票到期日为非营业日，则应顺延到下个营业日。汇票规定出票日或见票日期一个月或数月后付款时，其到期日是在应该付款的那个月内的相应日期。如果没有相应的日期，则以该月的最后一天为到期日。

③ 确定日期付款的汇票。此种汇票须提示承兑，以明确承兑人的付款责任。

④ 延期付款的汇票。我国票据法、《英国票据法》和《日内瓦统一汇票、本票法》

均未订出“延期付款”期限，而美国《统一商法法典》第 3 章《商业票据》订有“在说明日期以后固定时期付款”。为了使“延期付款”可以在票面上看出到期日，出票人有时在汇票上加注提单日期或交单日期。把它转变成“在说明日期以后固定时期付款”。有时还按照提单日期填写出票日期，把它转变成为出票后固定时期付款。

(6)　收款人(Drawer)名称

汇票上的收款人是主债权人，必须明确记载。收款人又称汇票抬头。我国票据法规定必须写明确。

国际结算中的汇票通常有三种写法。

①　限制性抬头(Restrictive Order)。例如：

Pay Mr．John Smith only(仅付约翰·史密斯)

Pay Mr．John Smith not transferable(付约翰·史密斯，不可转让)

出票人开立限制性抬头的汇票，是不愿使票据流入第三者手中，以便把自己在汇票上的债务，仅限于收款人一人。

②　指示性抬头(Indicative Order)，又称记名抬头。例如：

Pay to The Order of Westminster Bank Ltd．London

(付给伦敦西敏寺银行的指定人)

Pay to West Minster Bank ltd．or Order

(付给西敏寺银行或其指定人)

指示性抬头的汇票经抬头人背书后交付，可以自由转让。

③　执票来人抬头(Payable to the Bearer)。例如：

Pay Bearer

Pay Mr．Li Ming or Bearer.

执票来人抬头汇票无须持票人背书，仅凭交付而转让。这种抬头在我国票据法中是不允许的。

汇票收款人就是出票人本人时，称为“已收汇票”，在国际贸易结算中广泛使用。例如：卖方售货给买方后开出以自己为收款人，以买方为付款人的汇票，经买方承兑后，到期向买方收款。卖方也可在汇票经买方承兑后，背书转让给他人，或者到银行贴现。以便利资金融通。

(7)　出票日期和地点(Place and Date of Issue)

汇票上必须列出出票日期。以便凭以确定出票人在签发汇票时有无行为能力，出票的公司当时是否成立，还可凭以确定某些汇票的付款到期日、提示期限、承兑期限和利息起算日等。如遇出票人停止支付时，借以知道出票是否在其停止支付之前。

如出票后固定时期付款的汇票没有写明出票日期，或见票后固定时期付款的汇票在承兑时未写明承兑日期，则任何持票人均可在汇票上加注真实的出票日期或承兑日期，汇票仍应照常付款。

出票地点应写在汇票右上方，常和出票日期连在一起。如果汇票没有单独列明出票地点，则出票人的营业或居住地点即视为出票地点。

汇票上要求注明出票地点，是因为汇票如在一个国家出票，在另一个国家付款时，确定以哪个国家的法律为依据，来判断汇票所具备的必要项目是否齐全，从而确定其是否有效。对此，各国采用出票地或行为地法律的原则，即在出票行为当地法律认为汇票已具备必要项目而生效时，付款地也同样认为有效。

(8) 出票人签章(Signature of the Drawer)。

出票人在汇票上签章后，即承担汇票的责任。汇票上的签章如果是伪造的，或是由未经授权的人签字，汇票无效。但伪造、变造签章并不影响其他真实签章的效力。

出票人如果是代理他的委托人签字，该委托人不论是公司、商号或个人都应在签字前面加上文字说明，是可以撤销的。只有将汇票交付给他人后，出票、承兑、背书的行为才开始生效，并且是不可撤销的。

由于出票行为，出票人对收款人或持票人应照汇票文义担保汇票被付款人承兑和付款。倘若付款人拒绝承兑或拒绝付款时，持票人即可制作成拒绝证书，向出票人行使追索权，请出票人偿付票款。

3. 实务中信用证项下汇票的填写方法

汇票一般有 12 项内容需要填写。

第一栏：出票根据(Drawn under)

“出票根据”是表明汇票起源于允许交易。用来说明开证行在一定的期限内对汇票的金额履行保证付款责任的法律根据，它是信用证项下汇票不可缺少的重要内容之一。主要填写开证行名称和地址。

第二栏：信用证号码(L/C No.)

第三栏：开证日期(Dated)

第四栏：年息(payable with interest @ % per annum)

由结汇银行填写。有的汇票中无利息要求。

第五栏：汇票小写金额(Exchange for)

汇票上有两处相同案底的栏目，较短的一处填写小写金额，需要保留到小数点后两位。较长的一处填写大写金额；汇票金额一般不超过信用证规定的金额。

第六栏：汇票大写金额

大写金额由两部分构成，一是货币名称，二是货币金额。大写金额首先要求顶格，不留任何空隙，以防有人故意在汇票金额上做手脚。此外，大写金额用大写英文字母文字表示，并在文字金额后面加上ONLY，以防止涂改。如：SAY UNITED STATES DOLLARS FIVE THOUSAND SIX HUNDRED ONLY。

第七栏：号码(NO.)

填写内容是制作本交易单据中发票的号码。用于表明此汇票为某号码的发票项下。实务操作中，银行可以接受此栏空白的汇票。

第八栏：付款期限(Tenor)

汇票期限的填写应按照信用证的规定。即期的汇票，要打上 AT SIGHT。在汇票 AT 与 SIGHT 之间的空白处用虚线连接，表示见票即付。如远期汇票，应在“AT”后打上信用证规定的期限。

信用证中有关汇票期限的条款有以下几种：

① 以交单期限起算日期。如，This L/C is available with us by payment at 60 days after receipt of full set of documents at our counters。

此条款规定付款日期为对方柜台收到单据后的 60 天，因此在填写汇票时只须写“At 60 days after receipt of full set of documents at your counters。

注意，信用证中的 OUR COUNTER(我们的柜台)，系指开证行柜台，而在实际制单中，应改为 YOUR(你们的)的柜台，指单据到达对方柜台起算的 60 天。

② 有的汇票是以装船日期为起算日期的。如 We hereby issue our irrevocable documentary letter of credit No.194956 available at 30 days after B/L date by drafts。

那么在制单时就要填写 30 days after B/L date。制单时，从提单日期起算 30 天。

③ 也有少数汇票的起算日期是以发票日期起算的。如 Drafts at 60 days from invoice date。因此，在制单时应在此栏目里填写 At 60 days from invoice date。从发票开出日期起算的 60 天。

第九栏：受款人(pay to the order of)

受款人(Payee)一般是汇票的抬头人，是出票人指定的接受票款的当事人。在国际结算业务中，汇票的受款人一般都是以银行指示为抬头的。常见的信用证对汇票的受款人一般有三种做法：

① 当来证规定由某银行指定或来证对汇票受款人未作明确规定。例如：汇票的受款人打上 PAY TO THE ORDER OF BANK OF CHINA(由中国银行指定)。

② 当来证规定由开证行指定时，在汇票的这一栏目应写上 PAY TO THE ORDER OF ××× BANK(开证行的名称)。

③ 当来证规定由偿付行指定时，在汇票的这一栏目应写上 PAY TO THE ORDER OF ××× BANK(偿付行名称)。

一般来说，信用证方式下以议付行指示性抬头为汇票受款人。

第十栏：汇票的交单日期

指受益人把汇票交给议付行的日期。由银行填写。

第十一栏：付款人(Drawee)

汇票的付款人即汇票的受票人，也称致票人。在汇票中表示为此致 XXX。凡是要求开立汇票的信用证，证内一般都指定了付款人。如果信用证没有指定付款人，按照惯例，一般做成开证行为付款人。填制汇票的一般做法是：

① 当信用证规定须开立汇票而又明确规定有付款人时，应理解为开证行就是付款人，从而打上开证行的名称、地址；

② 当信用证的条款为“DRAFTS DRAWN ON APPLICANT”时，应填写该信用证的开证人名称及地址；

③ 当信用证要求为“DRAWN ON US”时，应理解“US”为开证行名称及地址。

还有，付款人旁边的地点就是付款地点。它既是汇票金额的支付地，也是要求付款地或拒绝证书做出地。

汇票的付款人和合同付款人不完全相同，要严格地按照信用证的要求来填写，要把信用证的开证申请人或开证人的名称和地址全部填上。

第十二栏：出票人(Signature of the Drawer)

习惯上，把出票人的名称填在右下角，与付款人对应。汇票的出票人栏目，一般要打上出口商的全称，并由出口商经理签署或盖章。

这里，有必要指出在填制汇票时应注意的三个项目：

① 汇票金额不得超过信用证金额，如来证金额有“大约”(ABOUT)字样，则可允许有10%的增减幅度。

② 汇票收款人栏一般填写议付行。

③ 汇票付款人必须按信用证的规定详细填制，如无规定，则以开证行作为付款人。

4. 汇票业务中的行为、权利和义务

(1) 出票

发出汇票包括两个动作，一个是写成汇票，并在汇票上签章，另一个是交付汇票，这样才算完成发出汇票行为。出票是票据的基本行为。

交付是指汇票的持有从一个人转移到另一个人的行为。因此，汇票的出票、背书、承兑等票据行为在交付前都是不生效的。

(2) 背书

背书包括两个动作：一个是在汇票背面背书，另一个是交付给被背书人。只有经过交付，才算完成背书行为。背书是以票据权利转让给他人为目的的行为。经过背书，票据权利即由背书人转移至被背书人，被背书人则取得票据所有权。背书人对票据所负的责任与出票人相同，背书人对其后手，有担保付款人承兑及付款的责任。持票人行使其票据上的权利，以背书之连续作为他取得正当权利的证明。背书行为是票据的附属行为，国际结算中的汇票背书方式有以下几种：

① 限定性背书，即背书人在汇票背面签字，写上“仅付……(被背书人名称)”或“付给……(被背书人名称)不得转让”。例如：

汇票正面：PAY MR．LI MING USD 100.00

汇票背面：PAY MR．LI MING USD 100.00 ONLY LI MING(SIGNED)

DATE AND PLACE

② 特别背书，又称记名背书，即背书人在汇票背面签字，写明“付给……(被背书人的名称)的指定人”。例如：

汇票正面：PAY TO THE ORDER OF A COMPANY．

汇票背面：PAY TO THE ORDER OF B COMPANY．

FOR AND ON BEHALF OF A COMPANY

(法人代表签章)

汇票背书后，经过交付，由背书人(转让人)转让给被背书人(受让人)。被背书人再作记名背书，转让给他人，那就有了第二背书人和第二被背书人。这样背书的汇票可以经过连续背书多次转让。

③ 空白背书，又称不记名背书，即背书人在汇票背面签名，不写付给某人，即没有被背书人。空白背书的汇票凭交付而转让，与来人汇票相同，交付者可不负背书人的责任。

当汇票已经空白背书，任何持票人可将空白背书转变为记名背书。只要在背书人的签字上面写明“付给……(持票人自己的名字或第三者的名字)”即可。此后被背书人还可空白背书，回复为空白背书的汇票。

④ 附带条件背书，是指背书上面带有条件。附带条件背书好像不符合汇票是“无条件支付命令”的要求，它是指有条件的交付，一般是在条件完成时交付给被背书人。但汇票一经正当付款，不管条件是否完成，即已履行付款责任而终了。

⑤ 托收背书，是指背书文字含有“委托收款”或类似字样借以授权被背书人为背书人代收票款。被背书人可为托收目的而在汇票上背书，因此托收背书不是转让汇票的所有权，而是委托代收票款。

(3) 承兑

承兑是远期汇票的付款人明确表示同意按出票人的指示付款的行为。付款人在汇票上写明“承兑”字样，并经签字，确认对汇票的付款责任后，即成为承兑人。承兑人是汇票的主债务人，承担支付票面金额的义务。承兑行为是一种附属票据行为。

付款人承兑汇票后有下列几种作法：

① 国内一般发承兑回单。

② 国外一般在汇票上注明 ACCEPTED 已承兑字样，并签章。汇票交还持票人。

③ 国际结算中一般在承兑后，由承兑银行发加押电传至提示行，注明承兑日期即可。电文如下：

YOU ARE ADVISED YOUR DRAFT NO. ______FOR

USD_____

HAS BEEN ACCEPTED ON____DATE

××× BANK

按照英国习惯，承兑时在汇票正面盖上“承兑”戳记，只写承兑日期，不写到期日，因为从汇票文字上以及出票日等，即可算出到期日。但是为了方便起见，一般多在汇票右上角，写明到期日。

承兑同样包括两个动作：一个是如上所述的在汇票上写明“承兑”字样；另一个是把承兑的汇票交给持票人，这样才算完成承兑行为。交付以后，承兑方有效且不可撤销。付款人承兑后，即成为主债务人，即首先负担付款责任的债务人。

付款人是否承兑得有考虑的时间。《英国票据法》规定，提示的次一个营业日营业时间终止之前，《日内瓦统一法》规定考虑时间到第二次提示时为止。我国票据法规定在提示后三个工作日内。

(4) 提示及付款

持票人将汇票提交付款人要求承兑或付款的行为叫做提示。提示可以分为两种：

① 远期汇票向付款人提示要求承兑。定日付款或出票后定日付款的汇票，须在汇票到期日以前提示。见票后定期付款的，应于出票后 10 天内提示，有的国家规定为一个月。逾期未提示的，持票人丧失对前手的追索权。

即期汇票或已经承兑的远期汇票的提示期限，《英国票据法》规定须在合理时间内，《日内瓦统一法》规定为一年。已承兑远期汇票的付款提示期限，《英国票据法》规定要在付款到期日提示，《日内瓦统一法》规定要在付款到期日或次日的两个营业日提示。如未在规定的时间提示，持票人即丧失对其前手的追索权。

② 即期汇票或已到期的远期汇票向付款人提示要求付款。我国规定必须在到期以后一个月内提示。

提示遭到付款人拒绝承兑或拒绝付款时，若汇票列有参加承兑人，可向参加承兑人作付款提示，无参加承兑人而有预备付款人时，可向预备付款人提示。提示要在正当地点进行。所谓正当地点，即指汇票载明的付款地点，或付款人的地址。付款到期时，持票人提示汇票，经付款人或承兑人正当付款以后，汇票即被解除责任。

所谓正当付款，即指付款人或承兑人在到期日及以后善意地付款给持票人，不知道持票人对汇票的权利有何缺陷。如果不是由付款人或承兑人正当付款，而是由出票人或背书人付款，则付款人或承兑人对汇票的债务责任并没有解除，出票人仍可令其付款。

持票人应以背书的连续证明他是汇票的正当权利人。《日内瓦统一法》规定付款人应负责查核一连串背书连续次序，但不负责辨认背书签名真伪之责。

收款人或持票人在收取票款时应交出汇票，该汇票即成为付款人从出票人那儿取得的收据。付款人除要求持票人交出汇票外，还可要求持票人另外出立收款凭证，或在汇票记载“收讫”字样并签名为证。

(5) 退票

持票人提示汇票要求承兑时，遭到拒绝承兑或持票人提示汇票要求付款时，遭到拒绝付款均称为退票，也称拒付。

除了拒绝承兑和拒绝付款外，付款人逃避不见、死亡或宣告破产，以致付款事实上已不可能时，也称为拒付。

汇票在合理时间提示，遭到拒绝承兑时，或汇票在到期日提示，遭到拒绝付款时，对持票人立即产生追索权，他有权向背书人和出票人追索票款。

(6) 退票通知及拒绝证书

《英国票据法》很重视退票通知，规定持票人若不制作成退票通知并及时发出，即丧失其追索权。《日内瓦统一法》则认为退票通知仅是后手对于前手的义务，不及时通知退票并不丧失追索权，但如前手因后手未通知而遭受损失，后手就负赔偿之责。退票通知的目的是要汇票债务人及早知道拒付，以便做好准备。汇票遭到退票，在一般情况下，持票人应在退票后一个营业日，将退票事实通知前手背书人，前手于接到通知后一个营业日内，再通知他的前手背书人，一直通知到出票人。接到退票通知的每个背书人都有向其前手追索的权利。如持票人或背书人未在规定时间内将退票通知送达前手则丧失追索权，但正当持票人的追索权不因遗漏通知而受到损害。持票人也可将退票事实通知全体前手，如此，则每个前手即无需继续向前手通知。

《英国票据法》规定，国外汇票遇到付款人退票，持票人须在退票后一个营业日制作成拒绝证书。制作成拒绝承兑证书后，无须再做付款提示，也无须再制作成拒绝付款证书。拒绝证书是由拒付地点的法定公证人或其他依法有权制作出证书的机构，例如法院、银行公会，甚至邮局等，制作出证明拒付事实的文件。持票人请求公证人制作成拒绝证书时，应提交汇票，由公证人持票向付款人再作提示，如仍遭拒付，即由公证人按规定格式制作成拒绝证书，连同汇票交还持票人。持票人凭拒绝证书，向其前手背书人行使追索权。

如拒付时没有法定公证人，拒绝证书可由当地知名人士，在两个见证人面前作成。

持票人要求公证人作拒绝证书所付的公证费用，在追索票款时一并向出票人算收。有时出票人为了免除此项费用，可在汇票上加注“不作成拒绝证书”字样，即在汇票空白处，加注“PROTEST WAIVED”并签名，则持票人不需作成拒绝证书，即可行使追索权。如果有了此项记录，而仍作成拒绝证书，则该拒绝证书仍有效，但应由持票人自行负担公证费用。

我国票据法规定：持票人在未得到承兑或付款时，必须取得拒绝证明、退票理由书或其他国家机关的有效证明，否则，丧失对前手的追索权。

(7) 追索权

追索权是指汇票遭到拒付时，持票人对其前手(背书人、出票人)有请求其偿还汇票金额及费用的权利。

行使追索权的对象为背书人、出票人、承兑人以及其他债务人，因为他们对持票人负连带的偿付责任。持票人是票据上的惟一债权人，可向其前手行使追索权。正当持票人还可不依背书次序，越过其前手，而对其他前手行使追索权。正当持票人还可以依背书次序，越过其前手，而对债务人中的任何一人行使追索权。被追索者清偿票款后，即取得持票的权利，得再向其他债务人行使追索权。追索的票款应包括：①汇票金额；②利息；③作成退票通知、拒绝证书和其他必要的费用。

行使追索权的三个条件是：

① 必须在法定期限内对付款人提示汇票。未经提示，持票人不能对其前手追索。

② 必须在法定期限内(《英国票据法》规定为退票后一个营业日内，我国票据法规定为收到拒绝承兑或付款的证明文件3日内)将退票事实通知前手，后者再通知其前手，直到出票人。《日内瓦统一法》规定，不办理通知手续不丧失追索权。我国票据法则规定，不办理通知手续，持票人仍有追索权，但应该负责赔偿由此给出票人及前手造成的损失。

③ 必须在法定期限内，由持票人请公证人作成拒绝证书。

只有办到第三条，才能保留和行使追索权。持票人或背书人必须在法定期限内行使其追索权，否则即行丧失。

(8) 参加承兑

参加承兑是汇票遭到拒绝承兑而退票时，非汇票债务人，在得到持票人的同意下，参加承兑已遭拒绝承兑的汇票的一种附属行为。其目的是为防止追索权的行使，维护出票人和背书人的信誉。参加承兑行为的人，称为参加承兑者。参加承兑人应在汇票上面，记载参加承兑的意旨、被参加承兑人姓名和参加承兑日期，并签名。

ACCEPTED FOR HONOUR(参加承兑)

OF…(票据名称)

ON(日期)

SIGNED BY…(参加承兑人签章)

汇票到期时，如付款人不付款，持票人可向参加承兑人提示付款，通知他付款人因拒绝付款而退票并已作成拒绝付款证书的事实，参加承兑人即应照付票款，从而成为参加付款人。

持票人可以拒绝参加承兑，而且并不因此而影响对前手的追索权。持票人同意第三者参加承兑，就不得于到期日以前行使追索权。见票后若干日付款的汇票被参加承兑时，其到期日是从作成拒绝承兑证书之日起算，而不是从参加承兑日起算。持票人于到期日须先向付款人提示付款。经过此项提示而遭拒绝时，始得向参加承兑人请求付款，参加承兑人则应照付票款。

(9) 参加付款

在因拒绝付款而退票，并已作成拒绝付款证书的情况下，非汇票债务人可以参加支付汇票票款。参加付款者出具书面声明，表示愿意参加付款，并由公证人证明后即成为参加付款人。

参加付款与参加承兑的作用，同为防止追索权的行使，维护出票人、背书人的信誉，而且两者都可指定任意债务人作为被参加人。所不同的是参加付款人不需征得持票人的同意，任何人都可以作为参加付款人，而参加承兑则须经持票人的同意，同时，参加付款是在汇票拒绝付款时为之，而参加承兑则是在汇票拒绝承兑时为之。

参加付款后，参加付款人对于承兑人、被参加付款人及其前手取得持票人的权利，有向其请求偿还权。被参加付款人之后手，因参加付款而免除票据责任。

参加付款人未记载被参加付款人时，则出票人应视为被参加付款人。

参加承兑人在参加付款时，应以被参加承兑人作为被参加付款人。

由第三者作为参加付款人时，应将参加付款的事实通知被参加付款人，如未通知而发生损失时，应负赔偿之责。参加付款的金额应包括票面金额、利息和拒绝证书费用。

(10) 保证

保证是指非票据债务人，对出票、背书、承兑和参加承兑行为所发生的债务予以保证的附属票据行为。汇票的债务如有保证，则履行更为可靠，便于流通。汇票是以第三者作为保证人，出票人、背书人、承兑人、参加承兑人均可作为被保证人。保证人与被保证人所负的责任完全相同。为承兑人保证时，应负付款之责；为出票人、背书人保证，应负担承兑及担保付款之责。

保证应在汇票上记载保证之意旨、被保证人姓名、日期、保证人签名。保证形式如下：

WE GUARANTEE PAYMENT

ON————

SIGNED

保证人在偿付票款后，可以行使持票人的权利，即对承兑人、被保证人及其前手行使追索权。

5. 汇票的分类

汇票从不同角度可分成不同的种类。

(1) 按出票人不同，可分成银行汇票和商业汇票。

银行汇票(Bank's Draft)，出票人是银行，付款人也是银行。商业汇票(Trader's Draft)，出票人是企业或个人，付款人可以是企业、个人或银行。

(2) 按是否附有包括运输单据在内的商业单据，可分为光票和跟单汇票。

光票(Clean Draft)，指不附带商业单据的汇票。银行汇票多是光票。跟单汇票(Documentary Draft)，指附有包括运输单据在内的商业单据的汇票。跟单汇票多是商业汇票。

(3) 按付款日期不同，汇票可分为即期汇票和远期汇票。

汇票上付款日期有四种记载方式：见票即付(at sight)；见票后若干天付款(at days after sight)；出票后若干天付款(at days after date)；定日付款(at a fixed day)。若汇票上未记载付款日期，则视为见票即付。见票即付的汇票为即期汇票。其他三种记载方式为远期汇票。

(4) 按承兑人的不同，汇票可分成商业承兑汇票和银行承兑汇票。

远期的商业汇票，经企业或个人承兑后，称为商业承兑汇票。远期的商业汇票，经银行承兑后，称为银行承兑汇票。银行承兑后成为该汇票的主债务人，所以银行承兑汇票是一种银行信用。

7.2.2 本票

1. 本票的定义

《英国票据法》的定义是：本票(Promissory Note)是一人向另一人签发的，约定即期或定期或在可以确定的将来时间向指定人或根据其指示向来人无条件支付一定金额的书面付款承诺。我国《票据法》认为，“本票是出票人签发的，承诺自己在见票时无条件支付确定金额给收款人或者持票人的票据”。简言之，本票是出票人对收款人承诺无条件支付一定金额的票据。

2. 本票的特点

(1) 本票是无条件的支付承诺

本票的基本关系人只有两个，即出票人(Maker)和收款人(Payee)，本票的付款人就是其出票人，本票是出票人承诺和保证自己付款的凭证。在任何时候，本票的出票人都是绝对的主债务人，一旦拒付，持票人即可立即要求法院裁定，只要本票合格，法院就要裁定出票人付款。因此，在实务中，银行一般是不会拒付本票或出票人与付款人都是本行分支机构的汇票的，根据《英国票据法》，后者也可被作为本票处理。因为拒付本票，会直接影响银行的信誉。

(2) 在名称和性质上与汇票不同

为强调本票是出票人或付款人的付款承诺这一特性，在英文名称上，本票法称 Note(付款承诺)，而不是 Bill(债权凭证)，后者是票据的统称。

(3) 本票不必办理承兑

本票本来就是付款承诺和保证，因此，即使是远期本票也不必办理承兑。除承兑和参加承兑外，关于汇票的其他有关规定，如出票、背书和保证等均适用于本票。

3. 本票的内容

本票样式

(1) PROMISSORY NOTE

(7) GBP10000.00 (5) London, 25th April, 2002

(6) On the 28th July, 2002 fixed by the promissory note (2) we promise to pay (3) China Export corporation or order the sum of (7) pounds sterling Ten Thousand Only.

(4) For and on behalf of
The Trading Company
London (8)
(Singed)

如上，根据我国票据法的规定，本票记载的必要项目有：

(1) 必须写明“本票”字样；

(2) 无条件的支付承诺；

(3) 受款人或其指定人(未写明者即为持票人)；

(4) 出票人签字；

(5) 出票日期和地点(未写明出票地点，出票人地点视为出票地点)；

(6) 付款期限(未写付款期限者，视为见票即付)；

(7) 一定金额；

(8) 付款地点(未写明时，出票地视为付款地点)。

以上条款，其中没有注明的缺一不可，否则本票无效。关于付款地、出票地等事项的记载也应清楚明确，不过没有记载也不影响本票的效力。《票据法》规定，本票上未记载付款地的，出票人的营业场所为付款地；未记载出票地的，出票人的营业场所为出票地。《日内瓦统一法》规定，本票应包括：“本票”字样、无条件支付一定金额的承诺、付款期限、付款地点、收款人、出票地点与日期和出票人签字。

比较汇票可以发现，本票比汇票少了一个必要项目，即付款人。这是因为出票人即为付款人。

4. 本票的种类

本票可以分为商业本票和银行本票两种，《票据法》规定，本票仅指银行本票。

(1) 商业本票

商业本票(Trader's Promissory Note)又称一般本票，它是指公司、企业或个人签发的本票。国际结算中开立本票的目的是为了清偿国际贸易而产生的债权债务关系。

商业本票的信用基础是商业信用，出票人的付款缺乏保证，因此其使用范围渐趋缩小。中、小企业很少签发本票，一些大企业签发本票通常也限于出口买方信贷的使用。当进口国的银行把资金贷放给进口国的商人用以支付进口货款时，往往要求进口商开立分期付款的本票，并经进口国银行背书保证后交贷款银行收执，作为贷款凭证。因此，商业本票多为远期本票，即期商业本票的实用价值更小。

(2) 银行本票

银行本票(Banker's Promissory Note)是指银行签发的本票，它通常被用于代替现金支付或进行现金的转移。即期的银行本票即上柜即可取现。因此，银行本票多为即期本票，远期本票则严格限制其期限，如我国规定，本票自出票日起，付款期限最长不超过 2 个月。不过由于银行本票在很大程度上可以代替现金流通，各国为了加强对现金和货币金融市场的管理，往往对银行发行本票有一些限制。

7.2.3 支票

1. 支票的定义

《英国票据法》给支票下的定义是，支票是以银行为付款人的即期汇票。这个定义简单、明确。

我国《票据法》的定义是："支票是出票人签发的、委托办理支票存款业务的银行或者其他金融机构在见票时无条件支付确定的金额给收款人或其持票人的票据。"

支票是银行存款户根据协议向银行签发的无条件支付命令。其实质是银行为付款人的即期汇票。具体说就是出票人(银行存款人)对银行(受票人)签发的，要求银行见票时立即付款的票据。出票人签发支票时，应在付款行存有不低于票面金额的存款。如存款不足，持票人提款遭拒付，这种支票称为空头支票。开出空头支票的出票人要负法律责任。

2. 支票的特点

支票是一种特殊的汇票，因此，它在许多方面都同汇票类似。如都是无条件的付款命令，都有三个基本关系人，主要条款的规定都较类似等。但同时支票又与汇票有着重要差别。

(1) 支票出票人必须具备的条件

支票的出票人首先必须是银行的存款户。即在银行要有存款，在银行没有存款的人绝不可能成为支票的出票人。其次，要与存款银行订有使用支票的协定，即存款银行要同意存款人使用支票。最后，支票的出票人必须使用存款银行统一印制的支票。支票不能像汇票和本票一样由出票人自制。

(2) 支票为见票即付

支票都是即期付款，所以付款银行必须见票即付。由于支票没有远期，因而也不需办理承兑手续。

(3) 支票的付款人

支票的付款人仅限于银行，而汇票的付款人可以是银行、企业或个人。

(4) 通常情况下，支票的出票人都是主债务人。

3. 支票的必要项目

支票样式

(1)Cheque for GBP5000.00 No.5451016

(5) London，1st Jan.2002

(2)pay to (7) the order of (9) British Trading Company the sum of (8) pounds sterling Five Thousand Only.

TO： (3)National Westminister Bank Ltd.

(6)London

(4) For London Export Corporation，London

(Singed)

如上，我国《票据法》规定，支票必须记载以下事项。

(1) 必须写明“支票”字样；

(2) 无条件书面支付命令；

(3) 付款银行名称或称付款人名称；

(4) 出票人签字；

(5) 出票日期地点(未写明出票地点，出票人名字旁的地点视为出票地点)；

(6) 付款地点(未写明付款地点，付款银行所在地视为付款地点)；

(7) 必须写明“即期”字样(未写明即期，仍视为见票即付)；

(8) 一定金额；

(9) 收款公司名称。

根据我国的《票据法》，以上内容除有特别注明的缺一不可，否则，支票无效。《日内瓦统一法》规定，支票应包括的条款有：“支票”字样、无条件支付一定金额的命令、付款人、付款地、出票日期与地点、出票人签名。

这里需要补充说明，支票上的金额可以由出票人授权补记。除必要项目以外，收款人、付款地、出票地都是支票的重要内容。支票上未记载收款人名称的，经出票人授权可以补记；未记载付款地的，付款人的营业场所为付款地；未记载出票地的，出票人的营业场所、住所或者经常居住地为出票地。

4. 支票主要当事人责任

(1) 出票人责任

支票出票人必须对所出支票担保付款。具体而言，包括：

① 必须在银行有足够存款。有足够存款是一个相对概念，它是指支票的出票人所签发的支票金额不能超过其付款时在付款人处实有的金额。

② 透支金额不超过银行允许的范围。为给支票存款户提供使用资金的方便，对于信誉较好的支票户、银行往往允许其在一定限度内透支。如果支票的出票人在存款不足时，签发的支票不超过银行允许的透支范围，也是可以的。不过应在规定的时间内偿还透支金

额并承担相应的利息费用。

③ 不得开立空头支票。空头支票是指出票人在付款行处没有存款或存款不足的情况下，签发的超过存款余额及银行透支允许范围的支票。各国法律均严格禁止签发空头支票。

④ 如果付款行拒付，支票签发人应负偿还之责。

⑤ 支票提示期限过后，出票人仍应对持票人承担票据责任。

《日内瓦统一法》规定了支票的提示期限：国内支票为出票日起 8 天；出票和付款不在同一国家的为 20 天；不同洲的为 70 天。如超过提示期限，支票过期作废，但出票人的责任并不因此消失。他们应对持票人承担票据责任。如我国规定，持票人对支票出票人的权利，自出票日起 6 个月内仍有效。如果过期仍不行使其权利，则票据权利自动消失。

(2) 付款行责任

付款行的责任是审查支票是否合格，特别是核对出票人签字的真实性。只有当支票上的出票人签字与支票开户人留在银行的印鉴相符时，付款行才付款。如果错付，银行应承担赔偿责任。此外，付款行在付款时还应要求持票人做收款背书。

(3) 收款人责任

收款人的主要责任是在有效期内提示支票。

5. 支票的种类

(1) 记名支票(Cheque Payable to Order)：在支票上注明收款人，只有收款人才能收款。出票人在收款人栏中注明“付给某人”，“付给某人或其指定人”。这种支票转让流通时，须由持票人背书，取款时须由收款人在背面签字。不记名支票又称空白支票，抬头一栏注明“付给来人”。这种支票无须背书即可转让，取款时也无须在背面签字。

(2) 不记名支票(Cheque Payable to Bearer)：不指定收款人。

(3) 划线支票(Crossed Cheque)：是指由出票人或持票人在普通支票上划有两条平行线的支票。划线支票的持票人只能委托银行收款，不能直接提现。划线支票可以起到防止遗失后被人冒领，保障收款人利益的作用。划线支票可分为普通划线支票和特殊划线支票。

普通划线支票，即一般划线支票(Generally Crossed/General Crossing)，指不注明收款银行的划线支票，收款人可以通过任何一家银行收款。普通划线支票有以下几种形式：

在支票上划两条平行线。不进行任何记载；

在两条平行线间加上“and Company”的字样；“and Company”也可简写成“and Co.”，它不表示任何含义；

在两条平行线之间加上“Not Negotiable”(不可议付)的字样。该种支票的出票人只对收款人负责，收款人仍可转让该支票，但受让人的权利不优于收款人；

在平行线间加上“A/C Payee”或“Account Payee”(入收款人账)的字样。

在两条平行线之间加上“banker”字样。

特殊划线支票(Specially Crossed/Special Crossing)，是指在平行线中注明了收款银行的支票。对于特殊划线支票，付款行只能向划线中指定的银行付款，当付款行为指定银行时，则只能向自己的客户转账付款。

普通划线支票可以经划线而成为划线支票，一般划线支票可以经记载指定银行而成为特殊划线支票。但特殊划线支票不能回复成一般划线支票，一般划线支票不能回复成普通支票。

划线支票可以防止支票丢失或被偷窃而被冒领票款。因为记名支票如果已经划线，冒领者没有在银行开户，要找一个开户人帮他收取票款有一定难度。

(4) 保兑支票(Certified Pay)：是指由付款银行加注“保付”(Certified to Pay)字样的支票。由于普通支票仅仅是出票人向银行发出的支付命令，出票人是否在银行有足够的存款。银行是否能够承担付款责任，对于持票人来说，并无确实的保障。如果付款行对支票进行了保付，就是承担了绝对付款的责任，从而使持票人在任何情况下，都能保证获得支付。

(5) 银行支票(Banker's Cheque)：是指由银行签发，由银行付款的支票。如我国的定额支票就属于这一性质。

7.2.4 变形票据

- 汇票的出票人是收款人，称为已收汇票，常见于托收。
- 汇票的出票人是付款人，称为对已汇票，相当于本票。
- 支票的付款人是收款人，用于出票人向银行解付款项。

小　结

在本章中，我们具体接触了国际结算中三种基本票据，重点内容概况如下。

区别项目	支　票	本　票	汇　票
性质	无条件支付命令	无条件支付承诺	无条件支付命令
当事人	出票人、银行、收款人	出票人、收款人	出票人、付款人、收款人
用途	支付结算	结算和融资	结算和融资
资金关系	预先有存款关系	出票人即付款人，无资金关系	不要求预先有资金关系
票据行为	一张	一张	一式两份或多张
票据行为	出票、背书	出票、背书、第三者作保证	出票、背书、承兑，且以上环节均可保证
主债务人	出票人	出票人	承兑前的出票人，承兑后的承兑人

续表

区别项目	支　票	本　票	汇　票
付款责任	出票人担保付款	出票人即付款人	承兑人担保付款
提示和承兑	即期付款，不需要提示和承兑	不需要提示和承兑	远期汇票必须提示和承兑
追索权	对出票人追索	对出票人追索	对出票人、背书人、承兑人均可追索

本章的难点在于三种票据的填写。

复习思考题

1. 名词解释

(1) 汇票
(2) 本票
(3) 支票
(4) 承兑
(5) 背书

2. 问答题

(1) 汇票上标明出票日期有什么作用？
(2) 汇票的付款时间有哪几种情况？
(3) 收款人抬头有哪几种写法？
(4) 对出票人、收款人、付款人而言，出票的效力各是怎样的？
(5) 行使追索权必须具备哪些条件？
(6) 简述追索权的特征。
(7) 请比较汇票、本票和支票的不同特点。
(8) 请比较本票在票据行为上与汇票有哪些不同？
(9) 本票的出票人必须具备哪些条件？
(10) 根据所给条件，开具一张汇票：

Drawer: Shanghai Exporting Co., No.12, Nanjing Rd.(East), Shanghai
Drawee: Hongkong Importing Co., 65 Nathan Rd., Kowlon, Hongkong
Payee: Bank of China, Shanghai
Sum: USD 3,000.00
Tenor: at 30 days after sight
Date: March 10, 2005

(11) 在美国佛罗里达州坦布尔(Temper, Florida)的一个电脑生产厂商(America Exporting Co.)出口一批电脑给法国巴黎的某电脑中间商(French Importing Co.)，合同价值为 23 万美元，支付条件为见票后 60 天付款，通过美国银行办理结算，交单结算日期是 2005 年 1 月 15 日。请作为美国出口商开具以美国银行为收款人的汇票。

案例及热点问题分析

汇票欺诈案

2002 年 8 月，我国某省 A 公司与新加坡 B 商签订了一份进口纤维板的合同。合同总金额为 700 万美元，支付方式为托收项下付款交单。合同写明，允许分批装运纤维板。按照合同规定，第一批价值为 60 万美元的纤维板准时到货。经检验 A 公司认为质量良好，双方合作很满意。但在第二批货的交货期前，新加坡 B 商向 A 公司提出："鉴于 A 公司资金周转困难，允许 A 公司对 B 商开出的汇票远期付款，汇票的支付条款为：见票后一年付款 700 万美元。但要求该汇票要请中国某商业银行的某市分行承兑。承兑后，B 商保证将 700 万美元的纤维板在一年内交货。A 公司全部收货后，再付 B 商 700 万美元货款。A 公司对此建议欣然接受。A 公司认为只要承兑了一张远期汇票，就可以得到货物，并在国内市场销售。这是一笔无本生意，而且货款还可以投资。但 A 公司始料不及的是，B 商将这张由中国某商业银行某市分行承兑的远期汇票在新加坡美国一家银行贴现了 600 万美元，从此一张纤维板都不交给 A 公司了。事实上，B 商将这笔巨额骗到手后就无影无踪了。一年后，新加坡美国银行将这张承兑了的远期票据请中国某商业银行某市分行付款。尽管 B 商没有交货，承兑银行却不得以此为理由拒绝向善意持票人美国银行支付票据金额。本票金额巨大，中国某商业银行报请上级批准，由我方承兑银行付给美国银行 600 万美元而结案。

[问题]

请分析：

(1) 票据关系是否以其基础关系为前提？

(2) 美国银行的持票行为是否合理？

(3) 中国某市商业银行为何要付款？

课后阅读材料

《英国票据法》与《日内瓦统一法》

世界票据法体系可分为英美法系的票据法和大陆法系的票据法。英美法系国家的票据法是以《英国票据法》为蓝本的。大陆法系国家的票据法是以《日内瓦统一法》为依据的。前者是英国的国内法，后者则是一种国际公约。

英国于1882年颁布施行票据法，美国及大部分英联邦成员国，如加拿大、印度等都以此为参照制定本国的票据法。美国在1952年制订《统一商法法典》，其中第三章商业证券，即是关于票据的法律规定，也就是美国的票据法，它在英美法系国家的票据法中也具有一定的代表性和影响力。美国和其他英联邦国家的票据法虽在具体法律条文上与英国票据法有所不同，但总体来说，英美法系国家的票据法基本上是统一的，这种统一是建立在《英国票据法》基础上的。

法国、德国等欧洲大陆为主的20多个国家参加了1930年在日内瓦召开的国际票据法统一会议，签订了《日内瓦统一汇票、本票法公约》。1931年又签订了《日内瓦统一支票法公约》。两个公约合称为《日内瓦统一法》。众所周知，国际公约等是国际法最重要的渊源。《日内瓦统一法》是有关票据方面的国际私法的重要渊源，无疑，参加签字的大陆法系的国家在制订或修改本国的票据法时都要依循这一国际公约。这一点合乎国际法大于国内法的原理(对参加某一国际公约的国家而言)。具体来说，大陆法系国家的票据法又以法国和德国的票据法最有代表性。另有一些非大陆法系国家的票据法也参照《日内瓦统一法》制定本国的票据法(如我国的票据法)。在实际内容上大陆法系国家的票据法基本趋于统一。

由于英美两国及其他一些英美法系国家并未参加日内瓦公约，因此在当今世界上存在两大票据法体系——大陆法系(也称日内瓦法系)和英美法系。虽然1982年联合国国际贸易法律委员会公布了《国际汇票和国际本票公约(草案)》，设想将两大票据法体系统一在一个“公约”范围内，至今因签字国过少而未果。

顺便值得一提的是《中华人民共和国票据法》已于1995年5月10日颁布，并于1996年1月1日起实施，这是我国一条重要的经济立法，对调整我国国内票据关系及涉外票据关系起着重要作用。我国有关涉外票据关系法律适用的规定成为我国国际私法的一个组成部分。国际票据法律适用的原则大致为：第一，有关出票及票据的合法性适用出票地法律。第二，其他票据行为适用行为地法律。在我国对外经济交往中发生涉外票据关系时，既要依照我国票据法，有时也要适用别国的票据法。

两大法系国家的票据法在立法体例上，表现为英美法系国家采用票据包括主义，大陆法系国家采用票据分离主义。如“英国法”包括汇票、本票和支票，并将本票、支票作为汇票的特殊形式加以处理(我国票据法类同于“英国法”，在体例上采取三票合一的形式，汇票一章按各种票据行为分节作了详细规定，而对本票、支票与汇票相同之处则采用“适用”的办法处理，以避免重复)。

在规定票据定义时，两大法系票据法不同。如讲到票据定义时，我们就依照“英国法”来解释。因为“日内瓦法”中没有像“英国法”那样有严谨的文句对票据下定义，它只是规定票据的必要项目给票据下定义。

票据是一种要式证券，“日内瓦法”尤为强调票据的要式性。所谓票据的要式性是指票据的作为格式和记载事项只有符合法律规定，才能产生票据效力，不依法定方式做成的票据不能产生法律效力，导致票据无效(我国的票据法也强调票据的要式性)。

在票据的必要项目方面：

(1) “日内瓦法”强调票据上要有票据名称的字样，即标明是汇票或本票或支票(我国票据法也有此规定)。“英国法”无此要求。

(2) 在票据金额方面，两法都规定如大小写不一致，以大写金额为准(我国票据法规定，此种票据无效)。“日内瓦法”还规定，如果有两个大写不一致，以数额小的大写为准。

(3) 关于票据的收款人抬头，“英国法”规定三种票据均可作记名抬头和来人抬头(我国票据法规定均不可作来人抬头)。

(4) 关于出票日期，“日内瓦法”将此作为必要项目(我国票据法有相同规定)。“英国法”认为无出票日期，票据仍然成立。

在其他记载方面，两法也有一些不同规定。如“英国法”认为，出票人和背书人可用“免于追索”的文句来免除在票据被拒绝付款时受追索的责任。而“日内瓦法”认为出票人只能免除担保承兑的责任，而不能免除担保付款的责任(我国票据法认为这种责任不可免除)。

票据的要式性除票据的格式、内容要符合要式，票据行为也是要式的。票据法对各种票据行为都有详细严格的规定。这样可以使票据纠纷减少到最低限度，从而保证票据的顺利流通。

(1) “英国法”规定，限制背书的被背书人无权转让票据权利。“日内瓦法”认为不得转让背书的票据仍可由被背书人转让，转让人只对直接后手负责，对其他后手概无责任(我国票据法同英国票据法)。

(2) 票据权利的善意取得应该包括取得票据时无恶意或重大过失。“英国法”对是否知道前手权利缺陷是以“实际知悉”为原则的。“英国法”认为，只有出于善意并付对价的正当持票人不受对抗。“日内瓦法”不强调是否付过对价(我国票据法同英国票据法)。

(3) 票据应在时效内提示。“日内瓦法”规定，即期票据必须从出票日起1年内作付款提示；见票后定期汇票必须在出票日起1年内作承兑提示；远期票据必须在到期日及以后的两个营业日中作付款提示。“英国法”规定，即期汇票必须在合理时间内作付款提示；见票后定期汇票必须在合理时间内作承兑提示。远期汇票必须在到期日当天作付款提示(我国票据法规定，即期汇票自出票日起1个月内作付款提示，远期汇票自到期日起10日内作付款提示)。如果持票人未在规定时效内提示票据，那么他就丧失对前手的追索权。然而承兑人对持票人仍有付款责任。其责任时效“日内瓦法”规定为到期日起3年，“英国法”规定为承兑日起6年(我国票据法规定为到期日起2年)。

(4) 作成承兑的时效，“英国法”规定付款人须在习惯时间内(24小时)作成承兑。“日内瓦法”规定2天内作成承兑(我国票据法3日内作成承兑)。

(5) “日内瓦法”规定付款人付款时不需要认定背书真伪。“英国法”规定付款必须认定背书真伪(我国票据法同英国票据法)。

(6) 持票人遭到拒付时，根据“英国法”，只有国际汇票才必须由公证人作成拒绝证书。“日内瓦法”允许在汇票人或付款人破产时，以法院判决代替拒绝证书(我国票据法有相似规定)。

(7) “英国法”没有“保证”规定，“日内瓦法”允许“保证”票据(我国票据法同“日内瓦统一法”)。

以上我们分析了“英国法”和“日内瓦法”规定上(主要是汇票)的一些差异，同时兼及了我国票据法的规定，在这些方面的把握和了解对准确使用涉外票据，处理涉外票据纠纷，在实际工作中适用票据方面国际惯例，发展我国对外贸易和其他对外经济交往都是有益的。

(本文引自《国际商务研究》1999 年 02 期，题目：《英国票据法》与《日内瓦统一法》之比较研究，作者：方士华)

第 8 章　汇款与托收

【内容提要】

汇款是汇出行应汇款人或债务人的要求通过国外联行或代理行将一定金额的货币支付给收款人或债权人的一种结算方式。托收是债权人签发汇票(也可不签发汇票)委托当地银行通过其国外往来行向债务人收款的方式。

汇款与托收是国际贸易中重要的结算手段。

本章将学习有关国际结算的两种主要方式。具体内容如下:

1. 汇款与托收的含义及主要当事人
2. 汇款与托收的种类和结算流程
3. 汇款与托收的结算特点和运用时注意的问题

8.1　汇　　款

8.1.1　国际汇兑的结算方式

国际汇兑按其资金流向和结算支付工具的流向是否相同可以分为两类：顺汇法和逆汇法。

(1) 顺汇法

又称汇付法，它是汇款人(通常为债务人)主动将款项交给银行，委托银行通过结算工具，转托国外银行将汇款付给国外收款人(通常为债权人)的一种汇款方法。其特点是资金流向和结算支付工具的流向是一致的。其流程如图 8.1 所示(图中以实线箭头表示资金流向，虚线箭头表示结算支付工具的流向)。

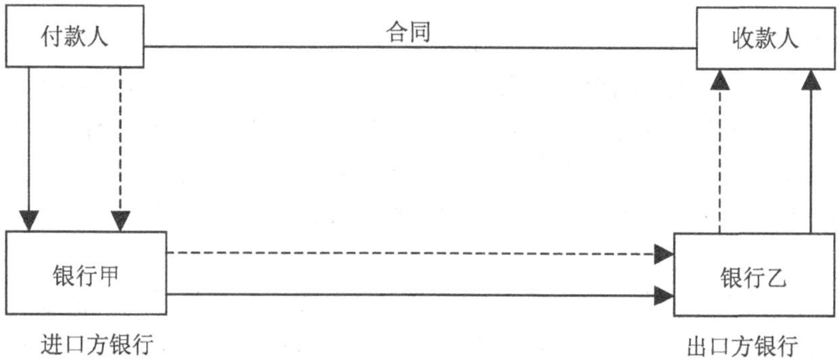

图 8.1　顺汇法

(2) 逆汇法

又称出票法。它是由收款人出具汇票，交给银行，委托银行通过国外代理行向付款人收取汇票金额的一种汇款方式。其特点是资金流向和结算支付工具的流向不相同。其流程如图 8.2 所示(图中以实线箭头表示资金流向，虚线箭头表示结算支付工具的流向)。

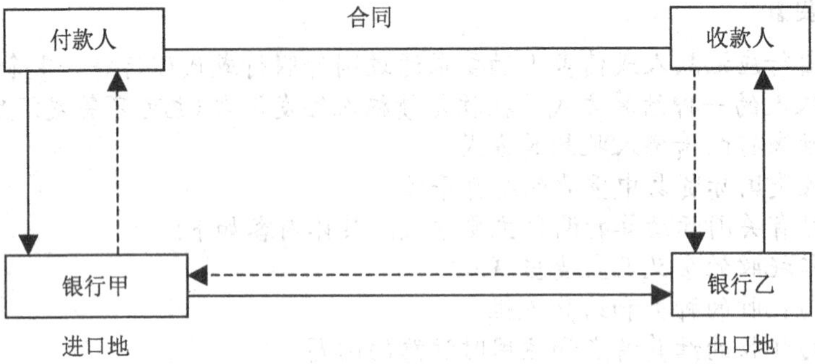

图 8.2 逆汇法

8.1.2 汇款的定义及其当事人

汇款有动态和静态两种含义。

汇款的静态含义是指外汇，它是一国以外币表示的、用于国际结算的支付手段的总称。汇款的动态含义，即通过银行的汇兑来实现国与国之间债权债务的清偿和国际资金的转移。通常所说的汇款都是指它的动态含义。

1. 汇款的定义

汇款(Remittance)又称汇付，是银行应付款人的要求，使用各种结算工具，将款项交付收款人的结算方式。汇款是一种顺汇结算方式，其特点是资金流向和结算支付工具的流向是一致的。它不仅适用于贸易和非贸易结算，而且适用于各种外汇资金的调拨。

2. 汇款的当事人

在汇款业务中，一般有四个当事人：汇款人、收款人、汇出行和汇入行。

汇款人(Remitter)是拥有款项并申请汇出的一方，通常指国际贸易合同中的买方，即债务人(Debtor)或进口商(Importer)。其责任是填具汇款申请书并提供所要汇出的金额和承担有关费用。汇款申请书是汇款人与汇出行之间的契约，汇款人应正确填写，填制上的错漏所引起的后果由汇款人自己负责。

收款人(Payee)又叫受益人(Beneficiary)或受款人，接到汇入行通知后收取汇款金额的当事人。通常是国际贸易合同中的卖方，即出口商(Exporter)，但也可以是汇款人本人。

汇出行(Remitting Bank)是接受汇款人委托汇出款项的银行。通常是汇款人所在地即进口地银行，其职责是按汇款人的要求将款项通过一定途径汇给收款人。

汇入行或解付行(Paying Bank)是接受汇出行委托，并解付一定金额给收款人的银行。通常是收款人所在地或出口方银行，必须是汇出行的联行或代理行，汇入行解付汇款必须严格按照汇出行的支付委托书(Payment Order)执行。汇出行和汇入行之间，事先订有代理合约，在代理合约规定的范围内，汇入行对汇出行承担解付汇款的义务。

8.1.3　汇款的种类

根据汇出行通知汇入行付款的方式，或汇款委托书的传递方式不同，汇款可以分为电汇、信汇和票汇三种。

1. 电汇

电汇(Telegraphic Transfer，T/T)是汇出行应汇款人的申请，拍发加押电报或电传给其在另一国家的分行或代理行(即汇入行)指示解付一定金额给收款人的一种汇款方式。

电汇结算业务的程序如图 8.3 所示。

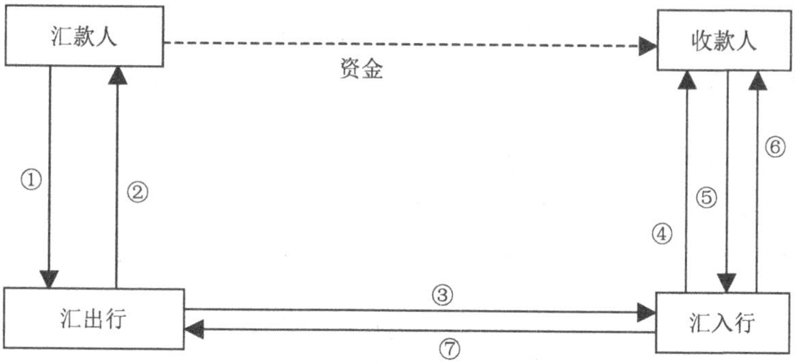

图 8.3　电汇结算程序

说明如下：

①　汇款人填写汇款申请书并交款付费给汇出行，在电汇结算业务中汇款人应在申请书上选择电汇这一方式。

②　汇出行接受申请，将电汇回执交付汇款人。

③　汇出行根据申请书的内容，用电传或者 SWIFT 方式向其国外的联行或代理行(即汇入行)发出支付委托书。

④　汇入行收到支付委托书后应核对密押，再通知收款人取款。

⑤　收款人持通知书及其他有关证件前去汇入行取款，并在收款人收据上签字。

⑥　汇入行核对无误即刻解付汇款。

⑦　汇入行将付讫借记通知书邮寄给汇出行。

电汇方式的主要特点是汇款迅速，银行占用客户资金的时间较短，收款较快；费用较高的汇款人必须负担电报费用；安全可靠，银行之间直接通信差错率低。所以通常只有金额较大或有急用的汇款才用电汇方式。

电汇方式的优缺点概况如图 8.4 所示。

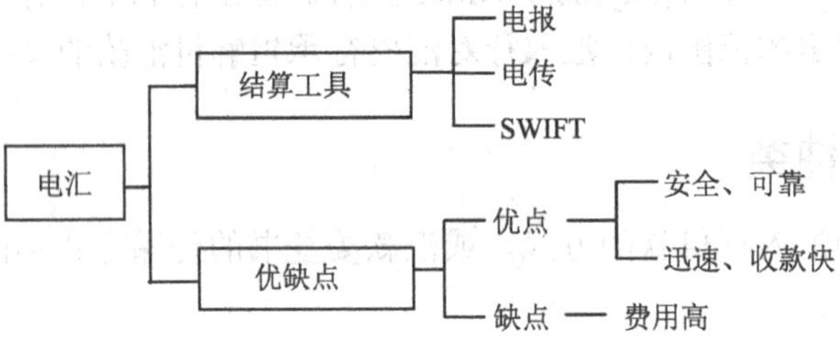

图 8.4 电汇方式的优缺点

2. 信汇

信汇(Mail Transfer，M/T)是汇出行应汇款人的申请，将信汇委托书寄给(用航空信函)汇入行，授权解付一定金额给收款人的一种汇款方式。

信汇业务的程序与电汇大致相同，所不同的是汇出行应汇款人的申请，不用电报，而以信汇委托书(M/T Advice)或支付委托书(Payment Order)作为结算工具，邮寄给汇入行，委托后者解付汇款给收款人。

信汇委托书的寄送方向与资金流动方向相同，所以也是顺汇的一种。信汇不需发电，所以费用较电汇低廉，但因邮递关系，收款时间较晚。信汇委托书不加密押，只须签字，经汇入行核对签字无误，证实信汇的真实性后，方能解付，如图 8.5 所示。

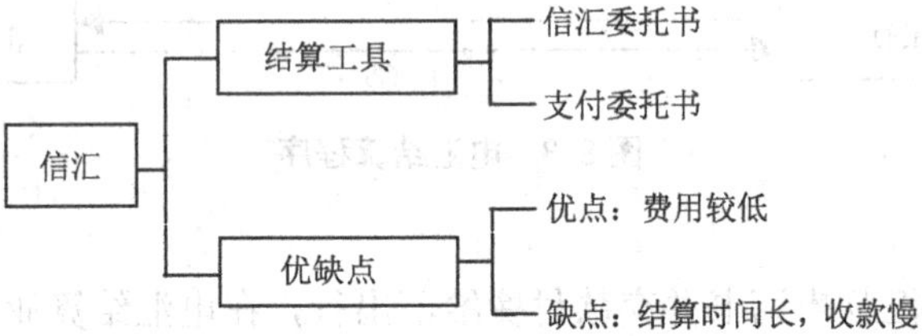

图 8.5 信汇方式的优缺点

3. 票汇

票汇(Remittance by Banker's Demand Draft，D/D)是汇出行应汇款人的申请，代汇款人开立以其分行或代理行为解付行的银行即期汇票(Banker's Demand Draft)交汇款人，由其自行携带出国或寄送给收款人凭票取款的一种汇款方式。

票汇与电、信汇的不同在于票汇的汇入行无须通知收款人取款，而由收款人持票登门取款，节省取款手续；汇票除有限制转让和流通者外经收款人背书，可以转让流通，而信汇委托书则不能转让流通，如图 8.6 所示。

票汇结算业务的程序如图 8.7 所示。

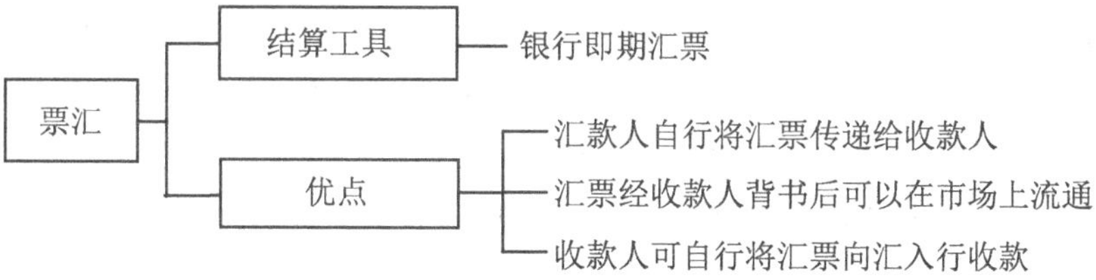

图 8.6　票汇方式的优缺点

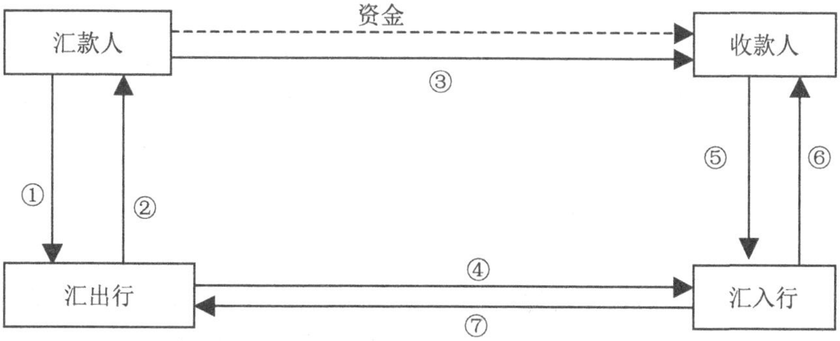

图 8.7　票汇结算的业务流程

说明：

① 汇款人填写汇款申请书并交款付费给汇出行，在票汇结算业务中汇款人应在申请书上选择票汇这一方式。

② 汇出行根据汇款申请书开立银行即期汇票交给汇款人。

③ 汇款人自行邮寄汇票给收款人，或亲自携带汇票给收款人。

④ 汇出行开立汇票后，将汇款通知书与汇票的票根邮寄给汇入行。

⑤ 收款人持汇票向汇入行取款。

⑥ 汇入行核对票根无误后解付票款给收款人，并收回经收款人签章的汇票。

⑦ 汇入行将付讫借记通知书邮寄给汇出行。

在银行票汇业务中，以汇票所用货币的清算中心的银行为付款人的汇票被称为中心汇票。中心汇票的付款人是出票行(即汇出行)在某货币清算中心的账户行，出票行无需划拨资金，收款人持票提示付款，付款行见票即付。这样买入汇票的银行只要将中心汇票邮寄到汇票所用货币的清算中心银行即可收款，手续简单，同时买入汇票时还可以获得一定天数的贴息，故中心汇票汇款业务弥补了在电汇和信汇业务中收款人收款滞后的问题，同时也解决了汇入行付款后的偿付问题。

8.1.4　汇款的偿付

汇出行委托汇入行解付汇款，应及时将汇款金额拨付汇入行，这叫做汇款偿付

(Reimbursement of Remittance Cover)，俗称“拨头寸”。按照拨款和解付的先后来分，有两种拨头寸的方法，即：汇款时汇出行先拨给汇入行；或解付后汇入行向汇出行索偿。按照偿付汇款拨账方法的不同来分，有以下几种：

1. 汇出行和汇入行之间设立了往来账户关系

如果汇入行在汇出行开立存款账户，汇出行在委托汇入行解付时，即由汇出行将汇款金额收在汇入行的账上。汇出行应在支付委托书上注明：In cover，we have credited the sum to your account with us.（作为偿付，我行已经贷记你行在我行开立的账户）。如果汇出行在汇入行开立存款账户，汇出行应在支付委托书上注明：In cover，please debit the sum to our account with you.（作为偿付，请借记我行在你行开立的账户)，汇入行收到汇出行的汇款委托书后借记汇出行账户，拨出头寸解付收款人，并寄出借记报单通知汇出行。

2. 双方在同一代理行开立往来账户

当汇出行与汇入行相互之间没有往来账户，但是在同一代理行均开立账户时，为了偿付解款，汇出行可在汇款时，主动通知代理行将款拨付汇入行在该代理行的账户，汇出行应在支付委托书上注明：In cover，we have authorized X bank to debit our account and credit your account with the above sum.（作为偿付，我行已经授权 X 银行借记我行的账户并同时贷记你行在他们银行所开立的账户)，也可由汇入行在汇款解付后，向代理行要求将款项从汇出行在该代理行的账户拨付给汇入行，这叫做索偿或索汇(Claim reimbursement)。

3. 双方在不同银行开立往来账户

为了偿付，汇出行可在汇款时，主动通知其代理行，将款项拨付给汇入行在其代理行的账户。这时汇出行应在支付委托书上注明：In cover，we have instructed A bank to pay the Proceeds to your account with B bank.（作为偿付，我行已经指示 A 银行支付款项于你行在 B 银行所开立的账户)。汇出行还要寄一张授权书给他的代理行，授权将款拨付指定的汇入行账户，如图 8.8 所示。

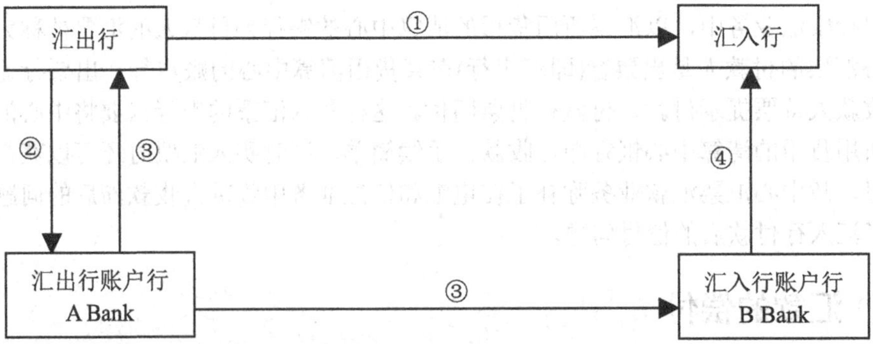

图 8.8 不同银行往来账户下的汇款偿付

说明如下：

① 汇出行向汇入行发出汇款委托。

② 汇出行向其账户行发出指示，授权其账户行借记汇出行账户并将款项汇给汇入行的账户行。

③ 汇出行账户行向汇入行账户行邮寄贷记报单并同时向汇出行邮寄借记报单。

④ 汇入行账户行贷记汇入行账户并邮寄贷记报单给汇入行。

8.1.5 汇款的退汇

退汇是指汇款在解付以前的撤销。退汇可能由收款人提出，也可能由汇款人提出。

1. 收款人退汇

在信汇、电汇业务项下，收款人若拒收信汇或电汇，就需通知汇入行，汇入行可将支付委托书退给汇出行，再由汇出行通知汇款人前来办理退汇。在票汇业务项下，收款人若拒收票汇，就应当将汇票邮寄给汇款人，由汇款人自己到汇出行办理退汇手续。

2. 汇款人退汇

对电汇、信汇业务，汇出行应通知汇入行停止解付，撤销汇款。收款人如有意见，应向汇款人交涉。若汇款已经解付，汇款人即不能要求退汇，只能直接向收款人交涉退回。汇出行接受汇款人电、信汇的退汇要求后，应该用函或电告知国外汇入行办理退汇。待接到国外汇入行同意退汇的通知，再转告国内汇款人，持汇款回执到汇出行退款。汇入行接到国外汇出行要求电、信汇的退汇通知后，如尚未解付，一般可以同意照办。

在票汇业务下，汇款人在邮寄汇票之前可由汇款人持该汇票到汇出行申请办理退汇，汇出行应发函通知汇入行将有关汇票通知书注销寄还。若汇款人已将汇票寄出，汇票款项已被收款人领取或者虽未领款但估计已在市场中流通，则汇款人不可以办理退汇。

汇票如果遗失、被窃，应办理挂失止付手续，即由汇款人向汇出行出具担保书，担保万一发生重付情况，由汇款人负责赔偿。汇出行据以电、函告汇入行挂失止付，待国外汇入行回电、信确认后，办理退汇或补发汇票手续。

8.2 托　　收

8.2.1 托收的含义及其当事人

1. 托收的定义

托收(Collection)是出口商为向国外买主收取销售货款或劳务价款，开立金融票据或商业票据或两者兼有并委托银行通过它在进口商所在地的分行或代理行代收的一种结算方式。其中，金融票据是指汇票、本票、支票、付款收据等工具，商业单据主要是指商业发票、运输单据、所有权单据或其他类似单据。与汇款结算方式不同的是托收不是进口商或债务人的主动付款，而是出口商或债权人的催收。它属于一种逆汇结算方式。

2. 托收的当事人

托收业务的基本当事人主要有四个：委托人、托收行、代收行和付款人。

(1) 委托人

委托人(Principal)就是开出汇票委托银行进行托收的当事人。也称为出票人。当贸易合同确定的结算方式为托收时，出口商就需委托收款。因此，作为出口商应履行与进口商之间签订的贸易合同；作为委托人又受与托收行之间的托收申请书的约束。委托人的责任与义务具体如下。

① 根据贸易合同的要求交付货物。这是出口商最基本的合同义务，也是跟单托收的前提条件。

② 提交符合合同要求的单据。跟单托收项下，进口商提货必须先获取单据，单据是合同项下货物所有权的代表。出口商在装运货物后需要将由此而取得证明自己履约的单据，如运输单据、保险单据，连同自己缮制的商业发票等单据交给托收行。这些单据的名称、份数以及内容均与合同相符。

③ 填写托收申请书，开立汇票，并将托收申请书和汇票连同商业单据一并交给托收行。委托申请书一旦为托收行接受，即成为委托人与托收行之间的法律契约，构成委托代理关系。委托人必须全面、准确地表达自己的意图和要求，根据商业合同条款据实填写申请书。若填制不当，所引起的后果由委托人自行负责。

(2) 托收行

托收行(Remitting Bank)是接受委托人的委托并通过国外代理行向付款人收款的银行。由于托收行地处出口地国家，将转而委托进口地银行代为办理此笔托收业务的汇票提示和货款收取事宜，必须将单据寄往进口地代理银行，所以托收行也称寄单行。

托收行是托收业务的代理收款人，其责任就是根据委托人的指示办理，并对自己的过失负责。托收行有下列责任和义务：

① 缮制托收委托书。托收行在接受委托时应当根据托收申请书的内容缮制托收委托书，并将委托书及单据寄给国外的代理行，指示其向付款人收款。

② 核对单据。托收行应核对实收单据的种类与份数是否与委托人在申请书中填写的情况相同，但没有义务审核单据的内容。

③ 按常规处理业务，并承担过失责任。凡委托人就某些方面未提出要求的，托收行都应按常规处理，如选择代收行(如果代收行破产使委托人收款受影响，此时托收行不承担责任)、航邮单据等。但如代收行通知付款人拒付，托收行却未立即通知委托人，结果因未及时指示如何处理货物而使委托人受到损失，则托收行对此有过失责任。

(3) 代收行

代收行(Collecting Bank)指接受委托行委托向付款人办理收款并交单的银行。代收行在托收业务中所承担的责任与托收行基本相同，如核对单据的名称和份数。若有不符立即通知托收行；代收行在未经托收行同意前不得擅自变更委托书上的任何条件，否则责任自负；除此之外，代收行负有如下责任：

① 保管好单据。单据是物权代表，进口商取得货物必须先取得单据。代收行在进口商付款或承兑前不可以将单据释放给进口商。付款人拒付，代收行应当通知托收行，若发出通知 90 天后仍未收到指示，可将单据退回托收行。

② 及时反馈托收情况。代收行是委托人直接与付款人接触的代表，它应将各种异常情况及其原因立即用快捷的方式通过托收行通知委托人，便于委托人及时了解托收情况并采取必要措施。

③ 谨慎处理货物。代收行原则上无权处理货物，只有在付款人拒付时，可根据委托人指示办理提货、存仓、保险等手续。不过，在发生天灾人祸等紧急情况下，代收行可以不凭委托人指示处理货物，以使委托人避免或减少损失。

(4) 付款人

付款人(Drawee)是指在托收业务中承担付款责任的人，即进口方或债务人。付款人有审查单据以决定接受与否的权利，同时根据托收交单方式承担付款或承兑的业务。在具备正当理由的前提下，付款人有权拒绝接受单据的权利，但是其拒付理由必须经得住委托人的抗辩，否则会遭受信誉和经济上的损失。

8.2.2 托收的种类与交单方式

托收方式按有无随附货运单据，分为光票托收和跟单托收两种。

1. 光票托收

(1) 光票托收的定义

光票托收(Clean Bill for Collection)是指出口商开立的汇票不附带货运单据的托收。有时也可能附带非货运的商业单据，如发票、运保费收据和垫款清单等。光票托收方式的货运单据由出口商直接寄给进口商。光票托收通常用于收取出口货款尾数、样品费、佣金、代垫费用、其他贸易从属费用、进口索赔款以及非贸易各个项目的收款等。

光票托收的汇票一般应由收款人作成空白背书，托收银行作成记名背书给代收行，并制作光票托收委托书(Advice of Clean Bill for Collection)随汇票寄代收行托收票款。

光票托收的汇票有即期和远期之分。对即期汇票，代收银行在收到汇票后，应立即向付款人提示要求付款。付款人如无拒付理由，应当即付款赎票。对远期汇票，代收银行在收到汇票后，应向付款人提示要求承兑，以肯定到期付款的责任。付款人如无拒绝承兑的理由应立即承兑。承兑后，代收银行收回汇票，在到期日再作付款提示要求付款。如付款人拒绝承兑或付款，除托收委托书另有规定外，应由代收银行在法定期限内，作成拒绝证书，并及时将拒付情况通知托收银行转知委托人，以便委托人采取适当措施。

(2) 光票托收程序

光票托收的程序可以表示为如图 8.9 所示。

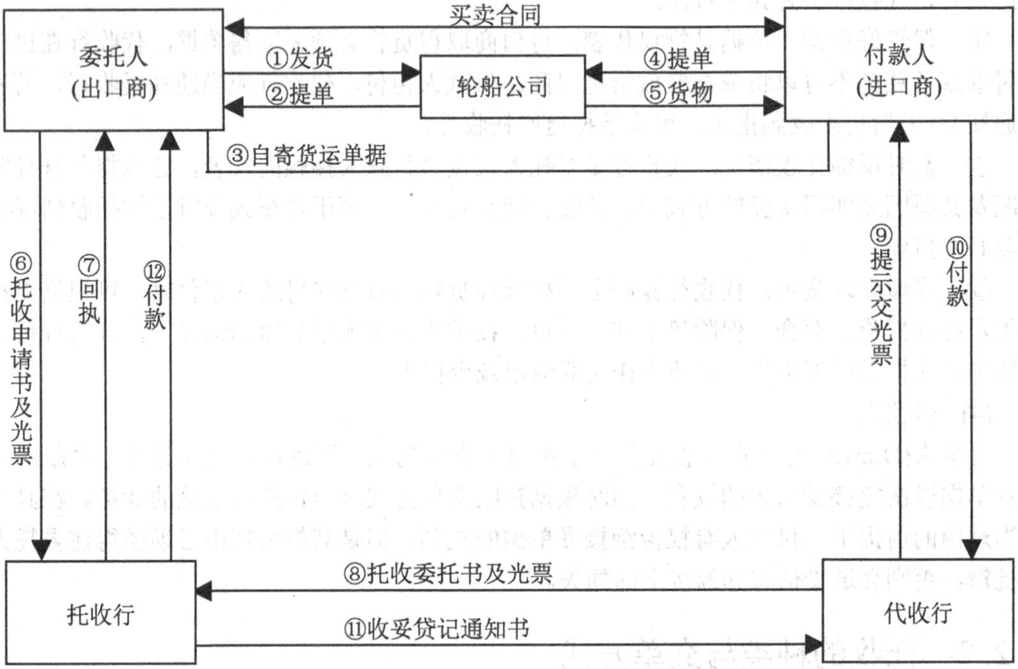

图 8.9 光票托收的程序

2. 跟单托收

跟单托收(Documentary bill for Collection)是指汇票连同所附货运单据(发票、提单、装箱单、品质证及保险单等)一起交银行委托代收货款的一种托收方式。个别也有的只交货运单据不开汇票委托银行代收，以避免印花税负担，跨国公司内部之间以及相互信任的公司之间，一般会采取这种托收方式。

根据交付单据的条件不同，跟单托收可分为付款交单和承兑交单两种。

(1) 付款交单

付款交单(Documents against Payment，D/P)是被委托的代收银行必须在进口商付清票款之后，才将货运单据交给进口商的一种托收方式。付款交单根据付款时间的不同又可分为即期付款交单和远期付款交单。

即期付款交单(D/P at sight)，即单据寄到进口地的代收行，由代收行提示给进口商见票，在进口商审核有关单据无误后，立即付款赎单，这样票款和物权单据即可两清。具体如

图 8.10 所示。

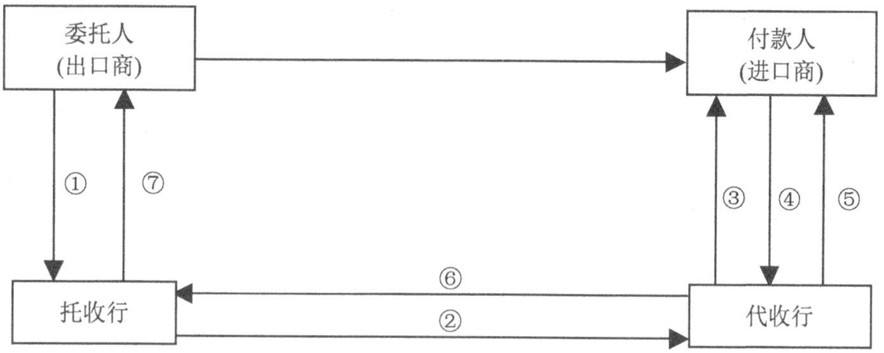

图 8.10　即期付款交单的业务程序

说明如下：

① 出口商发运货物后，填写托收申请书，开立即期汇票，连同商业单据，交托收行委托收款；

② 托收行接受委托后，将汇票、单据和托收委托书邮寄给代收行；

③ 代收行按照托收委托书向付款人提示汇票和单据；

④ 付款人审单无误后付款；

⑤ 代收行向付款人交单；

⑥ 代收行按托收委托书规定的方式将货款交付托收行；

⑦ 托收行向出口商交付货款。

远期付款交单(D/P at X days after sight)，是指进口商见票并审单无误后立即承兑汇票，于到期日付款赎单。其目的是给进口商准备资金的时间，同时为维护出口商的权益，在付款之前，物权单据仍由其委托的银行代为掌握。与即期付款交单相比，远期付款交单有以下特点。

① 出口商开具的是远期汇票

即期付款交单中，出口商开具的是即期汇票，也可以不开汇票。远期付款交单中，出口商开具的是远期汇票，并且通常必须开立汇票。采用远期付款交单的目的是给进口商一段时间以准备或筹集资金。

② 进口商应先予承兑

在代收行提交远期汇票和单据时，进口商应先予承兑，承兑后的汇票及单据由代收行收回。即期付款交单无此环节。

③ 到期付款赎单

在远期汇票到期时，代收行应向进口商作付款提示，进口商应予付款，代收行收到货款后即交单。

(2) 承兑交单

承兑交单(Document against AccePtance ，D/A)是被委托的代收银行于付款人承兑汇票之后，将货运单据交给付款人，付款人在汇票到期时，履行付款义务的一种方式。承兑交单方式只适用于远期汇票的托收。承兑交单程序如图 8.11 所示。

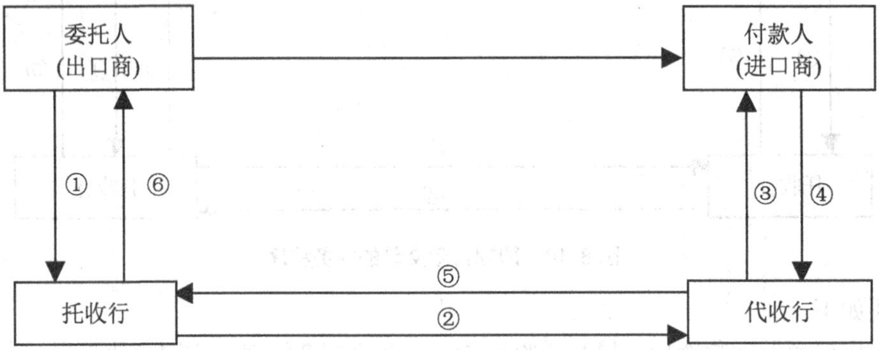

图 8.11 承兑交单程序

说明如下：

① 出口商发运货物后，填写托收申请书，开立远期汇票，连同商业单据，交托收行委托收款；

② 托收行接受委托后，将汇票、单据和托收委托书邮寄给代收行；

③ 代收行按照托收委托书向付款人提示汇票和单据；付款人审单无误后，对汇票进行承兑，代收行收回汇票，将单据交给付款人；

④ 付款人到期付款；

⑤ 代收行按托收委托书规定的方式将货款交付托收行；

⑥ 托收行向出口商交付货款。

承兑交单与远期付款交单都属于远期托收。出口商开具的是远期汇票，进口商在见票时并不是马上付款，而是应先予承兑，只有在汇票到期时，才予付款。因此它们都属于远期托收。所不同的是交单条件。远期付款交单中，进口商只有在汇票到期并支付货款后才能得到单据；承兑交单中，进口商只要承兑后便可得到单据，这时，汇票并未到期，进口商也未能付款。

不同的交单方式对进出口双方的影响不同。对出口商而言，最理想的是即期付款交单，其次是远期付款交单，最后是承兑交单。因为采用即期付款交单方式，出口商在进口商付款之前始终控制着单据，从而控制着货物，不会出现既收不到货款，又失去货物的情况，有利于降低风险；如果进口商付款，则出口商能迅速收到货款，避免资金积压，有利于提高资金的使用效率。远期付款交单在风险控制方面与即期付款交单类似，但要等到汇票到期、进口商付款时，才能收回货款。因此，不同程度地存在资金积压的问题，不利于高效使用资金。承兑交单在货款收回的时间、资金占用方面同远期付款交单方式类似，而且在交单后，进口商可能会破产或无力支付货款，或无理拒付、延迟付款等。因此，无论是在风险还是资金使用方面，这种方式都不利于出口商。

8.2.3 托收方式的特点

1. 托收结算方式的特点

(1) 结算的基础是商业信用

跟单托收中银行只提供代收货款的服务，出口商能否按期收回货款完全取决于进口商的资信，如果进口商不付款或不承兑，或承兑后破产或无力支付或故意拖延支付，则出口商就收不到货款，或不可能按期收到货款。即使出口商还控制着物权但由于货物已发至国外，出口商将不得不承担货物存仓、保险、转售或运回的费用损失。当然进口商也面临着一定风险，即他付款或承兑后，凭单提取的货物可能与单据、合同不符。

之所以存在以上风险，是因为跟单托收的信用基础仍是商业信用，进出口双方能否取得合同规定的货款或按期收到规定货物分别取决于对方的资信。托收中的银行只是一般的代理人，他们对托收过程中遇到的一切风险、费用和意外事故等不承担任何责任。

(2) 安全性得到很大提高

虽然跟单托收是以商业信用为基础的，进出口双方仍面临着商业风险，但是与汇款结算方式相比其安全性有了较大的提高。跟单托收中出口商以控制物权单据来控制货物，以交付物权单据代表交货，而交单又是以进口商付款或承兑为条件的，因此出口商一般不会受到“银货两空”的损失，比赊销安全。对进口商来说只要付了款或进行了承兑，即可得到货权单据，从而得到货物，比预付货款安全。因此，无论是对进口商，还是对出口商，跟单托收比汇款要安全。

(3) 出口商和进口商的资金负担不平衡

托收结算方式中，出口商的资金负担较重，在进口商付款之前，货物的占用资金主要由出口商来承担；进口商基本不负担资金。但是出口商有货权单据，他可以通过出口押汇从银行融通资金，因而可在一定程度上减轻资金负担的压力；不仅出口商可以从银行融资，进口商也可以通过信托收据和担保提货向银行融资。相对来讲，托收是一种有利于进口商，不利于出口商的结算方式。

2. 运用托收方式结算应注意的问题

由于托收方式是一种商业信用，出口商面临的风险较大，所以，为确保收汇的安全，采用出口托收应注意以下问题。

(1) 加强对进口商资信的调查

采用托收方式，是出口商对进口商的信任，带有对进口商融资的性质，所以要详细调查进口商的资信，对资信不好的客户或新的客户最好不使用托收方式，以免因进口商无理拖延货款或无力支付货款而使出口商遭受损失。

(2) 正确使用交单方式和价格条件

在托收业务中，出口商应注意妥善确定交单方式，尽量采用即期付款交单方式，如果一定要采用远期付款交单和承兑交单，应对期限加以限制，付款期限不宜过长，一般掌握在不超过从出口地到进口地的运输时间。目前，远期付款交单方式的具体掌握方法在国际上尚无明确规定，在使用这一方式时很不规范，各国的处理方法不同。有些国家或地区的银行不接受远期付款交单的托收；而另一些国家或地区的银行则把远期付款交单方式视为承兑交单方式，因此，出口商在采用远期付款交单方式托收时，应注意合理使用。

此外，要选择好价格条款，根据交货方式不同，国际商会在1990年出版的《国际贸易术语解释通则》中介绍的13种价格术语，可分为实际交货条件和推定交货条件。实际交货条件以出口商向进口商实际交付货物的行为来履行其交货义务，进口商只有在收到货物后才有义务付款。此类交货条件，不宜采用托收支付方式，因为出口商交货后不再拥有控制货物的物权单据。推定交货条件是指出口商不是直接将货物交给进口商，而是只要他将货物向承运人托运就作为已向进口商交货，出口商向进口商出示货权单据，后者就必须付款。采用这种交货方式时，出口商交货与进口商付款(收货)不同时发生，转移货权以单据为媒介，CIF、CFR 就是这类交货条件，这种情况下一般宜于采用托收方式，不过其中有些价格术语，如FOB、FCA，由于运输是由进口商安排的，也不宜采用托收方式。

(3) 正确选择代收行

托收属于商业信用，货款的收回和进口商有很大关系，托收银行只是收款代理人，并不担保货款的回收，但如果代收行选择得好，对收回出口货款会起到很大作用，因为具体向付款人提示付款以及催收货款的是代收行，正确选择代收行，可以减少收款的风险。

(4) 了解进口国家的有关规定

出口商应了解进口国家的有关贸易法令、外汇管理条例等，如进口许可证、外汇支付限制等方面的内容。

(5) 事先找好代理人

在跟单托收业务中，如果发生拒付，出口商可以指定一个在货物目的港的代表办理存仓、保险、转售或运回等事宜，这个代表称为需要时的代理人，他可以是与出口商关系较好的客户，也可以是代收行。代理人的名称和权限须在托收委托书中列明。

(6) 注意办理保险

出口商应主动安排相应的货物运输保险，万一货物在运输途中出险，可以从保险公司获得赔偿。另外，许多国家开展出口保险业务，中国出口商可以向中国人民保险公司投保“短期出口信用风险”，对于以付款交单和承兑交单为方式的放账期限不超过180天的出口合同，一旦进口商无力支付货款，不按期付款，或因进口国实施外汇和贸易管制、发生战争和骚乱，而使出口商遭受经济损失，保险公司将予以赔偿。

8.2.4　银行对托收业务的资金融通和信托收据

在托收方式下，银行对出口商的资金融通可以采取托收出口押汇方式；对进口商的资金融通可以采取信托收据方式。

托收出口押汇(Collection Bill Purchased)是代收银行买入出口商向进口商开出的跟单汇票。出口商将汇票及全套货运单据交托收行收取货款时，如托收行认为这笔交易的货物销售情况良好，进出口商资信可靠，即可根据出口商的要求承做托收出口押汇，买入跟单汇票，按照票面金额扣减从付款日到估计收到票款日的利息及银行手续费，将净款付给出口商。托收银行作为跟单汇票的持票人，将汇票和单据寄至代收行向进口商提示。票款收妥后，归还托收行的垫款。

银行承做托收出口押汇可以使出口商在货物装船取得提单时，得到银行的资金融通。但是托收方式没有银行的信用保证，买卖之间仅凭一张商业汇票，而汇票付款与否全凭进口商的信用，缺乏第三者对于买卖之间的交货和付款作出信用保证。因此银行承做托收出口押汇的风险较大，许多银行不愿承做，或者很少承做，出口商很少得到这种资金融通的便利。

银行对进口商的资金融通方式是信托收据。在付款交单方式中，进口商如想在付款以前先行提货，可以开立信托收据(Trust Receipt，T/R)交给代收银行，凭以借出单据，以便提货出售，取得货款后偿还代收银行，换回信托收据。这是银行给予进口商资金融通便利的一种方式。

但并不是所有进口商都能通过出具信托收据得到融资。代收行有保管好单据的责任，如果代收行借出了单据，付款人也因此提了货，那么代收行在到期日就非向委托人(出口商)付款不可，除非是出口商主动授权代收行通过信托收据放单。因此，代收行为了控制风险，一般只是在付款人(进口商)信誉较好时才愿借出单据。

8.2.5　《托收统一规则》

《托收统一规则》(Uniform Rules for Collection，URC)是由国际商会编写的关于国际贸易和国际结算方面的重要国际惯例。

1958 年，国际商会为了调和托收业务中各当事人之间的矛盾，促进国际贸易和金融活动的发展，草拟了《商业单据托收统一规则》(Uniform Rules for Collection of Commercial Paper)，建议各国采用。1967 年，国际商会重新订立和公布了这一规则(即 254 号出版物)，使银行在进行托收业务时，有了一套统一的术语、定义、程序和原则，也为出口商提供了一套在委托代收货款时得以遵循的统一规则。1978 年，国际商会又根据托收实践的变化和发展，对该规则进行了修改和补充，并更名为《托收统一规则》(Uniform Rules for Collection，Publication No.322)(即 322 号出版物)，于 1979 年 1 月 1 日起正式生效和实施。

《托收统一规则》公布实施以来，对减少当事人之间在托收业务中的误解、争议和纠纷起了较大作用。我国银行在采用托收方式结算时，也参照这个规则的解释和原则办理。

小　　结

国际间由于贸易或非贸易往来而发生的债权债务，以一定的形式，按一定的条件，使用一定的货币进行的结算，称为国际结算方式。根据结算程序的不同，国际结算方式又可分为汇款方式、托收方式和信用证方式三种。汇款与托收都是建立在商业信用基础上的贸易结算方式，汇款方式速度快、使用灵活、费用低，是跨国公司分支机构之间以及跨国公司相互之间经常采用的结算方式；而托收方式因其交货与付款方式的变化，使得出口商收款的安全性得到加强。本章中，重点包括汇款的定义、类型和流程；托收的定义和流程。其中难点部分在于汇款的流程和托收的流程。

复习思考题

1. 名词解释

(1) 汇款
(2) 电汇
(3) 信汇
(4) 票汇
(5) 汇款偿付
(6) 托收
(7) 光票托收
(8) 跟单托收
(9) 承兑交单
(10) 即期付款交单
(11) 远期付款交单

2. 问答题

(1) 汇款的种类有哪些，各自的特点是什么？
(2) 票汇是否可以退汇？
(3) 汇款的基本当事人有哪几个？
(4) 即期付款交单、远期付款交单与承兑交单有何异同？
(5) 与汇款相比，托收结算方式的特点是什么？

案例及热点问题分析

案例：上海长城电器公司(Shanghai Great Wall Electrical Equipment Co. Ltd)出口一批电冰箱到香港凤凰贸易公司(Hongkong Phoenix Trading Co.)，金额为 100 万港元。合同规定用托收方法结算，交单条件为 D/P90 天。长城公司将通过建行上海分行(The Construction Bank of China，Shanghai)办理托收业务，托收行又通过香港汇丰银行(The Hongkong and Shanghai Banking Corporation Limited)代收此笔货款。请你：

[问题]

作出此托收业务流程图。

课后阅读材料

国际汇款业中的巨头

西联国际汇款公司(Western Union)是世界上领先的特快汇款公司，迄今已有 150 年的历史，它拥有全球最大最先进的电子汇兑金融网络，代理网点遍布全球近 200 个国家和地区。西联公司是美国财富五百强之一的第一数据公司(FDC)的子公司。西联汇款手续简单。它利用全球最先进的电子技术和独特的全球电子金融网络，即时在全球近 200 个国家和地区处理汇款。据有关方面预测，中国的汇兑市场规模大概在 100 亿至 200 亿美元之间，而目前正以每年 15%至 17%的速度增长，基本上为我国 GDP 增速的两倍左右。作为“全球汇款速度最快”的汇兑公司，西联承诺“在世界上任何两个地点之间的国际汇款，时间不会超过 15 分钟。”中国很快就将成为西联除美国以外业务网点最多的国家。

西联通过携手中国四大商业银行之一、同样入围五百强企业的中国农业银行，一个席卷并彻底占领中国国际汇款市场的计划正在有条不紊地进行当中。而充当开路急先锋角色的，正是西联引以为豪的国际汇款旗舰店。统计数据显示，农行西联汇款一直呈快速增长势头。截至 2003 年 6 月末，农行全行总共实现国际结算量 398.7 亿美元，同比增加 142.74 亿美元，增幅 55.77%；全行各项外币存款余额 88.8 亿美元，较年初增加 1.39 亿美元。以结售汇业务为例，2004 年前 5 个月农行结售汇的总额已达到 244.49 亿美元，同比增长 47%，高于全国平均水平 37 个百分点。国际结算和结售汇增幅继续列五大行首位。此外，外币存款也是逆势增长，其中对公存款增加 1.06 亿美元。新增资本金账户 2455 个，新增外币存款余额 100 万美元以上的客户 137 家。同时，外汇产品收入也实现了较快增加，仅西联汇款、代客外汇理财、福费廷(Forfeit 的音译是一种特殊的出口贸易融资方式)等三类新产品就实现收入 185 万美元，已占到全部外汇中间业务收入的 18%。

速汇金国际汇款，作为一项快捷、简单、方便的汇款服务，与西联汇款并称国际汇款行业两巨头，它打破了传统的汇款结算方式，无论是国内汇出还是国外汇入，汇款交易均可以在约 10 分钟内完成，非常适用于急需用钱的紧急情况以及小额贸易结算等。

第9章　信　用　证

【内容提要】

信用证是有条件的银行担保，是银行(开证行)应买方(申请人)的要求和指示保证立即或将来某一时间内付给卖方(受益人)一笔款项。卖方(受益人)得到这笔钱的条件是向银行(议付行)提交信用证中规定的单据。例如：商业、运输、保险、政府和其他用途的单据。

按照一般国际惯例，信用证是以买卖合同为基础的，但它并不依附于买卖合同，而是独立于买卖合同之外的银行信用凭证。银行只对信用证负责，与买卖合同无关，也不受其约束。

本章将介绍以下问题：

1. 信用证的概念、内容
2. 信用证的业务流程
3. 信用证的当事人
4. 各种主要的信用证
5. 《UCP500》信用证操作实务
6. 信用证出口押汇

9.1　信用证的概述

信用证是19世纪发生的一次国际贸易支付方式上的革命，这种支付方式首次使不在交货现场的买卖双方在履行合同时处于同等地位，在一定程度上使他们重新找回了“一手交钱，一手交货”的现场交易所具有的安全感，解决了双方互不信任的矛盾。在托收方式下，出口商能控制单据，但他最终能否收回货款还要取决于进口商的信用；进口商虽然掌握了付款的主动权，但他能否收到与合同规定相符的货物，则取决于出口商的信用。在国际贸易中，交易双方往往难以充分了解对方的资信情况，因而双方都存在风险。在这种情况下，进出口双方就需要一个第三者来充当中间人和担保人，为双方的商业信用进行保证，信用证中的银行便承担起了这一角色。银行执行这一任务时，使用的工具就是信用证。

9.1.1　信用证的概念

1. 信用证的定义

信用证(Letter of Credit，L/C)是银行应买方要求和指示向卖方开立的、在一定期限内凭规定的单据兑付一定金额的书面承诺。

以信用证作为主要工具的结算即为信用证结算。信用证结算是在托收基础上演变出来的一种比较完善的结算方式。其主要作用是把托收方式下由进口商履行跟单汇票的付款责任转由银行履行，保证进出口双方的贷款或单据(货物)交收不致落空；同时，银行还能为进出口双方提供融通资金的便利，从而促进国际贸易的发展。

2. 信用证特点

信用证具有三个重要特点：

(1) 信用证是一种银行信用，开证行负第一性付款责任。

信用证中，银行是以自己的信用做出付款保证的。在任何情况下，银行一旦开出信用证，就表明他以自己的信用作了付款保证，并因此处于第一性付款人的地位。

只要受益人(出口商)提交的单据与信用证的条款一致，就可以直接向银行要求付款，而无须向开证申请人(进口商)要求付款。而银行(开证行)就必须承担首先付款的责任。可见，信用证是一种银行信用，开证银行是主债务人，其对受益人负有不可推卸的、独立的付款责任。

(2) 信用证是一种独立性文件，它不依附于贸易合同而独立存在。

信用证的开立以贸易合同为基础，但一经开出，便成为独立于贸易合同以外的独立契约，不受贸易合同的约束。《UCP500》规定：“信用证与可能作为其依据的销售合同或其他合同是相互独立的交易，即使信用证中提及该合同，银行也与该合同完全无关，并不受其约束。”可见，信用证是独立于贸易合同以外的另一种契约，是一种自述文件。银行只对信用证负责，对贸易合同没有审查和监督执行的义务。贸易合同的修改、变更，甚至失效都丝毫不影响信用证的效力。

(3) 信用证业务是一种纯粹的单据业务，它处理的对象是单据。

《UCP 500》规定：“在信用证业务中，各有关方面处理的是单据，而不是与单据有关的货物、服务及其他行为。”“银行只根据表面上符合信用证条款的单据付款”，而“对任何单据的形式、完整性、准确性、真实性以及伪造或法律效力，或单据上规定的或附加的一般和/或特殊条件，概不负责”。在信用证方式下，实行的是“单据严格相符的原则”，即要求“单证一致”，“单单一致”。

即使开证申请人发现单据是伪造的，即被欺诈，但只要单据表面上与信用证相符，开证申请人就必须向开证行付款。因为其被欺诈与信用证及开证行没有任何关系，后者对此不承担任何责任，如果出现此类情况，开证申请人只能以进口商身份凭贸易合同与出口商交涉，或申请仲裁，甚至提起诉讼。

3. 信用证的形式

根据信用证的开立方式及记载内容不同，可将信用证分为信开信用证和电开信用证。

(1) 信开信用证

信开信用证(Open by Airmail of Credit)是指以信函(Letter)形式开立的信用证。其记载的内容比较全面。银行一般都有印就的信用证格式，开立时填入具体内容即可。信开信用证一般是开立一式两份或两份以上，开立后以航空挂号寄出。这是一种传统的开立信用证的方式。

(2) 电开信用证

电开(Cable)是指银行将信用证内容以加注密押的电报或电传的形式开立的信用证。电开信用证又可分为简电本和全电本。

① 简电本

简电本(Brief Cable)是指仅记载信用证金额、有效期等主要内容的电开本。简电本的内容比较简单，其目的是预先通知出口商，以便其早日备货。

简电本通常不是信用证的有效文本，因此，开立简电本时，一般要在电文中注明“随寄证实书”(Mail Confirmation to Follow)字样，并随即将信开本形式的证实书寄出。证实书是信用证的有效文本，可以作为交单议付的依据。

② 全电本

全电本(Full Cable)是开证行以电文形式开出的内容完整的信用证，如果电文中注明“This is an operative instrument, No airmail confirmation to follow.”，则这样的开本就是有效文本。可以作为交单议付的依据。如果电文上注明“随寄证实书”，则以邮寄的证实书作为有效文本及交单议付的依据。为节省时间与费用，这种形式的信用证的使用越来越普遍。

9.1.2 信用证的内容

1. 信开本的内容

现在各开证行的开证格式已基本接近国际商会拟定的“开立标准信用证格式”，主要包括以下项目：

(1) 关于信用证本身的项目

- 信用证形式(Form of Credit)。一切信用证均应明确表示是可撤销还是不可撤销，否则视为不可撤销的信用证。
- 信用证号码(L/C Number)。开证行的信用证编号，不可缺少。
- 开证日期(Date of Issue)。必须标明开证日期，这是信用证是否生效的基础。
- 受益人(Beneficiary)。这是惟一享有利用信用证支取款项权利的人，因此，必须标明完整的名称和详细的地址。
- 开证申请人(Applicant)。信用证为买卖合同签约双方约定的支付工具，信用证的申请人应是买卖合同中的买方，应标明完整的名称和详细地址。

- 信用证金额(L/C Amount)。这是开证行付款责任的最高限额，应能满足买卖合同的支付。信用证金额要用大小写分别记载。
- 有效期限(Terms of Validity or Expiry Date)。即受益人交单取款的最后期限，超过这一期限开证行就不再负付款责任。
- 生效地点。即交单地点，《UCP500》特别规定信用证除要明确有效期外还要明确一个交单地点，一般为开证行指定的银行。
- 开证行名称(Issuing Bank)。一般在信用证中首先标出，应为全称加详细地址。

(2) 关于汇票的项目

- 出票人(Drawer)。一般是信用证的受益人，只有可转让的信用证经转让后，出票人才可能不是原证受益人。
- 付款人(Drawee)。信用证的付款人是开立汇票的重要依据。汇票付款人须根据信用证的规定来确定。
- 出票条款(Drawn Clause)。主要表明汇票是根据某号信用证开出的。

(3) 关于单据的项目

信用证中一般列明需要的单据，分别说明单据的名称、份数和具体要求。最为基本和重要的单据主要是商业发票(Commercial Invoice)、运输单据(Transport Documents)和保险单据(Insurance Policy)。此外，买方还往往要卖方提供产地证、品质证书等。

要准确地说明单据名称、正本还是副本。

规定单据如果是运输单据、保险单据和商业发票以外的单据，信用证应表明出单人、单据措辞或资料内容。

(4) 关于货物描述部分

一般包括货名、数量、单价以及包装、唛头、价格条件等最主要的内容和合同号码。对信用证金额、数量和单价的增减幅度，《UCP 500》规定：①若有“约”、“大概”、“大约”或类似的词语，应解释为增减幅度 10%；②当成交总金额小于信用证金额时，货物重量的增减幅度为 5%以内；③如果如数交货，而且信用证规定了单位价格，而该价格减少则可以允许支取的金额减少 5%。

(5) 关于运输的项目

信用证中关于运输的项目通常有装货港(Port of Loading/Shipment)、卸货港或目的地(Port of Discharge or Destination)和装运期限(Latest Date of Shipment)等，此外，还有可否分批装运(Partial Shipment Permitted/not Permitted)和可否转运(Transhipment Allowed/not Allowed)。

(6) 其他项目

① 开证行对议付行、通知行和代付行的指示条款(Instructions to Negotiating Bank/Advising Bank/Paying Bank)。这一条款对于通知行，常要求其在通知受益人时加注或不加注保兑；对于议付行或代付行，一般规定议付金额背书条款、索汇方法和寄单方法。

② 开证行保证条款(Engagement/Undertaking Clause)。开证行通过这一条款来表明其付款责任。一般的保证文句是以“We hereby engage...”或“We hereby undertaking...”之类句式开头，表示开证行作出的单方面的承诺。

③ 开证行代表签名(Opening Bank's Name & Signature)。信开本信用证须有开证行有权签名人签字方能生效，一般情况下是采取“双签”，即两人签字的办法。

④ 其他特别条件(Other Special Condition)。主要用以说明一些特别要求，如限制由某银行议付、限制某国籍船只装运、装运船只不允许在某港口停靠或不允许采取某航线、发票须加注信用证号码、受益人必须交纳一定的履约保证金后信用证方可生效等。

根据《UCP500》开立信用证的文句，一般为 This L/C was issued subject to Uniform Customs and Practice for Documentary Credits 1993 revistion ICC Publication No.500 这样的条款受益人和银行才愿意接受信用证。

2. 全电本的内容

随着通信技术的发展，申请全电开证的客户越来越多。银行做全电开证时，多半采用 Telex 和 SWIFT(环球银行金融电信协会)，而且 SWIFT 正逐渐取代 Telex 开证。

所谓 SWIFT 信用证就是依据国际商会所制定的电报信用证格式，利用 SWIFT 系统所设计的特殊格式来传递信用证的信息方式开立的信用证。它具有标准化的特征，其传递速度较快，开证成本较低，各开证行及客户乐于使用。

SWIFT 系统设计的信用证格式代号为 MT700、MT701。与信开本相比，SWIFT 信用证将保证条款省略掉，但其必须加注密押，密押经核对正确无误后，SWIFT 信用证方能生效。虽然没有说明文句，但 SWIFT 信用证一律受《UCP 500》约束，除非证中特别注明。

9.1.3 信用证业务程序

一笔信用证业务从开始到结束，大体上包括进口商申请开证、进口方银行开证、出口方银行通知信用证、出口方银行议付并索汇和进口商赎单提货五个环节。

1. 申请开证

进出口双方在货物买卖合同中确定采用信用证结算方式后，进口商就应按合同规定向进口地银行申请开立信用证。申请开证的进口商或开证申请人应填写开证申请书，以作为银行开立信用证的依据。开证申请书有两部分内容：

(1) 信用证实质性内容

它是银行凭信用证向出口商付款的依据。一般应明确以下内容：应被提示的单据、支付金额及方式、受益人名称及地址、信用证到期日或有效期、货物的描述、装运细节以及是否需要保兑等。

(2) 进口商的声明与保证

即进口商对开证行的声明，用以明确双方责任。一般包括：

进口商承认银行在进口商赎单以前，对单据及单据所代表的货物有所有权，必要时，银行可以处置货物，以抵付进口商的欠款。

进口商承认银行有接受“表面上合格”的单据的权利，对于伪造的单据、货物与单据不符或货物中途遗失，银行概不负责。

单据到达后，进口商有如期付款赎单的义务，单据到达前，银行可在货款范围内，随时要求追加押金(保证金)。

进口商同意电报传递中如有错误、遗漏或单据邮递遗失等，银行不负责任。

进口商承担该信用证所需的一切国内外银行费用。对开证申请书中的有关指示，《UCP500》指出应完整和明确，不应加注过多细节。对开证申请人，除进口商以外，《UCP500》还允许开证行以其自身名义开证。对信用证开证范围的扩大，实际上是借鉴或适应了日益增长的备用信用证的习惯做法，为资金融通开辟了一条新的途径。

2. 对外开证

银行接到申请人完整明确的指示后，应立即按指示开出信用证。开立信用证的银行即为开证行。开证行一旦开出信用证，在法律上就与开证申请人构成了开立信用证的权利与义务关系，开证申请书也就成了两者之间的契约。同时，银行有权要求申请人交纳一定金额的抵押金或以其他形式作为银行执行其指示的担保。

开证行可以应申请人的要求信开(Open by Airmail)或电开(Open by Cable)。信开信用证一般一式两份或两份以上，开证行以航函将其寄给出口商所在地的联行或代理行，要求该行通知(Advise)或转递(Transmit)给出口商。信开信用证有时也可以由开证行直接寄给出口商，甚至交由进口商寄给出口商，但这两种方法一般很少使用。

为争取时间，开证行多采用“电开”形式开立信用证，即由开证行将信用证内容以加密押的电报或电传通知出口商所在地的联行或代理行，请其转通知出口商。

开证行如委托第三国银行代为付款，须将信用证副本寄给付款行一份，以便付款行在接到单据后核对之用。

3. 通知、转递及保兑信用证

出口方银行收到开证行开来的信用证后，应根据信用证的要求，将信用证通知或转递给受益人(Beneficiary)。受益人即接受信用证，凭以发货、交单、取款的人，一般为出口商。

(1) 信用证的通知

信用证的通知是针对电开信用证而言的。电开信用证是以通知行为收件人的，通知行收到信用证并核押无误后，即以自己的通知书格式照录全文，通知受益人，办理这样业务的银行就称为通知行(Advising Bank)。通知行在通知 SWIFT 信用证时，必须向受益人特别提及在信用证中加列了《UCP500》。

(2) 信用证的转递

信开信用证在寄送到出口地银行后，由银行核对印鉴，若相符，银行只需将原证照转给受益人即可，办理这种业务的银行称传递行(Transmitting Bank)。

(3) 信用证的保兑

受益人接到信用证后，如果认为开证行资信不好或对其资信不甚了解，可以要求开证行找一家受益人熟悉的银行对信用证加以保兑。在信用证上加具“保兑”字样的银行为保兑行(Confirming Bank)，它通常为出口地的通知行或是其他信誉卓著的银行。有时开证行在委托通知行通知信用证时，同时要求通知行为信用证加以保兑。如果两家银行事先有约定并经通知行同意，通知行即为保兑行。

(4) 信用证的换开

有时开证行委托另一家银行根据其本身的信用证重新换开信用证，则代原证开证行换开信用证的银行叫做代开行，原证开证行叫委托开证行。保兑行或代开行要对受益人负责，承担出口单据付款的义务。

出口方银行可根据不同的情况，按有关规定向开证行收取通知、转递、保兑或代开手续费。

(5) 信用证的修改

信开证开立后，有时其条款需要修改。若进口商提出修改，应经开证行同意后，由开证行以修改通知书或电报的方式通知信用证的通知行，由其转告出口商，出口商接受后才有效。倘若出口商拒绝接受，则修改无效，信用证条款仍以原条款为准。如果修改通知涉及两个以上的条款，出口商只能全部接受或全部拒绝，不能只接受一部分，拒绝另一部分。如果是出口商提出修改请求，则应先征得进口商和开证行同意，并由进口商正式通过开证行办理修改手续后，方能生效；而且修改通知仍要经过通知行转送，不得直接通知出口商。

信用证的修改指示同样要明确完整，修改手续费由提出修改请求的一方负担。

4. 议付与索汇

出口商收到信用证后，若与买卖合同核对无误，即可交货，并备齐信用证规定的全部单据，签发汇票，连同信用证，在其有效期内，送交通知行或与出口商有往来的其他银行要求议付。

1) 议付行及议付程序

接受出口商单据、汇票和信用证，审单后购进汇票及所附单据并付出对价(实务中称为买入单据)的银行叫做议付行(Negotiating Bank)，它可能是通知行、转递行和保兑行等，也可以是另外的银行。议付行持有汇票即成为正当持票人，对前手背书人和出票人拥有追索权。

议付的程序是议付行将出口商交来的全套单据与信用证内容进行核对，若单证、单单表面相符，议付行则将汇票金额扣除自议付日至估计收到票款日的利息和手续费后的余额付给出口商。议付后，议付行留下汇票及单据，在对信用证作批注后将其退还给出口商。

2) 单据不符的处理

单据不符点(Discrepancy)是指信用证项下受益人所提交的单据表面出现的一处或多处

不符合信用证的条款或条件错误。当单据出现不符点后，信用证的开证行就可以免除付款的责任。

(1) 正常议付

若单证不符，议付行可以要求出口商修改单据，如果无法修改，议付行可以致电开证行征询意见。开证行接到此类电文后，一般是征求开证申请人的意见，如申请人同意接受不符单据，开证行则电复议付行同意议付，这时议付行就可以将不符单据作为正常议付处理。

(2) 担保议付

如果单据中不符点无法修改，但金额较小时，可以采取担保议付方式处理。当不符点为非实质性差错时，可以要求受益人承认不符点并出具保证书(Letter of Indemnity)，作为议付行与受益人之间在单据遭开证行拒付时处理的依据，议付行则不对开证行说明不符点而正常议付；也可以是出口商事先与进口商联系通报不符点并获其同意议付后，出口商向议付行出具担保书，议付行凭担保书议付单据。寄单索汇时应说明是“凭保议付”(Documents negotiated against beneficiary’s indemnity)，并将不符点逐一说明。这对开证行并无约束，性质上仍然是征求开证行意见。如果开证行拒付，出口商应接受议付行的追索并承担有关损失和费用，不过，如果进口商同意接受不符单据，开证行通常不会拒付。

(3) 作托收寄单

如果不符点较多或是有实质性差错，议付行可考虑作托收寄单，并在寄单面函中说明单证不符点。单证不符使出口商的收款基础由银行信用变成了商业信用，出口商因此失掉了银行信用保证付款的作用。所以为保障安全收汇，出口商应尽量提供确认的全套单据。

3) 付款、议付与承兑

根据开证申请书的约定，信用证下款项的支付方式可以是付款、议付或承兑。如果信用证规定汇票以银行为付款人，则该银行即为付款行(Paying Bank)。远期汇票经付款行承兑后，付款行即成为承兑行(Accepting Bank)，开证行常常指定通知行为付款行。

(1) 付款

付款指银行以汇票付款人的身份向受益人支付票款的行为。执行付款的银行即为付款行，它通常由开证行在信用证中指定。付款行付款后无追索权，只能向开证行索偿。

(2) 议付

议付指银行有追索权地购买跟单汇票的行为。议付行可由开证行在信用证中指定也可不指定。

(3) 承兑

出口商发货后，签发远期汇票并连同信用证及单据交银行，申请人、开证行或出口方银行承兑，并将已承兑的汇票退还出口商，后者可将票据贴现融资。不管谁承兑，在汇票到期时，开证行都应付款。

4) 索汇

议付行议付单据后，应在信用证背面进行批注，防止重复议付。若是付款或承兑，同样要批注。批注后信用证退还给出口商，议付行复印信用证留底，然后按信用证要求将单据一次或分次寄开证行索汇。如果信用证规定汇票以开证行或进口商为付款人，同时又规定议付行向第三国银行索偿，则第三国银行就是偿付行(Reimbursing Bank)。这种情况下议付行议付后，应一方面把单据寄给开证行。另一方面，必须再开立以偿付行为付款人的汇票(to redraw a draft on ××× bank)，并直接向偿付行索汇。

开证行收到议付行的单据后，与信用证内容进行核对，如果单证相符，则将票款偿还议付行；如果单证不符，开证行可拒绝付款。但应以最迅速的方式立即通知议付行。开证行可以在信用证中规定议付行的索汇方式，即偿付条款。一般有四类：单到付款、主动贷记、授权借记和向偿付行索汇。

5) 付款赎单

开证行将票款拨还议付行后，应立即通知进口商备款赎单。如单证相符，进口商就应将开证行所垫票款付清。取得单据，这样开证行和进口商之间由于开立信用证所构成的权利义务关系即告结束。如果进口商发现单证不符也可以拒绝赎单，此时开证行就会遭受损失，它不能向议付行要求退款，即无追索权。

进口商付款赎单后，即可凭货运单据提货。发现货物与合同不符，不能向开证行提出赔偿要求。只能向出口商索赔，甚至可以进行诉讼或仲裁。

根据上述解释，可以将信用证的业务流程归纳如图 9.1 所示。

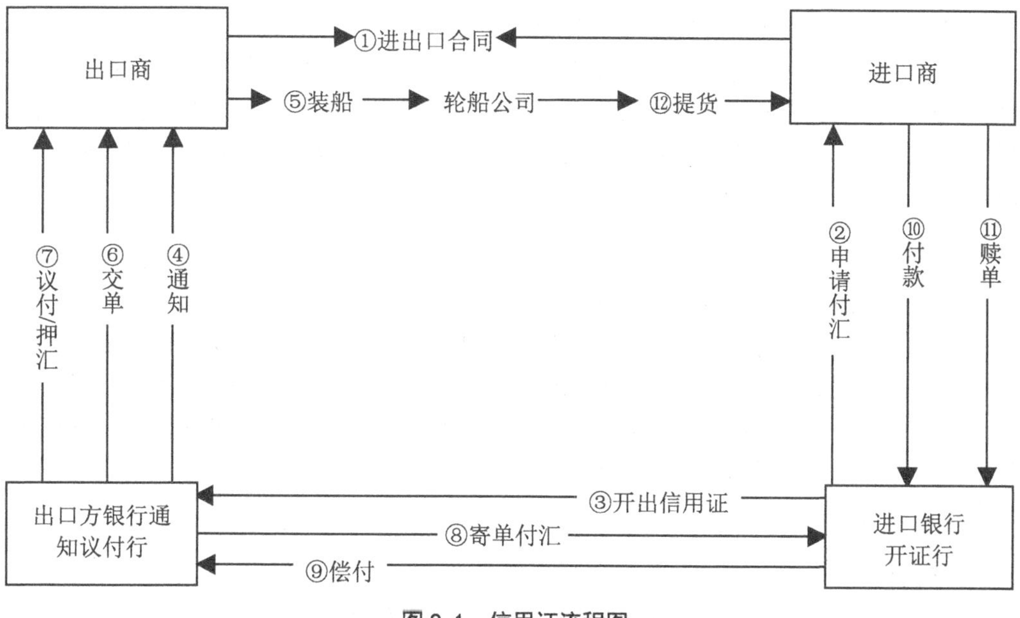

图 9.1 信用证流程图

9.1.4 信用证的当事人

1. 开证申请人

在国际贸易中，信用证的开证申请人是进口商或买方。有时开证申请人也称开证人，他还是运输单据的收货人。

进口商根据贸易合同的规定到其有业务往来的银行申请开立信用证。

2. 开证行

接受开证申请人委托开立信用证的银行即是开证行。

开证行也被称作开证人、授予人。

开证行是以自己的名义对信用证下的义务负责的。虽然开证行同时受到开证申请书和信用证本身两个契约约束，但是根据《UCP 500》第三条规定，开证行依信用证所承担的包括付款、承兑汇票或议付或履行信用证项下的其他义务等责任，不会受到开证行与申请人或申请人与受益人之间产生纠纷的约束。

开证行在验单付款之后无权向受益人或其他前手追索。

3. 受益人

国际贸易中，信用证的受益人是出口商或卖方。受益人同时还是信用证汇票的出票人、货物运输单据的托运人。

受益人与开证申请人之间存在一份贸易合同，而与开证行之间存在一份信用证。受益人有权依照信用证条款和条件提交汇票及/或单据要求取得信用证的款项。受益人交单后，如遇开证行倒闭，信用证无法兑现，则受益人有权向进口商提出付款要求，进口商仍应负责付款。这时，受益人应将符合原信用证要求的单据通过银行寄交进口商进行托收索款。如果开证行并未倒闭，却无理拒收，受益人或议付行可以诉讼，也有权向进口商提出付款要求。

4. 通知行

通知行是开证行在出口国的代理人。

通知行的责任是及时通知或转递信用证，证明信用证的真实性并及时澄清疑点。

如通知行不能确定信用证的表面真实性，即无法核对信用证的签署或密押，则应毫不延误地告知从其收到指示的银行，说明其不能确定信用证的真实性。如通知行仍决定通知该信用证，则必须告知受益人它不能核对信用证的真实性。

通知行对信用证内容不承担责任。

5. 保兑行

保兑行是应开证行的要求在不可撤销信用证上加具保兑的银行。

通常由通知行作保兑行。但是，保兑行有权做出是否加保的选择。

保兑行承担与开证行相同的责任。保兑行一旦对该信用证加具了保兑，就对信用证负独立的确定的付款责任。

如遇开证行无法履行付款时，保兑行履行验单付款的责任。保兑行付款后只能向开证行索偿，因为它是为开证行加保兑的。

保兑行付款后无权向受益人或其他前手追索票款。

6. 付款行

付款行是开证行的付款代理人。

开证行在信用证中指定另一家银行为信用证项下汇票上的付款人，这银行就是付款行。它可以是通知行或其他银行。

如果开证行资信不佳，付款行有权拒绝代为付款。但是，付款行一旦付款，即不得向受益人追索，而只能向开证行索偿。

7. 承兑行

远期信用证如要求受益人出具远期汇票，会指定一家银行作为受票行，由它对远期汇票做出承兑，这就是承兑行。

如果承兑行不是开证行，承兑后又不能履行付款，开证行应负最后付款的责任。若单证相符，而承兑行不承兑汇票，开证行可指示受益人另开具以开证行为受票人的远期汇票，由开证行承兑并到期付款。承兑行付款后向开证行要求偿付。

8. 议付行

议付是信用证的一种使用方法。它是指由一家信用证允许的银行买入该信用证项下的汇票和单据，向受益人提供资金融通。议付又被称作“买单”或“押汇”。买入单据的银行就是议付银行。具体做法是，议付行审单相符后买入单据垫付货款，即按票面金额扣除从议付日到汇票到期之日的利息，将净款付给出口商。

在信用证业务中，议付行是接受开证行在信用证中的邀请并且信任信用证中的付款担保，凭出口商提交的包括有代表货权的提单在内的全套出口单证的抵押而买下单据的。议付行议付后，向开证行寄单索偿。如果开证行发现单据有不符信用证要求的情况存在，拒绝偿付，则议付行有向受益人或其他前手进行追索的权利。

9. 偿付行

偿付行是开证行指定的对议付行或付款行、承兑行进行偿付的代理人。为了方便结算，开证行有时委托另一家有账户关系的银行代其向议付行、付款行或承兑行偿付，偿付行只有在开证行存有足够的款项并受到开证行的偿付指示时才付款。偿付行偿付后再向开证行索偿。

偿付行的费用以及利息损失一般由开证行承担。

偿付行不受单和审单，因此如事后开证行发现单证不符，只能向索偿行追索而不能向偿付行追索。如果偿付行没有对索偿行履行付款义务，开证行有责任付款。

9.1.5 信用证的作用

1. 银行的保证作用

对进口商来说，信用证可以保证进口商在支付货款时即可取得代表货物的单据，并可通过信用证条款来控制出口商的性质、按量、按时交货。

对出口商来说，信用证可以保证出口商在履约交货后，按信用证条款规定向银行交单取款，即使在进口国实施外汇管制的情况下，也可保证凭单收到外汇。

2. 资金融通作用

对进口商来说，开证时只需缴纳部分押金，单据到达后才向银行赎单付清差额。如为远期信用证，进口商还可以凭信托收据向开证行借单先行提货出售，到期向开证行付款。对出口商来说，在信用证项下货物装运后即可凭信用证所需单据向出口地银行作押汇，取得全部货款。

9.2 信用证的主要种类

9.2.1 可撤销与不可撤销信用证

根据开证行对所开出的信用证所负的责任来区分，信用证分为可撤销信用证和不可撤销信用证。在《跟单信用证统一惯例(UCP500)》第六条中规定，信用证应明确注明是可撤销的或是不可撤销的。如无此注明，应视为不可撤销的。这与《UCP422》是有所区分的。

1. 可撤销信用证

可撤销信用证是指在开证之后，开证行无需事先征得受益人同意就有权修改其条款或者撤销信用证。这种信用证对于受益人来说是缺乏保障的。

虽然可撤销信用证有上述特征，但是，根据《UCP 500》第八条(B)项规定，即便是可撤销信用证，只要受益人已经按信用证规定交单，指定银行已经凭单证相符做出付款、承兑或议付，那么，信用证就不可再行撤销或修改了。

2. 不可撤销信用证

不可撤销信用证是指未经开证行、保兑行(如有)以及受益人同意，既不能修改也不能撤销的信用证。这种信用证对于受益人来说是比较可靠的。

1) 不可撤销信用证特征

(1) 有开证行确定的付款承诺

对于不可撤销跟单信用证而言，在其规定的单据全部提交给指定银行或开证行，符合信用证条款和条件时，即构成开证行按照信用证固定的时间付款的确定承诺。

开证行确定的付款承诺是：

对即期付款的信用证——即期付款。

对延期付款的信用证——按信用证规定所确定的到期日付款。

对承兑信用证——①凡由开证行承兑者，承兑受益人出具的以开证行为付款人的汇票，并于到期日支付票款；②凡由另一受票银行承兑者，如信用证内规定的受票银行对于以其为付款人的汇票不予承兑，应由开证行承兑并在到期日支付受益人出具的以开证行为付款人的汇票；或者，如受票银行对汇票已承兑，但到期日不付，则开证行应给予支付。

对议付信用证——根据受益人依照信用证出具的汇票及/或提交的单据向出票人或善意持票人履行付款，不得追索。

(2) 具有不可撤销性

这是指自开立信用证之日起，开证行就受到其条款和承诺的约束。如遇要撤销或修改，在受益人向通知修改的银行表示接受该修改之前，原信用证的条款对受益人依然有效。

当然，在征得开证行、保兑行和信用证受益人同意的情况下，即使是不可撤销信用证也是可以撤销和修改的。

2) 不可撤销信用证的公开议付和限制议付

(1) 公开议付(Unrestricted Negotiation)

公开议付亦称自由议付。凡公开议付信用证，一般来讲在信用证的议付条款中须注明“公开议付”(Free Negotiation)字样。但有的信用证不载明此字样，而载明“邀请”(Invitation)或“建议”(Order)公开议付条款。开证银行开立的信用证是通过其承诺条款(Undertaking Clause)或称保证条款来表达其公开议付的功能。凡信用证中列有如下承诺条款的，皆为公开议付：

① 本银行(开证银行)向出票人、背书人及正当持票人保证，凡依本信用证所列条款开具的汇票，于提交时承担付款责任。

We (Issuing Bank) hereby engage with the drawers, endorsers and bona - fide holders of draft(s) drawn under and in compliance with the terms of the credit that such draft(s) shall be duly honoured on due presentation and delivery of documents as specified.

② 凡依本信用证条款开具并提示汇票，本银行保证对其出票人、背书人和正当持票人于交单时承兑付款。

Provided such drafts are drawn and presented in accordance with the terms of this credit, we hereby engage with the drawers, endorsers and bona - fide holders that the said drafts shall be duly honoured on presentation.

③ 本信用证项下签发的汇票并符合信用证所列条款，则其出票人、背书人及正当持

票人于_________年___月___日以前向议付银行提示议付，开证银行保证于提交单据时付清票款。

We hereby agree with the drawers, endorsers and bona-fide holders of drafts drawn under and in compliance with the terms of this credit that the same shall be duly honoured on due presentation, and negotiated at the Negotiating Bank on or before, ______.

④ 本银行向出票人、背书人及正当持票人表示同意，凡依本信用证所列条款开具的汇票向本银行提示时，到期即予以付清票款。

We hereby agree with the drawers, endorsers and bona - fide holders of drafts drawn in compliance with the terms of the credit that such drafts shall be duly honoured on presentation and paid at maturity.

(2) 限制议付(Restricted Negotiation)

开证银行在信用证中指名由“某某银行”议付者，称限制议付。此时，受益人只能到这家银行议付。

① 以“标题”示其功能。

这是以信用证类别和信用证标题表示其功能。如不可撤销(Irrevocable)、跟单(Documentary)和限制议付(Restricted Negotiation).

② 以“限制议付”条款示其功能。

本信用证限通知银行议付。其英文表示为：Negotiation under this Credit is restricted to Advising Bank.

依本信用证签发的汇票限某地名称银行议付。其英文表示为：Draft(s)drawn under this Credit are negotiable through______Bank______.

③ 以“正文”条款示其功能。

开证银行开立以贵公司为受益人的不可撤销跟单限制议付信用证，并授权贵公司签发汇票，以供议付。其英文表示为：We (The Issuing Bank) hereby issue in your favour this Irrevocable Documentary Restricted Negotiation Credit which is available by negotiation of your draft(s).

④ 以“汇票”条款示其功能。

具有不同功能的信用证，要求在汇票正面和汇票背面列有不同的条款。

依不可撤销跟单限制议付信用证所签发的汇票须注明开证银行名称及信用证号码。Draft (s) drawn under Irrevocable Documentary Restricted Negotiation Credit No.__________of __________Bank.

开具汇票须注明本限定议付信用证的号码和日期。Draft (s) so drawn must be inscribed with the number and dateof this Restricted Negotiation Credit.

⑤ 以“承诺”条款示其功能。不同功能的信用证，开证银行书写不同内容的承诺条款，以求适应和表示其功能。

本银行(开证银行)向贵公司承诺，凡按本限制议付信用证各项条款所签的汇票，到期付款不误。We hereby engage with you that all Draft (s) drawn in conformity with the terms of this Restricted Negotiation Credit will be duly honoured on presentation.

本条款含义是表示开证银行对受益人的承诺，并说明付款银行只能向签发汇票的出票人付款。

9.2.2 保兑与不保兑信用证

根据是否有另一家银行对之加以保兑，不可撤销信用证又可分为保兑的和不保兑的信用证两种。

1. 保兑信用证

(1) 保兑信用证的概念

一份信用证上除了有开证银行确定的付款保证外，还有另一家银行确定的付款保证，这样的信用证就是保兑信用证(Confirmed Letter of Credit)。

保兑行对信用证所负担的责任与信用证开证行所负担的责任相当。即当信用证规定的单据提交到保兑行或任何一家指定银行时在完全符合信用证规定的情况下则构成保兑行在开证行之外的确定承诺。因此，保兑信用证的特点是：

① 有开证行和保兑行双重确定的付款承诺。

② 保兑行的确定的付款承诺。

(2) 保兑行对信用证加具保兑的具体做法

① 开证行在给通知行的信用证通知书中授权另一家银行(通知行)在信用证上加保。如：

without adding your confirmation

adding your confirmation

adding your confirmation, if requested by the Beneficiary

② 通知行用加批注等方法，表明保证兑付或保证对符合信用证条款规定的单据履行付款并签字。例如：

This credit is confirmed by us. We hereby added out confirmation to this credit. (此系由我行加保的信用证。我行因此给该信用证加具保兑。)

(3) 信用证具有保兑功能应载明的条款

① 委请通知银行保兑。

The Advising Bank is restricted from adding their confirmation.

② 本银行(开证银行)授权贵银行(通知银行)对本信用证加以保兑。

We (Issuing Bank) are authorized to add your (Advising Bank's) confirmation.

③ 请通知受益人本信用证由贵银行(通知银行)加以保兑。

Please notify beneficiary and add your (Advising Bank's) confirmation.

④ 兹授权通知银行对第______号信用证加以保兑。

The Advising bank is authorized to add its confirmation to this credit No.________.

信用证欲实现其保兑功能，必须明确该信用证是不可撤销的，才能保兑。为此，在实务中只有不可撤销信用证，才能予以保兑。

2. 不保兑信用证

不保兑信用证(Unconfirmed Credit)是未经另一家银行加保的信用证。即便开证行要求另一家银行加保，如果该银行不愿意在信用证上加具保兑，则被通知的信用证仍然只是一份未加保的不可撤销信用证。通知行在给受益人的信用证通知中一般会写上：

This is merely an advice of credit issued by the above mentioned bank which conveys no engagement on the part of this bank. (这是上述银行所开信用证的通知，我行只通知而不加保证。)

不保兑信用证的特点是：只有开证行一家承担确定的付款责任。

3. 沉默保兑

沉默保兑指的是虽然开证行并未授权指定银行对信用证进行保兑，而指定银行加具了它的保兑情况。

这种保兑代表了保兑行和受益人之间的协议，仅对受益人和保兑行有效。

9.2.3 跟单信用证和光票信用证

根据信用证项下的汇票是否随附单据，可将信用证分为跟单信用证和光票信用证。

1. 跟单信用证

跟单信用证(Documentary L/C)是指凭规定的单据或跟单汇票付款的信用证。国际贸易结算中使用的信用证绝大部分是跟单信用证，受益人应提交的单据一般在信用证中有明确指示。

2. 光票信用证

光票信用证(Clean Credit)是不附单据、受益人可以凭证开立收据(或汇票)分批或一次在通知行领取款项的信用证。在贸易上它可以起到预先支取货款的作用，信用证中常见类似文句：Payment in advance against clean draft is allowed. 贸易结算中的预支信用证和非贸易结算中的旅行信用证都是光票信用证。

9.2.4 即期付款信用证

即期付款信用证(Sight Letter of Credit)即信用证规定受益人开立即期汇票或不需即期

汇票仅凭单据即可向指定银行提示请求付款的信用证。付款行付款后无追索权。如：

by payment at sight

by deferred payment at:

by acceptance of drafts at:

by negotiation

9.2.5　延期付款信用证

不需汇票，仅凭受益人交来单据，审核相符确定银行承担延期付款责任起，延长一段时间，及至到期日付款的信用证。

在业务处理上，延期付款信用证与承兑信用证类似，所不同的是受益人不需要出具汇票，只需将符合信用证规定的单据交到指定银行；指定银行在验单无误后收进单据，待信用证到期再行付款。

延期付款信用证由于没有汇票，也就没有银行承兑，对于受益人来说明显的不利之处在于无法像承兑信用证那样去贴现。如果受益人急需资金而向银行贷款，银行贷款利率比贴现率高，可见不利于企业对资金的利用。如：

by payment at sight

by deferred payment at:

by acceptance of drafts at:

by negotiation

9.2.6　议付信用证

议付信用证(Negotiation Credit)指允许受益人向某一指定银行或任何银行交单议付的信用证。

通常在单证相符的条件下，银行扣取垫付利息和手续费后立即将货款垫付给受益人。议付信用证可分为公开议付信用证和限制议付信用证，前者受益人可任选一家银行作为议付行，后者则由开证行在信用证中指定一家银行为议付行。开证行对议付行承担付款责任。

9.2.7　可转让信用证

可转让信用证(Transferable Letter of Credit)是指信用证的受益人(第一受益人)可以要求信用证中特别授权的转让银行，将该信用证全部或部分转让给一个或数个受益人(第二受益人)使用的信用证。

可转让信用证的定义包含如下几层意思：

(1) 可转让信用证适用于中间贸易。可转让信用证适用于以卖方作为中间商人，向买方成交的交易，卖方再去寻找供货人将已成交的货物发给买方，这里，卖方是第一受益人，供货人是第二受益人。

(2) 只有被明确注明“可转让”(Transferable)字样的信用证才可以被转让。

(3) 只能转让一次。但是第二受益人将信用证转回第一受益人不在禁止之列。

(4) 信用证的受益人有权要求转让。

(5) 办理转让的银行是信用证指定的转让行。第一受益人必须通过转让行办理信用证转让业务，不能由第一受益人自行转让信用证给第二受益人。

(6) 转让的金额可以是部分的，也可以是全部的。

(7) 转让的对象可以是一个或几个。

可转让信用证能否分割转让给几个第二受益人，应视信用证是否允许分批装运。若允许分批装运，便可以分割转让给数个第二受益人，且每个第二受益人仍然可以办理分批装运。

(8) 除少数条款，信用证只能按照原证规定的条款转让。

(9) 根据《UCP500》规定，即使信用证未表明可转让，并不影响受益人根据现行法律规定，将信用证项下应得的款项让渡给他人的权利。但仅是款项的让渡，而不是信用证项下执行权力的让渡。

9.2.8 背对背信用证

背对背信用证(Back-to-Back Letter of Credit)是指一个信用证的受益人以这个信用证为保证要求一家银行开立以该银行为开证行，以这个受益人为申请人的一份新的信用证。也称转开信用证。

其中的原始信用证又称为主要信用证，而背对背信用证是第二信用证。

用途：主要用于中间商的贸易活动。

背对背信用证具有如下特点：

(1) 背对背信用证的开立并非原始信用证申请人和开证行的意旨。

(2) 背对背信用证与原证则是两个独立的信用证，同时并存。

(3) 背对背信用证的第二受益人不能获得原证开证行的付款保证，只能得到背对背开证行的付款保证。

(4) 开立背对背信用证的银行就是该证的开证行，一经开立，该行就要承担开证行责任。

9.2.9 对开信用证

1. 定义

对开信用证(Reciprocal Letter of Credit)是以交易双方互为开证申请人和受益人、金额相等的信用证。在国际贸易的实务中进出口双方愿意采用补偿贸易，合作生产来料加工和来件装配等贸易方式予以合作。为了适应这种贸易方式经常采用对开信用证。

对开信用证中，第一份信用证的开证申请人就是第二份信用证的受益人；反之，第二份信用证的开证申请人就是第一份信用证的受益人。第二份信用证也被称作回头证。第一份信用证的通知行一般就是第二份信用证的开证行。

在第一份信用证开立时，应列有下列文句的条款，以示其功能：本信用证待××银行开具对开信用证后生效，对开信用证以××为受益人，金额为×××，货物由××运至××。本信用证的生效将由××银行用电传通知受益人。

This credit shall not be available unless and until the reciprocal credit is established by ×× Bank in favour of ×× for a sum of ×× covering shipment from ×× to ××. This reciprocal credit in effect shall be advised by telex from ×× Bank to Beneficiary.

2. 对开信用证的生效方法

对开信用证的生效方法有两种，其一，两份信用证同时生效。其二，两份信用证分别生效。

9.2.10 循环信用证

1. 定义

带有条件和条款，使其金额可以更新或复活的，不需修改的信用证就是循环信用证。

2. 用途

在进出口买卖双方订立长期合同，分批交货，而且货物比较大宗、单一的情况下，进口方为了节省开证手续和费用，即可开立循环信用证。

3. 循环信用证的类别

(1) 循环信用证按“时间”依次循环可分为：

① 自动循环(Automatic Revolving)

受益人按规定的时间或时间间隔装运货物议付后，信用证可自动恢复到原金额供再度使用。具体表示为：

本信用证项下总金额于每次议付后自动循环。

The total amount of this credit shall be restored automatically after date of negotiation.

本信用证项下支付金额，于每次议付后自动恢复循环，直至用完金额____美元为止。

The amounts paid under this credit are again available to you automatically until the total of the payments reaches US ＄____。

② 通知循环(Notice Revolving)

通知循环，顾名思义，受益人于每次装货议付后，须等待和收到开证银行致受益人通知后，才能恢复到原金额再度使用，亦称非自动循环(Non-automatic Revolving)。具体表示为：于每次装货议付后，须待收到开证银行通知，方可恢复到原金额使用。

The amount shall be reinstated after each negotiation only upon receipt of Issuing Bank's notice stating that the credit might be renewed.

受益人于每次装货议付后，须待收到进口商或开证银行发出的通知，方可恢复到原金额使用。

The amount of each shipment shall be reinstated after each negotiation only upon receipt of credit-writing importer's issuing bank's notice stating that the credit might be renewed.

③ 定期循环(Periodic Revolving)

定期循环是指受益人于装货议付后，须经过一定期间方可恢复原金额再度使用。定期循环是依契约的规定，可按月、按季循环使用，亦称半自动循环(Semi-Automatic Revolving)。具体表示为：每次议付后于七天之内，议付银行未接到停止循环的通知时，本信用证项下尚未用完的余额，可积累于原金额中使用。

Should the Negotiating Bank not be advised of stopping renewal within seven (7) days after each negotiation, the unused balance of this credit shall be increased to the original amount.

(2) 循环信用证按“金额”循环可分为：

① 积累循环(Cumulative Revolving)

积累循环是指上期未使用的余额可转入下期使用。具体表示为：

每三(3)个日历月积累循环一次，由 20____年 3 月 15 日，从达成第一笔交易之日起至____年 12 月 15 日循环终止。

Per three (3) calender month cumulative commencing with 15th March____, revolving on the first business day of each successive month and ending with 15th December____.

② 非积累循环(Non-Cumulative Revolving)

它是指本期尚未使用的余额，不能转入下期使用。不能转入下期使用的尚未使用的余额视为过期、放弃和作废的金额处理，故称非积累循环。具体表示为：

每批货物所支付的金额，尚未满额时不得积累使用。

The unused balance of each shipment is not cumulative to the following shipment.

9.3 《UCP500》信用证操作实务

9.3.1 信用证的开立

1. 开证的申请

进出口双方同意用跟单信用证支付后，进口商便有责任开证。第一件事是填写开证申请表，这张表为开证申请人与开证行建立了法律关系，因此，开证申请表是开证最重要的文件。

2. 开证的要求

信用证申请的要求在统一惯例中有明确规定，进口商必须确切地将其告之银行。信用证开立的指示必须完整和明确。申请人必须时刻记住跟单信用证交易是一种单据交易，而不是货物交易。银行家不是商人，因此申请人不能希望银行工作人员充分了解每一笔交易中的技术术语。即使他将销售合同中的所有条款都写入信用证中，如果受益人真的想欺骗，他也无法得到完全保护。这就需要银行与申请人共同努力，运用常识来避免开列对各方均显累赘的信用证。银行也应该劝阻在开立信用证时其内容套用过去已开立的信用证(套证)。

3. 开证的安全性

银行接到开证申请人完整的指示后，必须立即按该指示开立信用证。另一方面，银行也有权要求申请人交出一定数额的资金或以其财产的其他形式作为银行执行其指示的保证。按现行规定，中国地方、部门及企业所拥有的外汇通常必须存入中国的银行。如果某些单位需要跟单信用证进口货物或技术，中国的银行将冻结其账户中相当于信用证金额的资金作为开证保证金。如果申请人在开证行没有账号，开证行在开立信用证之前很可能要求申请人在其银行存入一笔相当于全部信用证金额的资金。这种担保可以通过抵押或典押实现(例如股票)，但银行也有可能通过用于交易的货物作为担保提供融资。开证行首先要对该笔货物的适销性进行调查，如果货物易销，银行凭信用证给客户提供的融资额度比滞销商品要高得多。

9.3.2 申请人与开证行的义务和责任

信用证方式下贸易双方及开证行面临的风险：信用证业务要求贸易双方严格遵守信用证条款，信用证的当事人必须受《UCP500》的约束才能起到其应有的作用，买卖双方只要有一方未按条款办事，或利用信用证框架中的缺陷刻意欺诈，则信用证项下的风险就会由此产生。

申请人对开证行承担三项主要义务：

(1) 申请人必须偿付开证行为取得单据代向受益人支付的贷款。在他付款前，作为物权凭证的单据仍属于银行。

(2) 如果单据与信用证条款相一致而申请人拒绝“赎单”，则其作为担保的存款或账户上已被冻结的资金将归银行所有。

(3) 申请人有向开证行提供开证所需的全部费用的责任。

开证行对申请人所承担的责任：

(1) 开证行一旦收到开证的详尽指示，有责任尽快开证。

(2) 开证行一旦接受开证申请，就必须严格按照申请人的指示行事。

9.3.3 信用证的通知

1. 通知行的责任

在大多数情况下，信用证不是由开证行直接通知受益人，而是通过其在受益人国家或地区的代理行，即通知行进行转递的。通知行通知受益人的最大优点就是安全。通知行的责任是应合理谨慎地审核它所通知信用证的表面真实性。

2. 信用证的传递方式

信用证可以通过空邮、电报或电传进行传递。设在布鲁塞尔的 SWIFT 运用出租的线路在许多国家的银行间传递信息。大多数银行，包括中国的银行加入了这一组织。

3. 有效信用证的指示

当开证行用任何有效的电信传递方式指示通知行，通知信用证或信用证的修改，该电信将被认为是有效信用证文件或有效修改书，并且不需要再发出邮寄证实书。

4. 受益人的审证

受益人在收到信用证以后，应立即作如下检查：

(1) 买卖双方公司的名号和地址写法是不是和发票上打印的公司名号和地址写法完全一样？

(2) 信用证提到的付款保证是否符合受益人的要求？

(3) 信用证的款项对吗？信用证的金额总数应与合同相吻合并包括该合同的全部应付费用。

(4) 付款的条件是否符合要求？除非对某些特定的国家或某些特定的进口商，出口商通常要求即期付款。在远期信用证条件下，汇票的期限应与合同中所规定的一致。

有一种信用证要求开立远期汇票，但却可即期支付，这种信用证被称为“假远期信用证”，其对受益人所起的作用与即期信用证一样。

(5) 信用证提到的贸易条款是否符合受益人原先提出的要求？

(6) 是否赶得上在有效期和货运单据限期内把各项单据送交银行？

(7) 能提供所需的货运单据吗？

(8) 有关保险的规定是否与销售合同条款一致？

- 需保险的风险。受益人对此应与中国人民保险公司联系，以决定是否接受申请人的要求。超过销售合同中规定投保范围的任何费用应由申请人负担。
- 投保金额。绝大多数信用证要求按 CIF 发票金额的 110%投保。

(9) 货物说明(包括免费附送的物品)、数量和其他各项写对了吗？

如果按上述各条目检查的时候发现有任何遗漏或差错，那么应该就下列各点立即作出决定，采取必要的措施：

- 能不能更改计划或单据内容来相应配合？
- 是不是应该要求买方修改信用证，修改费用应该由哪一方支付？

若有疑问，可向本单位的联系银行或通知行咨询。但有一点请记住：只有申请人和受益人及有关银行共同同意，才有权决定修改。

5. 信用证的履行

(1) 单据的提交

在跟单信用证业务中，单据的提交起着非常重要的作用，因为这是对信用证最终结算的关键。受益人向银行提交单据后是否能得到货款，在很大程度上取决于是否已开立信用证和单据是否备齐。

(2) 交单时间的限制

提交单据的期限由以下三种因素决定：

① 信用证的失效日期；

② 装运日期后所特定的交单日期；

③ 银行在其营业时间外，无接受提交单据的义务。

信用中有关装运的任何日期或期限中的“止”、“至”、“直至”、“自从”和类似词语，都可理解为包括所述日期。“以后”一词理解为不包括所述日期。“上半月”、“下半月”理解为该月一日至十五日和十六日至该月的最后一日，首尾两天均包括在内。“月初”、“月中”或“月末”理解为该月一日至十日、十一日至二十日、二十一日至该月最后一日，首尾两天均包括在内。

(3) 交单地点的限制

所有信用证必须规定一个付款、承兑的交单地点，或在议付信用证的情况下须规定一个交单议付的地点，但自由议付信用证除外。像提交单据的期限一样，信用证的到期地点也会影响受益人的处境。有时会发生这样的情况，开证行将信用证的到期地点定在其本国或它自己的营业柜台，而不是受益人国家，这对受益人的处境极为不利，因为他必须保证于信用证的有效期内在开证银行营业柜台前提交单据。

6. 银行审核单据

受益人向银行提交单据后，银行有义务认真审核单据，以确保单据表面上显示出符合信用证要求和各单据之间的一致性。

(1) 审单准则

银行必须合理谨慎地审核信用证的所有单据，以确定其表面上是否与信用证条款相符。规定的单据在表面上与信用证条款的相符性应由在这些条文中反映的国际标准银行惯例来确定。单据表面上互不相符，应视为表面上与信用证条款不相符。上述“其表面”一词的含义是，银行不需亲自询问单据是否是假的，已装运的货物是否是假的，已装运的货物是否真正装运，以及单据签发后是否失效。除非银行知道所进行的是欺诈行为，否则这些实际发生的情况与银行无关。因而，如受益人制造表面上与信用证规定相符的假单据，也能得到货款。但是如受益人已经以适当的方式装运了所规定的货物，在制作单据时未能考虑信用证所规定的一些条件，银行将拒绝接受单据，而受益人决不能得到货款。银行不审核信用证中未规定的单据，如果银行收到此类单据，将退还提交人或予以转交并对此不负责任。

(2) 单据有效性的免责

银行对任何单据的形式、完整性、准确性、真实性或法律效力，或单据中载明、附加的一般及/或特殊条件概不负责。银行对单据所代表货物的描述、数量、重量、品质、状况、包装、交货、金额或存在与否，以及对货物发货人、承运人、货运代理人、收货人，或货物保险人及其他任何人的诚信、行为及/或疏忽、清偿能力、行为能力或资信状况概不负责。

(3) 审核单据的期限

银行需要多长时间审核卖方提交的单据，并通知卖方单据是否完备？《UCP500》第十三条第二款对此明确规定：开证行、保兑行(如已保兑)或代表它们的被指定银行各自应有一个合理的时间，即不超过收到单据后的七个银行营业日，审核单据，决定是否接受或拒收单据，并通知从其处收到单据的当事人。

(4) 不符单据与通知

如开证行授权另一家银行凭表面上符合信用证条款的单据付款、承担延期付款责任、承兑汇票或议付，则开证行和保兑行(如已保兑)有义务：①接受单据；②对已付款、承担延期付款责任、承兑汇票或议付的被指定银行进行偿付。

收到单据后，开证行及/或保兑行(如已保兑)或代表它们的被指定银行必须以单据为惟一依据，审核其表面上是否与信用证条款相符。如果单据表面上与信用证不符，上述银行可拒收单据。如果开证行确定单据表面上与信用证条款不符，它可以完全根据自己的决定与申请人联系，请其撤除不符点。

如果开证行及/或保兑行(如已保兑)或代表它们的被指定银行决定拒收单据，则其必须在不迟于自收到单据次日起第七个银行营业日结束前，不延误地以电信或其他快捷方式发出通知。该通知应发至从其处收到单据的银行，如直接从受益人处收到单据，则将通知发至受益人。

通知必须说明拒收单据的所有不符点，还必须说明银行是否留存单据听候处理，或已将单据退还交单人。开证行或保兑行有权向寄单行索还已经给予的任何偿付款项和利息。如开证行或保兑行未能按这些规定办理，或未能留存单据等待处理，未将单据退还交单人，开证行或保兑行则无权宣称单据不符合信用证条款。如寄单行向开证行或保兑行提出应注意单据中的任何不符点，它已以保留方式或根据赔偿书付款，承担延期付款责任承兑汇票或议付时，开证行或保兑行并不因此而解除其任何义务。

7. 信用证的结算

当银行审单完毕后，信用证即进入结算阶段。统一惯例第10条指出："所有信用证都必须清楚地表明该证是否适用即期付款、延期付款、承兑汇票或议付。"

(1) 即期付款

受益人将单据送交付款行。

银行审核单据与信用证条款，相符后付款给受益人。

该银行如不是开证行，以事先议定的方式将单据寄交开证行索赔。

(2) 延期付款

受益人把单据送交承担延期付款的银行。

银行审核单据与信用证条款相符后，依据信用证所能确定的到期日付款。

该银行如不是开证行，以事先议定的方式将单据寄交开证行索赔。

(3) 承兑汇票

受益人把单据和向银行出具的远期汇票送交办理该信用证的银行(承兑行)。

银行审核单据与信用证条件相符后，承兑汇票并退还给受益人。

(4) 议付

受益人按信用证规定，将单据连同向信用证规定的付款人开出的即期或延期汇票送交议付银行。

议付银行审核单据与信用证规定相符后，可买入单据和汇票。

该议付银行如非开证行，则以事先议定的形式将单据和汇票交开证行索赔。

9.4 信用证出口押汇

9.4.1 信用证出口押汇的定义

信用证出口押汇(Negotiations under Guauntee)是指出口商在收到信用证的情况下，因资金短缺，在货物装船发货后，将信用证要求的有关全套单据交到银行，要求银行立即按照信用证的金额进行付款，使出口商能够得到短期的资金周转。

9.4.2 出口押汇种类

(1) 信用证单据的押汇

出口商根据信用证的要求，将信用证上面所列的各种单据和信用证交给银行进行短期借款，实际上就是将信用证的单据抵押给银行。

(2) 远期信用证承兑的押汇

出口商的远期信用证业务，得到开证银行承兑通知，出口商利用远期信用证的承兑通知，向银行申请短期借款。

(3) 远期银行承兑汇票的贴现

用远期银行承兑汇票作为抵押品的短期借款。出口商拿到了一张远期银行汇票，这张汇票已经被银行承兑了，但还没有到期，出口商可以拿着这张汇票抵押给银行进行借款。

9.4.3 信用证出口押汇的操作规程

(1) 向银行提供外汇押汇借款申请书。申请书内容包括企业基本情况的介绍、企业的财务状况、申请的金额和申请的期限。

(2) 向银行提供有关的资料

A. 企业的营业执照副本。

B. 外贸合同或代理协议。

C. 企业近三年年度财务报表及最近一期的财务报表。

D. 银行的出口议付(押汇)申请书。

E. 银行的出口押汇协议书。

F. 信用证正本及信用证修改的正本。

G. 信用证(包括信用证修改)要求的全套单据。

(3) 信用证出口押汇的金额

A. 押汇金额最高为汇票金额的90%，一般采用预扣利息方式，即押汇金额-押汇利息。

B. 即期信用证的押汇利息=(押汇金额×押汇利率×押汇天数)/360天

C. 远期信用证押汇利息=(押汇金额×押汇利率×押汇天数)×(承兑付款日-押汇起息日)/360天

(4) 押汇期限

A. 即期信用证押汇期限根据各个国家的不同而不同，一般情况下的国家期限如下：

15天：日本、韩国、港澳、新加坡、马来西亚

20天：欧洲、美国、加拿大、澳大利亚、新西兰

25天：西亚各国、中南美洲、非洲

30天：其他国家或地区

B. 远期信用证承兑后押汇的期限为押汇起息日起至承兑付款日。

(5) 议付款的回收和贷款的归还

如果议付款的收回，归还押汇金额还有余额时，银行将会将余额转入企业的有关账户中。如果银行实际收到议付款的时间长于押汇的时间，这段时间的利息，银行将会向企业追收。

(6) 以下情况，在银行办理出口押汇将会受到限制

A. 信用证不在同一家银行通知、付款(或承兑)和议付。因此企业最好选择同一家银

行进行通知付款(或承兑)和议付。

B.　信用证为可撤销(或可转让)。因此企业不要要求开出此类型信用证。

C.　信用证已用于抵押。抵押包括打包放款。

D.　申请押汇期限超过 90 天。因此企业要求对方开出远期信用证要低于 90 天。

E.　信用证为付款信用证。因此企业不要要求开出此类信用证。

F.　信用证项下的单据有不符点。企业一定要按照信用证的各项条款的要求制作单据。

G.　信用证的有效地点在国外。因此信用证的有效地点要求在中国。

H.　信用证交单期离有效期很近。因此一方面要求信用证的有效期长一点，另一方面企业制作单据时应抓紧时间做好。

I.　远期信用证已经寄出单据，还没有被承兑。因此远期信用证承兑后才能到银行办理出口押汇。

J.　开证银行的信誉不佳。因此信用证开证时应选择一些大的银行进行开证。

K.　开证银行的国家政局不稳定、外汇管制较严、资信等级较低、战争多发地、开证银行处于经营危机。因此信用证开证时也要考虑该国的国家形势。

小　结

本章主要从信用证的基础知识，包括：信用证的概念，信用证的业务流程，信用证的种类等方面入手，并进一步介绍了 UCP500 下信用证实务，信用证的融资和信用证的风险。其中，重点问题包括信用证的定义，信用证的流程，UCP500 下信用证实务和信用证融资。本章的难点在于对信用证的流程和各类信用证的了解。

复习思考题

1. 名词解释

(1)　信用证

(2)　通知行

(3)　议付行

(4)　开证行

(5)　可撤销信用证

(6)　承兑信用证

(7)　预付信用证

(8)　备用信用证

2. 问答题

(1) 简述信开信用证的内容。
(2) 简述信用证的程序。
(3) 说明信用证的当事人。
(4) 如何防范信用证风险？

案例及热点问题分析

单证是否一致

2004 年 A.B.进出口公司向 S.M.有限公司出口一笔大麻籽。对方开来信用证主要条款规定："... Credit available by the beneficiary's draft(s) at sight, pay to The Standard Bank,Ltd. only. ... Covering 150 M/Tons of Hempseeds, Admixture and moisture must be identical with the contract No. DHF94308 stipulated. ... A certificate issued by the beneficiary and countersigned by buyer's representative Mr. Smith, his signature must be verified by opening bank, certifying the quality to conform to sample submitted on 15th July,2004. (……由受益人开具的即期汇票，只限付给标准银行……150 公吨大麻籽，杂质及水分必须与第 DHF94308 号合同规定一致。……受益人出具证明并由买方代表史密斯先生会签，其签字须由开证行核实，证明品质符合 2004 年 7 月 15 日提供的样品。)"

A.B.进出口公司审查信用证后，认为信用证条款与合同规定相符。在货物备妥后即邀请买方代表史密斯先生检验货物。买方代表看货后亦认为货物符合样品和合同的要求，表示同意装船。A.B.进出口公司即按信用证要求出具证书，证明所装运货物品质符合 2004 年 7 月 15 日提供的样品，并由买方代表史密斯先生会签。A.B.进出口公司在装运后，于 9 月 13 日将信用证所要求的单据向议付行交单议付。于 9 月 29 日开证行却提出如下单证不符：

(1) 我信用证规定："…The beneficiary's draft(s) at sight, pay to The Standard Bank，Ltd. only...(只限付给标准银行)"，你方提交的汇票收款人却只表示："pay to The Standard Bank，Ltd."(付给标准银行)，漏"only"，违背了信用证规定。

(2) 我信用证规定货的杂质(Admixture)和水分(Moisture)必须与第 DHF94308 号合同规定一致。从你方发票和其他有关单据上都无法确定杂质及水分的含量已符合上述合同规定。

(3) 你方出具的证书虽然已由史密斯先生会签，但其签字并非真实，经与申请人事先向我行备案的签字存样对照，差别很大，故该证书无法生效。

以上三点与证不符，经联系申请人亦不同意接受单据。速告处理意见，我行暂代保管单据。

A.B.进出口公司对开证行所提的三项不符点，经研究认为对方是无理挑剔。于10月4日即做出如下反驳意见：

(1) 汇票收款人名称有三种惯例填法，即记名式抬头、指示式抬头和来人式抬头。记名式抬头即直接指定某某人为收款人。你信用证所规定和我提交的汇票均属于记名式标准银行，有无“only”，其作用没有很大的差别，均以标准银行为该汇票的收款人。我们认为我汇票的收款人缮制方法已符合你信用证要求，应认为单证一致。

(2) 对货物规格含量问题，信用证规定杂质和水分必须与第DHF94308号合同规定一致。该合同规定杂质最高3%，水分最高12‰。我发货票上亦同样记载杂质最高3%，水分最高12‰。两者均相同，完全符合第DHF94308号合同规定，怎能说单证不符?

(3) 关于我们出具的证书，证明货物品质符号2004年7月15日提供的样品问题。该证书已经由买方代表史密斯先生在检验货物后亲自会签，并非第三者签字，如何能说签字不真实？信用证要求受益人出具证书，我们按信用证要求的内容出具了；信用证要求由买方代表史密斯先生会签，我们也已由其本人亲自签字了。史密斯先生只有一个人，怎能出现不同的签字？因此我们完全不同意你行的意见，你行应该接受单证一致的单据，按时付款。

A.B.进出口公司信心十足地向开证行提出上述反驳意见，认为开证行这次无理可驳了。未料于10月9日又接到开证行的异议，其电文如下：

(1) 我信用证对汇票收款人明确规定：“只限付给标准银行，其意思即禁止第三者参与本汇票的流通，不得背书转让。”你实际汇票的收款人没有限制，即无“only”，则可以背书转让给第三者，其性质已改变，怎能说两者制法的作用无差别？所以它已违背我信用证要求，这是单证不符之一。

(2) 信用证规定杂质及水分必须与第DHF94308号合同规定一致。虽然你10月4日电中解释发货票上所表明的杂质含量最高3%，水分最高12‰，实际与合同规定一致。但我银行处理的仅仅是单据，单据上表现不出与合同相符的记载文句，你再次解释也无用。根据《UCP500》第4条规定：“在信用证业务中，各有关当事人处理的是单据，不是与单据有关的货物、服务及其他行为。”所以我银行不能去查找你合同或对照你合同规定是否相符。

总而言之，只要单据单纯相符，就是单证相符；单据表面上表现不出来信用证要求，就是单证不符。我银行不管你实际货物情况或合同如何规定。

(3) 对于品质符合样品的证书由买方代表签字问题。银行不管其买方代表史密斯先生是一个人还是两个人。但提请你方注意：我信用证规定，“…His signature must be verified by opening bank”(他的签字必须由开证行核实)，申请人开立信用证时曾提供其签字的样本存案在我行。你方既已接受信用证该条款，则你方提交证书的会签人签字必须与我样本相符，其证书才能生效。而你方所提供会签人的签字完全与我行存案的签字不符，因此我行无法表示你单据符合信用证要求。

据上所述，以上三项确实单证不符。我们已再次联系开证申请人，对方亦不同意接受单据。速告单据处理意见。

A.B.进出口公司根据开证行的意见，邀请有关行家研究，意欲再次反驳对方。经研究结果认为开证行意见并非无理挑剔，我方已无法反驳对方。但第3项不符点关于签字不符的问题，A.B.进出口公司即找买方代表史密斯先生，却早已离开回国了。A.B.进出口公司又直接向买方提出，并责问对方，我单据由你方代表史密斯先生亲自签字，为何与你向开证行备案的签字不符？但对方一直不答复。开证行又再三催促处理单据意见。最终A.B.进出口公司只好委托其他代理商就地处理货物，以免货物遭到更大的损失。

[问题]

(1) 信用证的特点有哪些？

(2) 本案例的信用证条款对受益人是否不公平？为什么？

(资料来源：中商贸易网)

课后阅读材料

课后阅读 9-1

信用证领域最新国际惯例

ISBP提供了一套审核适用UCP500的信用证项下的单据的国际惯例，它对于各国正确理解和使用 UCP500、统一和规范各国信用证审单实务、减少拒付争议的发生具有重要意义。

《关于审核跟单信用证项下单据的国际标准银行实务》(International Standard Banking Practice for the Examination of Documents under Documentary Credits，以下简称ISBP)是国际商会继UCP500之后在信用证领域编纂的最新的国际惯例。ISBP不仅是各国银行、进出口公司信用证业务单据处理人员在工作中的必备工具，也是法院、仲裁机构、律师在处理信用证纠纷案件时的重要依据，它的生效必将在各国的金融界、企业界、法律界产生重大影响。

制定背景：

信用证业务的全部内容就是处理单据，正确审核信用证项下的单据是信用证业务顺利进行的关键。目前信用证业务最主要依据——UCP500在第13条规定，银行应依据“国际标准银行实务”审核单据。但是UCP500并未明确指出何为“国际标准银行实务”。因无统一的国际标准和各国对UCP500理解的不统一，信用证在首次交单时被认为存在不符点而遭拒付的比例近年来已达到 60%～70%，这不仅引发争议，也严重影响了国际贸易的正常发展。

有鉴于此，国际商会银行委员会于 2000 年 5 月成立了一个专门工作组对世界主要国家审单惯例加以统一编纂和解释。专门工作组以美国国际金融服务协会制定的惯例为基础，收集了世界上有代表性的 50 多个国家的银行审单标准、结合国际商会汇编出版的近 300 份意见并邀请了 13 个国家的贸易融资业务专家和法律专家于 2002 年 4 月完成了 ISBP 的初稿并向全世界的银行征询意见。2003 年 1 月，ISBP 作为国际商会第 645 号出版物正式出版。

主要内容：

ISBP 包括引言及 200 个条文，它不仅规定了信用证单据制作和审核所应该遵循的一般原则，而且对目前跟单信用证的常见条款和单据都做出了具体的规定。

SBP 引言主要对 ISBP 的产生、作用、范围等问题作了说明。ISBP 的 200 个条文共分为 11 个部分，包括先期问题，一般原则，汇票与到期日的计算，发票，海洋/海运提单(港到港运输)，租船合约提单，多式联运单据，空运单据，公路、铁路或内河运输单据，保险单据和原产地证明。ISBP 较 UCP500 增加了许多新的内容，例如原产地证明、缩略语、未定义的用语、语言、数学计算、拼写错误及/或打印错误、多页单据的附件或附文、唛头等。

与 UCP500 的关系及其适用性：

前文已经述及，ISBP 就是 UCP500 第 13 条所指的国际标准银行实务，它的大部分内容在 UCP500 中没有直接规定——它是对 UCP500 的补充、细化和解释，而非对 UCP500 的修订——正如 ISBP 引言所说：“本出版物中体现的国际标准银行实务做法与 UCP500 本身及国际商会银行委员会已经做出过的意见和决定相一致。本出版物没有修订 UCP500，而是解释单据处理人员应如何应用 UCP 中所反映的实务做法。”ISBP 之于 UCP500，就像血肉之于骨骼，二者是一个不可分割的整体。

ISBP 是国际商会有关信用证咨询意见的反映和集中。ISBP 抽象了国际商会自 1994 年以来作出的咨询意见中所代表的审单惯例和这些惯例所体现出来的标准，反映了 UCP500 自 1994 年正式施行以来国际商会对它的理解和认识。ISBP 可以说是这些意见和各国普遍做法的条文化、规范化。

当事人在信用证上注明适用 UCP500 或开立 SWIFT 信用证时，UCP500 即对当事人具有法律效力。但是就 ISBP 而言，国际商会并不建议在信用证中直接予以援引。这是因为 UCP500 第 13 条要求信用证业务应当遵守国际标准银行实务，而 ISBP 即为该条所指“国际标准银行实务”，ISBP 本身又是对 UCP500 的补充，因此，当事人选择适用 UCP500 就意味着选择适用了 ISBP，而无须再作特别约定。

(资料来源：369 信合网，《中国金融家》)

课后阅读 9-2

信用证项下单据审核

单证的审核是对已经缮制，备妥的单据对照信用证(在信用证付款情况下)或合同(非信用证付款方式)的有关内容进行单单、单证的及时检查和核对，发现问题，及时更正，达到安全收汇的目的。

1. 单证审核的基本要求

及时性。及时审核有关单据可以对一些单据上的差错做到及时发现，及时更正，有效地避免因审核不及时造成的各项工作的被动。

全面性。应当从安全收汇和全面履行合同的高度来重视单据的审核工作，一方面，我们应对照信用证和合同认真审核每一份单证，不放过任何一个不符点；另一方面，要善于处理所发现的问题，加强与各有关部门的联系和衔接，使发现的问题得到及时、妥善的处理。

按照“严格符合”的原则，做到“单单相符，单证相符”。单单相符、单证相符是安全收汇的前提和基础，所提交的单据中存在的任何不符哪怕是细小的差错都会造成一些难以挽回的损失。

2. 单证审核的基本方法

单证审核的方法概括起来有以下两种：

(1) 纵向审核法：是指以信用证或合同(在非信用证付款条件下)为基础对规定的各项单据进行一一审核，要求有关单据的内容严格符合信用证的规定，做到“单证相符”。

(2) 横向审核法：在纵向审核的基础上，以商业发票为中心审核其他规定的单据，使有关的内容相互一致，做到“单单相符”。

上述审核一般由制单员或审单员进行，为第一道审核；为安全起见，应当对有关单据进行复审。

3. 单证审核的重点

(1) 综合审核的要点：

检查规定的单证是否齐全包括所需单证的份数。

检查所提供的文件名称和类型是否符合要求。

检查有些单证是否按规定进行了认证。

单证之间的货物描述、数量、金额、重量、体积和运输标志等是否一致。

单证出具或提交的日期是否符合要求。

(2) 分类审核的要点：

汇票的付款人名称、地址是否正确；汇票上金额的大、小写必须一致。

付款期限要符合信用证或合同(非信用证付款条件下)规定。

检查汇票金额是否超出信用证金额，如信用证金额前有“大约”一词可按 10%的增减幅度掌握。

出票人、收款人、付款人都必须符合信用证或合同(非信用证付款条件下)的规定。

币制名称应与信用证和发票上的相一致。

出票条款是否正确，如出票所根据的信用证或合同号码是否正确。

是否按需要进行了背书。

汇票是否由出票人进行了签字。

汇票份数是否正确，如“只此一张”或“汇票一式二份有第一汇票和第二汇票”。

商业发票的抬头人必须符合信用证规定。签发人必须是受益人。

商品的描述必须完全符合信用证的要求。

商品的数量必须符合信用证的规定。

单价和价格条件必须符合信用证的规定。

提交的正副本份数必须符合信用证的要求。

信用证要求表明和证明的内容不得遗漏。

发票的金额不得超出信用证的金额，如数量、金额均有“大约”，可按 10%的增减幅度掌握。

4. 保险单据

保险单据必须由保险公司或其代理出具。

投保加成必须符合信用证的规定。

保险险别必须符合信用证的规定并且无遗漏。

保险单据的类型应与信用证的要求相一致，除非信用证另有规定，保险经纪人出具的暂保单银行不予接受。

保险单据的正副本份数应齐全，如保险单据注明出具一式多份正本，除非信用证另有规定，所有正本都必须提交。

保险单据上的币制应与信用证上的币制相一致。

包装件数、唛头等必须与发票和其他单据相一致。

运输工具、起运地及目的地，都必须与信用证及其他单据相一致。

如转运，保险期限必须包括全程运输。

除非信用证另有规定，保险单的签发日期不得迟于运输单据的签发日期。

除信用证另有规定，保险单据一般应作成可转让的形式，以受益人为投保人，由投保人背书。

5. 运输单据

运输单据的类型须符合信用证的规定。
起运地、转运地、目的地须符合信用证的规定。
装运日期/出单日期须符合信用证的规定。
收货人和被通知人须符合信用证的规定。
商品名称可使用货物的统称。但不得与发票上货物说明的写法相抵触。
运费预付或运费到付须正确表明。
正副本份数应符合信用证的要求。
运输单据上不应有不良批注。
包装件数须与其他单据相一致。
唛头须与其他单据相一致。
全套正本都须盖妥承运人的印章及签发日期章。
应加背书的运输单据，须加背书。

6. 其他单据

如装箱单、重量单、产地证书和商检证书等，均须先与信用证的条款进行核对，再与其他有关单据核对，求得单证一致，单单一致。

常见差错：
汇票大、小写金额打错。
汇票的付款人名称、地址打错。
发票的抬头人打错。
有关单据如汇票、发票和保险单等的币制名称不一致或不符合信用证的规定。
发票上的货物描述不符合信用证的规定。
多装或短装。
有关单据的类型不符合信用证要求。
单单之间商品名称、数量、件数、唛头和毛净重等不一致。
应提交的单据提交不全或份数不足。
未按信用证要求对有关单据，如发票/产地证等进行认证。
漏签字或盖章。
汇票、运输提单和保险单据上未按要求进行背书。
逾期装运。
逾期交单。

(资料来源：南方商务网)

第10章　银行保函

【内容提要】

国际贸易中，跟单信用证为买方向卖方提供了银行信用作为付款保证，但不适用于需要为卖方向买方作担保的场合，也不适用于国际经济合作中货物买卖以外的其他各种交易方式。然而在国际经济交易中，合同当事人为了维护自己的经济利益，往往需要对可能发生的风险采取相应的保障措施，银行保函和备用信用证，就是以银行信用的形式所提供的保障措施。

本章主要介绍以下问题：

1. 银行保函的含义
2. 银行保函的作用
3. 银行保函的内容、种类
4. 银行保函与信用证的区别
5. 银行保函当事人的责任
6. 银行保函的实务操作

10.1　银行保函概述

银行保函源于最初的口头信誉担保，在商品经济不发达、法制不健全的情况下，商品交易中采用第三者担保具有手续简便、降低成本和易于操作管理的优点。

国际商会于1992年出版了《见索即付保函统一规则》，其中规定，索偿时，受益人只需提示书面请求和保函中所规定的单据，担保人付款的惟一依据是单据，而不能是某一事实。担保人与保函所可能依据的合约无关，也不受其约束。

10.1.1　银行保函的含义

1. 银行保函的定义

银行保函(Letter of Guarantee，L/G)又称银行保证书，它是商业银行应申请人的要求向受益人开出的担保申请人正常履行合同义务的书面保证。它是银行按条件承担一定经济责任的契约文件。当申请人未能履行其所承诺的义务时，银行负有向受益人赔偿经济损失的责任。

2. 银行保函的特点

(1) 以银行信用作为保证，易于为客户接受；

(2) 保函是依据商务合同开出的，但又不依附于商务合同，是具有独立法律效力的法律文件。当受益人在保函项下合理索赔时，担保行就必须承担付款责任，而不论申请人是否同意付款，也不管合同履行的实际事实。即保函是独立的承诺，并且基本上是单证化的交易业务。

10.1.2 银行保函的内容

银行保函虽然种类繁多，用途不一，但目前各国银行开出的保函已逐渐形成了一个较为统一、完整的格式，其基本要素是相同的，归纳起来主要有以下几个方面。

(1) 各方当事人的名称和地址

保函应写明各方尤其是担保人的完整名称和详细地址，因为《合约保函统一惯例》明确规定“担保书受担保人营业地所在国的法律约束，如果担保人有几个营业地，则受担保人签发担保书的那个营业地所在国的法律约束”。而各国法律差异很大，因此，明确当事人各方尤其是担保人的全称和地址，不仅可以保证保函的完整、真实，而且对于明确保函的有关法律问题，各方当事人的权利、义务，处理纠纷都十分重要。

(2) 合同的主要内容

写明交易合同、协议或标书的号码，签约日期，签约双方及其规定的主要内容，作为确定合同和判断交易双方是否违约的依据。

(3) 保函的编号和开立保函的日期

为便于管理和查询，银行通常要对保函进行编号。注明保函开立的日期有利于确定担保银行的责任。

(4) 保函的种类

对于不同性质和用途的保函，必须注明其种类，如投标保函、付款保函等。

(5) 保函的金额

它是担保责任的最高限额，通常也是受益人的最高索偿金额。保函的金额可以是具体的金额，也可以用交易合同金额的一定百分比来表示，一般要写明货币种类。金额的大小写要完整、一致。

(6) 保函的有效期

包括保函的生效日期和失效日期两方面内容。

根据保函的不同用途和避免无理索赔的需要，保函有着不同的生效办法。例如投标保函一般自开立之日生效。预付款保函则要在申请人收到款项日生效，以避免在申请人收到预付款之前被无理索赔的风险。

保函的失效日期是指担保人收到受益人索偿文件的最后期限。原则上应规定一个明确时间期限，期限一到，担保人应立刻要求受益人将保函退还注销。这主要是因为一些国家法律规定保函不得失效；收回保函可以避免一些不必要的纠纷。

(7) 当事人的权利、义务

保函应明确申请人、受益人、担保人及涉及的其他各当事人的责任和权利，如规定担保人在受益人证明申请人违约，提出索偿时，有责任支付受益人的合理索赔，并且有权向申请人或反担保人索偿等。

(8) 索偿条件

即判断是否违约和凭以索偿的证明。对此有几种不同的意见。

① 以担保人的调查意见作为是否付款的依据

这种意见认为当索偿提出时，应由担保人对违约事实进行调查，以调查意见作为判断是否违约、是否付款的条件。这种作法固然有利于担保人，但也易使其卷入无谓的合同纠纷中。

② 凭申请人的违约证明付款

认为索偿条件不必与事实相联系，仅须凭申请人签发承认违约的证明作为索偿条件。这种做法对受益人非常不利，往往难以为其所接受。

凭受益人提交的符合保函规定的单据或证明文件付款认为索偿条件不必与事实相联系，但必须由受益人在有效期内提交保函规定的单据或书面文件，证明申请人违约，且申请人提不出相反证据时，即可认定所规定的付款条件已经具备，索赔有效。

目前的保函多数采用第三种意见为索偿条件。

(9) 保函的转让

在实际业务中，保函一般是不可转让的，因为保函转让后，担保人的责任将会复杂化，风险将加大。因此，银行在开立保函时，都尽量避免转让条款，而采用其他措施加以协调。若申请人因交易需要坚持要开立可转让保函，担保人则需在保函上写明受让人，规定不得以无记名自由转让，且应注明由申请人承担转让风险，并及时将转让情况通知担保人。

(10) 反担保条款

反担保(Counter Guarantee)是指由反担保人应申请人的要求向担保人开立书面反担保文件，承诺当担保人在申请人违约后做出赔偿，且申请人不能向担保人提供补偿时，由反担保人提供补偿，并赔偿担保人的一切损失。

在国际业务中，由于对外国银行不了解、不信任，以及各国法律差异较大，受益人往往只接受本国银行开立的保函，因而申请人只能委托其往来银行先在受益人当地代理行开立反担保，由该代理行再向受益人开立保函，这是一种适用较为普遍的反担保形式，在开立保函时应写明反担保人名称、地址、权利、责任以及反担保索偿条件、金额等要素。

(11) 其他条款

包括与保函有关的保兑、修改、撤销及仲裁等内容。

10.1.3 银行保函与信用证的关系

银行保函和信用证虽然都是银行应申请人的要求向受益人开出的文件，都属于银行信用，且都以单据而非货物作为付款依据，但是银行保函却以其鲜明的特点区别于信用证。

(1) 开立的目的不同

保函的目的是以银行信用作为担保，通过促使申请人履约而促成交易的实现。其侧重点在于担保而不在于付款，保函只有在申请人违约的情况下才发生支付。而信用证则是一种国际结算工具，其主要目的在于由银行承担第一付款责任，而并非信用保证，它在交易正常进行时发生支付。

(2) 文件的性质不同

根据保函与基础业务合同的关系不同，可以分为从属性保函和独立性保函。

从属性保函是将担保责任置于基础交易合同的从属性地位，它是基础合同的一个附属性契约，担保人在保函项下所承担的付款责任的成立与否将依照基础合同的实际执行情况加以确定，主合同无效，从合同也无效；它随基础合同的改变、灭失而发生相应变化。在保函产生初期，其性质也基本如此。现在各国国内保函基本上是从属性的。

独立性保函是指保函根据基础合同开立后，不依附于基础合同而存在，它是具有独立性法律效力的文件。它是一种与基础交易的执行情况相脱离，虽根据基础交易的需要而出具，但一旦开立后其付款责任仅以自身的条款为准的担保，它与基础交易合同之间是一种相互独立，各自具有法律效力的平行法律关系。

20 世纪 60、70 年代在国际结算中出现的大多是独立性保函。独立性保函之所以出现并被广泛采用，原因有二：从受益人的角度来说，独立性保函能使其权益不至于因基础合同纠纷而遭受损失，从银行角度来说，独立性保函使其不会卷入复杂的商业纠纷中去。

信用证的性质类似于独立性的保函，它是独立文件，不依附于合同而存在，合同发生变化并不影响信用证的内容和效力。

(3) 银行付款责任不同

银行的付款责任是与保函的性质相联系的。

在从属保函中，银行的付款责任是第二性的，即当申请人违约后，担保银行才负赔偿责任。即：第一性责任是申请人履行合同。通常是支付货款或偿还借款等，只有在申请人不履行其责任的情况下，担保银行才履行责任，即赔偿。因此，申请人不履约，必然直接导致担保银行发生赔付；反之，申请人履约，担保银行就不会发生赔付。

在独立性保函中，银行的付款责任是第一性的，即只要受益人提出的索赔要求符合保函规定的条件，担保银行就必须付款。而不管申请人是否同意支付。也无须调查合同履行的事实。在这里，合同的履行情况与保函的赔付没有直接的、必然的因果联系。在独立性保函下，即便申请人履行了合同，如果受益人仍能提出合理索赔，担保银行也应付款；反之，即便申请人没有履行合同，如果受益人提出的索赔要求不符合保函规定的条件，担保银行也不会付款。

信用证中开证行的付款责任是第一性的，只要受益人或出口方银行寄来的单据与信用证的规定相符，它就必须付款，而不管申请人(进口商)的付款意愿或支付能力如何。

(4) 银行付款的依据不同

保函付款的依据是受益人提出的索偿条件，包括受益人证明申请人违约的声明和有关单据的副件及其他证明文件；而信用证的付款依据通常是代表货权的单据。

(5) 适用范围不同

保函的适用范围十分广泛，除用于贸易结算外，还可应用于投标、履约、预付款、维修、质量、补偿贸易、来料加工和工程承包等各种国际经济交易的履约担保；旧信用证一般只适用于货物贸易，用途比较单一。

(6) 遵循的规则不同

保函业务遵循的是《合约保函统一规则》。其操作还未被各国认同而形成惯例；信用证业务遵循的是《跟单信用证统一惯例》，已经形成了一整套程序化、惯例化的做法。两种业务在内容条款的规定和付款依据上都有所不同。

10.1.4 银行保函当事人责任

(1) 申请人

申请人(Applicant)亦称委托人(Principal)，是向银行提出申请要求开立保函的一方，一般为经济交易中的债务人。申请人的主要责任是按照已签订的合同或协议的规定履行各项义务，在违约后补偿担保人(或反担保人)为承担担保责任而向受益人(或担保人)所做出的任何赔偿，并支付有关费用。

(2) 受益人

受益人(Beneficiary)是接受保函，并有权在申请人违约后向担保人提出索偿并获取赔偿的一方。一般为经济交易中的债权人。

受益人有权索偿但须履行合同规定的各项义务，他在索偿时还必须提供保函所规定的索偿文件。

(3) 担保人

担保人(Guarantor)是接受申请人要求，向受益人开立保函的银行。担保人的责任是促使申请人履行合同的各项义务，并在申请人违约时，根据受益人提出的索偿文件和保函的规定向受益人做出赔偿，并有权在赔偿后向申请人或反担保人索偿。

(4) 通知行

通知行(Advising Bank)是接受担保人的委托将保函通知给受益人的银行。一般是受益人所在地并与其有业务往来的银行。通知行只对保函的真实性负责，即核对担保行的印鉴和密押、确认保函是担保行发出的，而不保证保函实质上的真实与正确，因此，通知行对索偿不负任何责任。通知行在完成通知后可按保函金额的一定比例收取手续费。

(5) 转开行和指示行

转开行(Reissuing Bank)是指接受原担保人的要求，向受益人开立以原担保人为申请人及反担保人，以自身为担保人的保函的银行。转开行转开保函后，成为新的担保行，原担保行便成为保函的指示行(Instruction Bank)。转开行一般为受益人所在地银行，而指示行一般为申请人所在地银行。

在跨国交易中，受益人出于对申请人所在国银行的不了解、不信任，以及保函受签发地所在国法律约束等原因，往往只接受以本国银行为担保人的保函。因此，原担保人不得不在受益人国内寻找转开行转开保函，以保证交易正常进行。转开行转开保函后，由于自身成了担保人，因而对受益人的索偿负有赔偿责任，在赔偿后有权向指示行凭反担保索偿。

(6) 反担保行

反担保行(Counter Guarantee)即接受申请人的委托向担保人出具不可撤销反担保，承诺在申请人违约且无法付款时，负责赔偿担保行所做出的全部支付的一方。反担保人是与申请人有经济业务往来的其他法人或银行等。反担保人负有向担保人赔偿的责任。同时也有权向申请人索偿。

(7) 保兑行

保兑行(Confirming Bank)是根据担保人的要求，在保函上加具保兑、承诺当担保人无力赔偿时，代其履行付款责任的银行，亦称第二担保人。当受益人认为担保银行的资信状况不足以信任时，可要求担保人寻找一家国际知名的大银行作为保兑行对保函进行保兑，实际上相当于双重担保。保兑行在替担保人赔偿后，有权向担保行索偿。

10.2 银行保函的实务操作

银行保函的开立是一项手续复杂、政策性很强的工作。

10.2.1 对外开出银行保函

申请人在与受益人签订合同或协议以后，根据合同或协议规定的条件和期限向银行申请开函。

1) 递交保函申请书

保函申请书是申请人表示请求担保人为其开立保函的意愿的文件，是担保人凭以开出保函并澄清申请人法律义务的依据。其主要内容包括：

(1) 担保人名称。

(2) 申请人名称、地址(用中、英文两种文字)。

(3) 受益人名称、地址(用中、英文两种文字)。

(4) 合同、标书或协议的名称、号码及日期。

(5) 合同或协议下商品或项目名称、数量。

(6) 保函的币种、金额(大、小写)。

(7) 保函的种类，用以标明保函的性质、用途。

(8) 保函的效期，包括生效日期和失效日期。

(9) 保函的发送方式，即保函是电开还是信开。

(10) 保函的其他当事人情况，即保函是直接开给受益人还是通过通知行通知、转开行转开，或是经保兑行保兑。若是后者，还须写明通知行、转开行或保兑行的全称及详细地址。

(11) 申请人的保证，即当受益人按照保函索偿条件提示所需文件，并提出索赔时，申请人将承担全部责任，保证补偿担保人因承担担保责任对受益人所做的任何支付，且付款后无追索权。

(12) 申请人声明、同意按照国际惯例、有关法规和担保行内部规定处理保函业务的一切事宜，明确双方各自的责任，并由申请人承担由此产生的一切责任。

(13) 申请人的开户银行名称、账号及联系电话。

(14) 申请人单位公章，法人签章及申请日期。

2) 提交交易合同或协议或标书的副本

为便于担保人了解交易的有关内容，申请人应提交有关合同的副本，若合同或协议中规定了保函的格式，则应提供该保函的格式。

3) 提交财务报表以及与交易有关的资料。申请人应向银行提交出口许可证、项目可行性研究报告等有关资料及财务报表，以供银行审查。

4) 缴存保证金，提交反担保文件，落实反担保措施。

10.2.2 担保银行审查

担保人在接到申请书以后，要对是否接受开立保函申请进行审查。其主要内容包括：

1. 对申请人资格的审查

根据我国《境内机构对外提供外汇担保管理办法》(1991 年 9 月 26 日公布)的规定，申请人必须是中国境内按中国法律登记的中国企业；由国家外汇管理局审批同意的中国驻外企业以及由国家外汇管理局审批同意的提供等值外汇资产作抵押的境内外国机构和外国企业。不符合上述条件的单位没有申请资格。

2. 对申请手续的审查

首先，审查申请书内容是否填写清楚、准确、完整，申请人的法人签章和公章是否齐全、正确。其次，审查申请人应提交的其他文件，如合同副本、反担保文件、企业财务报表是否真实、准确、齐全。对于外资企业，在第一次申请开函时，还需提交全套的审批文件、合资合同、章程、验资报告、营业证书、营业执照和董事会决议等一系列资料。

3. 对担保范围的审查

申请开立的保函必须在担保法规规定的担保业务范围内，外汇保函担保金额与银行外债余额之和不得超过担保人自有外汇资金的法定比例。担保人不得为外商投资企业中外方注册资本担保，违反上述条件均不能担保。

4. 对交易项目的审查

担保人对保函所涉及项目的合法性、可行性和效益情况要做出判断，即项目合同的内容是否符合我国的有关政策和平等互利的原则，贸易合同是否符合国家进出口许可证制度；借款项目是否已纳入国家利用外资的计划，是否报经国家外汇管理部门批准；项目的配套资金、原材料是否落实，产品市场前景如何；项目的经济效益如何，借款人的偿债能力怎样等。

5. 审查反担保及抵押情况

(1) 审查反担保人资格。按照我国担保法规规定，允许提供外汇反担保的机构仅限于经批准有权经营外汇担保业务的金融机构和有外汇收入来源的非金融性企业法人，政府部门和事业单位不得对外提供外汇担保。对人民币保函进行反担保的单位也必须是资信较好、有偿债能力的金融机构和企业法人。不满足上述条件的反担保人开立的反担保函银行应不予接受。

(2) 审查保证金情况。对于外汇保函，根据不同的需要，申请人或缴存100%的现汇保证金，或只提交由合法反担保人出具的人民币反担保。以上情况银行可视同保证金到位，予以开函，但申请人必须保证在汇率发生变化，原保证金不足以对外支付时，及时补足差额部分。对于人民币保函，申请人缴存100%的人民币保证金或提交合法反担保人出具人民币反担保，银行都可以开函。

(3) 审查反担保文件。反担保人出具的反担保函必须是不可撤销的，其责任条款也应与银行对外出具的保函责任条款一致。反担保函内容必须准确、清楚、完整。并且明确说明当反担保人在收到担保人书面索偿通知后若干天内必须无条件支付所有款项。到期未付，担保人有权凭反担保从反担保人账户上自动划款。反担保人不得以任何理由拒付，并放弃一切抗辩和追索的权利。另外，反担保函的生效日期应早于保函生效日期，而失效日期则应迟于保函。

(4) 审查抵押物情况。审查抵押物是否合法。申请抵押时是否履行必要的审批登记程序，在申请人无力偿债时，担保人是否能依法对抵押物取得无可争辩的置留权。抵押物的品质、价格情况如何，是否易于保管，变现能力怎样等。

10.2.3　开立保函

担保人对申请人提供的上述资料审查无误后，可以开函。

1. 编号登记

为了便于内部管理和事后查阅，担保行在每笔保函开出之前都应编号，并按顺序登记，注明有关保函的主要内容，如保函号码、开立日期、种类、金额、效期、申请人、受益人或其他当事人的全称以及保函的电开、信开等。

2. 缮打开函

编号登记完毕以后，银行根据印请书的有关内容(有时还有申请人提供的保函格式)，缮打保函一式五联，要求外观整洁、整齐、要素齐全，不得涂改。保函五联中，一联退回申请人留存，一联由担保行归档、留底，一联作为担保行记账传票附件，另外两联在信开方式中直接寄给受益人，在电开方式中则应交有关部门加押后作为发电依据。

在电开方式中还应注意，由于担保人与受益人之间没有密押关系，受益人无法核实保函，因此，电开保函一般先开给与之有密押关系的通知行，由通知行核对无误后，通知受益人。若电开保函直接开给受益人，担保人还须向受益人补寄电传证实书，以便受益人证实、查收保函。

3. 审查保函

在保函发出之前，担保行应对保函的条款及文字表述作严格审查，看保函是否合法，是否与合同一致。保函一般不应该有不确定金额、效期，或有“无条件见索即付”，“可自由转让”等字样。对此，审查人员应严格把关，避免不利条款或文字表述不当造成不必要的纠纷。

10.2.4　保函的审批、登记

1. 行内审批登记

保函在对外发出以前，经办人只须填写保函审批表，写明保函主要内容，报科、处、行领导审批，并同时填写保函管理表，写明保函收费、修改和保函副件情况，为日后修改、查询之需。

2. 报请上级管理机关审批和登记

根据我国担保法规定，提供外汇担保必须报请国家外汇管理局及其分局审批，并进行登记。为境内机构提供外汇担保，由担保人所在地外汇管理部门审批；为中国驻外企业或境内外国机构或外资企业提供外汇担保，由国家外汇管理局审查。担保人办理担保报批手续时，应向外汇管理部门提供全部或部分下列资料：

(1) 担保项目可行性研究报告批准件和有关批复文件。

(2) 担保人自有外汇资金情况的证明。

(3) 担保人对外债务担保的文件。

(4) 担保合同意向书。

(5) 被担保项下主债务合同或意向书及有关文件。

(6) 落实反担保措施文件。

(7) 外国机构、外资企业的等值外汇资产抵押证明。

另外，担保银行还应按月填写《外汇担保变动反馈表》，写明本月担保债务变动情况，向担保管理机构进行登记，并随附《境内机构提供外汇担保备案表》，领取《外汇担保备案证书》。

10.2.5 保函的修改

不可撤销保函的修改必须经当事人各方一致同意后方可进行，任何一方单独对保函条款进行修改都视作无效。当申请人与受益人就保函修改取得一致后，由申请人向担保人提出书面申请并加盖公章，注明原保函的编号、开立日期、金额等内容以及要求修改的详细条款和由此而产生的责任条款，同时应出具受益人要求修改或同意修改保函的书面材料。担保人在审查申请并同意修改以后，向受益人缮打修改函电，由主管负责人签字后发出。若修改为增加保函金额，则应视作重开一份新的保函，一切手续与前述手续相同；若修改为减少保函金额，担保人只须填制有关传票冲销减少额即可。

10.2.6 保函的管理

担保行在开出保函后，须对保函进行严格的后期管理，以保证项目的顺利进行，确保银行资产安全。

1. 保函的档案管理

担保行每办理一笔保函业务，都要将其归档留底，以备事后监督、查询、风险分析、处理债权债务关系以及法律诉讼之需，因此保函的档案必须完整、系统，便于查找。首先，要对保函进行立卷，每笔保函立一个卷宗，其基本内容应包括保函副本、申请书、申请人证明文件、合同或协议副本、保函审批文件等；其次，对保函卷宗进行分类，按照币种、保函性质及开立年份对保函进行三级分类，在同一性质保函中，按时间顺序编号；最后，设立档案目录，以方便档案的查阅和管理。

2. 担保项目的管理

担保行除了对保函的相关文件进行档案管理外，还应对保函涉及的项目进行监督管理，其主要内容包括以下几个方面：首先，担保人应经常检查项目的执行情况，督促申请人严格履约，必要时，还需调解双方的纠纷和争议；其次，对项目贷款进行监督，要求申请人将项目的贷款转入担保行账户，严格按照预先确定的项目资金使用计划使用贷款，并及时还本付息；最后，担保人在每年年初，应及时向申请人计收当年的担保费，并登记保函管理表，防止迟收、少收或漏收。

10.2.7　保函的索偿与赔付

当申请人违约，受益人提示符合保函要求的全套正确的单据或文件时，担保人即可认定索偿有效，立即予以赔付，而不得以任何理由拖延。在划款之前，担保人还应要求受益人或由受益人通过其往来银行确认，在收到赔付款项之后，担保人在保函项下的责任将随着赔付而减少，直至全部款项清偿完毕而自动解除，并要求受益人在收到全部赔款后，将失效保函退回担保人注销。

10.2.8　保函的撤销

保函在到期后或在担保人赔付保函项下全部款项后失效。保函失效以后，担保人应向受益人发出函电，要求其退还保函正本，并将保函留底从档案卷中调出，用红笔注明“注销”字样，连同退回的保函正本一同归于清讫卷(已注销保函的档案)备查。另外，担保人还须视情况对账面做出相应调整。

小　　结

银行保函是在国际间银行办理代客担保业务时，应委托人要求，向受益人开出的一种保证文件。银行一经开出保函就有责任按照保函承诺条件，对受益人付款；同时，在担保行按照保函规定向受益人付款后，委托人须立即偿还担保行垫付之款、一切费用及利息。本章，我们从基础知识和实务操作两方面入手介绍了银行保函。重点内容包括：银行保函的定义、特点和作用；银行保函与信用证的区别；银行保函的种类；银行保函当事人的责任等。本章的难点内容包括：银行保函与信用证的区别；银行保函当事人的责任。

复习思考题

1. 名词解释

银行保函

2. 问答题

(1) 简述银行保函的内容。

(2) 简述银行保函的作用。

(3) 对比说明银行保函和跟单信用证。

(4) 说明银行保函的当事人及其责任。

案例及热点问题分析

请根据下文列举的几种新型的银行保函讨论：常见的银行保函有哪些？我国银行目前还可以开发哪些类型的银行保函？

中国银行开设"对外承包工程保函风险专项资金"项下保函业务：为了进一步扩大对外承包工程规模，解决我国对外经济合作企业在承揽对外承包工程项目时开立保函的反担保问题，国家设立了对外承包工程保函风险专项资金，委托中国银行独家开办"对外承包工程保函风险专项资金"项下保函业务。凡符合财政部和外经贸部关于《对外承包工程保函风险专项资金管理暂行办法》规定条件的企业，都可以免担保到中国银行申请办理此项业务。此项业务的最大特色是中央财政资金符合条件的企业提供反担保，用以从中行开出保函，从而简化手续，提高效率。

中国银行新疆分行国内首笔对外承包工程保函风险专项资金业务：2002 年 5 月，新疆某大型建筑工程公司参加巴林国"巴林塞克伊撒宾阿尔卡力法图书馆和会议厅工程"投标。该工程是巴林国极富影响力的大型国家重点项目，工程造价预计在 2300 万美元左右，面向全世界招标，许多世界知名企业参与了工程投标。这一工程又是中国企业首次在该国的投标施工总承包项目，中国驻巴林大使馆极为重视，特意向新疆经贸委发函希望给予高度重视和积极支持。而参加工程投标必须提供投标保函，中标后还要提供相应的履约、预付款保函，这就给企业造成了巨大的资金压力。中行新疆分行在中行总行的支持下，积极争取到专项资金为企业开出该笔保函，不仅缓解了企业开立投标保函的燃眉之急，又有效解决了企业中标开立大金额的履约、预付款保函的后顾之忧。

招商银行开办的出国留学保函：是一项为出国留学人员提供银行信用担保的业务。自费出国留学人员在银行存入一定金额的美元或其他可自由兑换货币，在以外币存单全额质押的前提下，由银行为其开立担保书。出国留学保函，将个人信用转化为银行信用，提高了其留学申请过程中的信用水平。

(根据互联网上相关资料整理摘编)

课后阅读材料

我国办理保函的有关规定

我国于 1995 年 6 月 30 日第八届全国人民代表大会常务委员会第十四次会议通过《中华人民共和国担保法》，并于 1995 年 10 月 1 日起施行(以下简称《担保法》)。

我国《担保法》第 2 条规定，在借贷、买卖、货物运输、加工承揽等经济活动中，债权人需要以担保方式保障其债权实现的、可以依照本法规定设定担保。其担保方式为保证、抵押、质押、留置和定金。该法还规定，保证人与债权人应当以书面形式订立保证合同。保证合同应包括以下内容：

(1) 被保证的主债权的种类、数额；

(2) 债务人履行债务的期限；

(3) 保证的方式；

(4) 保证担保的范围；

(5) 保证的期限；

(6) 双方认为需要约定的其他事项。

保证的方式有一般保证和连带责任保证。前者是指当事人在保证合同中约定，债务人不能履约债务时，由保证人承担保证责任。后者是指当事人在保证合同中约定，保证人与债务人对债务承担连带责任。连带责任保证的债务人在主合同规定的债务履约期届满没有履约债务的，债权人可以要求债务人员履行债务，也可以要求保证人在保证范围内承担保证责任。

1996 年 9 月中国人民银行颁发《境内机构对外担保管理办法》，该办法自 1996 年 10 月 1 日起施行(以下简称《担保管理办法》)。这是我国对外担保业务的有关政策规定。

《担保管理办法》第 2 条规定，对外担保是指中国境内机构(境内的外资金融机构除外，简称担保人)以保函、各国信用证、本票、汇票等形式出具对外保证，向中国境外机构或者境内的外资金融机构(债权人或受益人)承诺，当债务人未按合同约定偿付债务时，由担保人履约偿付义务。对外担保包括：①融资担保；②融资租赁担保；③补偿贸易项下的担保；④境外工程承包中的担保；⑤其他具有对外债务性质的担保。

根据《担保管理办法》规定，对外担保的管理机关为国家外汇管理局及其分、支局，负责对外担保的审批、管理和登记。可以提供对外担保的担保人仅限两类：①经批准有权经营对外担保业务的金融机构(不含外资金融机构)；②具有代位清偿债务能力的非金融企业法人，包括内资企业和外商投资企业。国家机关和事业单位不得对外担保。可见，在我国有权对外出具担保合同的担保人，是由国家外汇管理局批准的、具有良好信誉、有外汇清偿能力的金融机构和企业法人。该办法还规定，金融机构的对外担保金额、境内外汇担保金额及外汇债务金融之和不得超过其自有外汇资金的20倍。非金融企业法人对外提供的对外担保金额不得超过其资产的50%，并不得超过其上年外汇收入。以此来保障担保人的偿付能力和良好信用。

在我国向银行申请办理对外保函应具备的条件是：

(1) 具备法人资格、有履行涉外合同能力、偿还外汇有保证的企业和其他经济实体；

(2) 有关合同、协议内容须符合国家有关规定和批准程序，并具有进、出口许可证及配额等文件；

(3) 落实与申请担保有关的资产抵押及反担保等措施；

(4) 经向可靠机构咨询，受益人的资信良好；

(5) 申请担保的企业须按银行规定交纳担保费。

在申请办理对外担保应提供的材料有：项目的有关批准文件、有关企业合同的副本，有关抵押或反担保承诺函、保函格式、申请人及反担保人的基本情况、近三年经营情况及财务报表、项目的可行性研究报告、受益人的资信材料以及其他材料等。凡具备条件的申请人，向银行提出申请，填写《外汇担保申请书》，同时报送有关材料，担保人对上述材料进行审查后，如认为符合条件，经由担保人、申请人、受益人就保函条款磋商达成一致意见后，担保人即可向受益人正式开出银行保函。

(资料来源：国家商务部官方网站)

第 11 章　国际结算中的单据

【内容提要】

在国际结算中，单据是办理货物的交付和货款的支付的一种依据。单据可以表明出口商是否履约，履约的程度。进口商品以单据作为提取货物的货权凭证，有了单据，就表明有了货物。本章着重介绍商业单据、运输单据、保险单据和政府单据的主要形式。

11.1　商 业 单 据

商业单据(Commercial Documents)一般是指商人，即出口商出具的单据。有很多种类，如：商业发票，简称发票(Commercial Invoice)；形式发票(Proforma Invoice)；详细发票(Detailed Invoice)；证明发票(Certified Invoice)；厂商发票(Manufacturers' Invoice)；重量单(weight Note/List)；装箱单(Packing List)；供货商检验证明(Supplier's Inspection Certificate)；证明信(Certificate)等。本节将针对其中主要的几类加以介绍。

11.1.1　商业发票

1. 商业发票的概念

商业发票是货物出口商向进口商开立的装运货物及凭以向进口商收取货款的价目清单，是装运货物的总说明。

2. 商业发票的主要作用

(1) 商业发票是全部单据的中心，是出口商装运货物并表明是否履约的总说明。由于发票是出口商自己制作的，全面表述所装运的货物及交货条件而起中心单据的作用，其他单据内容应与发票一致或不相矛盾，特别是信用证方式的发票，应根据信用证规定和条款制作，它是出口商收汇的基本单据之一。

(2) 发票全面反映一笔交易，详细列明货物名称、数量、重量、规格、包装、价格条件、单价及总值等内容，方便进口商凭以核查出口商是否履约，按质、按量装运货物，以维护自己的利益。

(3) 发票是售货凭证，进、出口商均需根据发票的内容逐笔登记入账，可以作为核算盈亏的根据。

(4) 发票是进、出口双方在当地报关和交税的计算依据。装运货物前，出口商递交商业发票凭以报关，发票上的货物说明及金额是海关定税的依据，也是验关放行的主要凭证。

同时发票也是进口商当地海关核定税金，并使进口商得以清关提货的主要凭证。

(5) 发票是作为保险等索赔时的价值证明。当货物发生毁损、丢失、遗漏和盗抢时，需要根据发票所标识的价格结合具体的保险条款实施索赔。

(6) 托收或信用证业务中，由于有时不要求出具汇票，发票则要替代汇票进行结算。

3. 发票的内容

从目前来看，发票的格式各国还未完全统一。而发票内容虽各有不同，但总体都可被分为三大部分：首文(Heading)部分、本文(Body)部分和结文(Complementary Clause)部分。

(1) 首文部分

① 发票名称、编号、出具日期及地点。发票出具地点一般为出口方所在地。如果出口商在双方签约后即出具，日期可由签约后至不能迟于信用证的有效期或信用证规定的交单期。《UCP500》有明确表示，除非信用证另有规定，单据(包括发票)出具日可以早于信用证开出日期。

② 发票出具人。一般是出口商。托收方式下必须与签约双方中的卖方一致。信用证方式下，一般应是信用证的受益人。

③ 合约或定单号码(Contract/Order No.)。发票是卖方履行合约的证明，故应在发票上标明合约号码，同时也方便买方用发票核对所装运货物等是否符合双方合约的各项规定。实务中也有要求加注进口商(信用证的申请人)有关文件编号。信用证中规定发票加注证号的，应注意严格按信用证加注。

④ 发票抬头人。一般是进口商或信用证开证申请人(可转让信用证除外)。如信用证中有特别指定，需按照信用证规定制作。

⑤ 装运基本情况。包括运输方式、船名、起运地或港、卸货地或港名称。如转运，应加注转运情况，但信用证项下应严格与信用证规定一致。

(2) 本文部分

一般包括：唛头、货物名称、货量、规格、包装、毛重、净重、价格条件、单价及总金额等。

① 唛头。即运输标志，承运人和收货人用其识别货物，发票应正确标明。唛头设置的内容不一，一般可包括客户名称简写、有关业务参考号、目的地或港名称、件号或件数等内容。如信用证项下业务而且有规定，应按照信用证规定制作。

② 货物描述。货名、品质、规格等必须完整正确。信用证项下应与信用证规定相符。其他单据的货名可用统称，但与信用证和发票不能相悖。

③ 包装件数及数量，信用证项下业务，如规定内、外包装或其他明细，应填写完整。数量，即计价货量，信用证项下有规定，应与信用证规定相符。凡信用证中对货量规定有“约”、“大约”等类似词语，则允许有10%的增减幅度。但货物计价数量以重量、面积、长度、体积、容积等单位表示时，根据《UCP500》，信用证规定的数量允许有5%的增减

幅度，但不能超额。如信用证对数量规定用个数、件数表示时，除非信用证规定有增减幅，否则不能自动增减。信用证中规定注明毛、净重，应遵照制作。

④　价格条件。这是买卖双方交易中很重要的一项内容。应严格按照信用证规定制作，并视此条件检查是否或应由谁投保且出具保险单，应出具何种运输单据等相关内容。

⑤　单价及总金额。它直接体现发票价目清单的重要作用：凡信用证规定有单价的，发票应严格制作。金额不应超额。并注意与有关汇票的金额一致。但是如果在货量装齐，而发票金额有超的情况下，而被授权付款，承担延期付款责任，承兑或议付的银行接受了该发票且履行其责任与义务，只要其付款、承担延期付款责任，承兑或议付的金额不超信用证，该银行的决定将对有关各方面均产生约束力；而超信用证部分可以用减除、放弃或可能情况下采用证外托收试收。但为了防止信用证内金额收款的风险，也可采用批注声明"证外金额收不进不能影响证内货款金额"条款。又如在货量装足，单价未降而发票金额有短，根据《UCP500》，只要少支取的金额低于 5%是允许的。

(3)　结文部分

一般包括：

①　信用证规定加注的证号及有关进、出口许可证号，海关税号，合同，定单或形式发票号等。在未规定汇票的情况下，有的要求发票加注汇票文句或发票金额已收妥对价词句。此外，某些信用证规定加注证词，如已装船通知或已自寄有关单据、发票有关内容真实正确等内容。

②　在信用证要求签字发票时，受益人(出票人)签字或按《UCP500》规定证实，信用证下发票应照证出具，如特别要求手签等；但如信用证只规定发票一式数份，而无要求签字，按《UCP500》条款，可不加签章，更不需签字。但我国实务中，还未形成习惯。

11.1.2　其他商业票据

1. 形式发票

它是出口商发给进口商列有出售货物名称、规格包装、价格等内容的参考性单据，供进口商参考并可凭以办理有关手续。形式发票不是正式发票，不能用于托收或信用证下议付，其所列的单价、金额等仅仅是事先估算而成。所以，有时称为估价发票，正式成交后结算时还要重制正式商业发票。形式发票虽非正式，但与商业发票又有密切关联。如信用证在货物描述栏内有提及或要求加注形式发票号码时，则应照加。如来证附有形式发票，则制单时应注意发票与形式发票内容的一致性。

2. 重量单、装箱单

一般由出口商出具，内容要与信用证规定一致，且应该与发票、运输单据等其他单据相符。

3. 供货商检验证明

出具人及内容应与信用证规定相符。

4. 证明信

指出口商按照信用证规定出具有关证明词句的文件。

11.2 保险单据

保险的种类很多，本书所涉及的保险主要是关于国际货物运输的保险。该种保险是一种特定条件下的货物保险。

11.2.1 保险单的种类

由保险公司、保险人或他们的代理人签发的保单凭证或有关文件常见的有：

(1) 保险单(Insurance Policy)

它是一种正规的保险合同，是完整独立的保险文件。保单的背面印有货物运输保险条款，一般表明承保的基本险别条款的内容，还列有保险人的责任范围及保险人与被保险人各自的权利、义务等方面的条款。保险单是有价凭证，可以由投保人(即被保险人)按照信用证规定或由被保险人背书随物权的转移而转让。目前，我国的出口贸易以保险公司出具的保险单作为保险凭证，并可以代替保险证明和保险声明，反之不可以。

(2) 预保单(Open Cover)

它是保险人为承保在一定时期内分批发运的货物而出具的保险单据，并应详列保险条件。货物一经启运，被保险人应即刻通知保险人，则自动保险生效。目前，我国以 FOB 和 CFR 价格成交的进口货物保险等，采用预保单方式投保。

(3) 保险证明(Certificate of Insurance)

它是简式保单。背面印有保险人和被保险人的权利、义务等条款，以正式保单的保险条款为准。所以，它不是一个完整、独立的文件。它投保手续简便，但我国目前一般不被采用。按照《UCP500》，除非信用证另有规定，银行应予接受。如信用证规定出具该项保险证明，保单代之是允许的。

(4) 保险声明(Declaration of Shipment/Insurance Declaration)

在以 CFR、CPT 或 FOB 价格成交的出口贸易中，保险由进口商办理。有些进口商事先与保险公司订有预保合同，货物一经发运，出口商按信用证规定发给预保保险公司保险声明书，以使保险公司在原订保险条件下，有效期内自动承保。按照《UCP500》，除非信用证另有规定，银行应予接受。如信用证规定出具保险声明，用保单代替也是允许的。

(5) 暂保单(Cover Note)

它是由保险经纪人，即投保人的代理人出具的非正式保单。除非信用证特别要求，银行不予接受。

在国际结算中，还有其他保险相关单据，如修改原保险单的批单；证明其身份或其他内容的文件；保费收据等。

11.2.2 保险单的内容

保单除背面印就条款以外，正面记载文句也非常重要。保险单正面除了印定的说明保险人与被保险人的保险合同关系的文句，即出具保险单的依据外，需要填写如下内容：保险人与被保险人的名称、发票及保险单的号码、货物运输标志、货物的项目、包装及数量、保险金额、保费、费率、装载工具的名称、开航日期、航程起讫地点、承保险别、查勘人名称及地址、赔付地点、出单公司地址、出单日期及保险人签章。

(1) 保险人名称。应是承保的保险公司名称，而不能是保险经纪人或代理人。

(2) 被保险人名称。在信用证有明确规定的情况下，应按信用证规定办；在 CIP 价格条件下，一般为卖方及信用证的受益人，然后由受益人作成空白背书。

(3) 保险金额和总保险金额。应用小写与大写数字表示，要求两者严格一致。除非信用证另有规定，保险单据上的货币种类应与信用证所用货币相同。如果信用证规定了最低保险金额，就应按此规定办理；否则，最低保险金额应是货物的 CIF 或 CIP 价的 110%；在无法从单据表面断定货物的 CIF 或 CIP 价格时，银行应按该信用证的要求付款、承兑或议付的金额，或有关商业发票毛金额这两者中之较大者的 110%作为最低金额。这里应注意，必须是按发票的毛金额(Gross Amount)计算其 110%，而不能按照毛金额扣减佣金后的净金额(Net Amount)计算其 110%，否则，将会造成保额不足。

(4) 货物运输的唛头、货物的项目、包装及数量。均应与发票一致。

(5) 装载工具名称、开航日期、航线起讫地点。均应与提单一致。开航日期前一般应加“on or about”字样。对于“on or about”的含义，《UCP500》规定，银行应将其解释为于所述日期前后各 5 天内装运，起讫日期均应包括在内。若船到达目的港卸货后，还需转运内陆城市，则应在目的港后加注“转运至某地”字样。若需中途转船，则应在目的港名称后加注“转船”字样。

(6) 承保险别。指保险人的责任范围。通常要求保险单所填的基本险和附加险的类别应符合信用证规定。假如信用证规定的含义不明，例如要求投保“一般险”(Usual Risks)或“惯常险”(Customary Risks)或未作特别规定，则按《UCP500》的规定，银行可以按照所提交保险单据填列的险别予以接受，而不负任何险别漏保之责。

(7) 检验代理。保险单据上列明保险人在目的港的代理检验人，以便当货物受损、被保险人索赔时，能及时就近勘查，分析出原因及受损程度，以确定赔偿责任。

(8) 赔款偿付地点。应符合信用证规定，一般就定在目的港，即在进口国家的地点。

(9) 出单公司地址。即出单地点。它涉及适用法律问题。一般而言，在哪里出单，就以当地法律为依据。一般是出口商所在地。

(10) 出单日期。即保险人责任的起点。保险单据的签发日期不应晚于提单签发日期，否则银行将不予接受。对此，《UCP500》作了规定："除非明白说明保险生效、迟至运输单据载明的已装船日期或发运日期或接受监管日期起开始生效之外，银行拒绝接受交来保险单据的日期迟于运输单据日期。"

(11) 保险人签字。一般都由保险人或其代表签字。但是，英国保险法允许保险公司在出具海洋货物运输保险单据时用盖章代替签名。

11.3 运输单据

运输单据是承运方收到托运货物的收据，又是承运方与托运方之间的运输契约，运输单据如是可转让形式则又成为物权凭证，经过背书，可以转让，其受让人即成为货权所有人。因此，运输单据便成为国际贸易中买卖双方及其他有关当事人最关注的一种单据，特别是用其货权凭证的性质来抵押有融资行为的金融机构更受关注。

11.3.1 运输单据的种类

根据运输方式的不同，可以将运输单据分为七类：

(1) 海运——海运提单(Marine/Ocean B/L)；

(2) 海运——不可转让海运单(Non-Negotiable Sea Way Bill)；

(3) 海运——租船合约提单(Charter Party B/L)；

(4) 多式运输——多式运输单据(Multimodal Transport Document)；

(5) 空运——(Air Transport Document/Air Way Bill)；

(6) 公路、铁路、内河运输——公路、铁路、内河运输单据(Road、Rail or Waterway Transport Document)；

(7) 专递和邮寄——专递和邮政收据(Courier and Post Receipts)。

11.3.2 海运提单

海运提单(Ocean-Bill of Lading)是承运人或其代理人对托运人签发的货物已收到或已装船的证明，将该货物运往指定目的地并凭以交予提单持有人的物权凭证。

1. 海运提单的主要作用

(1) 是承运人确认收到货物的收据(Receipt)；

(2)　是承运人和托运人之间的运输合约(Contract)，提单上载明各自的权利和义务；

(3)　是物权凭证(Document of Title/Title of goods)，提单的持有人对提单上所载明的货物有所有权，指示式抬头提单可以经过背书转让，进行抵押受法律保护。另外，如运输单据载明的货物在运输途中受损，提单还是向船运公司或保险公司索赔的重要依据。

2. 提单的关系人

提单的基本关系人有：

(1)　承运人(Carrier)。即负责运输货物的当事人，有时被称为船方。在不同的情况下，承运人可能是船舶所有人，即船运公司；也可能是租船人，租用船只自己经营运输业务。即使是通过代理人办理承运手续，提单上所体现的承运人也不应是代理人，而应是实际运输货物的人，他承担履行运输合同的责任。信用证要求的运输单据，包括提单，必须是署名的承运人或其代理人出具的。

(2)　托运人(Shipper)。依交易情况的不同，托运人可能是发货人(卖方)，也可能是收货人(买方)。信用证项下提单上的托运人一般应是信用证的受益人。

除了基本关系人外，在提单上出现的还有收货人和被通知人等。

(1)　收货人(Consignee)。通常被称为提单的抬头人。收货人可以是托运人，也可以是第三者。他有在目的港凭提单向承运人提取货物的权利。通过提单的背书转让，实际收货人则是提单上的受让人(Transferee)或持单人(Holder)。

(2)　被通知人(Notify Party)。不是提单的当事人，只是收货人的代理人，是被承运人通知的人。在提单上填写被通知人，是因为空白抬头提单无收货人的名称及地址，故应有被通知人的记载，以便货到目的港后，承运人通知被通知人，由他转告实际收货人及时办理报关、提货等手续。这是承运人给予货主的一种便利。

另外，海运提单是物权凭证，可以通过背书转让流通。所以，海运提单又是“可流通转让的单据”。由于背书转让，出现了受让人，即通过背书转让后接受提单的人。他不仅有向承运人要求提货的权利，同时也承担了托运人在运输合同中的义务。在提单的交接过程中，还出现了持单人。他是经过正当交接手续而持有提单的人。在提单交接的不同阶段，他可能是托运人、收货人或受让人。

3. 提单的主要内容

目前不同船运公司设计的提单格式和内容不尽相同，但由于海运提单是物权凭证，直接牵涉到各关系人的责任和权益，因而要求内容尽可能详尽明确，以避免或减少纠纷。完整的提单包括正面关于商品装运情况的记载和背面印就的运输条款。

1)　提单正面的记载内容

提单正面的记载内容可以分为以下三个部分：

(1)　托运人填写部分。这是在货物装运前托运人从船运公司取得空白提单后需要填写的内容。包括：托运人、收货人和被通知人的名称和地址，提单号码，船名，装运港和目的港，货物名称叙述，装船件数(小写及大写)，毛重，体积，运输唛头，包装方式，全套正本提单份数等。这些内容大部分都分别填写于提单上半部分印定的空白栏目内。

(2) 由承运人或其代理人填写部分。这是承运人在核对托运人实际装货情况后填写的。其内容包括：运费交付情况，如“运费已付”(Freight Prepaid)、“运费待付”(Freight to Collect)、“运费在目的港支付”(Freight Payable at Destination)，签发的日期与地点，船公司的签章，船长或其代理人的签章等。这些内容通常位于提单的下半部分。

(3) 承运人或其代理人填写的部分。这是承运人对接受委托承运货物的若干带契约性的声明文字。一般有以下四方面的内容：

① 装船条款

印明承运人收到外表状况良好的货物(另有说明者除外)，并已装船，将运往目的港卸货。其常见的英语文句是：

Shipped on board the vessel named above in apparent good order and condition (unless otherwise indicated)the goods or packages specified here-in and to be discharged at the mentioned port of discharge.

② 内容不知悉条款

印明承运人对托运人在提单上所填写的货物质量、数量、内容、价值、尺码和唛头等，概不知悉，表示船方对上述各项内容正确与否不负核对之责。其常见的英语文句是：

The weight, quality, content, value, measure, marks, being particulars furnished by the shipper, are not checked by the Carrier on loading and are to be considered unknown.

③ 承认接受条款

说明托运人、收货人和提单持有人表示同意接受提单背面印定的条款、规定和负责事项。托运人接受提单即表示接受提单背面印就、书写或戳记的条款。其常见的英语文句是：

The Shipper, Consignee and the Holder of this Bill of Lading hereby expressly accept and agree to all printed, written or stamped provisions，exceptions and conditions of this Bill of Lading, including those on the back hereof.

④ 签署条款

印明为了证明以上各节，承运人或其代理人特签发正本提单一式几份，凭其中一份提货后，其余各份即行失效。

其常见的英语文句是：

In witness whereof, the Master or Agents or the vessel has signed/original(the/above stated number)Bill of Labing, all of this tenor and date, one of which being accomplished, he others to stand void.

2) 提单背面的印就条款

提单背面印就的运输条款，规定了承运人的义务、权利和责任的豁免，是承运人与托运人双方处理争议时的依据。根据《UCP500》规定，银行不审核这些条款，在此不另详述。

3) 提单正面填写内容的掌握原则

- 托运人。一般为出口商，信用证的受益人。根据《UCP500》，除非信用证有特别规定，允许银行接受受益人以外的第三者为发货人的提单(Third Party's B/L)。
- 收货人(Consignee)。应按信用证规定分为记名式和指示式两种。
  - ◆ 记名式。指定受货人名称(Consigned to ×××)只能背书提货，而不能转让，称为“记名提单”。
  - ◆ 指示式。在收货人栏内有“指示”(Order)一词。意指承运人凭“指示”交货，指示人背书后可以转让，受让人成为提单持有人有权凭以提货，该提单称为“指示提单”。

    指示提单，又分为不记名指示和记名指示两种：

    Order——不记名指示，一般由托运人背书、转让；

    Order of Shipper，Order of Applicant，Order of Issuing Bank——均为记名指示，分别由托运人、申请人、开证行指示并背书、转让。

  背书，也有两种：

  一种是空白背书(Blank Endorse)，背书人只在提单背面盖章，无其他记录文句。背书后谁持有提单谁有权提货。

  另一种是记录被背书人的名字，然后背书人盖章。如，词句一般是 Deliver to ×××，被背书人即受让人，可凭提单提货；又如，当词句是 Deliver to the Order of ×××，则背书人还可以背书再转让，以此类推。
- 被通知人(Notify Party)。应照信用证规定，一般是进口商或其他代理人。
- 提单编号(B/L No.)。一般列在提单的右上角。为方便起见，往往参考有关单据号码编制。
- 船名(Vessel Name)。所装船只，必要时要有航班次数。其他单据上船名应与其一致，如信用证有指定船名，应与信用证一致。
- 装货港(Port of Loading)、卸货港(Port of Discharge)。应列实际具体港口名，必须与信用证规定一致。
- 唛头(Shipping Marks)。即装运标志，如信用证有规定，则应与其一致；证中无规定，应注意与商业发票一致。
- 件数和包装种类(Number＆Kinds of Packages)。件数应填准确，大写应与小写一致，且数字后加“仅”(only)字样。包装应照实填写，不宜省略。散装货应填明 In Bulk。
- 毛重(Gross Weight)、尺码(Measurement)。如信用证有规定，一定要准确填写。
- 货物名称(Description of Goods)。如果发票货物品种繁多，根据《UCP500》，提单可采用货名统称，如玻璃器皿、自行车零件等。
- 运费和费用(Freight & charges)。一般只填运费支付情况。如，发票显示 CFR 和 CIF 价格，海运提单应填运费已预付(Freight Prepaid)；如 FOB，应填写运费到付

(Freight Collect 或 Freight Payable at Destination)。如果信用证有规定，一定要与信用证规定一致，否则至少也要保证与价格条件以及其他单据内容等相协调，不能有矛盾；如信用证规定加注运费数，则应照加。

- 正本提单份数(Original Number)。应按信用证规定填制并满足。如信用证未规定份数而只用全套(Full Set)来描述，根据 UCP500，一份正本也体现全套。但目前我国习惯仍然是至少出具两张为全套，以便交单给银行议付后两次寄单用，以免丢失。但正本提单无论几张，也只是付一不付二，这点与汇票类似。
- 签署(Sign)。应严格按信用证规定办理，如信用证未做具体现定，则按《UCP500》的有关规定签署。
- 其他有关内容。可视信用证具体要求，考虑各国家、地区的习惯需要而定，并且要符合《UCP500》或其他国际惯例。

11.3.3 多式运输单据

多式运输单据(Multimodal Transport Document)表示至少有两种不同运输方式的运输，即至少包括海运、空运、公路、铁路、内河运输中的两种。同一运输方式、不同运输工具的联运，例如海/海联运、空/空联运等不能视作多式运输。多式运输单据项下的承运人，对运输全程负责，从收到货物开始直至货物到达最终目的地为止。多式运输第一程为海运时需注明已装船只。即使信用证不允许转运，银行也将接受多式运输单据，因多种运输方式必然要发生货物从一种运输方式的运输工具卸下，再装上另一种运输方式的运输工具，不可避免将发生转运。因此，只要单据包括全程，将被银行及有关各方接受。多式运输单据的收货人如果是指示式，为可转让单据；收货人如果是记名式，则为不可转让单据。

11.4 政 府 单 据

贸易各方所处国家和地区不同，根据商品不同种类所需的单据也不同，甚至差别很大，但总起来说政府单据对贸易双方很重要，下面简述其中几种。

11.4.1 海关发票

海关发票(Customs Invoice)是进口国(地区)海关制定的一种专用于向该国(地区)出口的发票格式。主要内容是说明价值(Value)和产地(Origin)。

海关发票由出口商填制后，供进口商在报关时提交给进口国(地区)海关，其作用是：作为对进口货物估价定税的依据；核定货物原产地，以实行差别税率政策；核查货物在出口国市场的销售价格，以确定出口国是否以低价倾销，而征收反倾销税；用于海关统计的资料等。

目前，要求出具海关发票的国家或地区有美国、加拿大、加勒比海岸国家和澳大利亚等。有的国家要求使用联合发票产地证(Combined Invoice and Certificate of Origin)，也同样起海关发票的作用。内容应严格照格式填写。

11.4.2　原产地证明书

原产地证明书(Certificate of Origin)是证实货物原产地或制造地的证件。一些不使用领事发票或海关发票的国家，根据产地证来确定对货物应征的税率。还有些国家控制或禁止从某国或某地区输入货物，往往也要求出口商提供产地证明书。

签发产地证明书的机构，应依照信用证具体指定出具。如无指定，一般可由政府有关商品检验机构或出口地其他有权检验机构签发。

1. 一般原产地证

目前我国则是由中国国际贸易促进会出具或由中国进出口商品检验局出具一般原产地证明书。我国签发的一般原产地证主要有以下几种：

(1) 国际贸易促进委员会原产地证书或中国商会原产地证书

贸促会产地证主要填写以下内容：

- 证书编号。在证书编号前还要加打公司代号。
- 签发日期。不得迟于提单日期，参照发票日期填写。
- 证明产地文句。如信用证内有规定文句，必须把此类文句恰当填写。
- 唛头、件号、商品名称、数量、重量，按发票与提单有关内容填写。
- 出证人签章，如信用证规定要手签，必须由授权签字人手签，其他人不可代签。
- 其他方面要符合信用证有关规定。

(2) 欧盟纺织品专用产地证明书

(3) 对美国出口的原产地证声明书

2. 普通优惠制产地证明书

普通优惠制产地证书简称普惠制产地证(Generalized System of Preferences，G.S.P.)。是普惠制的主要单据，凡是对给惠国出口一般货物，须提供这种产地证。普惠制产地证目前普遍采用格式 A，即：FORM A。FORM A 一正两副、正本印有绿色扭索图案底纹，尺寸为 297mm×210mm，使用文种为英文或法文，由出口商填制申报，签证机构审核、证明及签发。签证机构必须是受惠国政府指定的，其名称、地址、印鉴都在给惠国注册登记，在联合国贸发会秘书处备案。我国 FORM A 的签证由国家进出口商品检验局统一负责。

在填制与审核 FORM A 时，要注意以下事项：

(1) FORM A 的标题栏(右上角)。填上签证当局所编的证书号(Reference No.)，在证头横线上方填“Issued in the People’s Republic of China”，国名必须是全名，不得简化。

(2) 出口商的公司名称、地址、国别。这是带强制性的，不能省略，必须是中国境内的详细地址。

(3) 进口商的名称、地址和国别。一般应填给惠国最终收货人(即信用证上规定的提单通知人或特别声明的受货人)，如最终收货人不明确，可填发票抬头人，不能填中间转口商的名称。

(4) 运输方式及路线。一般应填装货、到货地点及运输方式。如系转运商品应加上转运港，如“via Hongkong”。

(5) 供官方使用。申请单位不用填。在一般情况下，此栏空白，如有需要则由签证当局填写；如果是后发(签证日期晚于提单日期)、需加盖 Issued Retrospectively 红色印案，日本一般不接受“后发”证书。

(6) 商品顺序号。单项商品可不填，若是多种商品，可填“1”“2”“3”…。

(7) 唛头及包装号。照实缮制，如装箱货物无唛头，填“N/M”，不得留空；如唛头过多，此栏填制不下时，可另加附页。附页大小与 FORM A 相等，一式三份，打上 FORMA 的编号，并由签证机构授权签证人手签，加盖签证章；或将附页附在证书背面，由商检机构加盖骑缝印章，并在本栏打上“To See the Attached List”。

(8) 品名、包装数量、种类。商品名称要尽量具体、明白，一般情况下，商品商标、牌名、货号可以不表示出来。包装一定要打上大写数字。商品名称列完以后，应在末行或次行加上表示结束的符号，以防伪造。内容要与信用证规定一致，与发票内容一致。

(9) 原产地标准。这一栏是整个证书最重要的。如完全原产无进口成分，填“P”；含有进口成分，但符合原产地标准的，出口至欧盟和日本的，填“W”，并在“W”下加盖商品四位数字级 HS 税目号；出口至加拿大的，填“F”；出口至澳大利亚、新西兰的商品，此栏可留空。

(10) 毛重或其他数量。一般填毛重，若是净重，须标 N.W，此外，还可以按商品的正常计量单位填，如“只”、“件”、“台”和“打”等。

(11) 发票日期与发票号。不得留空，月份一律用英文缩写表示出来。

(12) 签证当局证明。由商检机构手签并加盖签证印章，还要打上签证地点及日期，如：Beijing，JAN、20，2004，但只签发正本。签发时，手签和公章的位置不能重叠，签发日期不能早于发票日期和申报日期，但应早于货物出运日期和提单日期。

(13) 出口商声明。生产国的横线填“CHINA”，进口国名一定要正确，不能以地区或城市名称或非正式名称代替。申报中由在商检局注册的手签人在此栏签字，任何人不得代签。并加盖公章，同时填上申报地点、日期。FORM A 若出现内容或打字上的错误，应重新填制，如果发现内容遗漏，要用原打字机补打，证书的内容必须与信用证及所附单据一致。

11.4.3 卫生证明书、动物检疫证明书和植物检疫证明书

进口国家为防止传染病菌，对进口食品、包装材料、兽皮、活牲畜等动、植物类商品，

官方规定须由出口国卫生或动植物检验机构出具检验合格的证明，即卫生证明书(Health Certificate)、动物检疫证明书(Veterinary Certificate)和植物检疫证明书(P1ant Quarantine Certificate。其内容应根据信用证的要求和具体商品的需要填写。

11.4.4 检验证明书

为防止出口商装运的货物不符合标准或合同上规定的品质，进口商常在信用证中规定要求提供检验证明书(Inspection Certificate)。有时进口国海关规定对某些进口货物必须提供检验证明书才允许进关；有时出口国海关还规定对某些出口货物即法定检验商品必须提供检验证书才能放行。

签发检验证书的机构一般视信用证规定而定。中国进出口商品检验局是中国官方检验机构，一般由其签发；但在信用证未明确检验机构时，根据国际惯例，银行可接受任何机构签发的证书，只要内容合理、正确。

小　　结

本章我们接触了许多种类的单据。具体来说，重点单据可以总结如下表所示：

项　目	基本单据	其他单据
商业单据	商业发票(Commercial Invoice)	装箱单(Packing List)； 重量单(Weight List/Certificate)； 产地证明书(Certificate of Origin)； 数量单(Quantity Certificate)； 受益人证明(Beneficiary's Certificate)； 质量证明书(Certificate of Quality)；电报抄本(Cable Copy)
运输单据	提单(Bill of Lading)； 运货单据(Transport Documents)	船运公司证明(Shipping Company's Certificate)； 邮包收据(Post Receipts)
保险单据	保险单(Insurance Documents)	投保声明
政府单据	海关发票(Customs Invoice)； 领事发票(Consular Invoice)； 进出口许可证(Export License)	商检证书

本章难点在于商业发票和海运提单的填写。

复习思考题

1. 名词解释

(1) 商业发票
(2) 海关发票
(3) 保险单
(4) 海运提单

2. 问答题

(1) 所谓商业单据一般都有哪几种?
(2) 商业发票主要内容有哪些?
(3) 试述商业发票的作用。
(4) 保险的当事人有哪几个?
(5) 保险单的种类一般包括哪五种?
(6) 海运提单的作用是什么?
(7) 海关发票的作用是什么?

案例及热点问题分析

提单未到，骗取开证行提货担保的诈骗

在国际贸易中银行出具提货担保给客户提货是常有的事，尤其是在近洋贸易中更为常见，因为货物常常先于提单抵达目的地。银行通常要保证对船公司赔偿因没有提单而提货所产生的一切损失及费用。在客户信用不好时就可能发生冒领货物的情况，那么出担保的银行很可能遭受很大的损失。以下案例就是很好的一个佐证。

1990 年，香港某银行根据其客户克尼有限公司的指示开立一张金额为 20 000 美元的信用证。货物是从日本海运到香港的一批手表，允许分运。由于日本到香港的航程很短，在第一批货物的单据到开证行之前，申请人要求开证行出具提取第一批货物的提货担保，并附上相应的金额为 10 000 美元的赔款保证，申请人在开证行有 30 000 美元的信用额度，所以该行经办合签了一张给船公司的提货担保，允许申请人提货。一星期后，第一批货物的单据尚未收到，申请人又要求出具提取价值为 10 000 美元的第二批货物的提货担保。由于近洋贸易中，邮寄单据往往需要一星期以后才能到达开证行，再则申请人的信用额度也未突破，因此开证行开出了第二个提货担保。几天后，开证行获悉它的客户尼克有限公司倒

闭了，它的董事们都不知去向。之后开证行收到了第二批单据，但金额是 20 000 美金，显然，信用证下只能有这一批货物，根本没有第二批。一个月以后，凭开证行担保而提走两批货物的船公司，声称开证行侵占了价值为 20 000 美元的宝石手表的第二批货物。原来该客户少报了第一批货物的金额，再冒领了不是它的第二批货物。

这一类围绕骗取担保的诈骗案件之所以能够得手的主要原因在于，①在未收到单据而出具提货担保时，银行不可能像在收到单据后出担保那样知道货物的详细情况，诸如货物的件数、唛头以及提单的编号等重要内容银行往往不是十分清楚，银行所知道的只是大概的货价和笼统的货名。②行骗的进口商有一定金额的赔偿担保或信托收据，这样就容易给出具担保的开证行造成一个所借单据金额未突破赔偿担保金额的假象。③行骗者往往还利用相同的货名以蒙蔽船方，从而提走别人的货物。

(根据互联网上相关资料整理摘编)

[问题]

请分析：如何对此类诈骗进行有效防范？

课后阅读材料

单证上的中英文对照表

(1)　各种主要单据对照

表 1：发票(Invoice)上的主要内容

中 英 文	英文缩写	中 英 文	英文缩写
发票 Invoice (INV.)		单价 Unit Price	
合同 Contract	CONT.	总额 Amount	AMT
货物描述 Description Goods		总价 Total　Amout	
规格、型号 Model		件数 Packages	PKGS
尺寸 Size		毛重 Gross Weight	G.W.
数量 Quantity		净重 Net Weight	N.W.
原产国 Made In / Origin		保险费 Insurance	
装货港 Port of Loading	P.O.L.	杂费 Extras	
目的国 Destination Country		佣金 Commission	
指运港 Port of Destination	P.O.D.	折扣 Rebate/Allowance	
运费 Freight			

表 2：装箱单(Packing List)上的主要内容

中 英 文	英文缩写	中 英 文	英文缩写
装箱单 Packing List		单证 Documents	DOC(S)
件数 Packages	PKGS	净重 Net Weight	N.W.
毛重 Gross Weight	G.W/GR.WT.	所附单证 Document Attached	DOC.ATT.

表 3： 提单(Bill of Lading)上的主要内容

中 英 文	英文缩写	中 英 文	英文缩写
提单 Bill of Lading(B/L)		托运人 Shipper	
承运人 Carrier		被通知人 Notify Party	
收货人 Consignee		停靠港 Port of Call	P.O.C
空运提单 Air Way Bill	A.W.B.	卸货港 Port of Discharge	P.O.D
空运提单 Air Freight Bill	A.F.B.	装货港 Port of Loading	P.O.L
原产国 Made In/Origin/M		转运港 Port of Transfer	
船名及航次 Ocean Vessel Voy. No.		经过 Via	
到达港 Port of Arrival	P.A	转运到 Intransit to	
指运港 Port of Destination	P.O.D		

(2) 成交公式

进口成交方式如果是：

① FOB，按公式 CIF=FOB+I+F 转换成 CIF(C—COST，I—INSURANCE，F—FREIGHT)，在运费栏填写运费率或单价或总价。

② CFR，按公式 CIF=CFR+I 转换成 CIF，运费栏免填。

③ CIF，运费栏、保费栏免填。

出口成交方式如果是：

① CIF，按公式 FOB=CIF-I-F 转换成 FOB，在运费栏填写运费率或单价或总价。

② CFR，按公式 FOB=CFR-F 转换成 FOB，在运费栏填写运费率或单价或总价。

③ FOB，运费栏、保费栏免填。

(根据互联网上相关资料整理摘编)

附录A　国际金融事务中的委员会

二十国委员会

1971年以后，由于国际货币危机的不断发生，修改国际货币基金协定、改革国际货币体制被提上了议事日程。这一工作不仅涉及技术性问题，还涉及到与各国直接相关的政治经济问题。

国际货币基金组织内的机构中，理事会过于庞大，无法讨论货币改革的微妙问题，执行董事会政治级别不够高，没有充分的权力对重大经济问题作出决定，因此1972年国际货币基金组织理事会决议设立了“国际货币制度改革及相关问题委员会”(Committee on Reform of the International Monetary System and Related Issues)，即“二十国委员会”，作为国际货币基金组织的一个附属机构，在一定程度上行使理事会的职能，研究国际货币制度的改革和有关问题。

二十国委员会由11个发达国家(法国、联邦德国、英国、美国、意大利、荷兰、比利时、瑞典、加拿大、日本、澳大利亚)和9个发展中国家(阿根廷、巴西、墨西哥、埃塞俄比亚、摩洛哥、扎伊尔、印度尼西亚、印度、伊拉克)的财政部长组成，每个代表可任命两名副手，组成“二十国副手委员会”，协助二十国委员会工作。

十国集团(G10)

巴黎俱乐部(Paris Club)也称“十国集团”(Group-10)，成立于1961年11月，是一个非正式的官方机构，由于其经常在巴黎克莱贝尔大街的马热斯蒂克旅馆聚会，故称巴黎俱乐部。

巴黎俱乐部的诞生是由于1956年阿根廷向国际社会发出了警告：它已无力偿还所欠债务。其困难在于索债的银行和其他债权机构太多，无法进行双边谈判。于是就产生了建立一个协调机构的想法。

该组织的宗旨是专门为发展中国家讨论与协调西方债权国的官方债务推迟偿还事宜；协调成员国的货币政策，以便在国际货币基金组织内采取一致行动；在国际金融领域的许多方面加强合作，以应付国际收支的不平衡和货币危机。

成员：由法国委派一位部长或高级官员任该俱乐部主席，俱乐部始终是一个没有固定成员和组织章程的特殊集团，共核心成员是经合组织中的工业化国家，即美国、英国、法国、德国、意大利、日本、荷兰、加拿大、比利时、瑞典、瑞士等，即“十国集团”(1984年瑞士加入该集团，但该组织名称不变)。

一般情况下，俱乐部的会议除了债务国和债权国派员参加外，国际货币基金组织、国际复兴开发银行、经合组织、联合国贸发会议、国际清算银行和欧洲经济共同体也派观察员参加。俱乐部的秘书处由10多个常驻代表组成，办公地点在法国财政部。

七国集团(G7)

20世纪70年代初，西方国家经历了二战后严重的全球性经济危机。为共同研究世界经济形势、协调各国政策、重振西方经济，在法国的倡议下，法、美、德、日、英、意六国领导人于1975年11月在法国举行了第1次首脑会议。

1976年6月在波多黎各的圣胡安举行第2次会议时，增加了加拿大，形成七国集团，也称为“西方七国首脑会议”。此后，西方发达国家最高级经济会议作为一种制度固定了下来，每年一次轮流在各成员国召开。从1977年起，欧洲联盟(当时称欧洲共同体)委员会主席也应邀参加会议。七国集团成员包括美国、日本、德国、英国、法国、意大利和加拿大。

历次首脑会议主要讨论经济问题，协调各国的宏观经济政策。近年来政治问题也逐渐成为会议的重要议题。

八国集团(G8)

八国首脑会议由西方七国首脑会议演变而来，八国是指美国、英国、法国、德国、意大利、加拿大、日本和俄罗斯。

1991年7月，前苏联总统戈尔巴乔夫应邀同与会的七国首脑在会后举行会晤。从此每年的正式会议后俄罗斯领导人都要参加“7+1”会谈，且参与程度逐步提升，直至1994年俄罗斯获准参加政治问题的讨论。1997年在美国丹佛举行七国首脑会议时，克林顿总统作为东道主邀请叶利钦以正式与会者的身份“自始至终”参加会议，并首次与七国集团首脑以“八国首脑会议”的名义共同发表公报。从此，延续了23年的西方七国首脑会议演化为八国首脑会议，但在经济问题上依然保持七国体制。

中国政府派官员参加了工业化七国集团2004年10月举行的财长会议。这是中国首次被正式邀请并同意参加这个世界最富有国家组织的活动。

(根据互联网上相关资料整理摘编)

附录 B　新型的金融衍生工具——索罗斯的量子基金及其他

对冲基金

1. 对冲基金的基本内涵

对冲基金(Hedge Funds)是一种衍生工具基金，亦即对冲基金可以运用多种投资策略，包括运用各种衍生工具如指数期货、股票期权、远期外汇合约，乃至于其他具有财务杠杆效果的金融工具进行投资，同时也可在各地的股市、债市、汇市、商品市场进行投资。与特定市场范围或工具范围的商品期货基金、证券基金相比，对冲基金的操作范围更广。经过几十年的演变，对冲基金已失去其初始的风险对冲的内涵，对冲基金的称谓亦徒有虚名。对冲基金已成为一种新的投资模式的代名词，即基于最新的投资理论和极其复杂的金融市场操作技巧，充分利用各种金融衍生产品的杠杆效用，承担高风险、追求高收益的投资模式。

2. 对冲基金的起源和发展

第一个有限合伙制的琼斯对冲基金起源于 1949 年。该基金实行卖空和杠杆借贷相结合的投资策略。卖空是指出售借入的证券，然后在价格下跌的时候购回，获取资本升值。杠杆投资是通过借贷扩大投资价值，增加收益，但同时也有加剧亏损的风险。两者结合，形成稳健投资策略。20 世纪 80 年代后期，金融自由化的发展，为基金界提供了更为广阔的投资机会，更使得对冲基金进入了另一轮快速发展阶段。进入 20 世纪 90 年代，随着世界通货膨胀威胁逐渐解除，以及金融工具日趋成熟和多样化，对冲基金更加蓬勃发展。对冲基金不像传统基金那样有义务向有关监管部门和公众披露基金状况，它们的资料主要依赖基金经理自愿呈报，而不是基于公开披露资料。其原因与对冲基金以合伙制为主的组织形式，以及以离岸注册为主尽量逃避监管的运作方式是分不开的。对冲基金运作神秘和缺乏监管，这正是造成对冲基金危害金融市场的原因之一。

3. 对冲基金的运作方法

在一个最基本的对冲操作中，基金管理者在购入一种股票后，同时购入这种股票的一定价位和时效的看跌期权(Put Option)。看跌期权的效用在于当股票价位跌破期权限定的价格时，卖方期权的持有者可将手中持有的股票以期权限定的价格卖出，从而使股票跌价的风险得到对冲。在另一类对冲操作中，基金管理人首先选定某类行情看涨的行业，买进该行业中看好的几只优质股，同时以一定比率卖出该行业中较差的几只劣质股。如此组合的结果是，如该行业预期表现良好，优质股涨幅必超过其他同行业的股票，买入优质股的收益将大于卖空劣质股而产生的损失；如果预期错误，此行业股票不涨反跌，那么较差公司的股票跌幅必大于优质股，则卖空盘口所获利润必高于买入优质股下跌造成的损失。正因为如此的操作手段，早期的对冲基金可以说是一种基于避险保值的保守投资策略的基金管理形式。

4. 对冲基金的主要类别

(1) 宏观基金(Macro Funds)。这类对冲基金根据国际经济环境的变化利用股票、货币汇率等投资工具在全球范围内进行交易。老虎基金、索罗斯基金以及LTCM都属于典型的“宏观”基金。

(2) 全球基金(Global Funds)。更侧重于以从下而上(bottom-up)的方法在个别市场上挑选股票。与宏观基金相比，它们较少使用指数衍生工具。

(3) 买空(多头交易)基金(Long only Funds)。它们按对冲基金架构建立，征收利润奖励费和使用杠杆投资，但从事传统的股票买卖。

(4) 市场中性基金(Market-Neutral Funds)。这类基金采用相互抵消的买空卖空手段以降低风险。

(5) 卖空基金(Short Sales Funds)。基金向经纪商借入它认为价值高估的证券并在市场出售，然后希望能以低价购回还给经纪商。

(6) 重组驱动基金。此类基金的投资人旨在利用每一次公司重组事件而获利。

(7) 抵押证券基金。

(8) 基金中基金(Funds of Funds)。即投资于对冲基金的对冲基金。

量子基金

量子基金是由乔治·索罗斯创立的，其前身是双鹰基金，1969 年创立时，资本额为400 万美元，1973 年改名为索罗斯基金，资本额约 1 200 万美元。美国金融家乔治·索罗斯旗下经营了五个风格各异的对冲基金，其中，量子基金是最大的一个，也是全球规模较大的几个对冲基金之一。1979 年，索罗斯将公司更名，改为量子公司，来源于海森帕格量子力学测不准定律。这一定律认为：在量子力学中，要描述原子粒子的运动是不可能的。这与索罗斯的下述观点相吻合，索罗斯认为：市场总是处在不确定和不停的波动状态，但通过明显的贴现，与不可预料因素下赌，赚钱是可能的。公司顺利的运转，得到超票面价格，是以股票的供给和要求为基础的。量子基金设立在纽约，但其出资人皆为非美国国籍的境外投资者，从而避开了美国证券交易委员会的监管。量子基金投资于商品、外汇、股票和债券，并大量运用金融衍生产品和杠杆融资，从事全方位的国际性金融操作。索罗斯凭借其过人的分析能力和胆识，引导着量子基金在世界金融市场一次又一次的攀升和破败中逐渐成长壮大。他曾多次准确地预见到某个行业和公司的非同寻常的成长潜力，从而在这些股票的上升过程中获得超额收益。即使是在市场下滑的熊市中，索罗斯也以其精湛的卖空技巧而大赚其钱。经过不到 30 年的经营，至 1997 年末，量子基金已增值为资产总值近 60 亿美元的巨型基金。在 1969 年注入量子基金的 1 万美元在 1996 年底已增值至 3 亿美元(即增长了 3 万倍)。

索罗斯成为国际金融界炙手可热的人物，是由于他凭借量子基金在 20 世纪 90 年代中所发动的几次大规模货币狙击战。量子基金以其强大的财力和凶狠的作风，自 20 世纪 90 年代以来在国际货币市场上兴风作浪，常常对基础薄弱的货币发起攻击并屡屡得手。量子基金虽只有 60 亿美元的资产，但由于其在需要时可通过杠杆融资等手段取得相当于几百亿甚至上千亿资金的投资效应，因而成为国际金融市场中一个举足轻重的力量。同时由于索罗斯的声望，量子基金的资金行踪和投注方向无不为规模庞大的国际游资所追随，因此量子基金的一举一动常常对某个国家货币的升降走势起关键的影响作用。对冲基金对一种货币的攻击往往是在货币的远期和期货、期权市场上通过对该种货币大规模卖空进行的，从而造成此种货币的贬值压力。对外汇储备窘困的国家，在经过徒劳无功的市场干预后所剩的惟一办法往往是任其货币贬值，从而使处于空头的对冲基金大获其利。在 20 世纪 90 年代中发生的几起严重的货币危机事件中索罗斯及其量子基金都负有直接责任。

20 世纪 90 年代初为配合欧共体内部的联系汇率，英镑汇率被人为固定在一个较高水平，引发国际货币投机者的攻击，量子基金率先发难，在市场上大规模抛售英镑而买入德国马克。英格兰银行虽下大力抛出德国马克购入英镑并配以提高利率的措施，仍不敌量子基金的攻击而退守，英镑被迫退出欧洲货币汇率体系而自由浮动，短短 1 个月内英镑汇率下挫 20%，而量子基金在此英镑危机中获取了数亿美元的暴利。在此不久之后，意大利里拉亦遭受同样命运，量子基金同样扮演主角。1994 年，索罗斯的量子基金对墨西哥比索发起攻击。墨西哥在 1994 年之前的经济良性增长，是建立在过分依赖中短期外资贷款的基础之上的。为控制国内的通货膨胀，比索汇率被高估并与美元挂钩浮动。由量子基金发起的对比索的攻击，使墨西哥外汇储备在短时间内告罄，不得不放弃与美元的挂钩，实行自由浮动，从而造成墨西哥比索和国内股市的崩溃，而量子基金在此次危机中则收入不菲。

1997 年下半年，东南亚发生金融危机。与 1994 年的墨西哥一样，许多东南亚国家，如泰国、马来西亚和韩国等长期依赖中短期外资贷款维持国际收支平衡，汇率偏高并大多维持与美元或一揽子货币的固定或联系汇率，这给国际投机资金提供了一个很好的捕猎机会。量子基金扮演了狙击者的角色，从大量卖空泰铢开始，迫使泰国放弃维持已久的与美元挂钩的固定汇率而实行自由浮动，从而引发了一场泰国金融市场前所未有的危机。危机很快波及到所有东南亚实行货币自由兑换的国家和地区，迫使除了港币之外的所有东南亚主要货币在短期内急剧贬值。东南亚各国货币体系和股市的崩溃以及由此引发的大批外资撤出和国内通货膨胀的巨大压力，给这个地区的经济发展蒙上了一层阴影。

在过去 31 年半的历史中，量子基金的平均回报率高达 30%以上，也就是说当年投资 10 万美元，如果进行利滚利的投资，如今已值 4.2 亿美元。量子基金的辉煌也在于此。然而，从 1998 年底起索罗斯基金已从 103.6 亿美元减至 1999 年 4 月中旬的 82.5 亿美元。索罗斯的量子基金出现亏损主要是因为量子基金投资的俄罗斯债券上。由于俄罗斯金融危机爆发，卢布汇价急速下跌，索罗斯投资的俄罗斯债券价格亦狂跌，量子基金损失惨重，损失约 20 亿美元。

尽管索罗斯在 1998 年俄罗斯债务危机及对日元汇率走势的错误判断遭受重大损失之后便专注于美国股市的投资，特别是网络股的投资，但 2000 年 4 月美国纳斯达克指数狂泻 30%，索罗斯的量子基金遭受重大损失，总数达近 50 亿美元，量子基金元气大伤。此后，索罗斯不得不宣布关闭旗下两大基金“量子基金”和“配额基金”，基金管理人德鲁肯米勒和罗迪蒂“下课”，量子基金这一闻名世界的对冲基金至此寿终正寝。索罗斯同时宣布将基金的部分资产转入新成立的“量子捐助基金”继续运作。而且，他强调，由于市场的激剧动荡和传统的衡量股值的办法已不适用，“量子捐助基金”也将改变投资策略，即主要从事低风险、低回报的套利交易。

老 虎 基 金

老虎基金的创始人朱利安·罗伯逊于 25 岁在 KidderPeadbody 公司担任股票经纪人，他以精选价值型股票闻名于华尔街，被称为“明星经纪人”。1980 年，罗伯逊集资 800 万美元创立了自己的公司——老虎管理公司。其下的对冲基金在 1993 年攻击英镑、里拉成功，大赚一把。公司的名声大噪，投资人纷纷上门投资，老虎基金公司管理的资金迅速膨胀，成为美国最为显赫的对冲基金。

此后，老虎基金管理公司的业绩节节攀升，在股、汇市投资双双告捷的带动下，公司的最高赢利(扣除管理费)达到 32%，在 1998 年的夏天，其总资产达到 230 亿美元的高峰，一度成为美国最大的对冲基金。

但进入 1998 年下半年，老虎基金开始交上厄运，在俄罗斯金融危机后，日元对美元的汇价跌至 147∶1，朱利安预计该比价将跌至 150 日元以下，因此，他命令旗下的老虎基金、美洲豹基金大量卖空日元，但日元却在日本经济没有任何好转的情况下，在两个月内急升到 115 日元，罗伯逊损失惨重，仅在 10 月 7 日一天，老虎管理公司就亏损 20 亿美元，而 10 月份，其总共损失 34 亿美元，再加上 9 月份的损失，老虎管理公司在日元的投资上丧失了近 50 亿美元。祸不单行，1999 年，罗伯逊在股市上的投资也告失败，重仓股票美国航空集团和废料管理公司的股价却持续下跌。

从 12 月开始，近 20 亿美元的短期资金从美洲豹基金撤出，到 1999 年 10 月，总共有 50 亿美元的资金从老虎基金管理公司撤走，投资者的撤资使基金经理无法专注于长期投资，将会影响长期投资者的信心。因此，1999年10月6日，罗伯逊要求从2000年3月31日开始，“老虎”、“美洲狮”、“美洲豹”三只基金的赎回期改为半年一次，但到2000年3月31日，罗伯逊却宣布将结束旗下六只对冲基金的全部业务！

罗伯逊是不得不如此，因为，老虎管理公司只剩下65亿美元的资产，除去撤走的76.5亿美元，老虎管理公司从顶峰的230亿美元亏损88.5亿美元，而且只用了18个月。罗伯逊宣布老虎管理公司倒闭的同时，决定在两个月内对公司65亿美元的资产进行清盘，其中80%归还投资者，自己剩余的15亿美元将继续投资。

(根据互联网上的相关资料整理摘编)

附录C　世界货币名称

世界各国(地区)货币名称及符号、辅币进位制等如表 C.1 至表 C.5 所示。

表 C.1　亚洲货币名称及符号

国家及地区	货币名称		货币符号		辅币进位制
	中文	英文	原有旧符号	标准符号	
中国香港	港元	HongKong Dollars	HK＄	HKD	1HKD=100cents(分)
中国澳门	澳门元	Macao Pataca	PAT.；P.	MOP	1MOP=100avos(分)
中国	人民币元	Renminbi Yuan	RMB￥	CNY	1CNY=10jao(角) 1jao=10fen(分)
朝鲜	圆	Korean Won		KPW	1KPW=100 分
越南	越南盾	Vietnamese	DongD.	VND	1VND=10 角=100 分
日本	日圆	Japanese Yen	￥；J.￥	JPY	1JPY=100sen(钱)
老挝	基普	Laotian	KipK.	LAK	1LAK=100ats(阿特)
柬埔寨	瑞尔	Camboddian Riel	CR.；JRi.	KHR	1KHR=100sen(仙)
菲律宾	菲律宾比索	Philippine Peso	Ph.Pes.；Phil.P.	PHP	1PHP=100centavos(分)
马来西亚	马元	Malaysian Dollar	M.＄；Mal.＄	MYR	1MYR=100cents(分)
新加坡	新加坡元	Ssingapore Dollar	S.＄	SGD	1SGD=100cents(分)
泰国	泰铢	ThaiBaht(ThaiTical)	BT.；Tc.	THP	1THP=100satang(萨当)
缅甸	缅元	Burmese Kyat	K.	BUK	1BUK=100pyas(分)
斯里兰卡	斯里兰卡卢比	SriLanka Rupee	S.Re.复数： S.Rs.	LKR	1LKR=100cents(分)
马尔代夫	马尔代夫卢比	Maldives Rupee	M.R.R； MAL.Rs.	MVR	1MVR=100larees(拉雷)
印度尼西亚	盾	Indonesian Rupiah	Rps.	IDR	1IDR=100cents(分)
巴基斯坦	巴基斯坦卢比	Pakistan Pupee	Pak.Re.；P.Re. 复数：P.Rs.	PRK	1PRK=100paisa(派萨)

续表

国家及地区	货币名称		货币符号		辅币进位制
	中文	英文	原有旧符号	标准符号	
印度	卢比	Indian Rupee	Re.复数：Rs.	INR	1INR=100paise(派士)(单数：paisa)
尼泊尔	尼泊尔卢比	Nepalese Rupee	N.Re. 复数：N.Rs.	NPR	1NPR=100paise(派司)
阿富汗	阿富汗尼	Afghani	Af.	AFA	1AFA=100puls(普尔)
伊朗	伊朗里亚尔	Iranian Rial	RI.	IRR	1IRR=100dinars(第纳尔)
伊拉克	伊拉克第纳尔	Iraqi Dinar	ID	IQD	1IQD=1000fils(费尔)
叙利亚	叙利亚镑	Syrian Pound	￡.Syr.；￡.S.	SYP	1SYP=100piastres(皮阿斯特)
黎巴嫩	黎巴嫩镑	Lebanese Pound	￡L	LBP	1LBP=100piastres(皮阿斯特)
约旦	约旦第纳尔	Jordanian Dinar	J.D.；J.Dr.	JOD	1JOD=1 000fils(费尔)
沙特阿拉伯	亚尔	SaudiArabian Riyal	S.A.Rls.；S.R.	SAR	1SAR=100qurush(库尔什) 1qurush=5halals(哈拉)沙特里
科威特	科威特第纳尔	Kuwaiti Dinar	K.D.	KWD	1KWD=1 000fils(费尔)
巴林	巴林第纳尔	Bahrain Dinar	BD.	BHD	1BHD=1 000fils(费尔)
卡塔尔	卡塔尔里亚尔	Qatar Riyal	QR.	QAR	1QAR=100dirhams(迪拉姆)
阿曼	阿曼里亚尔	Oman Riyal	RO.	OMR	1OMR=1 000baiza(派沙)
阿拉伯也门	也门里亚尔	Yemeni Riyal	YRL.	YER	1YER=100fils(费尔)
民主也门	也门第纳尔	Yemeni Dinar	YD.	YDD	1YDD=1 000fils(费尔)
土耳其	土耳其镑	Turkish Pound (Turkish Lira)	￡T.(TL.)	TRL	1TRL=100kurus(库鲁)
塞浦路斯	塞浦路斯镑	Cyprus Pound	￡C.	CYP	1CYP=1 000mils(米尔)

表 C. 2 欧洲货币名称

国家及地区	货币名称		货币符号		辅币进位制
	中文	英文	原有旧符号	标准符号	
欧洲货币联盟	欧元	Euro	EUR	EUR	1EUR=100eurocents (生丁)
冰岛	冰岛克朗	Icelandic Krona(复数：Kronur)	I.Kr.	ISK	1ISK=100aurar(奥拉)
丹麦	丹麦克朗	Danish Krona(复数：Kronur)	D.Kr.	DKK	1DKK=100ore(欧尔)
挪威	挪威克朗	Norwegian Krone(复数：Kronur)	N.Kr.	NOK	1NOK=100ore(欧尔)
瑞典	瑞典克朗	Swedish Krona(复数：Kronor)	S.Kr.	SEK	1SEK=100ore(欧尔)
芬兰	芬兰马克	Finnish Markka(or Mark)	MK.；FM.；FK.；FMK.	FIM	1FIM=100penni (盆尼)
俄罗斯	卢布	Russian Ruble(or Rouble)	Rbs.Rbl.	SUR	1SUR=100kopee (戈比)
波兰	兹罗提	Polish Zloty	ZL.	PLZ	1PLZ=100groszy (格罗希)
捷克和斯洛伐克	捷克克朗	Czechish Koruna	Kcs.；Cz.Kr.	CSK	1 CSK=100Hellers (赫勒)
匈牙利	福林	Hungarian Forint	FT.	HUF	1HUF=100filler (菲勒)
德国	马克	Deutsche Mark	DM.	DEM	1DEM=100pfennig (芬尼)
奥地利	奥地利先令	Austrian Schilling	Sch.	ATS	1ATS=100Groschen (格罗申)
瑞士	瑞士法郎	Swiss Franc	SF.；SFR.	CHF	1CHF=100centimes (分)
荷兰	荷兰盾	Dutch Guilder(or Florin)	Gs.；Fl.；Dfl.；Hfl.；fl.	NLG	1NLG=100cents(分)
比利时	比利时法郎	Belgian Franc	Bi.；B.Fr.；B.Fc.	BEF	1BEF=100centimes (分)*

续表

国家及地区	货币名称		货币符号		辅币进位制
	中文	英文	原有旧符号	标准符号	
卢森堡	卢森堡法郎	Luxembourg Franc	Lux.F.	LUF	1LUF=100centimes(分)
英国	英镑	Pound，Sterling	£；£Stg.	GBP	1GBP=100newpence(新便士)
爱尔兰	爱尔兰镑	Irishpound	£.Ir.	IEP	1IEP=100newpence(新便士)
法国	法郎	French Franc	F.F.；Fr.Fc.；F.FR.	FRF	1FRF=100centimes(分)
西班牙	比塞塔	Spanish Peseta	Pts.；Pes.	ESP	1ESP=100centimos(分)
葡萄牙	埃斯库多	Portuguese Escudo	ESC.	PTE**	1PTE=100centavos(分)
意大利	里拉	Italian Lira	Lit.	ITL	1ITL=100centesimi(分)***
马耳他	马耳他镑	Maltess Pound	£.M.	MTP	1MTP=100cents(分) 1Cent=10mils(米尔)
南斯拉夫	南斯拉夫新第纳尔	Yugoslav Dinar	Din.Dr.	YUD	1YUD=100paras(帕拉)
罗马尼亚	列伊	Rumanian Leu(复数：Leva)	L.	ROL	1ROL=100bani(巴尼)
保加利亚	列弗	Bulgarian Lev(复数：Lei)	Lev.	BGL	1BGL=100stotinki(斯托丁基)
阿尔巴尼亚	列克	Albanian Lek	Af.	ALL	1ALL=100quintars(昆塔)
希腊	德拉马克	Greek Drachma	Dr.	GRD	1GRD=100lepton(雷普)

表C.3 美洲货币名称及符号

国家及地区	货币名称		货币符号		辅币进位制
	中文	英文	原有旧符号	标准符号	
加拿大	加元	Canadian Dollar	Can.$	CAD	1CAD=100cents(分)
美国	美元	U.S.Dollar	U.S.$	USD	1USD=100cent(分)
墨西哥	墨西哥比索	Mexican Peso	Mex.$	MXP	1MXP=100centavos(分)
危地马拉	格查尔	Quatemalan Quetzal	Q	GTQ	1GTQ=100centavos(分)

续表

国家及地区	货币名称		货币符号		辅币进位制
	中文	英文	原有旧符号	标准符号	
萨尔瓦多	萨尔瓦多科朗	Salvadoran Colon	¢	SVC	1SVC=100centavos(分)
洪都拉斯	伦皮拉	Honduran Lempira	L.	HNL	1HNL=100centavos(分)
尼加拉瓜	科多巴	Nicaraguan Cordoba	CS	NIC	1NIC=100centavos(分)
哥斯达黎加	哥斯达黎加科朗	Costa Rican Colon	¢	CRC	1CRC=100centavos(分)
巴拿马	巴拿马巴波亚	Panamanian Balboa	B.	PAB	1PAB=100centesimos (分)
古巴	古巴比索	Cuban Peso	Cu.Pes.	CUP	1CUP=100centavos(分)
巴哈马联邦	巴哈马元	Bahaman Dollar	B. $	BSD	1BSD=100cents(分)
牙买加	牙买加元	Jamaican Dollars	$ J.	JMD	1JMD=100cents(分)
海地	古德	Haitian Gourde	G.; Gds.	HTG	1HTG=100centimes(分)
多米尼加	多米尼加比索	Dominican Peso	R.D. $	DOP	1DOP=100centavos(分)
特立尼达和多巴哥	特立尼达和多巴哥元	Trinidadand Tobago Dollar	T.T. $	TTD	1TTD=100cents(分)
巴巴多斯	巴巴多斯元	Barbados Dollar	BDS. $	BBD	1BBD=100cents(分)
哥伦比亚	哥伦比亚比索	Colombian Peso	Col $	COP	1COP=100centavos(分)
委内瑞拉	博利瓦	Venezuelan Bolivar	B	VEB	1VEB=100centimos(分)
圭亚那	圭亚那元	Guyanan Dollar	G. $	GYD	1GYD=100cents(分)
苏里南	苏里南盾	Surinam Florin	S.Fl.	SRG	苏 1SRG=100 分
秘鲁	新索尔	Peruvian Sol	S/.	PES	1PES=100centavos(分)
厄瓜多尔	苏克雷	Ecuadoran Sucre	S/.	ECS	1ECS=100centavos(分)
巴西	新克鲁赛罗	Brazilian New CruzeiroG	Gr. $	BRC	1BRC=100centavos(分)
玻利维亚	玻利维亚比索	Bolivian Peso	Bol.P.	BOP	1BOP=100centavos(分)
智利	智利比索	Chilean Peso	P.	CLP	1CLP=100centesimos (分)
阿根廷	阿根廷比索	Argentine Peso	Arg.P.	ARP	1ARP=100centavos(分)
巴拉圭	巴拉圭瓜拉尼	Paraguayan Guarani	Guars.	PYG	1PYG=100centimes(分)
乌拉圭	乌拉圭新比索	NewUruguayan Peso	N. $	UYP	1UYP=100centesimos (分)

表C.4 非洲货币名称及符号

国家及地区	货币名称		货币符号		辅币进位制
	中文	英文	原有旧符号	标准符号	
埃及	埃及镑	Egyptian Pound	£E.；LF.	EGP	1EGP=100piastres(皮阿斯特)=1 000milliemes(米利姆)
利比亚	利比亚第纳尔	Libyan Dinar	LD.	LYD	1LYD=100piastres(皮阿斯特)=1 000milliemes(米利姆)
苏丹	苏丹镑	Sudanese Pound	£S.	SDP	1SDP=100piastres(皮阿斯特)=1 000milliemes(米利姆)
突尼斯	突尼斯第纳尔	Tunisian Dinar	TD.	TND	1TND=1 000milliemes(米利姆)
阿尔及利亚	阿尔及利亚第纳尔	Algerian Dinar	AD.	DZD	1DZD=100centimes(分)
摩洛哥	摩洛哥迪拉姆	Moroccan Dirham	DH.	MAD	1MAD=100centimes(分)
毛里塔尼亚	乌吉亚	Mauritania Ouguiya	UM	MRO	1MRO=5khoums(库姆斯)
塞内加尔	非共体法郎	African Financial Community Franc	C.F.A.F.	XOF	1XOF=100centimes(分)
上沃尔特	非共体法郎	African Financial Community Franc	C.F.A.F.	XOF	1XOF=100centimes(分)
科特迪瓦	非共体法郎	African Financial Community Franc	C.F.A.F.	XOF	1XOF=100centimes(分)
多哥	非共体法郎	African Financial Community Franc	C.F.A.F.	XOF	1XOF=100centimes(分)
贝宁	非共体法郎	African Financial Community Franc	C.F.A.F.	XOF	1XOF=100centimes(分)
尼泊尔	非共体法郎	African Financial Community Franc	C.F.A.F.	XOF	1XOF=100centimes(分)
冈比亚	法拉西	Gambian Dalasi	D.G.	GMD	1GMD=100bututses(分)
几内亚比绍	几内亚比绍比索	Guine-Bissau Peso	PG.	GWP	1GWP=100centavos(分)

续表

国家及地区	货币名称		货币符号		辅币进位制
	中文	英文	原有旧符号	标准符号	
几内亚	几内亚西里	Guinean Syli	GS.	GNS	辅币为科里 cauri，但 50 科里以下舍掉不表示；50 科里以上进为一西里
塞拉里昂	利昂	Sierra Leone Leone	Le.	SLL	1SLL=100cents(分)
利比里亚	利比里亚元	Liberian Dollar	L.＄￡; Lib.＄	LRD	1LRD=100cents(分)
加纳	塞地	Ghanaian Cedi	¢	GHC	1GHC=100pesewas(比塞瓦)
尼日利亚	奈拉	Nigerian Naira	N	NGN	1NGN=100kobo(考包)
喀麦隆	中非金融合作法郎	Central African Finan-Coop Franc	CFAF	XAF	1XAF=100centimes(分)
乍得	中非金融合作法郎	Central African Finan-Coop Franc	CFAF	XAF	1XAF=100centimes(分)
刚果	中非金融合作法郎	Central African Finan-Coop Franc	CFAF	XAF	1XAF=100centimes(分)
加蓬	中非金融合作法郎	Central African Finan-Coop Franc	CFAF	XAF	1XAF=100centimes(分)
中非	中非金融合作法郎	Central African Finan-Coop Franc	CFAF	XAF	1XAF=100centimes(分)
赤道几内亚	赤道几内亚埃奎勒	Equatorial Guinea Ekuele	EK.	GQE	1GQE=100centimes(分)
南非	兰特	South African Rand	R.	ZAR	1ZAR=100cents(分)
吉布提	吉布提法郎	Djibouti Franc	DJ.FS；DF	DJF	1DJF=100centimes(分)
索马里	索马里先令	Somali Shilling	Sh.So.	SOS	1SOS=100cents(分)
肯尼亚	肯尼亚先令	Kenya Shilling	K.Sh	KES	1KES=100cents(分)
乌干达	乌干达先令	Uganda Shilling	U.Sh.	UGS	1UGS=100cents(分)
坦桑尼亚	坦桑尼亚先令	Tanzania Shilling	T.Sh.	TZS	1TZS=100cents(分)
卢旺达	卢旺达法郎	Rwanda Franc	RF.	RWF	1RWF=100cents(分)
布隆迪	布隆迪法郎	Burnudi Franc	F.Bu	BIF	1BIF=100cents(分)

续表

国家及地区	货币名称		货币符号		辅币进位制
	中文	英文	原有旧符号	标准符号	
扎伊尔	扎伊尔	Zaire Rp	ZaireZ.	ZRZ	1ZRZ=100makuta (马库塔)
赞比亚	赞比亚克瓦查	Zambian Kwacha	KW.; K.	ZMK	1ZMK=100nywee(恩韦)
马达加斯加	马达加斯加法郎	Francde Madagasca	F.Mg.	MCF	1MCF=100cents(分)
塞舌尔	塞舌尔卢比	Seychelles Rupee	S.RP(S)	SCR	1SCR=100cent(分)
毛里求斯	毛里求斯卢比	Mauritius Rupee	Maur.Rp.	MUR	1MUR=100centimes(分)
津巴布韦	津巴布韦元	Zimbabwe Dollar	ZIM. $	ZWD	1ZWD=100cents(分)
科摩罗	科摩罗法郎	Comoros Franc	Com.F.	KMF	1KMF=100tambala (坦巴拉)

表C.5 大洋洲货币名称及符号

国家及地区	货币名称		货币符号		辅币进位制
	中文	英文	原有旧符号	标准符号	
澳大利亚	澳大利亚元	Australian Dollar	$ A.	AUD	1AUD=100cents(分)
新西兰	新西兰元	New Zealand Dollar	$ NZ.	NZD	1NZD=100cents(分)
斐济	斐济元	Fiji Dollar	F. $	FJD	1FJD=100cents(分)
所罗门群岛	所罗门元	Solomon Dollar	SL. $	SBD	1SBD=100cents(分)

(根据互联网上有关资料整理)

参 考 文 献

1. 姜波克著. 国际金融新编(第三版). 上海：复旦大学出版社，2001
2. 刘舒年主编. 国际金融. 北京：中国人民大学出版社，2000
3. 冯文伟编著. 国际金融管理教程. 上海：华东理工大学出版社，1999
4. 梁峰主编. 国际金融概论. 北京：经济科学出版社，2002
5. (美)J. 奥林・戈莱比著. 国际金融市场. 北京：中国人民大学出版社，2003
6. 薛宝龙，刘洪祥编著. 国际金融. 大连：东北财经大学出版社，1997
7. 穆怀朋编著. 国际金融. 北京：中国金融出版社，1999
8. 梁峰主编. 国际金融概论. 北京：经济科学出版社，2002
9. 斯蒂芬・马奥尼著. 国际金融词汇手册. 北京：经济科学出版社，2000
10. 高松涛著. 国际金融体系重构研究. 经济科学出版社，2002
11. 孙建，魏晓琴，黄瑞芬编著. 国际金融. 青岛：青岛海洋大学出版社，2000
12. (美)理查德・M. 列维奇著. 国际金融市场——价格与政策(第二版). 北京：机械工业出版社，2003
13. 蓝发钦编著. 国际金融导论. 北京：世界图书出版社，1997
14. 江舟子编著. 国际贸易结算单据. 广州：广东经济出版社，2004
15. 苏宗祥主编. 国际结算. 北京：中国金融出版社，2002
16. www.safe.gov.cn (中国外汇管理局网站)
17. www.imf.org (国际货币基金组织网站)
18. www.stats.gov.cn (国家统计局网站)
19. www.worldbank.org (世界银行网站)
20. www. cnebi2.net(中商贸易网)
21. www.xy369.com(369 信合网)
22. www.b2bsouth.net(南方商务网)